böhlau

Forschungen zum Römischen Recht

Herausgegeben von
Thomas Finkenauer und Sebastian Lohsse

Band 66

Markus Wimmer

Quart und Querel

Inoffiziositätsvermeidung im Römischen Recht

BÖHLAU

Veröffentlicht mit Unterstützung des
Austrian Science Fund (FWF): 10.55776/PUB 1158

FWF Österreichischer Wissenschaftsfonds

Die Publikation wurde einem anonymen, internationalen Peer-Review-Verfahren unterzogen.
https://doi.org/10.7788/9783412532611

Bibliografische Information der Deutschen Nationalbibliothek:
Die Deutsche Nationalbibliothek verzeichnet diese Publikation
in der Deutschen Nationalbibliografie; detaillierte bibliografische Daten
sind im Internet über https://dnb.d-nb.de abrufbar.

Umschlaggestaltung: Michael Haderer, Wien
Satz: le-tex publishing services, Leipzig
Druck: Hubert & Co, Ergolding
Printed in the EU.

Vandenhoeck & Ruprecht Verlage | www.vandenhoeck-ruprecht-verlage.com
E-Mail: info@boehlau-verlag.com

ISBN (print) 978-3-412-53260-4
ISBN (openaccess) 978-3-412-53261-1

Inhalt

Zweiter Teil: Die Fortsetzung im Reformsystem Justinians

Dritter Teil: Reskripte auf *revocari*

Vorwort

Die Schrift schließt an die Kommentierung im Handbuch des Römischen Privatrechts (HRP/*Wimmer* §55 Rn. 26–40 und Rn. 68–81) an. Die dort nur gerafft genannten Gründe der Deutung machten eine monographische Darstellung und ein ausführlicheres Eingehen auf die Literatur erforderlich. Die Beobachtungen zu den Texten und den überkommenen, sehr alten Problemen mussten dort noch punktuell erwähnt bleiben, sie ergaben nun aber ein – wie ich hoffe – Gesamtbild der Inoffiziositätsvermeidung, die bis zur Reformkonstitution Justinians hinführte. Der Aufbau des sehr feinen Systems in C. 3.28.30pr.–§1 wurde mir erst danach sichtbar. Auch dazu bleibt zu hoffen, dass die im Schrifttum anhaltende Kritik am Verhältnis der *actio ad implendam legitimam* zur *querela inofficiosi testamenti* abebbt, vielleicht auch verstummt.

Den Herausgebern der Reihe, Herrn Thomas Finkenauer und Herrn Sebastian Lohsse, bin ich zu herzlichem Dank verbunden. Sie haben die gründliche Durchsicht des Manuskripts übernommen, meine vielen Fehler ausgebessert und mir damit das Lektorat abgenommen. Ihrer bereitwilligen Zustimmung zur Veröffentlichung verdanke ich, dass ich die Schrift nun vorlegen kann.

Dem Österreichischen Wissenschaftsfonds danke ich für die Übernahme der Druckkosten.

Steyr, im Frühjahr 2024

Abkürzungen

a.	anno; im Jahre
Abth.	Abtheilung (s. Glück)
Anm.	Anmerkung
arg.	argumento; mit dem Beweisgrund
AUPA	Annali del Seminario Giuridico della Università di Palermo
B.	Basilicorum libri LX ed. Heimbach ua., ed. Scheltema ua., Series B, Groningen 1965, Series A, Groningen 1969
Bd.	Band
benef.	beneficiis (s. Seneca)
BIDR	Bullettino dell'istituto di diritto romano „Vittorio Scialoja“
Bull.	Bullettino dell'istituto di diritto romano „Vittorio Scialoja“
C.	Codex Iustinianus
cap.	caput
C. Greg.	Codex Gregorianus (Epitome Codicum Gregoriani et Hermogeniani Wisigothica)
clem.	clementia (s. Seneca)
CTh.	Codex Theodosianus (Corpus iuris civilis, Vol. II, ed. P. Krüger, 15. ed.)
DER	Diritto Ereditario Romano (s. Voci)
Ders.	derselbe
ep.	epistula; Brief
etc.	et cetera
f.	und folgende (Seite)
FIRA	Fontes Iuris Romani Antejustiniani
Fn.	Fußnote
fr.	Fragment
Fr. Vat.	Fragmenta Vaticana (Fragmenta quae dicuntur Vaticana)
FS	Festschrift
Hb.	Heimbach
HRP	Handbuch des Römischen Privatrechts, hrsg. v. Babusiaux/Baldus/Ernst/Meissel/Platschek/Rüfner, Tübingen 2023
Iura	Rivista internazionale di diritto romano e antico
m.w.N.	mit weiteren Nachweisen
NNDI	Novissimo Digesto Italiano (Turin)
OIR	Orbis Iuris Romani (Journal of ancient law studies, Brno-Bratislava)
op.	opinionum
Paul. sent.	Sententiae receptae Paulo tributae (FIRA II)

pr.	principium
q.i.d.	querella inofficiosae donationis
q.i.t.	querella inofficiosi testamenti
RE	Paulys Realenzyklopädie der klassischen Altertumswissenschaft
rell.	reliqua; und das Übrige
resp.	responsorum
RIDA	Revue internationale des droits de l'antiquité (3. Serie seit 1954)
S.	Seite
SC.	Senatus Consultum
Sch.	Scheltema
SD	(= SDHI) Studia et Documenta Historiae et Iuris (Zschr.)
Rn.	Randnummer
RP	Römisches Privatrecht (s. Kaser)
s.	siehe
scil.	scilicet; versteht sich
St.	Studi
str.	strittig
s.v.	sub (hac) voce (unter diesem Stichwort)
SZ	Zeitschrift der Savigny-Stiftung für Rechtsgeschichte, Romanistische Abteilung
TR	Tijdschrift voor rechtsgeschiedenis
Ulp. reg.	Domitius Ulpianus Regularum libri VII
u.s.w.	und so weiter
Val. Max.	Valerius Maximus
vgl.	vergleiche
Vol.	Volumen (Band)

Einleitung: Querel und Quart

Die justinianischen Institutionen zum Titel *De inofficioso testamento* (über das pflichtwidrige Testament) beginnen mit einer historischen Notiz:

> Inst. 2.18pr.
> *Quia plerumque parentes sine causa liberos suos vel exheredant vel omittunt, inductum est, ut de inofficioso testamento agere possint liberi, qui queruntur aut inique se exheredatos aut inique praeteritos, hoc colore, quasi non sanae mentis fuerunt, cum testamentum ordinarent. sed hoc dicitur, non quasi vere furiosus sit, sed recte quidem fecit testamentum, non autem ex officio pietatis.*
> Weil häufig Eltern ohne Grund ihre Kinder enterben oder übergehen, ist eingeführt worden, dass wegen pflichtwidrigen Testamentes Kinder klagen können, die sich beschweren, dass sie entweder ungerecht enterbt oder ungerecht übergangen wurden unter dem Anstrich, dass [die Eltern] gleichsam nicht bei Sinnen gewesen sind, als sie das Testament anordneten. Aber das sagt man nicht, als ob er [der Testator] wirklich verrückt war[1], sondern [dass er] zwar wirksam das Testament errichtet hat, aber nicht aus dem Pflichtgefühl der *pietas*.

Das ist bekanntlich klassisches Material; *plerumque* finden wir mit *frequenter* schon in D. 5.2.1 (Ulpianus 14 ad ed.), und dort ist es so gesagt:

> *Sciendum est frequentes esse inofficiosi querellas: omnibus enim tam parentibus quam liberis de inofficioso licet disputare ...*
> Man muss wissen, dass Beschwerden wegen Pflichtwidrigkeit häufig sind: denn allen, sowohl den Eltern wie den Kindern steht es frei, wegen Pflichtwidrigkeit [pflichtwidrigen Testaments] zu streiten [zu prozessieren].

Und ab *hoc colore* ist im Institutionentext die Marcian-Stelle D. 5.2.2 (4 inst.) wiederholt:

> *Hoc colore inofficioso testamento agitur, quasi non sanae mentis fuerunt, ut testamentum ordinarent. et hoc dicitur non quasi vere furiosus vel demens testatus sit, sed recte quidem fecit testamentum, sed non ex officio pietatis: nam si vere furiosus esset vel demens, nullum est testamentum.*

---

1 Dann wäre das Testament nichtig: *nam si vere furiosus est, nullum est testamentum* (ebendort).

Im Marcian Fragment sind drei miteinander zusammenhängende Ausdrücke genannt, *non officio pietatis, non sanae mentis* und bei *cum testamentum ordinarent* (als sie das Testament anordneten) die mitzuverstehende gestörte Ordnung der Nachfolge. Für diese Zusammenhänge lassen sich weitere literarische Belege aufweisen: Seneca. clem. 3.12.1[2]: *numquid aliquis sanus filium a prima offensa exheredat*? Enterbt etwa einer, der bei Sinnen ist, seinen Sohn wegen einer ersten Beleidigung? *Pietas*-Pflichtverletzung wird als eine *insania* gesehen[3]. Der durch *pietas*-Pflichtverletzung gestörte *ordo testamenti* ist bei Val. Max. 7.7.4 erwähnt[4]: *spernis, quos genuisti* du verachtest, die du geboren hast … *testamenti ordinem violento animo confundis* … in hitzigem Willen (vorher steht *irata filiis*, im Zorn auf die Söhne) vermischst du die Ordnung des Testaments. Hier ist die natürliche Reihe der Generationenfolge gemeint, die wir viel später noch bei Papinian D. 38.6.7.1 finden: vererben muss die Mutter ihren Kindern, hinunter also in der natürlichen Ordnung des Lebens[5], und nicht hinauf dem greisen zweiten Mann[6].

Der justinianische Institutionentext 2.18.1 setzt fort mit

> *Non tantum autem liberis permissum est parentum testamentum inofficiosum accusare, verum etiam parentibus liberorum.*
> Nicht nur aber ist es den Kindern erlaubt, das Testament der Eltern als pflichtwidrig anzuklagen[7], sondern auch den Eltern das der Kinder.

---

2 = [I,14]1; ich folge der Ausgabe Préchac, besorgt von Manfred Rosenbach.

3 Bei Sen. benef. 5.17.3 ist – nicht im Zusammenhang mit einer Enterbung – *impii* zusammen mit *insaniunt* zu lesen: „… pflichtvergessen sind sie … sie sind nicht bei Sinnen": von *impii* (Leuten, denen *pietas* fehlt) sagte man bisweilen *insaniunt*: *Nemo non aliquem queritur ingratum* (keiner, der sich nicht über irgendeinen als undankbar beklagt). … *et ambitiosi omnes sunt et impii omnes. Sed non est, quod irasceris: ignosce illis omnes insaniunt* (… auch ehrgeizig sind alle und pflichtvergessen. Doch du brauchst ihnen nicht zu zürnen; verzeih ihnen, alle sind sie nicht bei Sinnen). Thematischer sind Quintilian, in der 264. Deklamation, und Val. Max. 7.7.5 *impie exheredatos.*

4 Ein Zeugnis zu den Anfängen der Querel (am Ausgang der Republik).

5 Eine anhaltende Vorstellung, die sich auch in der Nachklassik noch daran zeigt, dass der Mann erst dann ein Erbrecht hat, wenn seine Frau keine Blutsverwandten hinterlässt: *Waldstein*, SZ 111 (1994) 18f. mit CTh. 4.21.1.1 (Arcad. et Honor., a. 395).

6 *Septicia*, erzürnt über ihre Söhne, um sie zu beschimpfen, heiratete, obwohl sie keine Kinder mehr bekommen konnte, den sehr alten Publicius und überging in ihrem Testament beide Söhne. Hier griff der Kaiser (Augustus) direkt ein und hob das Testament (und auch die Ehe, weil sie nicht in der Absicht geschlossen war, Kinder zu zeugen) auf: *suprema iudicia improbavit* (die letzten Urteile [der Mutter] = ihren letzten Willen hat er mißbilligt); also kein Querelfall, sondern kaiserlicher Eingriff *extra ordinem*, bei Val. Max. unter *De testamentis, quae scissa sunt* geschildert.

7 Zur *querela inofficiosi testamenti* sagt es auch Paul. sent. 4.5.1: *Inofficiosum dicitur testamentum, quod frustra liberis exheredatis non ex officio pietatis videtur esse conscriptum* (*frustra* ist zu *exheredatis* zu ziehen: zum Nachteil grundlos enterbter Kinder).

Dies spricht von gegenseitig geschuldeter *pietas*, von der schon Cicero redete[8]. Die Querelberechtigung der Kognaten (Blutsverwandten) war Inoffiziositätspraxis.[9]

Sehen wir kurz auf die Fälle des Anfangs der Querel. Die Querelbeschwerde war erfolgreich: vom in Adoption gegebenen Sohn gegen das Testament seines natürlichen Vaters (Val. Max. 7.7.2: *testamentum naturalis patris, quo praeteritus erat, apud centumviros rescidit*)[10]; vom natürlichen Vater gegen das lieblose Testament seines in Adoption gegebenen (vom Adoptivvater emanzipierten) Sohnes (Val. Max. 7.7.5)[11]; von der Mutter, die in freier Ehe lebte, gegen das Testament ihres Sohnes (Quint. inst. 9.2.9; 9.2.34–35)[12]; Klagen der Kinder gegen das Testament der Mutter (Val. Max. 7.8.2; Plin. ep. 5.1) finden sich früh.

---

8 Cic. inv. 2.66: *pietatem, quae erga patriam aut parentes aut alios sanguine coniunctos officium conservare moneat*. Cic. off. 1.14; 1.44; Sen. benef. 6.23.5; *Koch*, s.v. pietas, RE XX.1 1221; *Querzoli*, Testamenta 151–186; *Manthe*, OIR 10 (2005) 151–145; *Voci*, DER II 678–680. Mit weiteren Zeugnissen noch: Kinder schulden *pietas erga parentes* wegen des *donum vitae*: gegenüber dem Vater, der das Leben schenkte (Sen. benef. 3.35.1–2), dem Vater, der den Sohn ernährte (Sen. benef. 3.32.1); unberücksichtigt gebliebenes *beneficium educationis* macht das Testament des Sohnes gegenüber dem Vater pflichtwidrig (Val. Max. 7.7.2). Umgekehrt, zur *pietas erga liberos*: Dem Sohn, der den Vater rettete oder ihn vor Gericht verteidigte, ist *pietas* geschuldet (Sen. benef. 3.33.1–5), doch sonst schon aus *naturalis caritas*. Pap. 14 quaest. D. 5.2.15pr. (*...non minus parentibus quam liberis pie relinqui debet*) zeigt, dass *pietas erga parentibus* und *erga liberis* in die Juristenliteratur eingedrungen ist. Ähnlich Pap. 29 quaest. D. 38.6.7.1, vgl. *Voci*, DER II 679 m.w.N.; *Manthe*, FS Wolf 178 und zur *ratio* der Querel in Pap. 14 quaest. D. 5.2.15pr., wieder aufgenommen in Const. Cod. Theod. 2.19.2 (a. 321) = C. 3.28.28: ebd. 175 Fn. 57); *Manthe*, OIR 10 (2005) 154f. Zum begründeten Enterben: Cic. S. Rosc. 18.52–19.54 (beabsichtigtes *exheredare*); der Querel entgegentretend kann der Enterbungswille des Vaters durch *vitia ac peccata filii* gerechtfertigt sein (Cic. S. Rosc. 19.53); wegen Nichtigkeiten (*nugatoria*) soll aber nicht enterbt werden: Cic. S. Rosc. 19.52.

9 *Woeß*, Erbrecht 233f. sieht die späteren *SCta* (*Tertullianum* und *Orfitianum*) durch die Inoffiziositätspraxis vorbereitet.

10 Leitender Grund ist die *coniunctio sanguinis*: *Di Lella*, Querela 99; *Querzoli*, Testamenta 216–218. Später war die Querel in einem solchen Fall unter den Klassikern umstritten: Kontroversenbericht bei Iust. C. 8.47.10pr. (a. 530).

11 Dekretal erledigte *querella* zur Zeit Ciceros, vermutlich 70 v. Chr. (*Prätor urbanus* Calpurnius Piso, Konsul 68/67 v. Chr.): *Krüger*, FS Koschacker II 259; *Woeß*, Erbrecht 202: der leibliche Vater erhielt die *bonorum possessio* und war vor der *legis actio* der Testamentserben geschützt: *bonorum possessio unde cognati cum re*: *possessionem ei dedit heredesque lege agere passus non est*; *Di Ottavio*, Querela 19; *Di Lella*, Querela 111; *vinculum vitae* zwischen natürlichem Vater und seinem zur Adoption gegebenen Sohn: *Russo Ruggeri*, Datio in adoptionem I 132–137: bereits auf juristischer Ebene sind das *vinculum sanguinis*, das *donum vitae*, das *beneficium educationis* berücksichtigt (ebd. 136); *Masi Doria*, Bona 128.

12 *Di Ottavio*, Querela 100–102.

Doch sind auch Fälle der Undankbarkeit gegen den Freund berichtet (Val. Max. 7.8.5–9[13]). Das Freundschaftsband schätzte man nicht geringer als die Blutsverwandtschaft[14]. Von der Querel *apud centumviros*[15] lesen wir bei Quint. inst. 3.10.3 die Prozessfrage, wer von den Streitteilen der würdigere Erbe sei (*apud centumviros post alia quaeritur et hoc, uter dignior hereditate sit*)[16]. Wer zur Querel zuzulassen war, war anfangs noch nicht fest umrissen.[17] Die Autorität der *centumviri* konnte *ius civile* abändern und andere „zum Erben machen“[18].

Im Institutionentext Justinians 2.18.6 ist – nach der durch die Konstitution Iust. C. 3.28.30 (a. 528) verordneten Neuerung der *actio ad implendam legitimam* – der Querelausschluss durch die Quart zu lesen:

> *Igitur quartam quis debet habere, ut de inofficioso testamento agere non possit: sive iure hereditario sive iure legati vel fideicommissi*[19] *vel si mortis causa ei quarta donata fuerit, vel inter vivos in his tantummodo casibus, quorum nostra constitutio mentionem facit, vel aliis modis qui constitutionibus continentur. Quod autem de quarta diximus, ita intellegendum est ut, sive unus fuerit sive plures quibus agere de inofficioso testamento permittitur, una quarta eis dari possit, ut pro rata distribuatur eis, id est pro virili portione, quarta.*

---

13 Freunde und Wohltäter, die den *honos institutionis* erwarten durften: Val. Max. 7.7.8: *ad alios, quam qui exspectabant honorem hereditatis transtulerunt*; *Woeß*, Erbrecht 234; *Querzoli*, Testamenta 44. Von der Verspottung des Freundes noch am Totenbett erzählt Val. Max. 7.9 (jedoch kein Querelfall): Der Senator M. Popilius gab seinem Freund, Oppius Gallus, letzte Umarmung und seinen Ring, ließ ihn im Testament aber leer ausgehen.

14 Val. Max. 4.3.7 (*amicitiae vinculum … neque ulla ex parte sanguinis viribus inferius*): *Negri*, Clausola codicillare 181–197; zu *grate pieque* gegenüber Freunden als *officium pietatis* im *supremum iudicium*: *Querzoli*, Testamenta (2000) 44 (m.w.N. Fn. 96). Kaiser kassierten, wenn sie nicht bedacht waren, Testamente ihrer Freunde als undankbar (Suet. Cal. 38.2: *testamenta primipilarium … ut ingrata rescidit*): *Querzoli*, Testamenta 45f. Zur Dankespflicht an den Kaiser (hergeleitet aus dem Titel *parens patriae*): *Bund*, FS Wieacker zum 70. (1978) 52.

15 Eine *legis actio per sacramentum* noch in der Zeit des Formularprozesses (Gai. 4.95).

16 *Gagliardi*, BIDR 40–41 (1998–1999) 388: Dem Würdigeren „veniva attribuito il patrimonio“; ebd. 422–425. Möglicherweise bildete diese auch den Inhalt einer *sponsio praeiudicialis*; vgl. HRP/*Wimmer* §55 Rn. 19 mit Hinweis auf *Klíma*, in Moschetti, ACI Verona III (1951) 96.

17 *Fernández de Buján*, SD 55 (1989) 103; *Wesener*, s.v. querela, RE XXIV 860. Dies macht die These von *Di Lella*, Querela 96 wahrscheinlich, das Centumviralgericht habe auch nicht intestaterbberechtigte Kläger als *heredes* anerkannt, den siegreichen Kläger an Stelle des Testamentserben zum Erben gemacht (als *dignior heres*): *Kaser*, RP II 610f.

18 *Gagliardi*, Decemviri 271f., 514; *Di Lella*, Querela 96.

19 Bis hierher ist Überkommenes wiedergegeben, das Folgende ist justinianisch (*nostra constitutio*).

Der Satz *Igitur quartam quis debet habere, ut de inofficioso testamento agere non possit* (daher muss einer die Quart haben, so dass[20] er nicht wegen pflichtwidrigen Testaments klagen kann) ist sachlich übernommen. Ein Vorläufer dieses Satzes findet sich in einem Ulpianfragment, das ein *responsum* Papinians aufnimmt. Die querelausschließende Quart kommt dort als gleichsam selbstverständlich vor:

> D. 5.2.8.8 (Ulpianus 14 ad ed.)
> *Quoniam autem quarta debitae portionis sufficit ad excludendam querellam, videndum erit an exheredatus partem faciat qui non queritur: ut puta sumus duo filii exheredati. et utique faciet, ut Papinianus respondit, …*
> Da ja aber die Quart der geschuldeten [Erb-]Portion genügt, um die Querel auszuschließen, wird man prüfen müssen, ob der Enterbte, der nicht klagt, „einen Teil macht", wie beispielsweise: wir sind zwei enterbte Söhne; und jedenfalls wird er [einen Teil machen], wie Papinian gutachtlich entschieden hat, …

Mit *quarta debitae portionis*[21] *sufficit ad excludendam querellam* (ein Viertel der geschuldeten Portion genügt, um die Querel auszuschließen) war bereits Papinian vertraut[22]. Strittige Rechtsfragen stellten sich in der Fallkonstellation, dass einer von mehreren Enterbten die Quart hatte und der andere sie nicht hatte, oder vermutlich auch in dem Fall, dass einer von ihnen nicht die volle Quart hatte, aber nicht klagte, und der andere sie nicht hatte[23].

Bei *nihil relictum* ist eine der Enterbung beigefügte *nota*, die den Makel (*vitia*, Fehlhaltungen des Enterbten) nannte (*nota exheredationis*[24]), aus den Quellen bekannt, sie konnte bei der *exheres esto*-Anordnung aber auch fehlen. Nichts zu

---

20 Das *ut* ist wegen *ut non* konsekutiv (nicht final, dessen Verneinung *ne* wäre) zu übersetzen. Der Satz berichtet noch zur querelausschließenden Quart (nicht vom „Pflichtteil").

21 *Portio debita* meint zunächst den Intestaterbteil, nicht das Viertel davon. Doch vgl. *Voci*, DER II 676 Fn. 30: der dort dafür (die *portio debita* meine die Quart) angeführte Beleg D. 5.2.8.8 muss irrig sein: in *quarta debitae portionis* (ein Viertel der geschuldeten Portion) versteht sich der Genitiv partitiv und nicht explicativ (also nicht: Ein Viertel, nämlich das Viertel der geschuldeten Portion, sondern ein Viertel von der geschuldeten Portion). Mit *debita portio* ist die *ab intestato* geschuldete Sukzession, die geschuldete Intestatportion gemeint. So spricht auch Paulus in D. 48.20.7pr. von den nach der *ratio naturalis ad debitam successionem* (zur geschuldeten Nachfolge) Berufenen.

22 *Quoniam*: da ja.

23 Unten S. 31 zu einer möglichen Interpretation von *qui non queritur* im Responsum Papinians.

24 Vgl. D. 37.4.20pr.; D. 37.6.1.6: *Klingmüller*, RE s. v. Exheredatio 1682; ferner D. 28.2.18; *Schmidt*, Notherben 19 Fn. 48.

hinterlassen oder auffällig wenig war *ignominia*, Beschimpfung[25] derer, die sich eine letztwillige Honorierung[26] erwarten durften:

So ist es beispielsweise bei Apuleius zu lesen in der apologia de magia 97 (5) … *Pontianus enim filiam Rufini male compertam non modo heredem non reliquit, sed ne honesto quidem legato impertiuit, (6) quippe qui ei ad ignominiam lintea adscribi ducentorum fere denariorum iusserit, ut intellegeretur iratus potius aestimasse eam quam oblitus praeterisse.*

In 6: Das verspottend geringe Vermächtnis von nur zweihundert Denare, die der Tochter des Rufinus von ihrem Mann hinterlassen waren, zeigen die Beleidigung noch stärker, als wenn er sie, vielleicht aus Vergessen, ganz übergangen hätte[27]. Solche Fälle können sich mit einem *turpe legatum* (schimpflichem Vermächtnis) überschnitten haben (vgl D. 30.54pr. *turpia legata denotandi gratia*[28] [um zu beschimpfen], doch kann sich dies in D. 30.54pr. auch auf Vermächtnisgegenstände bezogen haben). Beschimpfende Zusätze in der Erbeinsetzung (D. 28.5.49.1: *filius meus impiissimus male de me meritus heres esto*) sind bedeutungslos; die *institutio* ist gültig und der Zusatz gilt als getilgt.

Überblickt man die Inoffiziositätsfälle im Lauf der Entwicklung, so finden sich die Fälle von *nihil relictum* (gänzlich enterbt oder übergangen) durchgängig als Fälle der *querela inofficiosi testamenti*. In der Reformkonstitution Justinians C. 3.28.30.1 ist *nihil eis penitus reliquerint* (gänzlich nichts hinterlassen) als einzig verbliebener Fall der *querela inofficiosi testamenti* geregelt geblieben (*tunc vetera iura locum habere sancimus*), während die *minus relictum*-Fälle abgespalten und zu Fällen der Ergänzung wurden. Das Bild der Quellen zu *minus relictum* begegnet also differenzierter: „Verspottend wenig" (ein noch unspezifisches „lächerlich wenig"), so war es dort gemeint, lasen wir in der Apuleius-Stelle. Ab Herausbildung der querelausschließenden Quart kommen Fälle von *minus quarta relictum* (weniger als das Viertel hinterlassen) vor, und zwar mit sehr strikter Konsequenz etwa in C. Greg. 2.IIII.2 (a. 223), wo schon *ulla diminutio* – irgendeine Minderung der Quart – die Querel nicht mehr ausschloss. Sichere Zeugnisse zu einem „irrtümlichen *minus relictum*" sind eher spät greifbar[29], Paul. sent. 4.5.7 und insgesamt die

---

25 Im militärischen Zusammenhang kommt das Wort in der Bedeutung von „Degradierung" vor; es meint eine Herabsetzung. Ebenso *indignatio* (was Entrüstung hervorruft) in D. 5.2.22: es ist *indignatio filii*, wenn die Mutter ihrem Sohn nichts hinterlässt, auch wenn er noch in der Gewalt seines Vaters steht, den sie bedenkt.

26 Erbeinsetzung als *plenior honor*, wenn sie auch eine größere Last zuteilte: … *hereditates non modo honestiore* (abweichende Lesart: *honestio*) *titulo, sed et pleniore onere tribuantur*, D. 37.5.5.6 (Ulp. 40 ad ed.). Cicero pro Quinctio § 14: *summos honos*; aber auch ehrende Vermächtnisse: vgl. die Nachweise bei *Schmidt*, Recht der Notherben 19 Fn. 47.

27 Vgl. *Woeß*, Erbrecht150; *Schmidt*, Notherben 19.

28 Dazu *Perinón Gómez*, Iura 66 (2018) 242.

29 Was nicht ausschließt, dass solche Fälle schon früh vorkamen.

Gruppe der suppletorischen Klauseln[30] lassen sich wohl so auffassen. Doch schon für die severische Zeit ist als Beleg einer solchen Klausel das Reskript C. Greg. 2.IIII.1 Imp. Alexander A. Valeriae Caelestinae mit den Worten ... *si ex iudicio patris supremo quarta filiae non suppletur* anzuführen. In der justinianischen Konstitution C. 3.28.30pr.–§1 (a. 528) sind dann die beiden Fälle *nihil relictum* und *minus relictum* überhaupt geschieden.

Der Hauptbeleg der querelausschließenden Quart, Ulp.-Pap. D. 5.2.8.8, ist Teil einer Gruppe von Texten[31] – überwiegend Quaestionen- und Responsenliteratur –, die untereinander mit dem umstrittenen Problem verbunden sind, wann bei einer Mehrheit von Querelberechtigten die Querel das Testament gesamt reszindiert[32] und wann nur *pro parte*. Die Erklärungen der Literatur[33] dazu sind mit Deutungsschwierigkeiten belastet[34]. Um die unterschiedlichen Konsequenzen in dieser Frage in den Griff zu bekommen, sind die Texte zu scheiden in die Gruppe, wo die querelausschließende Quart vorkommt[35] (D. 5.2.8.8, D. 5.2.19) und wo sie nicht vorkommt (D. 5.2.16pr., D. 5.2.23.2, D. 5.2.17pr.).

Die zweite Quellenmasse, die zu untersuchen ist, setzt mit einer Konstitution von Alexander Severus zu maßlosen Schenkungen ein, überliefert in D. 31.87.3 (Paul. 14 resp.). Sie ist fortgeführt durch die bald folgenden Konstitutionen:

Philipp. C. 3.29.1 (a. 245)
... *ad deludendam inofficiosi querellam paene universas facultates ... factis donationibus ... exhausit ... fecit heredes.*
[eure Mutter hat] ... um der Inoffiziositätsquerel zu spotten, beinahe ihr gesamtes Vermögen ... durch gemachte Schenkungen ... erschöpft ... und euch zu Erben eingesetzt.

Valer./Gallien. C. 3.29.3 (a. 257)
... *cum testamento facto vivi patrimonium suum immensis donationibus exinanisset, inane nomen heredum liberis reliquisset*
... nachdem er nach Testamentserrichtung – noch bei Lebzeiten – sein Vermögen durch

30 Der Erblasser will hier die querelausschließende Quart hinterlassen und er sichert sie ab: sollte etwas auf das Viertel fehlen, so sollen die Erben das Fehlende ergänzen. Unten S. 147–161.

31 Paul. D. 5.2.19 (2. quaest.), Pap. D. 5.2.16pr. (2. resp.) Paul. D. 5.2.23.2 (lib. sing. de inoff. test.); D. 5.2.17pr. (2. quaest.).

32 Gemeint ist die Reszission zum ganzen Einsetzungsteil, wenn der von einem Querelberechtigten verklagte Testamentserbe Teilerbe ist und unterliegt, und Gesamtaufhebung, wenn die Querel eines Querelberechtigten gegen einen Alleinerben durchdringt.

33 Zuletzt eingehend zum Problem: *Gagliardi*, Studi sulle legittimazione alla *querela inofficiosi testamenti* in diritto romano.

34 Übersicht dazu in HRP/*Wimmer* § 55 Rn. 26 m.w.N.; die Frage ist nicht geklärt.

35 Mit assoziierten Texten, in denen ein *inofficiosum dicere* verneint ist.

maßlose Schenkungen leer machte, hat er den Kindern den leeren Namen von Erben hinterlassen.

„Wie beim pflichtwidrigen Testament kann [der Pflichtteilsberechtigte] klagen, dass die Schenkung entkräftet wird", so sagt es noch die *interpretatio* zu Cod. Theod. 2.20.1 (a. 361): *sicut inofficiosum testamentum, ita potest agere ut donatio vacuetur*. Gegen Aufzehrung des Vermögens durch Schenkungen ist in diesen vordiokletianischen Reskripten ein *revocari* vom Geschenkten überliefert, bald auch mit den Worten *ad similitudinem inofficiosi [scil. testamenti] querellae*. Die Literatur nennt die Reskripte eine *querela inofficiosae donationis*, eine der *querela inofficiosi testamenti* hinzugebildete *q.i.d.* Die Reskripte selbst sprechen von einem *revocari ad instar inofficiosi testamenti*[36] oder *ad exemplum inofficiosi testamenti*[37].

Wie weit diese *querela inofficiosae donationis* das Muster der *querela inofficiosi testamenti* wiederholte, ist im Schrifttum umstritten. Ungeklärt geblieben ist, ob die ganze Schenkung entkräft wurde (völlige *revocatio*)[38] oder zum Teil des ganzen Intestaterbteils[39] oder nur zur Quart des Intestaterbteils[40].

Die vordiokletianischen Konstitutionen haben die Beschränkung der „Schenkungsquerel" auf die querelausschließende Quart. Als Bruch in dieser Entwicklung sieht ein Teil der Literatur den Anfangstext Paul. 14 resp. D. 31.87.3[41]. Strittige Deu-

---

36 Diocl./Maxim. C.3.29.8 (a. 294); Diocl./Maxim. C. 3.29.4 (a. 286); Diocl./Constantius Fr. Vat. 270 (a. 293/294).

37 Diocl./Maxim. C. 3.29.6 (a. 286); Diocl./Constantius Fr. Vat. 271 (a. 286); Diocl./Maxim. Fr. Vat. 293; auch *ad similitudinem inofficiosi testamenti*: Const. C. 3.29.9 (a. 361); Const. Cod.Theod. 2.20.1 (a. 361).

38 So *Krüger*, SZ 60 (1940) 84.

39 *Bauer-Gerland*, Erbrecht 120–122; *Zoz de Biasio*, Rimedi 78–105 (Unterscheidung von *petitum* und *causa petendi*: 92f.), zu diokletianischen Konstitutionen: 105–133, 173: „le donazioni … vadano interamente revocate … vengono così ad acquistare l'intera quote virile …"; *Tellegen-Couperus*, RIDA 26 (1979) 399–415 (*pro ratione quartae* sei justinianisch verändert mit *Krüger*: 411–413); *Tellegen-Couperus*, SZ 116 (1999) 614f.; für glaubhaft: *Wesener*, FS Kränzlein (1986) 151. Zuletzt *Tellegen-Couperus*, SZ 116 (1999) 614 (gegen *Sanguinetti*): „… the *qid*, just like the *qit*, could be used to claim the whole share that would have devolved to an heir in case of intestacy".

40 *Sanguinetti*, Dalla querela 15–31; *Kreuter*, Privatrecht im 5. Jh. n. Chr. 132: spätestens seit Diokletian geht die *querela inofficiosae donationis* nur auf die Quart; *Voci*, DER II 728: „non per intero, ma quanto basti per la ricostruzione della *quarta*" (sicher seit Diokletian); *Kaser*, RP I 713; *Kaser*, RP II 521 Fn. 60; *Cervenca*, NNDI XIV 669f.

41 An das Reskript schließt Paul. 14 resp. D. 31.87.4 den Fall an: umfangreiche Schenkungen an einen Sohn, Erbeinsetzung der Frau und aller Kinder (auch des Beschenkten) auf das geringe Restvermögen mit den Anordnungen zweier Prälegate für den Beschenkten und Belastung des Beschenkten mit Geldfideikommissen von Erträgnissen aus den geschenkten Grundstücken (*ex reditibus praediorum, quae donaverat*) zugunsten einer Tochter und eines weiteren Sohns. Der Beschenkte will die Geldfideikommisse falzidisch kürzen. Während die „Schenkungsquerel" sonst gegen den Willen des Erblassers revoziert, hat hier schon der Erblasser selbst mit den Geldfideikommissen für den

tungen, die sonst das Viertel vertreten, nehmen hier ein *revocari* des Intestatteils in den Nachlass an. Noch nicht eindeutig im Sinne der Quart ist Philipp. C. 3.29.1 (a. 245): *utpote quartam partem non habentibus desideratis* (da ihr ja den vierten Teil nicht habt), aber schon deutlicher, wenn man ein *ut finale* versteht, ist Valer./Gallien. C. 3.29.2 (a. 257): *ut tibi quartam debitae ab intestato portionis praestet incolumem* (dass er dir den vierten Teil von deiner Intestatportion ungeschmälert leiste)[42]. Das legt nahe, dass die „Schenkungsquerel" an den Querelausschluss durch die Quart angelehnt gewesen ist, indem die Quart *ad excludendam querellam* bei der *querela inofficiosi testamenti* schon als feststehendes Recht galt (Diocl./Maxim. Fr. Vat. 280 [a. 286]: *ut quartae partis dimidiam, quam ad excludend<a>m inofficiosi querellam sufficere constat, ... revocabit* (so dass [der *praeses provinciae*] die Hälfte des vierten Teils, von dem feststehendes Recht ist, dass er zum Querelausschluss genügt, ... zurückholen wird) – dort ist die Rede davon, dass die Mutter alles dem Bruder schenkte; ein Viertel der *dimidia* wird revoziert.

Für die diokletianischen Konstitutionen besteht ein Meinungszwiespalt mit systematischen Interpolationsannahmen: Die Textteile zur Quart seien nach der Novelle Iust. 115 (a. 542) zurechtgemacht (justinianisch interpoliert)[43] oder nachklassisch glossiert nach dem Muster von Paul. sent. 4.5.7[44], woraus ein eigenständiger Anspruch auf die Quart abzuleiten sei[45], oder echt[46].

Rückfluss von Vermögen gesorgt. Umstritten blieb *Krüger*, SZ 60 (1940) 94, der für Einrechnung der geschenkten Grundstücke in den Erbteil des Beschenkten eintrat. Erwägungen für Anfechtung bis zur Inoffiziositätsgrenze bei *Zoz de Biasio*, Rimedi 89 (mit Beispielsannahme Fn. 17), jedoch wegen Paul. 14 resp. D. 31.87.3 für Rückführung im Umfang der gesamten Intestatquote (90).

42 Für interpoliert noch *Voci*, DER II 729f.: echt erst seit Diokletian.

43 *Zoz de Biasio*, Rimedi 164 mit der Meinung eines gewissen Parallelismus: nach der Nov. 92 sei die *querella inofficiosae donationis*, die davor auf den Intestatteil gegangen sei (125: „L'oggetto della *q.i.dn.* è la quota virile") auf den Pflichtteil reduziert.

44 *Wesener*, FS Kränzlein (1986) 152: nicht justinianisch interpoliert, sondern nachklassisches Glossem übereinstimmend mit Paul. sent. 4.5.7.

45 *Samper*, SD 37 (1971) 99f. sieht hier den Schlüsselmoment „...el momento clave en el proceso evolutivo de la querella", der die justinianische *actio ad supplendam legitimam* vorbereitet habe.

46 Mit *Voci*, DER II 728 nun *Sanguinetti*, Dalla querela 16–31. Für unter Diokletian gefestigte Praxis, vom Geschenkten ein Viertel zu revozieren, schon *Samper*, SD 37 (1971) 96f.

Erster Teil: Die querelausschließende Quart

A. Ihre testamentssichernde Wirkung

§ 1 Severische Rechtssätze

Ein Viertel der Intestatportion zu hinterlassen, war ausreichend ehrend und schloss die Querel aus. Diese Konsequenz ist für das Recht der severischen Reskripte sicher. Sehen wir auf die Datierungen des schon festen Rechtsbestandes zur Querelquart:

> C. Greg. 2.IIII.1 Imp. Alexander A. Valeriae Caelestinae (a. 235)[47].
> *Dos, quae a patre nubenti filiae data est aut in obligatione constituta, in quartam, quam habere ex bonis patris debet, ne inofficiosum testamentum possit accusare, non computatur, quoniam vivente patre bonis eius fuit separata. 1. Imperite itaque introducitur querella cautionis a marito tuo emissae, quasi non omnia tradita ei essent, cum, etsi verum sit quod scriptura continetur, non perimatur querella inofficiosi testamenti, si ex iudicio patris supremo quarta filiae non suppletur, quam intestato patre pro portione sua habere debuit.*

Die vom Vater bestellte Mitgift[48] ist nicht einzurechnen in die Quart, die die Tochter *ex bonis patris* haben müsste, damit sie die Querel nicht hat[49]. Eine *dos profecticia* ist im Vermögen des Mannes und vom Vermögen des Vaters getrennt. Die Tochter ist daher nicht gehindert zu querelieren, wenn sie im Testament ihres Vaters leer ausging oder ihr weniger als das Viertel hinterlassen war.

Eines weiteren Arguments bedurfte es nicht; die vom Mann promittierte Rückstellung der *dos* ändert nichts an der Tatsache, dass die Mitgift *vivente patre bonis eius fuit separata* (zu Lebzeiten des Vaters von seinem Vermögen getrennt) war. Das Testament des Vaters hatte zwar eine Ergänzungsklausel enthalten, solange diese aber nicht erfüllt war, war die Querel nicht ausgeschaltet: *non perimatur querella ... si ex iudicio patris supremo quarta filiae non suppletur* (die Querel wird nicht „weggenommen", wenn nach dem letzten Willen des Vaters die Quart für die

47 FIRA II 657f.

48 Ob als *dotis datio* oder *dotis dictio* bestellt, macht keinen Unterschied: *quae data est aut in obligatione constituta.*

49 Zum Gebrauch von *accusare* im Sinne von *accusare ut inofficiosam voluntatem patris* siehe weitere Belege bei *Renier*, Querela 135: „L'expression ... n'existe que chez Paul et Ulpien". Zu oben ist Papinian D. 38.16.16 (12 resp.) zu erwähnen: *Pater instrumento dotali comprehendit filiam ita dotem accepisse, ne quid aliud ex hereditate patris speraret*: ...: Der Vater hat in der Dotalurkunde zum Ausdruck gebracht, die Tochter habe die *dos* so empfangen, dass sie nichts anders mehr aus der Erbschaft erwartete (erwarten konnte). Diese Möglichkeit bestand also schon.

Tochter nicht ergänzt wird). Der Text erweckt den Eindruck, dass suppletorische Klauseln als ein Sicherungsinstrument des Testaments schon Praxis gewesen sind.

Der Rechtssatz aus dem Jahr 235 ist aus einem kurz davor ergangenen Reskript wiederholt.

> C. Greg. 2.IIII.2 Imp. Alexander A. Valeriae Rufinae (a. 223).
> *Si ex voluntate patris, qui tres ex se natos reliquit heredes, tertiae portionis quarta ad te sine ulla diminutione pervenire non potuit, inofficiosi testamenti accusationem instituere non prohiberis. In qua tamen parte ea quae ante a patre filiae in dotem data sunt non placet computari, quae etiam in bonis mariti sunt et a patrimonio patris vivente eo separata fuerunt.*
> Wenn nach dem Willen des Vaters, der drei von ihm gezeugte Erben[50] hinterlassen hat, die Quart von der Drittel-Erbportion nicht ohne irgendeine Minderung an dich gelangen konnte, so bist du nicht gehindert, die „Anklage" gegen das pflichtwidrige Testament zu erheben. In diesen Teil aber ist das, was zuvor vom Vater der Tochter zur Mitgift gegeben worden ist, unserer Meinung nach nicht einzurechnen, was auch im Vermögen des Mannes ist und vom Vermögen des Vaters zu seinen Lebzeiten getrennt gewesen ist.

Die Tochter ist nicht gehindert zu querelieren, wenn sie, als eines der drei leiblichen Kinder des Vaters, ein Viertel von ihrem Drittel (von ihrem Intestatteil) nicht *sine ulla diminutione* erlangte. Schon irgendeine Minderung der Quart schließt die Querel nicht mehr aus. Hier ist noch hinzugesagt[51], dass die vom Vater der Tochter bestellte *dos* nicht quartbildend wirkt.

Auch noch die Interpretatio dazu ist lehrreich. Die Vermischung des Namens mit der Falzidia soll dort nicht stören.

> *Interpretatio. Si pater pro filia dotem tradiderit aut certe genero pro ipsa dote fecerit cautionem vel se promissionis vinculo obligaverit et mortis tempore Falcidiam filiae pater de his rebus quae mortis tempore dereliquit non dimiserit, de inofficioso patris testamento agere filia non prohibetur, quia illud, quod pro ea a patre in dotem datum est aut promissum, in Falcidia non poterit imputari. Nam ea, quae pater vivus in dotis condicione aut promiserit*

50 Oder prädikativ: drei von ihm gezeugte (Kinder) als Erben hinterlassen hat.

51 *Tamen* beim Relativ: „in den Teil aber/freilich ist das, was zuvor vom Vater der Tochter zur Mitgift gegeben worden ist, unserer Meinung nach nicht einzurechnen". Das Reskript unterscheidet sich nur wenig vom späteren Reskript aus dem Jahr 235; *quarta ad te sine ulla diminutione pervenire non potuit*: das vom Vater der Tochter letztwillig hinterlassene Viertel vom Drittel war nicht lastenfrei; eine Ergänzungsklausel fehlte und ihr war eine *dos profecticia* bestellt. Im Reskript aus dem Jahr 235 ging es dagegen in der Hauptsache um die Frage des *computare* der *dos profecticia* in die Quart. Beide Male also Fälle von *minus quarta relicta*.

aut tradiderit, de bonis eius antequam moreretur discessisse et alienata esse noscuntur. Similis erit et de sponsalicia donatione condicio.[52]

C. Greg. 2.IIII.2 und C. Greg. 2.IIII.1 haben mit Modestin D. 5.2.11 noch den älteren Rechtssatz, dass die *dos* nicht in die Quart einzurechnen ist[53]. Die Änderung könnte schon für die diokletianische Zeit mit C. 3.29.6 (a. 286) im Zusammenhang mit den Reskripten auf *revocari* anzunehmen sein[54], wo die *dos* schon erwähnt ist, und nicht erst durch die *collatio dotis* in den Konstitutionen von Leo C. 6.20.17 (a. 472) und Zeno C 3.28.29 (a. 479)[55]. Der Umschwung in der Rechtslage, was die Einrechnung der väterlichen *dos* betrifft, ist in den Konstitutionen zur Querel am deutlichsten bei Zeno C. 3.28.29.1 zu lesen mit *verum etiam in quartam partem ad excludendam inofficiosi querellam tam dotem datam quam ante nuptias donationem ... volumus imputari*[56]. CTh. 4.2.1 (a. 396) spricht schon von Vermischungen mit dem väterlichen Vermögen (*dotem miscere paternae substantiae*)[57]. Als Entwicklung lassen sich zwei Vorlagen annehmen: Erst nachdem man es so denken konnte, eine übermäßige *dos* in den Nachlass zu ziehen, bereitete auch sonst ein *imputari* der *dos* in die querelausschließende Quart kein Problem mehr. Das war erst möglich, nachdem sich an das Muster der Querel die Reskripte auf *revocari* anschlossen[58], um übermäßige Schenkungen wieder in den Nachlass zu ziehen, und mit diesen Reskripten lag eine Vorlage auch für die übermäßige *dos* vor (Constantius C. 3.30 [a. 358] ... *ad exemplum inofficiosi testamenti adversus dotem immodicam ...* – der Zwischenschritt der Reskripte auf *revocari* ist in dieser Konstitution nicht mehr erwähnt). Nun also wieder ein Muster, an das sich auch die Fälle der *donatio ante*

52 FIRA II 658.

53 Vgl. *Voci*, DER II 677 mit Fn. 35.

54 Vgl. dazu das Schol. Καὶ ἡ πρὸ ad B. 39.1.53 (Sch. B VI 2341; Hb. IV 38).

55 Doch so *Glück*, Commentar, 7. Theil, 1. Abth. 94f. Fn. 38 und *Blunschtli*, Erbfolge 170.

56 „... aber auch dass ebenso die Mitgift wie auch die vor der Eheschließung gegebene Schenkung in die Quart einzurechnen ist, um die Inoffiziositätsquerel auszuschließen, wollen wir" mit dem Beisatz *si ex substantia eius profecta sit, cuius de hereditate agitur*, wenn es aus der Substanz seines Vermögens herkommt.

57 *Samper*, SD 37 (1971) 114 mit den Interpretationentexten ITh. 4.2.1 *dotem ... hereditatae paternae confundat* und ITh. 5.1.5 *dote in hereditatem confusa* zu CTh. 5.1.5 (a. 369) *mixtis dotibus*.

58 Zu den Texten und Gang der Entwicklung im einzelnen unten S. 191–264.

nuptias[59] anlehnen konnten (*ad similitudinem dotis*)[60]. In C. Greg. 2.IIII.2, C. Greg. 2.IIII.1 und Mod. D. 5.2.11 konnte es noch nicht um die übermäßige *dos* gehen, also nicht um den Fall, dass wegen der väterlichen *dos* an die Tochter den anderen Kindern nicht das Viertel verblieb, sondern um die andere Frage, ob die vom Vater herkommende *dos* in das der Tochter hinterlassene Viertel einzurechnen ist, um die Tochter von der Querel auszuschließen.

Die zwei Textteile der beiden severischen Reskripte, C. Greg. 2.IIII.2 *vivente patre bonis eius fuit separata* und C. Greg. 2.IIII.1 *a patrimonio patris vivente eo separata*, charakterisieren die querelausschließende Quart[61] gerade durch ihre Abgrenzung: Die Quart muss, um die Querel auszuschließen, aus dem väterlichen Vermögen stammen und als *ex iudicio supremo* zugewendet gelten[62].

Der Text eines verfehlten Querelausschlusses in C. Greg. 2.IIII.2 (a. 223), nämlich ein Fall von *minus quarta relictum*, belegt durch die Wortfolge *Si … quarta ad te sine ulla diminutione pervenire non potuit*, zeigt, dass sich die Reskriptpraxis in der severischen Zeit mit solchen Fällen zu befassen hatte[63].

Ein auf das Todesjahr Papinians datiertes Reskript belegt die querelausschließende Quart mit einem ähnlichen Problem: Hinterlassenes Viertel schlösse die *filii* vom *testamentum inofficiosum dicere* aus; dies wird geprüft, wenn fraglich ist, ob sie querelieren können:

---

59 Mit der Konstitution Konstantins I. im Jahr 319 (CTh. 3.5.2) ist die Schenkung an den Verlobten rückforderbar, wenn es am Beschenkten lag, dass die Ehe nicht geschlossen wurde, in Abkehr von der Meinung der *veteres*: Dazu *Kleňová*, Schenkung 212f. und eingehend zum Bericht Justinians Inst. 2.7.3, wonach erst die „jüngeren Kaiser" diese *donatio ante nuptias* (Schenkung vor der Ehe) eingeführt hatten, die den *veteres* als *donatio inter sponsum et sponsam* jedoch nur als eine endgültige Zuwendung bekannt war. *Kleňová* vermutet als einen der bei Justinian genannten „jüngeren Kaiser" Alexander Severus im Jahr 222, später die Kaiser Carus, Carinus und Numerianus im Jahr 283 oder 284.

60 In der Konstitution von Leo C. 6.20.17 (a. 472) steht … *dos vel ante nupitias donatio ex substantia eius profecta conferatur* … nebeneinander. Die Konstitution von Zeno C. 3.28.29pr. (a. 479), die sich auf die Konstitution von Leon beruft, sagt …*ante nuptias donationem a filio conferri ad similitudinem dotis quae a filia confertur.*

61 Die spätere Konstitution von Diokletian und Constantin in Fr. Vat. 280, parallel überliefert in C 3.29.7 (a. 286), bezieht sich zwar auf die Schenkungsquerel, gibt aber einen Rückblick auf die Testamentsquerel mit der dort schon feststehenden Rechtsanschauung (*constat*) einer querelausschließenden Quart, *quam ad excludendum inofficiosi querellam adversum testamentum sufficere constat*: So emendiert in FIRA II 525; es müsste *excludendam* heißen.

62 Deswegen kann auch nach der Interpretatio die Mitgift in die *Falcidia*, das heißt in die querelausschließende Quart, nicht eingerechnet werden: *de bonis eius antequam moreretur discessisse et alienata esse noscuntur.*

63 Da solche Fälle eine Rolle gespielt haben, kommt umgekehrt bei *qui non queritur* in D. 5.2.8.8 auch ein solcher Fall in Frage (einer, der weniger als das Viertel hat, aber *nicht* klagt). Dazu oben im Folgenden.

C. 3.28.6: Imperator Antoninus Aurelio Pontio Ingenuo (25/20 Juni 212, Rom/Honoré 258/4[64])
Cum quaeritur, an filii de inofficioso patris testamento possint dicere, si quartam bonorum mortis tempore testator reliquit, inspicitur.
Wenn gefragt wird, ob Kinder wegen pflichtwidrigen Testaments des Vaters [etwas] vorbringen können, wenn der Testator die Quart seines Vermögens zur Zeit des Todes hinterlässt, so prüft man das (sieht man sich das genauer an).

Schon bei Papinian findet sich, welche Konsequenz die *quarta ad excludendam querellam* für die Querel eines anderen hat.

D. 5.2.8.8 (Ulpianus 14 ad ed.)
Quoniam autem quarta debitae portionis sufficit ad excludendam querellam, videndum erit an exheredatus partem faciat qui non queritur: ut puta sumus duo filii exheredati. et utique faciet, ut Papinianus respondit, et si dicam inofficiosum, non totam hereditatem debeo, sed dimidiam petere. proinde si sint ex duobus filiis nepotes, ex uno plures, tres puta, ex uno unus: unicum sescuncia, unum ex illis semuncia querella excludit.
Da ja aber die Quart der geschuldeten [Erb-]Portion genügt, um die Querel auszuschließen, wird zu prüfen sein, ob der Enterbte, der nicht klagt, einen Teil macht: wie etwa, stell dir vor, wir sind zwei enterbte Söhne; und jedenfalls wird er einen Teil machen, wie Papinian respondiert, und wenn ich [das Testament] als pflichtwidrig behaupte, so darf ich nicht die ganze Erbschaft, sondern die Hälfte herausverlangen. Daher, wenn von zwei Söhnen Enkel da sind, von einem mehrere, stell dir vor, drei, vom anderen einer, schließt den einzigen $^1/_8$, einen von jenen [dreien] $^1/_{24}$ von der Querel aus.

Aus dem Motiv der einleitenden Begründung, dass ein Viertel genügt, um die Querel auszuschließen (*quoniam autem*[65] *quarta debitae portionis sufficit ad excludendam querellam*), ist zu erschließen, dass der exheredierte *qui non queritur* die Quart hatte[66] (jedoch strittig[67]). Fraglich war, wie sich dies auf die Querel des anderen Enterbten auswirkt; *ut puta* bringt dazu das Beispiel: zwei Söhne sind enterbt (*duo filii exheredati*), einer ist *exclusus* durch die Quart und ein *extraneus* ist eingesetzt.

64 Die erste Zahl steht für die Nummer in der Palingenesia of Latin Private Rescripts von *Honoré*, die Zahl nach dem Schrägstrich für die Nummer des Sekretärs.

65 „Da ja aber", ein auf der Hand liegender Grund: ein Hinweis auf eine offenbar anerkannte Praxis.

66 Sonst hätte auch die *quoniam*-Satzfolge keinen Sinn. Zutreffend schon *Koeppen*, Erbrecht 662 Fn. 1 „... seine beiden Söhne enterbt, aber dem einen hat er den Pflichtteil hinterlassen und dadurch die Querel für ihn nach Pandektenrecht ausgeschlossen ...". Man sollte allerdings nicht technisch von einem „Pflichtteil" sprechen, die querelausschließende Quart ist dies nicht.

67 *Gagliardi*, Legittimazione 96: „... nessuno di essi avesse ricevuto neppure per legato o per altra via la quarta legittima."

Durch die Quart (ein Viertel des Intestatteils, im *duo filii*-Beispiel also ein Achtel der Erbschaft) ist das Testament zur Intestatportion des Ausgeschlossenen, somit zur Hälfte, gesichert. Der andere *filius*, der die Quart nicht hat, kann somit nur noch auf die Hälfte querelieren, zur anderen Hälfte bleibt es bei der *institutio heredis* des *extraneus*. Mit den Worten *non totam hereditatem debeo, sed dimidiam petere*[68] ist als Konsequenz der testamentssichernden Wirkung der querelausschließenden Quart die Querel auf die Hälfte gekürzt. Wir dürfen dem Textteil wohl auch entnehmen, dass die Querel hier das *petere* in sich schloss (doch ist dies strittig)[69].

Auf die Frage *an exheredatus partem faciat, qui non queritur*, ob der Ausgeschlossene dem Querelierenden einen Teil macht, antwortete das Responsum Papinians *et utique faciet* (und jedenfalls wird er ihm [mit seinem Intestatteil] einen Teil machen). Dasselbe, nur nun als Folge, sagen die Worte *non totam ... sed dimidiam petere*: es kommt zur Teilreszission (und nicht zur Gesamtreszission); der nicht Querelierende, der das Viertel hat, kürzt die Querel[70] des Anderen (er macht ihm mit seinem Intestatteil einen Teil) und im Umfang der Intestatportion des *exclusus* ist das Testament „sicher“[71]. Die innere Begründung dafür wird noch aus weiteren Quellen hervorzukehren sein: Soweit einem Querelberechtigten aus seinem Intestatteil ein Viertel verbleibt, schaltet die Quart im Umfang dieses Intestatteils ein *inofficiosum dicere testamentum* aus[72].

---

68 *Ribas-Alba*, desheredación 240, 285, 296 („parcialmente interpolado“) für nachklassischen Einschub (störender Textteil einer Teilreszission; klassisch sei nur Gesamtreszission); interpoliert nach *La Pira*, successione contro 457. *Petere* ist echt mit *Marrone*, Querela 150f., weil die Querel ein Typ der *hereditatis petitio* sei; *Voci*, DER II 693, *di Lella*, Querela 205f.; *Sanguinetti*, Dalla querela 51f.; *Gagliardi*, Decemviri 359.

69 So mit dem Textteil *et si dicam inofficiosum* rell. bis *petere*: wenn ich den Inoffiziositätsvorwurf erhebe, darf ich (neben einem durch das Viertel ausgeschlossenen Noterben) nicht die ganze Erbschaft, sondern nur die Hälfte in Anspruch nehmen, technisch: herausverlangen. Der stärkste Beleg für ein *petere* mit der Querel scheint mir die Eviktion mit der Querel in Paul. 3 resp. D. 5.2.21.2 zu sein: (*evicta hereditate per inofficiosi querellam*). Vgl. bereits *Renier*, Querela 185–206: die Querel ist nicht trennbar von der *hereditatis petitio* (noch pointierter 185, sie sei „toujours une pétition d'hérédité“). Für diese Auffassung Papinians spricht Pap. 2 resp. D. 5.2.16.1: *restituere* im Querelprozess (*hereditatem ... cum fructibus restitui necesse est*); ferner Sev./Anton. C. 3.31.3 (a. 205): die Querel ist eine *hereditatis petitio ex alia causa*, konkurrierend mit anderer *hereditatis petitio* (*ex alia causa vindicanti*); Textübersicht weiterer Stellen zu *vindicare* mit der Querel bei *Renier*, Querela 237–240.

70 So sagt es auch B. 39.1.8.8 (Sch. A V 1761; Hb. IV 13): Ὁ μὴ κινῶν μειοῖ τὸ μέρος τοῦ κινοῦντος (der Nicht-Klagende verringert/kürzt den Teil des Klagenden); dazu noch unten S. 55.

71 Vom Fragment nicht berührt ist auf eine Variante hinzuweisen: Hätte etwa von zwei Enterbten keiner die Quart und querelierte nur einer, so ist der Umfang der Reszission dadurch bestimmt, ob ihm im Zeitpunkt des Urteils der andere *ab intestato* konkurriert (dann Teilreszission) oder der andere nicht mehr *ab intestato* berufen ist (dann Gesamtreszission). Dazu unten die Belege Pap. D. 5.2.16pr.; Paul. D. 5.2.32.2; Paul. D. 5.2.17pr.

72 Hätten beide Söhne die Quart, wäre das Testament zur Gänze sicher. Ein *inofficiosum dicere* wäre dann beiden durch das Viertel genommen.

Das Responsum ist nur bruchstückhaft exzerpiert. Sicher zitiert ist *et utique faciet* und zumindest sachlich entnommen ist das Textstück *an exheredatus partem faciat, qui non queritur*. Ziemlich sicher ist auch die Quartthematik für das Responsum anzunehmen[73], da es sonst unverständlich wäre, dass Ulpian das Responsum hierfür heranzieht.

Ich glossiere die weiteren Textstücke, wie sie aufzufassen sind: *qui non queritur* (der nicht klagt): Darin kann ein erweiterter Fall liegen, der im Responsum aus wertender Erwägung offengelassen wurde; mit *qui non queritur* kann gemeint sein: a) der, der die Quart hat und nicht klagt (Fall des Querelausschlusses durch das volle Viertel), wird jedenfalls (*utique* im bekräftigenden Sinn) dem anderen einen Teil machen. Darin mit eingeschlossen kann auch der Fall b) erwogen worden sein: sei er auch einer, der, selbst wenn er weniger als die Quart haben sollte[74], nicht klagt (ein Fall des *minus quarta relictum* bei *non queri*); so passt *qui non queritur* vielleicht noch besser[75]. *Et utique faciet* (und jedenfalls wird er ihm einen Teil machen[76]) meinte dann: Ob er die Quart ganz oder doch nicht ganz hat, ist im Fall eines *non queri* bedeutungslos[77]; wenn er bei *minus quarta relictum* nicht klagt, sichert der Anschein der Quart gleichwohl das Testament im Umfang seines Intestatteils.

Welchen Standpunkt der Querelierende eingenommen hat, ist nur hypothetisch zu erschließen. Im Scholion Ἐπειδὴ φθάσαντες ad B. 39.1.8 (Sch. B VI 2308; Hb. IV 13) – auf das unten noch genauer einzugehen ist – steht dazu zu lesen:

> *… λέγων ὅτι ὁ ἐξνερεδάτος μου ἀδελφὸς οἷα δὴ γεγονὼς ἐξνερεδάτος καὶ ἐφησυχάζων τετελευτηκέναι δοκεῖ, καὶ μόνος εἰμὶ τοῦ κατοιχομένου παῖς. μόνον δὲ με ὄντα δίκαιόν ἐστι, φησί, τὸ νόμιμον ἔχειν ποστημόριον.*

73 Jedoch strittig: Siehe unten zur Rekonstruktion von *Gagliardi*, S. 66–68.

74 Wie vielleicht der Querelierende behauptete, um vorzubringen, dass das Testament gar nicht gesichert sei.

75 „Der nicht klagt" ist ein stilles Indiz für diese Annahme, indem mitzuhören ist: „klagen könnte, es aber nicht tut". Ob sich der Fall wertend mit der Anerkennung des letzten Willens berührt, wonach der *qui* durch *non queri* zu verstehen gibt, dass er sich mit dem Hinterlassenen begnügt, ist unsicher. *La Pira*, successione contro 458, spricht dem „testo originale" den Sinn zu „coloro che non vogliono o non possono intentare la querella" (die, die nicht klagen wollen oder können), interpretiert dies jedoch so, dass diese in der Intestatsukzession (nach Gesamtreszission) mitzählten. Doch ist der Quartthematik viel näher, so zu verstehen: „die, die bei *minus quarta relictum* nicht klagen wollen oder bei *quarta relictum* nicht klagen können".

76 *Utique* bildet bekräftigend „einen Gegensatz zu möglicherweise, vielleicht": so *Menge*, Syntax und Stilistik 322 (Frage 483, 3); *Menge, Burkard, Schauer*, Syntax und Semantik 235; *Leuman-Hofmann-Szantyr*, Lateinische Grammatik 2, 492f.: „steigernd = auf alle Fälle, unbedingt"; zwei Mal ist die Aussage bekräftigt, einmal durch *quoniam* und dann durch *utique*.

77 Wenn unstrittig dem *qui* etwas hinterlassen ist und er nicht klagt.

[Der andere der Söhne … will… das andere Achtel haben] indem er vorbringt, dass mein enterbter Bruder, da er ja ganz offenbar enterbt und einer ist, der nichts unternimmt (= nicht klagt), tot zu sein scheint und ich allein der Sohn des Verstorbenen bin. Indem ich der einzige bin, ist es gerecht, sagt er, die *legitima* [den gesetzlichen Teil] zu haben.

Legitima (τὸ νόμιμον) ist byzantinisch zurecht gemacht; für das Fragment ist aufzufassen: sei es gerecht, dass ich die ganze Erbschaft habe.

Das Argument, wer nicht klagt, sei für tot zu halten und zähle in der Intestatsukzession nicht mit[78], ist nicht die einzige denkbare Auffassung des im Fragment zurückgewiesenen Standpunkts. Der Fall eines *qui non queritur* kann gerade dann, wenn er nicht das volle Viertel hat, einen Grenzfall zur Ausschlagung des Intestatteils bilden. Es existiert eine andere Fallreihe zu *non queri*, wenn keine Quart hinterlassen ist (*nihil relictum*), die bei Paul. D. 5.2.23.2 überliefert ist[79].

Wer endgültig nicht quereliert, schlägt dadurch seinen Intestatteil aus, der dem Intestatteil des Querelierenden anwächst, so dass dessen Querel gesamt reszindiert[80]. Für das Responsum ist also auch in Betracht zu ziehen, dass der Querelierende meinte, bei *minus quarta relictum* sei das *non queri* schon wie ein Fall der Ausschlagung und Anwachsung zu sehen, so dass seine Querel gesamt reszindiere. Ulpian exzerpiert daraus vereinfachend nur die Konsequenz, dass die Quart die Querel des anderen auf Teilreszission kürzt.

Das Grundschema der *duo filii exheredati*, von denen einer die Quart hat, lässt sich, um das leitende Prinzip klar zu machen, modellhaft erweitern, etwa bei drei enterbten *filii*: Hat f1 die Quart ($^1/_{12}$), so ist im Umfang seines Intestatteils von einem Drittel ein *inofficiosum dicere testamentum* ausgeschaltet und die Querel der anderen (oder auch nur e i n e s anderen) kann das Testament nur zu zwei Drittel reszindieren. Ist zudem auch dem f2 die Quart hinterlassen, so ist die *institutio* des Erben zu zwei Drittel durch ein *inofficiosum dicere testamentum* nicht mehr angreifbar und die Querel des anderen reszindierte nur noch zu einem Drittel. Von *non queri* infolge Quart profitiert in Fr. 8.8 der Testamentserbe und nicht der ohne Quart Exheredierte, der quereliert.

Die Textfortsetzung (wohl nun wieder Ulpian) *et si dicam inofficiosum* rell. (und wenn ich behaupten will, dass [das Testament] pflichtwidrig ist), sagt konsequent, dass es von vornherein nur aussichtsreich ist, auf die Hälfte zu klagen und nicht auf das Ganze, wenn der andere durch die Quart *exclusus* ist. Den *quoniam*

---

78 Nicht heranzuziehen ist hier Ulp. D. 37.8.1.5: Bei der *bonorum possessio* eines Übergangenen (*omissus*) zählt der Exheredierte nicht mit, er ist für tot zu halten (*pro mortuo habetur*).

79 Nämlich die Fälle: *agere*, und dann die Klage nicht fortsetzen, und *tempore exclusus* (die Querel verjähren lassen). Dazu unten S. 104–108.

80 Auch dies wäre somit ein plausibler Standpunkt des Querelierenden.

rell.-Gedanken des Anfangs setzt Ulpian im *proinde*-Satz fort für den Fall von Enkeln[81]. Der oben schon begonnene Beispielsfall *puta ... duo* ist so erweitert: Beide Söhne sind vorverstorben, ein *filius* hinterlässt drei Kinder und der andere ein Kind. Wie viel ist dann den Enkeln zu hinterlassen, um die Querel auszuschließen? Die querelausschließenden Bruchteile errechnen sich so: Nach den (vorverstorbenen) zwei Söhnen ist von zur Hälfte geteilten Intestatberufungen auszugehen. Die eine Hälfte nach dem Sohn, der drei Enkel hinterlässt, teilt sich weiter in drei Teile, somit für jeden der drei Enkel $^1/_6$ (Intestatportion), davon die Quart (¼ von einem $^1/_6$) errechnet $^1/_{24}$. Das heißt *semuncia* ($^1/_{24}$) schließt einen der drei Enkel von der Querel aus, und alle drei Enkel zusammen $^3/_{24}$ = *sescuncia* = $^1/_8$, oder wie die Zählung mit Zwölfteilen es ausdrückt, die Gruppe der drei Enkel zusammen sind mit 1½ Zwölfteile ($^1/_{12}$ und $^1/_{24}$ = $^3/_{24}$) von der Querel ausgeschlossen. Für die *tres*-Gruppe ist die Frage für *unum ex illis* mit *semuncia* beantwortet. Und den anderen Enkel, der vom anderen *filius* abstammt, schließt $^1/_8$ (¼ von ½, so wie schon den Sohn) von der Querel aus und sichert damit das Testament zu ½.

Das Fragment des Ulpian ist damit in der Thematik der querelausschließenden Quart von oben *quoniam* rell. an bis unten *excludit* lückenlos durchgebildet. Eine behauptete Lücke vor *ut puta*, die neuerdings *Gagliardi* annimmt[82], indem er dort den Einschub eines Falls vermutet, der mit der Quart nichts zu tun hatte, können wir nicht feststellen[83].

Andere Deutungen des Fragments sprechen sich für folgende Erklärungen aus: *Voci* will in Fr. 8.8 erkennen, dass bereits die Existenz eines anderen Noterben die Aktivlegitimation zur Querel begrenzt[84], „è la presenza del coerede che determina la quota, non la sua accettazione: *exheredatus qui non queritur partem facit*". Wir werden unten noch sehen, dass dies byzantinisch entlehnt ist. Fixierte bereits die Existenz von Noterben die Querellegitimation, so bereiten die Belege zur Akkreszenz Schwierigkeiten.

Ähnlich interpretiert *La Pira*[85], sich dieses Problems bewußt: Bei der Berechnung des heraus zu verlangenden Teiles habe man nach abstrakter oder konkreter Konkurrenz unterschieden[86]: Der *qui non queritur* konkurriere abstrakt (schränke

81 Ein vermutlich für die Testierpraxis (oder Schule?) gebildetes Schema.

82 Legittimazione 111–113.

83 Eine ausführliche Begründung dafür ist unten bei der Darstellung des Scholions Ἐπειδὴ φθάσαντες ad B. 39.1.8.8 (Sch. B VI 2308; Hb. IV 13) zu geben, aus dem *Gagliardi* seine Auffassung entwickelt.

84 DER II 693: „Secondo l'opinione di Papiniano, seguita anche da Ulpiano, la presenza del coerede diminuisce la quota che spetta all'altro e limita la sua legittimazione ad agire."

85 Successione contro 564–567.

86 Successione contro 564: „la portio, la quarta parte della quale „sufficit ad excludendam querellam", è quella che è prevedibile in astratto al momento della morte del testatore". Pertanto, a determinare questa portio concorrono tutti i successibili ab intestato di pari grado, anche se costoro, in concreto, non intendessero concorrere con gli altri, ...".

abstrakt auf die Hälfte ein). Mit der (hier verneinten) Akkreszenz passe dies so zusammen, dass der, der die Quart hat, in einem negativen Sinn ein Ausschlagender sei: „il legittimario che ebbe la debita portio, si trova nella condizione stessa, in senso negativo, di un rinunziante" (er habe das Recht zum Viertel, aber nicht auf mehr: „egli ha diritto di trattenere la quota avuta, ma non ha diritto di richiedere più altro"[87]). Dort ist damit offenbar gemeint: Die Akkreszenz sei daher in Fr. 8.8 vermieden und das *petere* gehe konkret nur auf die Hälfte. Für echt hält *La Pira* den Anfang *quoniam* bis *Papinianus respondit* und streicht [*et si dicam inofficiosum non totam hereditatem debeo, sed dimidiam petere*][88]. Der „testo originale" habe gemeint, dass die, die nicht klagen wollen oder nicht klagen können „fanno numero, ma al solo fine della computazione della porzione debita"[89]. Die nachklassische Entwicklung zeige Gesamtreszission, von der alle Intestaterben profitierten, auch die, die nicht klagten[90]. „In via di eccezione" dieses Prinzips habe man aber zugelassen, dass die, die *repudiantis animo* nicht klagten, für schon tot zu halten und von der Intestatsukzession ausgeschlossen seien. Die Unterscheidung zwischen *simpliciter* (schlicht) nicht klagen und nicht klagen *repudiantis animo* sei nicht ausdrücklich erwähnt, aber mitzuverstehen („essa vi è, tuttavia, sottintesa"), wie das lange Scholion des Stephanos beweise[91].

Deklariert byzantinisch aus dem Scholion Ἐπειδὴ φθάσαντες ad B. 39.1.8.8 (Sch. B VI 2308; Hb. IV 13) entnommen entwickelt *Gagliardi* für Fr. 8.8 die generelle Hypothese einer von vornherein auf den Intestatteil begrenzten Aktivlegitimation (und prinzipeller Teilreszission), unabhängig von der Quart-Thematik[92]. Es frage sich, ob der Intestatteil dessen, der nicht klage, dem Teil des Querelierenden anwachse oder der Klagende auf seinen Intestatteil beschränkt bleibe[93]. Zur Anwachsung komme es n u r, wenn sich ein *animus repudiantis* zeige, der Wille eines Querelberechtigten gleichen Grades, seine Querel auszuschlagen[94]. In allen anderen Fällen (eines bloßen Untätigbleibens des Anderen) bleibe es dabei, dass der Querelierende nur seinen Intestatteil bekomme. So sei Fr. 8.8 zu verstehen, wie

87 Successione contro 566.

88 Successione contro 457.

89 Successione contro 458.

90 Successione contro 456: „quindi, anche a coloro che non vollero o non poterono intentarla" [scil. la querella].

91 Successione contro 458.

92 Legittimazione 27 (dort ist die ipotesi modellhaft erläutert). Durch Abtrennung vom ersten Satz zerstört *Gagliardi* den Konnex mit der Quart. Eingehender dazu unten S. 62; 66–68.

93 *Gagliardi*, Legittimazione 61ff.

94 *Gagliardi*, Legittimazione 78 und 80, dort als Gesamtbild der dafür herangezogenen Quellen.

dies auch der Scholiast nach dem Kriterium „schlicht nicht klagen/nicht klagen mit dem Willen auszuschlagen" unterschieden habe[95].

Ribas-Alba sieht *et si dicam inofficiosum, non totam hereditatem debeo, sed dimidiam petere* als verändert an (nachklassischer Einschnitt)[96]; das Textstück sei zu eliminieren (weil es zur These der prinzipiellen Gesamtreszission nicht passt). Die Streichung kommt schon bei *Faber* vor (weil der Anfang und Schluss von Fr. 8.8 nur von der Berechnung des Pflichtteils handele), worauf *Francke*[97] (der *et si dicam* bis *dimidiam petere* hält) hinwies.

Francke[98] erklärt Fr. 8.8 aus dem Gedanken, dass der Pflichtteil ein Teil der Intestaterbportion ist. Wird der Enterbte mitgezählt, um die Intestatportion des Berechtigten zu bestimmen, verringere sich diese durch das Mitzählen des Enterbten. Dort weiter erhellend: „Da den Enterbten ein Viertheil seiner Intestaterbportion ... von der Querel ausschließt, so fragt sich, ob das Dasein dieses Enterbten von Einfluß ist auf die Querel eines anderen ... . Dies ist zu bejahen, und der Andere kann ... nur die Hälfte ... vindiciren ..."[99]. Das Deutungsspektrum weiterer Stimmen reicht von „reinem Berechnungsproblem" des mit der Querel herauszuverlangenden Intestatteiles[100] bis zur Sichtweise, dass es doch eher darum ging, das Testament durch die Quart unangreifbar zu machen[101].

---

95 Dazu eingehender unten S. 61–64.

96 *Ribas-Alba*, Iura 39 (1988) 78, und desheredación 240f. (nachklassischer Einschnitt), 296 (partiell interpoliert).

97 Notherben 213. Gegen *Anton Faber* und Weitere auch *Glück*, Commentar, 7. Theil, 1. Abth. 424.

98 Notherben 213–216.

99 Notherben 214. Lesenswert noch 216 (Überblick über die ältere Literatur) zur „endlosen Meinungsverschiedenheit" über die Frage, ob der, welcher bei Lebzeiten auf die Erbfolge verzichtet, bei der Berechnung des Pflichtteils noch mitzählt.

100 Vorwiegend ältere Stimmen: *Glück*, Commentar, 7. Theil, 1. Abth. 61 (da der Pflichteil nur ein Teil der Intestatportion ist, muss nach Stämmen berechnet werden, dazu Fr. 8.8 zitiert S. 62 und 422–425: Bei der Berechnung des Pflichtteils wird auch das enterbte Kind mitgezählt, „eben so, als ob es mit Antheil nähme". Und dann unser Fall: „Hier entsteht die Frage, ob auf das andere enterbte Kind, welches auf den Pflichttheil gesetzt ist, und daher nicht klagen kann, Rücksicht zu nehmen sey? (an is, qui queri non potest, querenti partem faciat?)". Dann fügt *Glück* noch die Deutung des Scholiasten aus den Basiliken Lib. 39. Tit. 1 an (eingehender dazu unten). *Bluntschli*, Erbfolge 166: „Alle Personen, welche zur gleichen Zeit in der Intestatsuccession berufen sind, werden mitgerechnet, selbst wenn sie enterbt sind, und keinen Versuch zur Klage machen". *Unzner*, querela 85: „Zuzugeben ist, daß die Stelle nicht von den Folgen des Sieges in der Querel, sondern von der Größe und Berechnung der Querel handelt".

101 *Di Lella*, Querela 206f.: (Teilreszission sei echt). Die Entscheidung sei interessant im Punkt, die „quantità minima" zu bestimmen „– pari alle quarta parte della quota *ab intestato* (*quarta debitae portionis*) – la cui attribuzione rende inattaccabile il testamento" (207). *Sanguinetti*, Dalla querela 51: „La quarta dunque non era misura di un diritto spettante al querelante ... ma aveva semplicemente funzione decisiva ai fini di negare l'azione a chi l'avesse conseguita" (51/52). Wir betonen zu beiden Autoren darüber hinaus: Nicht nur gegen den, der das Viertel hat, soll das Testament unangreifbar

Auf die Deutungskonflikte der Literatur ist unten noch einzugehen, hier ist fürs erste festzuhalten: Die Teilreszission ist sicher papinianisch (*et utique faciet*), und zwar vereint mit der Quartthematik. Daraus ist das allgemeine Fazit zu ziehen: Ist einem Querelberechtigten die Quart hinterlassen, kann die Querel Anderer immer nur *pro parte* reszindieren, weil das Testament im Umfang des Intestatteils dessen, der die Quart hat, gesichert ist. Für Papinian und Ulpian gilt uns diese Folge mit D. 5.2.8.8 als belegt.

Vollends die Worte *secure testari* finden wir in

D. 5.2.8.6 (Ulpianus 14 ad ed.)
Si quis mortis causa filio donaverit quartam partem eius quod ad eum esset perventurum, si intestatus pater familias decessisset, puto secure eum testari.
Wenn jemand auf den Todesfall seinem Sohn ein Viertel von dem geschenkt hat, was an ihn käme, wenn sein Vater intestat gestorben wäre, so meine ich, dass er sicher testiert.

Hat der Vater ein Viertel vom Intestatteil durch eine Schenkung auf den Todesfall an den Sohn gedeckt, so hat der Vater sein Testament gegen eine Querel gesichert[102].

Diese Folge wird im Regelfall zutreffen, doch kann es sich ereignen, dass der Schenker die konkrete Todesgefahr übersteht und dann eines anderen Todes stirbt, was strittige Zweifelfragen nach sich zöge: Der Vater hätte dann noch die *condictio ob rem* gehabt, stellte er sie aber nicht an, so schiene es vielleicht unklar, ob die hinterlassene Quart eine Querel immer noch ausschaltet oder die Erben das Geschenkte kondizieren können. Das vorsichtige *puto* kann darauf zu beziehen sein, dass eine *mortis causa donatio* vielleicht nicht unbedingt das zuverlässigste Sicherungsinstrument war[103]. Die Testamentssicherung durch das Viertel als solche konnte aber aufgrund des *quoniam*-Satzes im Ulpian-Fragment 8.8 keinem Zweifel unterliegen[104].

Plausibler scheint, dass mit *puto* schlicht gemeint war, dass gegen den Charakter der *donatio mortis causa* als einer Zuwendung *ex iudicio defuncti* nichts mehr spricht, seit Septimius Severus den Anwendungsbereich der *lex Falcidia* auf

---

sein, sondern zum Intestatteil des durch das Viertel Ausgeschlossenen soll das Testament gegen jede Querel sicher sein (das heißt in Fr. 8.8, dass der *exclusus partem facit* zur Hälfte gegen die Querel des anderen).

102 Die Stelle scheint eher allgemein redend (generell zur Eignung der *donatio mortis causa* als querelausschließende Quart).

103 Doch ist sehr unsicher, ob solche Erwägungen hinter dem Fragment standen.

104 Doch so offenbar *Sanguinetti*, Dalla querela 53: eine subjektive Meinung Ulpians „e come tale non necessariamente rispondente ad una regola fissa ed immutabile".

die Schenkung von Todes wegen erstreckte[105]; *si quis mortis causa filio donaverit quartam* stehe damit einem durch Vermächtnisse hinterlassenen Viertel gleich.

Am Rande ist hier noch ein Fragment heranzuziehen, wenn es um die Frage geht, ob es für das testamentssichernde Viertel darauf ankommt, ob der verklagte Testamentserbe der Gruppe von *liberi* oder *extranei* angehört.

> D. 5.2.31.1 (Paulus lib. sing. de septemvir. iud.)
> *Quantum ad inofficiosi liberorum vel parentium querellam pertinet, nihil interest, quis sit heres scriptus ex liberis an extraneis vel municipibus.*
> Soweit es die Querel der Kinder oder Eltern betrifft, macht es keinen Unterschied, wer von den Kindern oder *extranei* oder Munizipien zum Erben eingesetzt ist.

Der Text sagt ganz allgemein für die *querela inofficiosi testamenti* von Kindern oder Eltern, dass es keinen Unterschied macht, ob sie *liberi* (Kinder) oder *extranei* (Außenerben) verklagen. In diesem Zusammenhang ist der Querelausschluss durch die Quart ein Teilaspekt, der für das *admittere* zur Querel in der Konfrontation gegen *liberi* und *extranei* eine Rolle spielt. In allen Konstellationen ist das *admittere ad inofficiosum*[106] von Kindern gegen eingesetzte Kinder oder von Kindern gegen *extranei* oder von Eltern gegen *extranei* gleich zu beurteilen, also auch im Punkt der querelausschließenden Quart. Das ist zwar im Fragment nicht ausdrücklich gesagt, kommt aber als pointierter Nebensinn in Frage[107]: Aus dem Kreis der Testamentserben ist die *institutio* von *liberi* und *extranei* in gleicher Weise durch die Quart, die *liberi* von der Querel ausschließt, gesichert.

„Soweit es auf die Beurteilung der Pflichtwidrigkeit [des Testaments] ankommt", ändert das *quis sit heres scriptus* nichts, das Beweisthema, warum man nicht enterbt oder übergangen hätte werden dürfen, stellt sich in gleicher Weise. Das Testament ist nicht schon deswegen inoffiziös, weil darin ein *extraneus* oder ein *municipium* den eigenen Kindern oder Eltern vorgezogen wird oder vielleicht ein Kind eingesetzt ist, von dem noch gar keine *pietas* verlangt werden kann.

An sich wäre eine (aus einem Pflichtteilsdenken kommende) Wertung denkbar, dass eingesetzte *liberi* besser stehen sollen als eingesetzte *extranei*, und in der

---

105 Impp. Severus et Antoninus A. Samostatae C. 6.50.5 (a. 223); HRP/*Schanbacher* §100 Rn. 12 m.w.N.

106 So die häufig gebrauchte Wendung, Ulp. 14 ad ed. D. 5.2.8.15, Ulp. 2 disp. D. 5.2.25.1; zu sinngleichen Ausdrücken vgl. *Krüger*, FS Koschaker II 264f.; *Pérez Simeón*, Iura 65 (2017) 247.

107 Das Schrifttum hat Mühe mit dem schwer greifbaren Sinn: *La Pira*, successione contro 444 („questo testo sia, per lo meno, oscuro") bleibt allgemein bei der Passivlegitimation stehen und streicht ab *ex liberis* rell.; *di Lella*, Querela 201 Fn. 38 m.w.N. Einzig *Woeß*, Erbrecht 246 zitiert das Fragment zur Frage „ob … die Noterben trotz Anerkennung der *legitima* noch über den Pflichtteil hinaus gesichert waren", geht dann aber auch nur auf den Kreis der Passivlegitimierten ein (und zwar kritisierend, weil der *princeps* fehle).

Konfrontation von *liberi* gegen *extranei* einen höheren Ausschlussteil vorzusehen als in der Konfrontation von *liberi* gegen *liberi*. Aber ein solches System ist den Quellen fremd. In den Konstellationen „enterbtes Kind gegen eingesetztes Kind" und „enterbtes Kind gegen eingesetzten *extraneus*" schließen nicht verschieden hohe Quoten die Querel aus, sondern gleichermaßen das Viertel. Verbleibt nach der letztwilligen Verfügung dem Kind von seiner Intestatportion ein Viertel, so ist die Einsetzung des *extraneus*, dem drei Viertel vom Intestatteil des Kindes hinterlassen sind, eben nicht pflichtwidrig. Dies ist die allein tragende Wertung.

Aus den beiden Fragmenten zusammen, Ulp. D. 5.2.8.8 und Ulp. D. 5.2.8.6, lässt sich von einer testamentssichernden Wirkung der querelausschließenden Quart sprechen.

§ 2 Ausgeschaltetes *inofficiosum testamentum dicere*

Auffällig ist der Ausspruch, dass ein Alleinerbe, der mit Vermächtnissen überschwert ist, das Testament nicht pflichtwidrig[108] nennen[109] kann, wie es Paul. sent. 4.5.5 sagt: *Ex asse heres institutus inofficiosum dicere non potest*. Das kann keinen Querel-Fall betreffen, weil Legatare nicht zur *querela inofficiosi testamenti* passivlegitimiert sind[110]. Der einzig denkbare Fall, wo ein Alleinerbe querelieren könnte, wäre die Querel gegen den Erbschaftsfideikommissar, an den der *heres ex asse* zu restituieren hat. Paul. sent. 4.5.5 bringt beide Fälle, zuerst den Fall, in dem durch die Falzidische Quart[111] ein *inofficiosum dicere* des Alleinerben verneint ist, und dann den Fall, wo die Pegasianische Quart bei Restitution verbleibt:

> *Ex asse heres institutus inofficiosum dicere non potest: nec interest, exhausta necne sit hereditas, cum apud eum quarta aut legis Falcidiae aut senatus consulti Pegasiani beneficio sit remansura*[112].
>
> Der zum Alleinerben Eingesetzte kann [das Testament] nicht pflichtwidrig nennen: und es macht keinen Unterschied, ob die Erbschaft erschöpft ist oder nicht, weil bei ihm die

---

108 Ähnlich gebrauchte Worte sind *tamquam impium tamquam inofficiosum*: so steht es bei Quintilian in der 264. Deklamation, Val. Max. 7.7.5 *impie exheredatos*, vgl. *Woeß*, Erbrecht 233, 163.

109 *Dicere* kann hier nicht klageweise vorbringen meinen: hier gibt es niemanden, den er verklagen könnte.

110 Passivlegitimiert zur Querel sind der Testamentserbe nach Erbantritt (Ulp. D. 5.2.8.10), sei es auch ein bedingt eingesetzter Erbe, der die *bonorum possessio secundum tabulas* erhielt (Ulp. D. 38.17.1.7), und der Fideikommissar, an den restituiert wurde (D. 5.2.8.14). Ferner der Fiskus und wer *pro herede* oder *pro possessore* besaß: Sev./Ant. C. 3.28.1 (a. 193).

111 40 oder 41 v. Chr.

112 Paul. sent. 4.5.5 ist unter den Titel *De inofficiosi querella* gereiht.

Quart, die der *lex Falcidia* oder die aus der Rechtswohltat des *SC. Pegasianum*, verbleiben wird.

Den Fall des pegasianischen Quartabzugs bringt Paul. sent. 4.5.9 so:

> *Rogatus hereditatem restituere etsi inofficiosi querellam instituerit, fideicommisso non fit iniuria: quartam enim solummodo hereditatis amittit, quam beneficio senatus consulti habere potuisset.*
> Auch wenn der um Restitution der Erbschaft Gebetene die Inoffiziositätsquerel angestellt hat, geschieht durch das Fideikommiss kein Unrecht: er verliert nämlich nur die Quart der Erbschaft, die er nach der Rechtswohltat des *SC.* haben hätte können.

Die Pegasianische Quart gibt es nur beim Universalfideikommiß (Erbschaftsfideikommiss)[113]. *Ex iudicio defuncti* ist dem Fiduziarerben nichts ausreichend Ehrendes hinterlassen, das ihn von der *querela inofficiosi testamenti* ausschlösse. Restituiert er freiwillig total[114], um sagen zu können, er sei leer ausgegangen, so kann er also die Querel gegen den Erbschaftsfideikommissar anstellen (*... etsi inofficiosi querellam instituerit*). Restituierte er dagegen *retenta quarta* (unter Abzug der pegasianischen Quart), so kann er nicht sagen, das Testament sei wegen des Erbschaftsfideikommisses inoffiziös, so wenig, wie er dies auch wegen der falzidischen Kürzung bei einem mit Vermächtnissen überschwerten Testament sagen kann.

Diktionen und Gründe kreuzen sich: *exclusus* von der Querel heißt es bei der querelausschließenden Quart (D. 5.2.8.8: *querella excludit*) und der Grund für *exclusus* ist ein ausgeschaltetes *inofficiosum dicere*, aber ein letztwillig ehrend *ex iudicio defuncti* ausgeschaltetes. Das pegasianische Viertel gibt ihm das *SC.* bei Restitution *retenta quarta*[115]. Dies verneinte ein *inofficiosum* [*testamentum*] *dicere* genauso, wie das falzidische Viertel (*cum apud eum quarta sit remansura*: Paul. sent. 4.5.5; *ideo non potest dicere inofficiosum, quia habet Falcidiam*: Ulp. D. 5.2.8.9[116]). Freiwillige Totalrestitution nimmt ihm dagegen nicht die Querel. Aber eben weil er *ex SC.* das Viertel haben könnte, „geschieht ihm durch das Erbschaftsfideikommiss kein Unrecht".

---

113 Siehe *Manthe*, Pegasianum 76.

114 Vgl. *Manthe*, Pegasianum 184 zur Vollerfüllung, *plenam fidem praestare*, „wenn der Erbe genau das getan hatte, was der Erblasser erbeten hatte."

115 Zur Vollerfüllung in Paul. sent. 4.3.4 (*Qui totam hereditatem restituit, cum quartam retinere ex Pegasiano debuisset* rell) hat bereits *Manthe*, Pegasianum 184 gesehen: „Hier hätte der Erbe die Quart aus dem *Pegasianum* – und nicht „ex iudicio defuncti" – behalten sollen; mithin hat der Erblasser die Quart nicht gewährt."

116 Dazu sogleich unten S. 41.

Das Textstück *quartam enim solummodo hereditatis amittit* ist der Sache nach auch durch Papinian bei Ulpian D. 5.2.8.14 (in fine) überliefert: *Papinianus libro secundo responsorum refert, si heres fuit institutus et rogatus restituere hereditatem, deinde in querella inofficiosi non optinuit, id quod iure Falcidiae potuit habere solum perdere.*

Von dort ist der Sinn von *quartam enim solummodo hereditatis amittit* auch in Paul. sent. 4.5.9 erhellt: Quereliert der, dem im Testament etwas hinterlassen ist, zu Unrecht, so verliert er es nur dann als *quasi indignus* an den Fiskus, wenn er bis zum Urteil im *improbe testamentum inofficiosum dicere* verharrt[117]. Vergleicht er sich vorher, kann er das Vermächtnis behalten.

Der Textteil *quartam enim solummodo hereditatis amittit* in Paul. sent. 4.5.9 zeigt sich auch in dieser Facette: Ist absehbar, dass die Querel des *rogatus* scheitern wird, kann er sich vor dem Urteil vergleichen mit dem Argument, er müsse nach dem *SC.* nur unter Quartrückbehalt restituieren, ein Viertel müsse ihm daher jedenfalls verbleiben. Verharrt er aber auf seinem Standpunkt, das Testament sei inoffiziös, so verliert er die Quart, die er haben hätte können.

I. Übersicht zur Thematik: Ex asse heres – testamentum inofficiosum dicere non potest bei Falzidischer Quart, Pegasianischer Quart und querelausschließender Quart

Drei Fälle sind aufzulisten:

a) *Heres ex asse*, der mit Vermächtnissen überschwert ist:
Dies ist kein Fall der *querela inofficiosi testamenti* (weil es hier keinen Passivlegitimierten zu einer Inoffiziositätsquerel gibt); *legata ipso iure minuuntur* schließt ein *testamentum inofficiosum dicere* aus. Der Alleinerbe kann nicht sagen, er sei wegen zu großer Vermächtnisbelastung zu wenig honoriert.

b) *Heres ex asse, rogatus hereditatem restituere*:
Die Querel ist hier möglich (Paul. sent. 4.5.9 *inofficiosi querellam instituerit*)[118]. Aber wie bei a) kann der Alleinerbe nicht sagen, er sei wegen des Universalfideikommisses zu wenig honoriert.

c) Der *heres*, dem *ex iudicio defuncti* das Viertel hinterlassen ist, ist gebeten, seine Institutionsportion zu restituieren:
Da der Testamentserbe die querelausschließende Quart hat, ist er zur Querel

117 Papinian in Ulp. D. 5.2.8.14: *...sed ei demum aufertur quod testamento datum est, qui usque ad sententiam iudicium lite improba perseveraverit.*

118 Dazu auch Papinian in Ulp. D. 5.2.8.14 in fine: *si heres fuit institutus et rogatus restituere hereditatem, deinde in querella inofficiosi non optinuit, ...*; dort hatte er die Querel also angestellt, das Recht zum Quartrückbehalt hat sie ihm noch nicht genommen.

gar nicht erst zuzulassen. Anders als im Fall b) nimmt ihm die Quart bereits das *admittere* zur Querel.

Zum Alleinerben ist die Konstellation nicht belegt, aber strukturell gleich ist sie bezeugt zum eingesetzten Teilerben, der seine ganze Institutionsportion restituieren und die querelausschließende Quart aus den Vorteilen seines Zwischenbesitzes haben soll (Ulp. D. 5.2.8.11)[119]. Dass ihm die Querel genommen ist, belegen dort die Worte *dicendum est nullum iudicium movere* und *nihil habet quod queratur*.

Summatim ist zu sehen: ein letztwillig hinterlassenes Viertel nimmt die Querel (D. 5.2.8.11), nicht aber das gesetzliche aus *SC.* in Paul. sent. 4.5.9. Doch ist dies bei der gesetzlichen Quart kein Schema. Schwankend bei der Quart *ex constitutione divi Pii* ist D. 5.2.8.15 (Ulpianus 14 ad ed.): ... *queri de inofficioso possunt, hunc puto removendum a querella, cum habeat quartam ex constitutione divi Pii. quod si egit nec optinuit, an quartam perdat? et puto aut non admittendum ad inofficiosum, aut si admittatur, etsi non optinuerit* ... .

Der entscheidende Punkt einer analogen Wertung des falzidischen Viertels mit der querelausschließenden Quart ist im verneinten *inofficiosum dicere testamentum* zu erkennen, eine Wendung, die fast wortgleich auch bei Ulp. D. 5.2.8.9 vorkommt. Auch dort ist das Fragment ähnlich wie Paul. sent. 4.5.5 aufgebaut: Zuerst ist der Fall des vermächtnisbeschwerten *heres ex asse* genannt, der das Testament nicht als pflichtwidrig bezeichnen kann[120], weil er *ex lege* ein Viertel hat[121], und darauf folgt ein Querel-Fall. Ist ein zu einem Viertel seines Intestatteils eingesetzter querelbrechtigter Teilerbe überschwert, so dass er die Quart nicht hat, so kürzte auch hier die Falzidia und schlösse die Querel gegen die Miterben aus. Doch gibt es einen Grenzfall, wo die falzidische Kürzung ins Leere geht:

D. 5.2.8.9 (Ulpianus 14 ad ed.)
Quarta autem accipietur scilicet deducto aere alieno et funeris impensa: sed an et libertates quartam minuant, videndum est. et numquid minuant? nam si, cum quis ex asse heres institutus est, ideo non potest dicere inofficiosum, quia habet Falcidiam, Falcidia autem libertates non minuit: potest dici deductis libertatibus quartam ineundam. cum igitur placet quartam minui per libertates, eveniet ut, qui servos tantum habet in patrimonio suo, dando eis libertatem inofficiosi querellam excludat: nisi forte hic filius, si non fuit in potestate, a patre heres institutus merito omittit hereditatem et ad substitutum transmittens querellam inofficiosi instituet, vel ab intestato citra edicti poenam habeat hereditatem.

---

119 Zum Text unten S. 49.

120 Auch hier nochmals gesagt: dies ist kein Querel-Fall. Gegen wen sollte der Alleinerbe, der antritt, querelieren (wenn kein Erbschaftsfideikommiss vorliegt)?

121 Falzidisch sind die Vermächtnisse auf drei Viertel gekürzt, so dass dem Erben das Viertel *iure hereditario* verbleibt, HRP/*Schanbacher* § 100 Rn. 6.

Quarta aber wird man auffassen „unter Abzug von Schulden und Begräbniskosten", versteht sich[122]: aber ob auch Freilassungen die Quart vermindern, ist zu prüfen. Und sollten sie etwa kürzen? Denn im Fall, wenn jemand zum Alleinerben eingesetzt ist, kann er deswegen [das Testament] nicht pflichtwidrig nennen, weil er die Falzidia hat, die Falzidia aber kürzt die Freilassungen nicht: Man kann sagen, nach Abzug der Freilassungen ist in die Quartberechnung einzutreten. Wenn es daher meine Meinung ist, dass die Quart durch Freilassungen vermindert wird, wird sich ereignen, dass, wer nur Sklaven in seinem Vermögen hat, die Querel ausschließt, indem er ihnen die Freiheit gibt. …

Der Gedanke *heres ex asse institutus … non potest dicere inofficiosum, quia habet Falcidiam* ist möglicherweise sachlich aus einer überkommenen Vorlage entnommen und von Ulpian in den *libertates*-Fall eingearbeitet. Es geht darum, ob der Alleinerbe das Testament, wonach er durch die Freilassungen[123] den Nachlass nicht erhält (oder jedenfalls weniger als das Viertel), *inofficiosum* nennen kann[124]. Der Fall scheint in auffälligem Widerspruch zur *lex Fufia Caninia de manumissionibus* (2 v. Chr.) zu stehen, die die Anzahl testamentarischer Freilassungen von Sklaven beschränkte[125].

Bis zwei konnten alle Sklaven freigelassen werden, ab drei bis zehn die Hälfte, von 11 bis 30 ein Drittel, von 31 bis 100 ein Viertel und von 101 bis 500 ein Fünftel; überschreitende Freilassungen waren nach der Reihenfolge im Testament hinfällig.

Fehlendes Viertel wäre also denkbar in der Annahme eines Patrimoniums von mehr als 101 Sklaven[126] oder (plausibler) so, dass der Testator in seinen *liber esto*-Anordnungen die wertvolleren zuerst nannte. Da die Falzidia[127] die Freilassungen nicht kürzt[128], hätte der *heres ex asse* die Quart nicht.

Darauf folgt ein Querelfall, der aus der Meinung *quartem minui per libertates* zugespitzt gebildet ist, womit gemeint ist, dass die Quart erst vom Rest des Nachlasses, von dem, was nach den Freilassungen noch übrig ist, zu bilden ist. Am einfachsten kann man sich den Fall so vorstellen: Ein querelberechtigter *institutus*

---

122 Vgl. Inst. 2.22.3.

123 Freizulassende Sklaven zählen nicht zur *hereditas*: vgl. *Buckland*, Law of Slavery 473 Fn. 8.

124 Nicht überzeugend zieht *Glück*, Commentar, 7. Theil, 1. Abth. 153 die Querel schon auf diesen ersten Satz hinauf: „Der Notherbe ist zwar zum Erben eingesetzt, allein mit Vermächtnissen oder Fideicommissen so beschwert, daß ihm nach Abzug derselben wenig oder nichts von der Erbschaft übrigbleibt. Deswegen kann das Testament an sich nicht angefochten werden …". Gegen wen soll hier ein *heres ex asse institutus* querelieren?

125 Gai. 1.42–46; Ulp. reg. 1.24; Paul. sent. 4.14; vgl. HRP/*Gamauf* § 36 Rn. 53 m.w.N.

126 Naiv betrachtet bei gleichwertigen (oder in ihrem Wert nicht unterschiedenen) Sklaven.

127 *Falcidiam* ist hier sicher noch keine Vermischung des Namens, gemeint ist die Quart der *lex*. Und oben, am Beginn des § 9, ist *Quarta* zweifelsfrei die Querelquart.

128 Damit ist gemeint: Freilassen kann man nur ganz; vom Freigelassenen kann kein Viertel im Nachlass zurückbleiben.

zu einem Viertel und ein *extraneus*, eingesetzt zu drei Viertel. Im *patrimonium* sind nur Sklaven, der Erblasser hat allen die Freiheit „vermacht", das heißt, direkte testamentarische Freilassungen aller Sklaven angeordnet[129], die mit Erbantritt *ipso iure* nach Art eines Vindikationslegats frei werden. Damit sind sie *liberti orcini*, die keiner Patronatsgewalt unterliegen[130]. Der zu einem Viertel Eingesetzte erlangt hier durch die Freilassungen nicht das Viertel (von Null kann man nicht mehr ein Viertel abziehen) und daher hat er nicht die querelausschließende Quart aus der Erbschaft. Aber auch dem zu drei Viertel Eingesetzten verbleibt hier nichts, so dass mangels Nachlasses kein Querelfall entsteht[131]. – Ein atypischer Fall des Querelausschlusses: nicht wegen der querelausschließenden Quart, sondern weil auch der Passivlegitimierte nichts aus der *hereditas* hat, ist die Querel ausgeschlossen[132].

Die Überlieferung des mit dem falzidischen Viertel gerechtfertigten Ausschlusses der Pflichtwidrigkeit beginnt nicht erst durch den Satz *ex asse heres institutus inofficiosum dicere non potest*. Der Sache nach ist der Gedanke schon viel früher greifbar: Wenn einem Eingesetzten ein Viertel genügen muss, dann muss auch einem Enterbten ein Viertel genügen. Das Argument begegnet im Brief 5.1. des Plinius des Jüngeren.

C. PLINIUS ANNIO SEVERO SUO S.
1 Legatum mihi obvenit modicum sed amplissimo gratius. Cur amplissimo gratius? Pomponia Galla exheredato filio Asudio Curiano heredem reliquerat me, dederat coheredes Sertorium Severum praetorium virum aliosque splendidos equites Romanos. 2 Curianus orabat, ut sibi donarem portionem meam seque praeiudicio iuvarem; eandem tacita conventione salvam mihi pollicebatur. 3 Respondebam non convenire moribus meis aliud palam

129 Strukturell ändert es nichts, fideikommissarische Freilassungen anzunehmen: Der *lex Caninia* sind diese ebenso unterstellt – vgl. HRP/*Gamauf* § 36 Rn. 53 – und die sich dann ergebenden (gegenüber einer Freilassung bei Lebzeiten des Manumissors eingeschränkten) Patronatsrechte ändern nichts. Auch der dritte, hier nicht angedeutete, Typ einer Freilassung *suis nummis emptus* (Freikauf mit eigenem Geld) änderte ebenso nichts: die Zahlungen sind für die Erben *mortis causa capiones* und nach D. 35.2.30.7 nicht in die Quart einzurechnen.

130 HRP/*Gamauf* § 36, Rn. 70 mit Gai. 2.267; Ulp. reg. 2.8 m.w.N. *Loretti-Lorini*, Bull. 34 (1925) 29–66 sieht sie privilegiert gegenüber fideikommissarisch Freigelassenen: gegen die Auffassung von *Leist*, wonach der *libertus orcinus* (*testatoris*) ein *libertus familiae defuncti* ist, sodass der *filius testatoris* das Patronat habe (38).

131 So zutreffend auch *Ribas-Alba*, desheredación 253: „… la querella queda excluida. Su objeto se ha desvanecido."

132 Etwa: Das Patrimonium erschöpft sich in zwei testamentarisch freigelassenen Sklaven, was eine *institutio* auf Null (ein *inane nomen*) bedeutet; mangels Nachlasses bildet sich kein Querelfall. Strukturell bleibt der Fall gleich, wenn das Patrimonium 101 oder mehr Sklaven enthält; der Erbteil von einem Viertel des Noterben und der Erbteil von drei Viertel des *extraneus* sind durch die Freilassungen proportional gleich reduziert; die für eine Querel typische Zurücksetzung des Noterben gegenüber dem Testamentserben fehlt.

aliud agere secreto; praeterea non esse satis honestum donare et locupleti et orbo; in summa non profuturum ei si donassem, profuturum si cessissem, esse autem me paratum cedere si inique exheredatum mihi liqueret. 4 Ad hoc ille: „Rogo cognoscas." Cunctatus paulum „Faciam" inquam; „neque enim video cur ipse me minorem putem, quam tibi videor. Sed iam nunc memento non defuturam mihi constantiam, si ita fides duxerit, secundum matrem tuam pronuntiandi." 5 „Ut voles" ait; „voles enim quod aequissimum." Adhibui in consilium duos quos tunc civitas nostra spectatissimos habuit, Corellium et Frontinum. 6 His circumdatus in cubiculo meo sedi. Dixit Curianus quae pro se putabat. Respondi paucis ego — neque enim aderat alius, qui defunctae pudorem tueretur -, deinde secessi, et ex consilii sententia „Videtur" inquam, „Curiane, mater tua iustas habuisse causas irascendi tibi."
Post hoc ille cum ceteris subscripsit centumvirale iudicium, non subscripsit mecum. 7 Appetebat iudicii dies; coheredes mei componere et transigere cupiebant non diffidentia causae, sed metu temporum. Verebantur quod videbant multis accidisse, ne ex centumvirali iudicio capitis rei exirent. 8 Et erant quidam in illis, quibus obici et Gratillae amicitia et Rustici posset. 9 Rogant me ut cum Curiano loquar. Convenimus in aedem Concordiae. Ibi ego „Si mater" inquam „te ex parte quarta scripsisset heredem, num queri posses? Quid si heredem quidem instituisset ex asse, sed legatis ita exhausisset ut non amplius apud te quam quarta remaneret? Igitur sufficere tibi debet, si exheredatus a matre quartam partem ab heredibus eius accipias, quam tamen ego augebo. 10 Scis te non subscripsisse mecum, et iam biennium transisse omniaque me usu cepisse. Sed ut te coheredes mei tractabiliorem experiantur, utque tibi nihil abstulerit reverentia mei, offero pro mea parte tantundem." Tuli fructum non conscientiae modo verum etiam famae. 11 Ille ergo Curianus legatum mihi reliquit et factum meum, nisi forte blandior mihi antiquum, notabili honore signavit.
12 Haec tibi scripsi, quia de omnibus quae me vel delectant vel angunt, non aliter tecum quam mecum loqui soleo; deinde quod durum existimabam, te amantissimum mei fraudare voluptate quam ipse capiebam. 13 Neque enim sum tam sapiens ut nihil mea intersit, an iis quae honeste fecisse me credo, testificatio quaedam et quasi praemium accedat. Vale.

Der Brief selbst datiert um 105 n. Chr., den erzählten Erbrechtsstreit ordnet man zwischen 93 und 96 n. Chr. ein[133].

Pomponia Galla hatte ihren Sohn, Asudius Curianus, enterbt und Plinius zusammen mit weiteren Miterben eingesetzt. Auf eine stille Vereinbarung, Plinius solle Curianus seinen Erbteil schenken, wollte sich Plinius nicht einlassen, er war aber bereit, seinen Erbteil abzutreten *si inique exheredatum mihi liqueret* (wenn mir bewiesen wäre, dass du zu Unrecht enterbt bist). Curianus brachte seine Gründe vor (*dixit Curianus quae pro se putabat*); darauf die *sententia* des Plinius: *videtur, inquam Curiane, mater tua iustas habuisse causas irascendi tibi* (es scheint, sagte

133 *Woeß*, Erbrecht 244. *Renier*, Querela 296 (Ende des 1. Jhdts.); *Pérez Simeón*, Nemo pro parte 278 Fn. 46 m.w.N.

ich, Curianus, dass deine Mutter gerechtfertigte Gründe gehabt hat, dir zu zürnen). Daraufhin erhob Curianus die Centumviralquerel, mit der er die Miterben, nicht aber auch Plinius verklagte (*cum ceteris subscripsit centumvirale iudicium, mecum non subscripsit*). Seine Miterben drängten Plinius, Vergleichsgespräche mit Curianus zu führen (*Coheredes mei componere et transigere cupiebant*). In diesen brachte Plinius das Argument vor:

> *Si mater inquam te ex parte quarta scripsisset heredem, num queri posses?*
> Wenn deine Mutter dich zu einem Viertel zum Erben eingesetzt hätte, könntest du dich etwa beklagen?

> *Quid si heredem quidem instituisset ex asse, sed legatis ita exhausisset, ut non amplius apud te quam quarta remaneret? Igitur sufficere tibi debet, si exheredatus a matre quartam partem ab heredibus eius accipias ... .*
> Was, wenn sie dich zwar zum Alleinerben eingesetzt, dich aber mit Vermächtnissen so beschwert hätte, dass nicht mehr als ein Viertel bei dir übrigbliebe? Daher muss dir genügen, wenn du, von deiner Mutter enterbt, ein Viertel von ihren Erben bekommst ... .

Der Briefabschnitt enthält eine Reihe von drei Argumenten, deren Fälle so zu identifizieren sind: Satz 1) *Si mater ... te ex parte quarta scripsisset heredem*; (wäre Curianus zu einem Viertel eingesetzt und zu drei Viertel ein *extraneus*, so wäre ein *inofficiosum dicere* nicht mehr argumentierbar). Das ist ident mit dem Fall der querelausschließenden Quart; *queri* kann dann technisch sein[134]. Immerhin fällt auf, dass Plinius gleich so anfängt. Wir wissen freilich nicht, ob solche Fälle im 1. Jhdt. n. Chr. bereits üblich waren[135]. Satz 2) *si heredem quidem instituisset ex asse, sed legatis ita exhausisset* rell.: Das ist ein Falzidia-Fall, und zwar nur ein Falzidia-Fall und kein Querelfall (hier könnte niemand verklagt werden). Der Fall ist ident mit dem *heres ex asse*, der überschwert ist, wie er auch in D. 5.2.8.9 vorkommt, dort mit der Folge *ideo non potest dicere inofficiosum (scil. testamentum), quia habet Falcidiam*. Bei Plinius spielt der Satz wohl auf die *exheredatio* des Curianus an: verspottende oder zürnende Erbeinsetzungen durch Überschwerung mit Vermächtnissen kommen der *exheredatio* (oder *omissio*), die die Mutter ja gewollt hatte, gleich, und Plinius meinte, deine Mutter hätte auch so testieren können.

---

134 *Tellegen-Couperus*, law of succession 91 erwägt vier verschiedene Bedeutungen von *quarta*, unter anderem auch den Sinn einer querelausschließenden Quart (dort *portio debita* genannt); dann würde *queri* anzeigen „that the letter concerns a real *qit*."

135 *Woeß*, Erbrecht 244 neigt dazu: „Die *legitima*, ... bestand hiernach schon zu Plinius Zeit, genauer in den Jahren 93 bis 96 n. Chr. als anerkanntes Recht." Besser sollte man nicht von der *legitima* sprechen, sondern von der qurelausschließenden Quart. Die Vermutung kann richtig sein.

Selbst wenn sie dich so zum Alleinerben eingesetzt hätte, hättest du auch nur das Viertel.

Fügen wir zu den Sätzen des Briefes demnach die offenen Interpretationsfragen: *Si mater, inquam, te ex parte quarta scripsisset heredem* (Wenn deine Mutter dich [– querelausschließend –?] zu einem Viertel zum Erben eingesetzt hätte, *num queri posses*? (könntest du dann etwa [technisch: querelieren?] / untechnisch: dich beklagen?)

Quid si heredem quidem instituisset ex asse, sed legatis ita exhausisset, ut non amplius apud te quam quarta remaneret? Ist hier mit zu verstehen: – dann wäre das Testament, weil du dann das falzidische Viertel hättest, auch nicht inoffiziös? *Igitur sufficere tibi debet, si exheredatus a matre quartam partem ab heredibus eius accipias quam tamen ego augebo*. Der abschließende Sinn ist: Zwar hat deine Mutter dich nicht *ex parte quarta* eingesetzt, aber nimm das Viertel als Vergleichsquote. Zwar müsste nicht auch Plinius aus seinem Erbteil ein Viertel abgeben, weil er nicht mit verklagt war, aber erst dadurch stellte er das gleiche Ergebnis her, wie es bei *si te ex parte quarta scripsisset heredem* bestünde, erst mit *offero pro mea parte tantundem* hatte Curianus die querelausschließende Quart – wenn auch nun nicht *ex iudicio defunctae*[136].

Im tabellarischen Überblick ist die Fallreihe aus den Zeugnissen festzuhalten, in der das Viertel ein *inofficiosum dicere* des Testaments ausschließt:

a) Mit Vermächtnissen überschwerter *ex asse heres*: Hier ist es das falzidische Viertel, das die Legate kürzt und damit ein *inofficiosum dicere*, die bloße Behauptung des Alleinerben, das Testament sei pflichtwidrig, beseitigt (D. 5.2.8.9; Paul. sent. 4.5.5).
b) Ein *institutus* zu einem Viertel (Noterbe) gegen einen zu drei Viertel eingesetzten *extraneus*: die Querelquart schließt die *querela inofficiosi testamenti* aus: hier beseitigt das Viertel *ex iudicio defuncti* ein *dicere inofficiosum*.
c) Ein überschwerter, zu einem Viertel eingesetzter Noterbe gegen einen zu drei Viertel eingesetzten überschwerten *extraneus*: das falzidische Viertel kürzt das Vermächtnis und es liegt Fall b) vor. Dann die besondere Konstellation aus D. 5.2.8.9 (im *patrimonium* sind nur freizulassende Sklaven): dies ist ein atypischer Ausschlussfall der Querel mangels Nachlasses.

Bis hierher liegen die Fälle auf der Linie eines ausgeschalteten *dicere testamentum inofficiosum*.

---

136 Der Prozess wurde mit einem Viertel verglichen; über *iustas causas irascendi* seiner Mutter wurde also nicht mehr abgesprochen und Curianus konnte sagen, dass sie falsch waren. Dies (den Vergleich) dankte Curianus später dem Plinius, indem er ihm ein kleines Vermächtnis hinterließ (damit beginnt der Brief).

d) Querelierender *exheredatus*, dem ein Viertel als Vergleichsquote angeboten wird (Plinius): das *inofficiosum dicere* ist hier nicht beseitigt (der Querelprozess ließe sich fortsetzen, erst der Vergleich[137] beendete ihn). Aber es zeigt die Effektivität der Vergleichsquote von einem Viertel für die Vergleichspraxis: das Viertel erschwert eine Ablehnung des Vergleichs. Nach dem Aufbau des Plinius-Briefes lässt sich interpretieren, dass Plinius mit Fall b) und mit Fall a) argumentierte, um seinen Fall d) zu unterstützen.

Ob der Testierpraxis der querelausschließenden Quart, die wir nach D. 5.2.8.8 anzunehmen haben, eine gefestigte Vergleichspraxis voraufgegangen ist, wissen wir nicht. Die Testierpraxis des Falles b) kann auch von Fall a) hergekommen sein, jedenfalls ist annehmbar, dass vielleicht sehr rasch ab dem falzidischen Viertel (also bald nach 41 oder 40 v. Chr.) ein *inofficiosum dicere* kaum mehr zu argumentieren war, wenn ein Viertel blieb. Zeugnisse für eine Vergleichspraxis, die sich schon früh auf das Viertel eingependelt hätte, fehlen jedenfalls.

Nicht viel für eine Ausschlussquote gibt Seneca Rhetor, controversiae 9.5.15 her. Wir finden im Text noch keine Spuren der Quart, auch nicht einer anderen Quote als deren Vorläufer:

Der Rhetor Montanus Votienus, der die Gallia im Prozess vertreten hat, starb zwischen 15 und 25 n. Chr. Der Fall ist also ungefähr an den Anfang des 1. Jhdt. n. Chr. zu geben[138]. Gallia Numisia war zu einem Zwölftel als Erbin eingesetzt und des Giftmordes [an ihrem Vater?] beschuldigt[139]. *Gagliardi*[140] bezieht die Centumviralzuständigkeit auf die strafrechtliche Vorfrage für den Erbrechtsstreit. Aber zu viel wissen wir hier nicht: ob *obiciebatur illi veneficium* den Vorwurf des Giftmordes tatsächlich an ihrem Vater oder doch an einem Dritten, wovon der Vater wusste, meint, ob ihr Vater sie vielleicht gerade deshalb auf die Quote des Zwölftels einsetzte[141]; oder das Zwölftel sie sogar davon abhalten sollte zu querelieren[142]. Es könnte auch von Anfang an nur um den Querelprozess gegangen sein, der nicht beweisbarere Vorwurf stand im Raum. Die Sache sollte verglichen werden. *Dixit* – das hat Montanus Votienus gesagt – *uncia nec filiae debetur*: *debere* ist vom gesetzlichen Erbteil gesagt (sicher nicht von einem Viertel), also: ein Zwölftel wird weder einer

---

137 Genauer die Vergleichserfüllung.

138 So mit *Renier*, Querela 89 Fn. 3.

139 Ein besonders schwerwiegender Vorwurf, vgl. Anton. C. 9.18.1: *Plus est hominem veneno extinguere quam occidere gladio.*

140 Decemviri 474.

141 *Weiß*, RE s. v. Lex Falcidia 2347 sieht die Institutionsquote von $^1/_{12}$ als das „durchschnittliche Mindestmaß".

142 Diese Deutung müsste natürlich ausgeschaltet werden, wenn es um den Vorwurf des Giftmordes an ihrem Vater ging.

Tochter, noch einer Giftmischerin geschuldet. „Im väterlichen Testament wird der Tochter entweder ihr eigener Platz geschuldet[143] oder keiner. Auch fügte er noch hinzu: du hinterlässt einer Schuldigen zu viel, einer Unschuldigen zu wenig." Sicher ist nur: das Zwölftel bildete keine Ausschlussquote, selbst wenn man – eher unwahrscheinlich – in den Text hineindenken wollte, dass der Vater mit der *institutio* der Tochter gerade dies bezweckte, sondern umgekehrt, das Zwölftel war Anlass zur Querel. Aber mehr ergibt sich daraus nicht, nicht einmal die Vergleichsquote ist überliefert.

Die querelausschließende Quart ist somit in sachlicher Nähe zum überlieferten Satz *ex asse heres institutus inofficiosum dicere non potest* zu finden. Dem Satz der Plinius-Briefstelle 5.1.9 *quid si heredem quidem instituisset ex asse, sed legatis ita exhausisset* geht die Frage voran *si mater … te ex parte quarta scripsisset heredem, num queri posses*; gleichgültig, ob *queri* dort untechnisch oder doch eher technisch ist, es meint ein *inofficiosum dicere*. Damit ist das Beispiel des Briefes si *heredem … instituisset ex asse* ganz nahe bei dem Sinn, dass das falzidische Viertel ein *inofficiosum dicere* ausschließt. Dass D. 5.2.8.9 und Paul. sent. 4.5.5 den Satz explizit belegen und ihn mit der *inofficiosa querella* zusammenstellen, kann somit durchaus auf frühe Anfänge[144] einer parallelen Wertung[145] zurückgehen[146]. Entscheidend ist aber hervorzuheben, dass Plinius mit dem falzidischen Viertel nur argumentierte, um zu zeigen, dass ein Testator seine *pietas* nicht verletzte, wenn er ein Viertel hinterließe.

Auf noch weitere und spätere Parallelen von gesetzlicher Quart und *ex iudicio defuncti* hinterlassenem Viertel ist zu blicken: Suppletorische Klauseln kommen dort wie da vor, bei der falzidischen Quart lautet sie nach dem Fragment D. 35.2.88.2 (Africanus lib. 5 quaest.) … *si quo amplius legavi vel legavero, quam per legem Falcidiam licebit, tum quantum ad supplendum quadrantem deduci oportet, ex eo legato quod Titio dedi heres meus damnas esto dare …* . Und bei der *querela inofficiosi testamenti* nach Paul. sent. 4.5.7: *Filius iudicio patris si minus quarta portione consecutus sit, ut quarta sibi a coheredibus citra inofficiosi querellam impleatur, iure desiderat.*

Auf die Probleme der Ergänzungsklausel in Paul. sent. 4.5.7, insbesondere auf das Verständnis von *citra*, ist später noch zurückzukommen[147], hier genügt es,

---

143 Also Einsetzung auf ihre Intestatportion.

144 Schon gegen Ende des 1. Jhdts?

145 Und dass auch diese nur das Abbild einer zuvor schon bestehenden Praxis war, können wir ebenso nicht ausschließen; Belege dafür fehlen jedoch.

146 Doch sind die beiden Quartae verschieden konzipiert: Das falzidische Viertel muss dem Erben *iure hereditario* verbleiben, es ist eine Pflichtquote, die Querelquart ist dies nicht, sie ist noch keine *legitima*. Zu *Samper*, unten S. 299–300.

147 S. 154–161.

Parallele und Unterschied zu sehen. Von der falzidischen Kürzung sind alle Vermächtnisse verhältnismäßig betroffen[148]. Doch kann der Erblasser die Kürzung auch nur einem Legatar auferlegen, so dass weitere Legate vom Abzug verschont sind (im Fragment: Nur das Legat des Titius ist zu kürzen und nur er hat aus seinem Legat dem überschwerten Erben[149] *quantum ad supplendum deduci oportet* zu leisten; im Text heißt es: der Erbe ist verpflichtet, den anderen Legataren aus dem Legat des Titius zu geben). In D. 35.2.88.2 hat die suppletorische Klausel nur den Sinn, die Kürzungslast auf einen Legatar zu verschieben, nicht aber den Sinn, überhaupt erst zu sichern, dass das Viertel verbleibt[150], während in Paul. sent. 4.5.7 die Ergänzungsklausel *ex iudicio defuncti* sichert, dass die querelausschließende Quart[151] hinterlassen ist[152].

Auch D. 5.2.8.11 ist noch ein Fall der querelausschließenden Quart und gehört in die Fallgruppe, in der einem Restitutionsbelasteten die Quart *ex iudicio defuncti* hinterlassen ist.

D. 5.2.8.11 (Ulpianus 14 ad ed.)
Unde si quis fuit institutus forte ex semisse, cum ei sextans[153] *ex substantia testatoris deberetur, et rogatus esset post certum temporis restituere hereditatem, merito dicendum est nullum iudicium movere, cum debitam portionem et eius fructus habere possit: fructus enim solere in Falcidiam imputari non est incognitum. ergo et si ab initio ex semisse heres institutus rogetur post decennium restituere hereditatem, nihil habet quod queratur, quoniam facile potest debitam portionem eiusque fructus medio tempore cogere.*

Die Lesart *sescuncia* statt *sextans* von Cujaz verändert das Fragment interpretierend: *sescuncia* = 1½ Zwölfteile = $^{3}/_{24}$= $^{1}/_{8}$ wäre die Quart von der Hälfte; doch ist *forte ex semisse* (etwa zu ein halb) nur eine Beispielsannahme zu *sextans*, so dass *forte ex semisse* von *sextans* abhängig scheint und nicht umgekehrt von *semisse* ein *sescuncia* abzuleiten ist. Auszugehen ist von der Lesart *sextans* (ein Sechstel)[154] und zu übersetzen: daher wenn jemand eingesetzt ist, etwa auf die Hälfte, während ihm ein

---

148 Vgl. Gai. D. 35.2.73.5: *pro rata portione*; *Schwarz*, SZ 63 (1943) 349; *Voci*, DER II 782; HRP/*Schanbacher* § 100 Rn. 3.

149 Schließlich können auch mehrere Erben verschieden vermächtnisbelastet sein. Der Ausgleich geschieht von dem Legatar, dessen Legat zu kürzen ist, an den Erben, der ihm das Legat schuldet.

150 Mit anderen Worten: Ein sicher verbleibendes Viertel ist hier durch die *lex* garantiert und nicht durch die suppletorische Klausel.

151 Diese kann für ein irrtümliches *minus quarta relictum*, das die Querel nicht ausschaltete, anfällig sein.

152 Zum Streit, ob, wenn nicht ergänzt wird, mit der *querela inofficiosi testamenti* geklagt werden oder nur auf Ergänzung geklagt werden kann, näher unten S. 159.

153 Der kritische Apparat der *Mommsen-Krüger*-Ausgabe merkt „sescuncia Cuiacius" an.

154 Der sechste Teil eines As.

Sechstel aus der Substanz (= aus dem Nachlass) des Testators geschuldet wird, und er gebeten wäre, die Erbschaft nach einer bestimmten Zeit zu restituieren, so muss man zu Recht sagen, dass er kein Verfahren anstrengen kann … ." Das ihm (scil. *ab intestato*) „geschuldete" Sechstel meint seinen Intestaterbteil[155]. Der Erblasser hat einen Noterben restitutionsbelastet auf mehr als auf dessen Intestatportion eingesetzt, etwa auf ein Halb, um ihm sicher die querelausschließende Quart aus den Zwischenvorteilen[156] zu hinterlassen[157].

Die Wendung *cum debitam portionem et*[158] *eius fructus habere possit* kommt auch in D. 35.2.18.1 (Paul. 11 quaest.) vor *…si ex fructibus medio tempore quartam et quartae fructus habuerit*, genauer gesagt ist sie sachlich ident: „Weil er aus den Früchten während der Zwischenzeit[159] die Quart und die Früchte als Quart[160] hat". Und das *et quartae fructus* begegnet abermals bei der trebellianischen Restitution in D. 36.1.23(22).2 (Ulp. 5 disp.) in fine: *…si…in diem rogatus fuerit: tunc enim quod percipitur summovet Falcidiam, si tantum fuerit, quantum quarta facit et quartae*

155 So auch der Sprachgebrauch bei Ulpian D. 5.2.8.8 und Paul. D. 48.20.7pr.; dazu schon oben S. 17. Auch *Glück*, Commentar, 7. Theil, 1 Abth. 45 drückt sich bei fr. 8.8 so aus: „*quoniam quarta debitae* sc. ab intestato *portionis* sufficit …"; ferner *Marrone*, NNDI XIV, 672 = Scritti I, 145: „… un quarto di quanto gli sarebbe spettato con la successione *ab intestato* (*portio debita*)". Anders *Sanguinetti*, Dalla querela 55: „… se il lascito della *quarta* fosse veramente stato un *debitum* …" (kritisiert den Ausdruck *debitum* bei der Quart).

156 Erst Zeno änderte dies von *non per imputationem redituum* ab auf *in ipsis rebus hereditariis*: C. 6.49.6 (a. 489).

157 Das sieht wie eine Vorlage zur späteren so genannten „Sozinischen Kautel" (16. Jhdt.) aus. Ein Pflichtteil ist unbeschwert zu hinterlassen; die Kautel ermöglichte dennoch, den Pflichtteil zu beschweren, indem der Erblasser einem fideikommissarisch Eingesetzten mehr als den Pflichtteil zuwendet, dieser aber auf den Pflichtteil beschränkt sein soll, wenn er die Beschwerung ablehnt. In Fr. 8.11 soll die volle Quart die Querel ausschließen. Nicht durch eine Institutionsportion, die der Restitutionsbelastete wieder verliert, sondern durch Besitzvorteile der Zwischenzeit, die der Restitutionsbelastete aus einer größeren Institutionsportion hat. Zum „Gravamen" (Belastung/ Auflage) des Noterben, dem man außer dem Pflichtteil irgendeinen Vorteil, etwa einen größeren Erbteil, gibt, vgl *Glück*, Commentar, 7. Theil, 1. Abth. 86; *Francke*, Notherben 248; *Unger*, Erbrecht 349.

158 Das sieht wie ein et explicativum („und zwar") aus, doch finden wir den Ausdruck noch einmal (oben genannt), wo additiver Sinn besser passt.

159 Im Todeszeitpunkt bereits angereifte Früchte gehören zur Substanz: D. 35.2.9pr. (Pap. 7 quaest.); Früchte, die während der Zwischenzeit anreifen, sind nicht zu restituieren: D. 36.1.60(58).2 (Zinsen), allgemeiner D. 36.1.60 (58).5.

160 In *et quartae fructus* ist *quartae* syntaktisch nicht eindeutig: Genitiv? „Und die Früchte der Quart" kann meinen, dass die Früchte aus der Quart des *SC.* stammen, diese also den Rechtsgrund bildet, so wie man das falzidische Viertel auch aus der *lex* hat. Auch dies schließt die Inoffiziosität aus, wie wir oben sahen. Oder ist *quartae* eher dativisch als Dativ des Zwecks zu empfinden: er hat die Früchte zum Zweck der (= als) Quart?

fructus: nam fructus, qui medio tempore percepti sunt, ex iudicio testantis percepti videntur.

Die von Cujaz vertretene Lesart läuft zwar ebenso auf die Quartbildung aus den Früchten der Zwischenzeit hinaus, die Quart ließe sich aber weniger sicher bilden; zu übersetzen wäre: wenn jemand etwa auf die Hälfte (= auf seinen Intestatteil) eingesetzt gewesen ist, weil (?) ihm ein Achtel aus der Substanz (scil. des Nachlasses) des Testators geschuldet wäre, und er gebeten ist, nach einer bestimmten Zeit zu restituieren ...; da ist das Achtel bereits als *legitima*, als Pflichtteil, verstanden. Davon unterscheidet sich fr. 8.11 durch die leichtere Beweisbarkeit, dass der Testator die Quart aus dem *patrimonium* hinterlassen hat: Setzt der Erblasser restitutionsbelastet auf einen deutlich größeren Erbteil (auf ein halb) ein, als der Intestatteil (ein Sechstel) des Instituten ausmacht, liegt die ausgeschaltete Querel (*nullum iudicium movere*) auf der Hand, wenn bei entsprechend langer Restitutionsfrist der Institut die Quart ($^1/_{24}$) sicher aus den Früchten des Zwischenbesitzes haben wird. Die Frage, ob im Erbantritt eine Anerkennung des letzten Willens zu sehen sei, die eine Inoffiziositätsquerel ausschlösse[161], stellt sich somit nicht[162], da hier bereits die Quart die *admissio* zur *querela inofficiosi testamenti* ausschloss.

Für die zwei Fälle, a) eine nicht allzu lange Restitutionsfrist zu bestimmen, dafür aber auf eine größere Institutionsquote einsetzen, als die Intestatquote ausmachte, und b) auf die Intestatquote einsetzen, aber eine lange, etwa zehnjährige Restitutionsfrist anordnen, so dass aus zehnjährigem Besitzvorteil die Quart leicht gebildet werden kann, ist übereinstimmend gesagt, dass sie die Querel ausschließen[163]. Und zwar im Fall a) mit den Worten *dicendum est nullum iudicium movere*[164] und im Fall b) mit *nihil habet quod queratur*, beide Ausdrücke sind gleichbedeutend mit *querella excludit* (D. 5.2.8.8). Das rechnerische Kalkül könnte der Praxis entstammen und lauten: *institutio* zu einem Viertel *ab intestato* ohne Restitutionsbitte schlösse die

161 Doch ist die Situation in den Restitutionsfällen anders, indem der Fiduziarerbe den Institutionsteil wieder verliert.

162 Kritisch wären Fälle, in denen die Bildung der Quart aus den Früchten der Zwischenzeit unsicher ist, so dass sich die Frage der Inoffiziosität wieder stellte. Aus D. 5.2.8.13 (Ulp. 14 ed.) ist bekannt, dass sich die Querel auch als Verteidigungsmittel (*in modum contradictionis*) geltend machen lässt, dort als *querela inofficiosi testamenti* gegen die *hereditatis petitio* des Testamentserben. Doch ist eine *querela inofficiosi testamenti in modum contradictionis* gegen die Klage des Fideikommissars, wie oben schon erwähnt, nicht belegt; wohl genügte in Restitutionsfällen die *retenta quarta pro auctoritate Trebelliani*.

163 *Francke*, Notherben 245 kehrt den Text um: „War er aber auf so wenig eingesetzt, daß die Quarta Falcidia ihm nicht den vollen Pflichttheil gab, so stand ihm allerdings die Anstellung der Querel frei." Dazu zitiert er in Fn. 3 den Text D. 5.2.8.11.

164 Gegen den Fideikommissar, passivlegitimiert zur Querel nach Paul. sent. 4.5.9; D. 5.2.8.14 (Ulp. 14 ed.) und Sev./Ant. C. 3.28.1 (a. 193) betreffen dagegen Fälle, wo ein zur Querel Berechtigter, der im Testament leer ausging, gegen den Erbschaftsfideikommissar, an den er restituiert hat, quereliert.

Querel aus. Fall b) setzt auf das Vierfache, genau auf die Intestatportion, ein, kombiniert mit einer langen Restitutionsfrist, Fall a) auf das Zwölffache mit *post certum temporis restituere*. Beide Male sind die in die Falzidia einzurechnenden Früchte aus der letztwilligen Disposition hinterlassen, sie sind *fructus ex iudicio testantis percepti* und bilden so die Quart, die schon das *admittere* zur Querel nimmt.

II. Eine Abgrenzung aus D. 5.2.32.1: durch transmissio legati an den Exheredierten bildet sich keine querelausschließende Quart

Thematisch ist im Text die Frage der schlüssigen Anerkennung des Testaments, die eine Querel ausschlösse. Doch auch die Frage nach einer querelausschließenden Quart ist – verneinend – erkennbar: D. 5.2.32.1 (Paulus lib. sing. de inoff. testam.) *Si legatario heres extiterit exheredatus petieritque legatum, videbimus an sit summovendus ab hac accusatione: certum est enim iudicium defuncti et rursus nihil ei ex testamento relictum verum est. tutius tamen fecerit, si se abstinuerit a petitione legati.*

Wenn der im Testament Enterbte den bedachten Legatar beerbte und vom Testamenterben das Vermächtnis verlangte, wäre er dadurch *summovendus* (fernzuhalten) von der *querela inofficiosi testamenti*, die er anstellen will, da er durch *petere legatum* das Testament anerkannt haben würde? Paulus hinterlässt gewisse Zweifel; sicherer sei es, vom *petere legatum* Abstand zu nehmen, wenn er querelieren will. Das Textstück *certum est enim iudicium defuncti et rursus nihil ei ex testamento relictum* ist in der Literatur angegriffen worden, führt aber direkt zu unsere Frage nach der querelausschließenden Quart, wenn man den Fall von der *transmissio legati* her bildet[165]. Es ist gewiss, dass dem Enterbten im Testament nichts hinterlassen ist; beerbt er den Legatar vor Erbantritt, wird die dem Legatar wirksam angefallene Legatsdelation auf ihn übergeleitet und er erwürbe das Legat abgeleitet vom Testator; das Vermächtnis käme somit als *delibatio hereditatis*[166] des Testators aus dessen Erbschaft zum Exheredierten. Dennoch bildet sich so keine querelausschließende Quart beim Exheredierten, weil das Vermächtnis nicht ihm *ex iudicio defuncti* hinterlassen ist. So ergibt der Textteil einen guten Sinn und ist für echt zu halten: *certum est*, dass ihm nicht neuerlich aus dem Testament etwas hinterlassen ist. Es bleibt somit nur noch die andere Zweifelsfrage, ob nicht im *petere legatum* ein *agnoscere* des letzten Willens läge (mit der Folge *si adgnoscam, repellar ab accusatione*[167]).

---

165 Denkt man dagegen den Fall als Erbgang nach *dies legati veniens*, so stellt sich nur noch die Frage nach der schlüssigen Anerkennung des letzten Willens durch *petere legatum*.

166 Vgl. D. 30.116pr.: *Legatum est delibatio hereditatis …*; eine Verminderung, ein Wegnehmen aus dem Nachlass.

167 Vgl. so Paul. D. 5.2.31.3.

Die Literatur hat den Text nur in den Themenkreis der schlüssigen Anerkennung gereiht[168]. *Francke*[169] begründet damit den Echtheitszweifel „...sicher ist auch, daß die Worte, certum est enim judicium defuncti, gar keinen Sinn geben. Wie kann es hier irgend auf den Willen des Erblassers ankommen? Und wie kann hier überhaupt bei dem einem Dritten hinterlassenen Legate von einem Willen des Erblassers rücksichtlich des Exheredierten nur die Rede sein?" und vermutet einen Textausfall. Die Konjektur *Franckes* („Paulus schrieb sicher") lautet: „certum est enim, *eum agnovisse* judicium defuncti".

III. Hypothetische Konstellationen mit vermuteter gleicher Konsequenz wie D. 5.2.8.8

Wer „aus der Hand des Erben"[170] ein Vermächtnis annimmt, anerkennt diesen als Testamentserben[171]. Der Fall bildet nur eine Untergruppe zur stillschweigenden Anerkennung des Testaments, wir finden den rund um das *adgnovit* (*supremum*) *iudicium* geordneten Rechtsstoff in sehr unterschiedlichen Fallgestaltungen überliefert[172]. Zwar sind zum Querelausschluss durch eine das Testament anerkennende Handlung keine Texte konkurrierender Querelen überliefert, doch lässt sich zumindest auf hypothetische Konstellationen, die auf die gleiche Folge schließen lassen, hinweisen. Wem durch Vermächtnis die Quart hinterlassen ist, der ist von der Querel ausgeschlossen; hier kommt es nicht darauf an, ob er das Vermächtnis auch „aus der Hand des Erben" annimmt. Ist ihm weniger als ein Viertel vermacht und nimmt er das Vermächtnis an, wodurch er schlüssig den letzten Willen anerkennt, so ist er ebenso *exclusus* und das Testament im Umfang seiner Intestatportion gesichert. Als konsequent fortgedachte Hypothese lässt sich demnach vermuten, dass er dann einem anderen Querelierenden „mit seinem Intestatteil einen Teil macht", so dass es auch in diesen Fällen nur zur Teilreszission wie in D. 5.2.8.8 kommen kann.

---

168 *La Pira*, successione contro 469 Fn. 3; *Ribas-Alba*, desherdación 89; 235.

169 Notherben 322.

170 *Glück*, Commentar 7. Theil., 1. Abth. 478.

171 Vgl. *Bluntschli*, Erbfolge 183.

172 Mehrere Fälle bei Paul. D. 5.2.23.1; dazu *Bluntschli*, Erbfolge 183 Fn. 260; Sev./Ant. C. 3.28.8 (a. 223); *Renier*, Querela 135; *Francke*, Notherben 322–325.

B. Die Querel, von testamentssichernder Wirkung der Quart betroffen

§ 3 Ulpian/Papinian D. 5.2.8.8 mit dem Scholion Ἐπειδὴ φθάσαντες ad B. 39.1.8 (Sch. B VI 2308; Hb. IV 13)

In den Kreis der Texte, wo die Quart bei der Querel vorkommt, gehört das schon oben erörterte Fragment

D. 5.2.8.8 (Ulpianus 14 ad ed.)
Quoniam autem quarta debitae portionis sufficit ad excludendam querellam, videndum erit an exheredatus partem faciat qui non queritur: ut puta sumus duo filii exheredati. et utique faciet, ut Papinianus respondit, et si dicam inofficiosum, non totam hereditatem debeo, sed dimidiam petere. proinde si sint ex duobus filiis nepotes, ex uno plures, tres puta, ex uno unus: unicum sescuncia, unum ex illis semuncia querella excludit.

Die Summe, die den Text der Basiliken bildet, lautet:

B. 39.1.8.8 (Sch. A V 1761; Hb. IV 13)
Ὁ μὴ κινῶν μειοῖ τὸ μέρος τοῦ κινοῦντος. εἰ γάρ εἰσι δύο παῖδες, ὁ εἷς κινῶν οὐκ ἀπαιτεῖ τῆν ὅλην κληρονομίαν, ἀλλὰ τὸ ἥμισυ. καὶ οἱ ἔγγονοι ὄντες τὸ ἀναλογοῦν τοῖς γονεῦσιν αὐτῶν ἀπαιτοῦσιν.
Der nicht Klagende verringert/verkleinert den Anteil des Klagenden. Denn wenn es zwei Söhne sind, fordert der eine, der klagt, nicht die ganze Erbschaft ein, sondern die Hälfte. Auch die, die Enkel sind, verlangen den ihren Eltern zustehenden Teil.

Der vom Scholienkompilator dem Basilikentext beigefügte Scholienstoff enthält Index-Material[173]: Ὁ μὴ κινῶν = *qui non queritur*; μειοῖ τὸ μέρος τοῦ κινοῦντος = *partem faciat*. Der Beispielsfall des Fragments ist beibehalten: *ut puta sumus duo filii exheredati* = εἰ γάρ εἰσι δύο παῖδες. Die Konsequenz μειοῖ τὸ μέρος τοῦ κινοῦντος ist noch gleich mit *non totam hereditatem debeo, sed dimidiam petere* = ὁ εἷς κινῶν οὐκ ἀπαιτεῖ τῆν ὅλην κληρονομίαν, ἀλλὰ τὸ ἥμισυ. Die *proinde* rell.-Variante der Enkel ist mit καὶ οἱ ἔγγονοι ὄντες verkürzt wiedergegeben.

173 Inhaltsangabe zu D. 5.2.8.8, die den lateinischen Text in der Indexvorlesung ins Griechische vermittelt.

Der Digestenkommentar des Stephanos[174] musste nach der Reformkonstitution C. 3.28.30 (a. 528) ein *minus quarta relictum* als einen Fall der Ergänzungsklage und ein *nihil relictum* als einen Fall der *querela inofficiosi testamenti* unterrichten. Index- und Paragraphaivorlesung sind im Scholion Ἐπειδὴ φθάσαντες ad B. 39.1.8 (Sch. B VI 2308; Hb. IV 13) nicht mehr zu trennen, indem dort schon das Vorliegen des lateinischen Digestentextes und damit der ins Griechische vermittelte Indexstoff auch zu Fragment D. 5.2.17pr., Schol. Δύο τις ad B. 39.1.14 (Sch. B VI 2320; Hb. IV 20) vorausgesetzt wird. Im Ulpian-Fragment 8.8 musste (wegen *quoniam*) bereits unstrittig sein, dass die Quart genügte, um die Querel auszuschließen. Das μειοῖ τὸ μέρος τοῦ κινοῦντος (verringert/verkleinert/kürzt den Teil des anderen) schließt daraus für den Fall, dass der eine das νόμιμον (den Pflichtteil) hat, sowohl auf die *actio ad supplendam legitimam* als auch auf die Querel des anderen („gekürzte Querel" des anderen). Die Konsequenz war bei der *quarta ad excludendam querellam* so überliefert: Wer das Viertel hat, kann gar nicht klagen[175], und das heißt im Beispiel: der eine Sohn, der das Achtel hat, sichert das Testament zur Hälfte und kürzt damit die Querel des anderen auf die Hälfte (eine Konsequenz der testamentssichernden Wirkung der querelausschließenden Quart im Umfang des Intestatteils des *exclusus*). Das deckt sich noch mit Ὁ μὴ κινῶν μειοῖ τὸ μέρος τοῦ κινοῦντος. Das Scholion Ἐπειδὴ φθάσαντες ad B. 39.1.8.18 beginnt mit einer „Übersetzung" des Fragments 8.8, knüpft also an Index-Worte an (*Quoniam … quarta … sufficit ad excludendam querellam* = Ἐπειδὴ … εἴπομεν, τὸ νόμιμον … ἀποκλείειν τοῦτον τῆς μέμψεως). Die mit der Reformkonstitution C. 3.28.30 (a. 528) eingeführte Ergänzungsklage (βούλεται δὲ ὁ ἕτερος τῶν παίδων ὁ τό η'.) gibt der Erläuterung aber eine andere Richtung:

> Schol. Nr. 18 (= Hb. 16) Ἐπειδὴ φθάσαντες ad B. 39.1.8 (Sch. B VI 2308; Hb. IV 13)
> *Ἐπειδὴ φθάσαντες εἴπομεν, τὸ νόμιμον τῷ παιδὶ καταλιμπανόμενον ἀποκλείειν τοῦτον τῆς μέμψεως, ἄξιον ἐντεῦθεν ζητῆσαί τε καὶ μαθεῖν, εἰ ἄρα ὁ ἐξνερεδάτος παῖς ἐφησυχάζων πάρτεμ ποιεῖ τῷ ἀδελφῷ;*
> Da wir ja zuvor sagten, dass die dem Sohn hinterlassene *legitima* (der „gesetzliche" [scil. Teil]) die Klage ganz verschließt/versperrt, ist es wert, nun (oder daher) zu untersuchen und zu lernen (zu verstehen), ob der enterbte Sohn, der sich „ruhig verhält" (nichts unternimmt), dem Bruder einen Teil macht.

174 Von dieser allgemein angenommenen Zuschreibung des Scholions Ἐπειδὴ φθάσαντες ad B. 39.1.8 geht man aus.

175 Und möglicherweise auch mit dem kritischen Fall des *minus quarta relictum*; dies dürfte dort die genauere Deutung von *qui non queritur* sein: einer, der nicht klagt (aber klagen könnte); dazu bereits oben S. 31. Dann stellte sich das Problem eines „Nicht-Klagenden" neben einem, der quereliert, so: Ist „Nicht-Klagen" ein Fall der Ausschlagung zugunsten des Querelierenden oder ein Fall der Sicherung des Testaments zugunsten des eingesetzten Erben?

τί δὲ τοῦτό ἐστι, μάθε σαφέστερον. δύο τις ἔχων παῖδας ἐξωτικὸν μὲν ἐνεστήσατο κληρονόμον, ἐξνερεδάτους δὲ τοὺς παῖδας πεποίηκε καὶ θατέρῳ μέν τῶν παίδων τὸ η'. τῆς οἰκείας περιουσίας καταλέλοιπε μέρος, τῷ δὲ ἑτέρῳ τῶν παίδων οὐδέν.

Was das ist, verstehe einleuchtender: jemand, der zwei Söhne hatte, setzte einen *extraneus* zum Erben ein und enterbte die Söhne. Und dem einen hinterließ er den achten Teil[176] des Hausvermögens, dem anderen der Kinder nichts.

ἀλλ' ὁ μὲν παῖς, ᾧ μηδὲν καταλέλοιπεν ὁ πατήρ, ἐφησύχασεν, οὐ ῥεπουδιατεύων μέντοι τὴν μέμψιν.

Aber der Sohn, dem der Vater nichts hinterlassen hat, verhielt sich ruhig (unternahm nichts), freilich indem/obgleich er die Klage nicht ausschlug.

Dies ist die erste Abweichung vom Fragment. Der Scholiast identifiziert den *exheredatus, qui non queritur* mit dem Sohn, der die Quart nicht hatte, und er setzt hinzu: μέντοι (jedoch), dass er nicht ausschlug.

Das nimmt sachlich eine Semeiosis (Merksatz) aus dem Schol. Εἰ δύο ad B. 39.1.19 (Sch. B VI 2325; Hb. IV 24) = D. 5.2.23.2 auf: Τοῦτο δὲ σημείωσαι, ὅτι μόνον τότε ὁ ἐξνερεδάτος παῖς πάρτεμ ποιεῖ, ὅτε ἐφησυχάζει μέν, δύναται δέ, εἰ θελήσει, κινεῖν, ... (das bezeichne, dass nur dann der enterbte Sohn einen Teil macht, solange er sich zwar ruhig verhielt, aber klagen könnte, wenn er es wollte).

Der andere der Söhne wollte das Achtel.

So legte sich der Kommentator den Fall zurecht, den er so unterrichtet, dass ein *minus quarta relictum* behauptet wird: Der, der die Quart (das Achtel) hatte (sic!), klagte mit dem Argument, er habe sie nicht vollständig; vorweggenommen sei der Klagestandpunkt gesagt: weil einer, der nicht klagt, nicht mitzähle, für tot zu halten sei, so dass der Klagende auch noch dessen Achtel haben muss, damit er das Viertel hat. Byzantinisch kann in einem solchen Fall nur Pflichtteilsergänzung (*ad implendam legitimam*) begründet sein, weil ihm zumindest etwas, wenn auch weniger als die Quart, hinterlassen war.

Stellen wir die Fallauffassungen einander gegenüber:

Fragment 8.8: zwei Söhne (f1 und f2) und der eingesetzte *extraneus*; f1 und f2 sind enterbt, dem f1 ist gar nichts hinterlassen, dem f2 entweder die Quart (ein Achtel) oder vielleicht weniger als die Quart, er klagt aber nicht. Der f1 quereliert; der nicht klagende f2 „macht ihm" mit seinem Intestatteil „einen Teil" (die querelausschließende Quart des f2 sichert das Testament im Umfang seines Intestatteiles von der Hälfte der Erbschaft); f1 bekommt nicht die ganze Erbschaft, sondern nur die Hälfte.

176 ¼ (die Quart) von ½ (seines Intestatteils).

Der Sachverhalt des Scholiasten: zwei Söhne (f1 und f2) und der eingesetzte *extraneus*; f1 und f2 sind enterbt, dem f1 ist gar nichts hinterlassen, dem f2 die Quart (ein Achtel). Der f1 verhält sich ruhig und klagt nicht, freilich ohne auszuschlagen, f2 klagt den *extraneus* auf noch ein Achtel, um insgesamt ein Viertel zu haben.

> *βούλεται δὲ ὁ ἕτερος τῶν παίδων ὁ τό η΄. μέρος ἔχων παρὰ γνώμην τοῦ τεστάτορος ἕτερον η΄. ἔχειν, λέγων ὅτι ὁ ἐξνερεδάτος μου ἀδελφὸς οἷα δὴ γεγονὼς ἐξνερεδάτος καὶ ἐφησυχάζων τετελευτηκέναι δοκεῖ, καὶ μόνος εἰμὶ τοῦ κατοιχομένου παῖς. μόνον δὲ με ὄντα δίκαιόν ἐστι, φησί, τὸ νόμιμον ἔχειν ποστημόριον.*
> Der andere der Söhne, der den achten Teil hat, will gegen den Willen des Testaments das andere Achtel haben, indem er vorbringt, dass mein enterbter Bruder, da er ja ganz offenbar enterbt[177] und einer ist, der nichts unternimmt, tot zu sein scheint und ich allein der Sohn des Verstorbenen bin. Indem ich der einzige bin, ist es gerecht, sagt er, die *legitima* Portion zu haben.

Das ist byzantinisch zurecht gemacht: aus der Querel eines, der die volle Quart nicht hat, wird die Pflichtteilsergänzungsklage nach der Reformkonstitution C. 3.28.30. Die im Unterricht für das Klagevorbringen verwendeten Textstücke sind gemeinsame Stücke mit τετελευτηκέναι δοκεῖ/καὶ μόνος εἰμὶ/μόνον δὲ με ὄντα aus Schol. Δύο τις ad B. 39.1.14 (Sch. B VI 2320; Hb. IV 20) = D. 5.2.17pr.

> *ταῦτα λέγοντος ἀυτοῦ καὶ δικαιολογουμένου φησὶν ὁ Παπιανὸς πάρτεμ ποιεῖν ἐκείνῳ τῷ ἐφησυχάζοντι, μὴ ῥεπουδιατεύοντι μέντοι ψυχῇ ἀδελφοῦ,*

Nachdem er dies behauptete und vor Gericht vorbrachte, sagt Papinian, daß – hier beginnt eine syntaktische Störung – (er?) einen Teil macht jenem (Dativ), der sich ruhig verhielt, freilich mit dem Willen, nicht auszuschlagen – es muss umgekehrt sein (nicht der, der klagt, macht dem, der sich ruhig verhält, einen Teil [πάρτεμ ποιεῖν ἐκείνῳ τῷ ἐφησυχάζοντι], sondern der, der sich ruhig verhält, macht dem Klagenden einen Teil); im AcI fehlt das Subjekt; πάρτεμ kann es nicht sein; die Konjektur von Heimbach lautet[178]: dass der Bruder, der sich ruhig verhält, freilich mit dem Willen nicht auszuschlagen, jenem einen Teil macht.

> *τουτέστι μέρος ἔχειν σὺν ἐκείνῳ δοκεῖν,*
> das heißt, dass er den Teil gemeinsam mit ihm zu haben scheint

177 Wohl deutlicher Ausdruck für *nihil penitus relictum* (vgl. C. 3.28.30.1).

178 Hb. IV 13: Anm. m) Legendum videtur: πάρτεμ ποιεῖν ἐκείνῳ, τὸν ἐφησυχάζοντα, μὴ ῥεπουδιατεύοντος μέντοι ψυχῇ ἀδελφόν (so aufgefasst ist τὸν ἐφησυχάζοντα … ἀδελφόν das Subjekt im AcI).

καὶ μὴ νομίζεσθαι μονον εἶναι τὸν νῦν ἐπιφυόμενον παῖδα,
und dass er sich nicht für den einzigen halten dürfe, der sich jetzt an den [anderen] Sohn anhängt[179]

μηδὲ ὀφείλειν τέλειον κομίζεσθαι τὸ νόμιμον ποστημόριον.
und dass er sich nicht holen dürfe den vollständigen Pflichtteil.

πάρτεμ δὲ αὐτῷ ποιεῖ τῷ ἀδελφῷ τοσοῦτον, ὅτι ἔνθα μηδὲν αὐτῷ παρὰ γνώμην τοῦ τεστάτορος καταλέλειπται,
Er macht diesem Bruder selbst insoweit einen Teil, als ihm hier nichts hinterlassen worden ist nach dem Willen des Testators

Das thematische „der Nichtklagende macht dem Klagenden einen Teil" ist geschärft durch μέντοι (jedoch), dass der Nichtklagende einer ist, der nicht ausschlug (vgl. dazu die unselbständige Semeiosis des Schol. Εἰ δύο ad B. 39.1.19 (Sch. B VI 2325; Hb. IV 24) = D. 5.2.23.2: ...πάρτεμ ποιεῖ, ὅτε ἐφησυχάζει μέν, δύναται δέ, εἰ θελήσει, κινεῖν, ... (...macht einen Teil, solange er sich zwar ruhig verhielt, aber klagen könnte, wenn er es wollte).

καὶ ἁρμόττει δεινοφ. ἐπὶ καταλύσει τῆς διαθήκης,
und es steht die Querel zu, um aufzulösen das Testament.

Dies ist von f1 (vom Nichtklagenden, der nicht ausschlug) gesagt. Wem gar nichts hinterlassen ist, bleibt nach der Reformkonstitution C. 3.28.30 die Querel. Damit konkurrieren: die *actio ad implendam legitimam* des f2 (auf zusätzlich noch ein Achtel) und eine bloß mögliche *querela* des f1 auf dessen Intestatteil. Mit der möglichen Querel auf seinen Intestatteil schränkt f1 den f2 auf dessen Intestatteil ein, von diesem Teil ist sein Viertel zu berechnen; also Einschränkung auf ein Viertel von der Intestatportion der Hälfte; somit bekommt f2 nicht mehr als das Achtel, das er schon hat.

ἐφησυχάζει δὲ θάτερος τούτων, κινῶν ὁ ἕτερος οὐ πᾶσαν, ἀλλὰ κατὰ μέρος καταλύσει τὴν διαθήκην.
Verhielt sich aber der eine von diesen ruhig, wird der andere, der klagt, nicht alles, sondern zum Teil das Testament auflösen.

179 Gemeinsamer Stoff mit dem Schol. Δύο τις ad B 39.1.14 (Sch. B VI 2320; Hb. IV 20) = D. 5.2.17pr.; das Bild des „Mitlaufens" findet sich öfter, so auch im Schol. Δύο τις ἔχουσα ad B. 39.1.13 (Sch. B VI 2319; Hb. IV 20) = D. 5.2.16pr.

Hätte f2 die Quart nicht, hätte er die Querel auch nur auf die Hälfte der Erbschaft. Und zwar auch dann, wenn sich der f1 „ruhig verhält", also nicht klagt. Teilreszission auf die Hälfte allerdings nur dann, wenn f2 nicht ausschlug, ist von oben mit zu verstehen, und der Scholiast wiederholt es sogleich noch einmal in seiner Zusammenfassung.

Man sieht den Gang der Variante: Von der *actio ad implendam legitimam* des f2 nun auf eine *querela* (auch) des f2, wenn also auch ihm nichts hinterlassen wäre, weil dies noch deutlicher das *partem facit* klar machte. Ich stimme mit *Gagliardi*[180] überein, dass dies der Fall ist, wo keiner die Quart hat. Ich gehe aber mit *Gagiardi* nicht konform, dass dieser Fall in einer „längeren" Fragmentvorlage zu finden gewesen wäre. Der Textteil steht erst im Anschluss an die Ergänzungsklage βούλεται δὲ ὁ ἕτερος τῶν παίδων ὁ τό η'. μέρος ἔχων παρὰ γνώμην τοῦ τεστάτορος ἕτερον η'. ἔχειν (der andere der Söhne, der den achten Teil hat, will gegen den Willen des Testaments das andere Achtel haben; *ad supplendam legitimam*) und ist intensiv ergänzte Variante.

Der Scholiast fasst zusammen:

> *Συνελόντα τοίνυν εἰπεῖν, ὁ ἐξνερεδάτος παῖς κἂν ἐφησυχάζῃ, μὴ ῥεπουδιατεύοντι μέντοι ψυχῇ, πάρτεμ δοκεῖ ποιεῖν ἐκείνοις, οἷς ἅμα αὐτῷ τὸ τῆς ἀναπληρώσεως ἁρμόττει δίκαιον ἢ ἐπὶ καταλύσει τῆς διαθήκης ἡ μέμψις. ἀνάγνωθι τὸ ιζ'. διγ. τοῦ παρόντος τιτ.*
> (Um) das Zusammengedrängte nun zu sagen: der enterbte Sohn, auch wenn er sich ruhig verhält (nicht klagt), freilich mit dem Willen nicht auszuschlagen, scheint jenen einen Teil zu machen, denen zusammen mit ihm das Recht auf Ergänzung der *legitima* zusteht oder die Querel auf Aufhebung des Testaments. Erkenne dies wieder in Digesten 17 des gegenwärtigen Titels.

Paul. D. 5.2.17pr. bringt den umgekehrten Fall des *partem non facit*: wer mit dem Willen auszuschlagen nicht quereliert, macht den anderen, die dieselbe Querel anstellen wollen, keinen Teil.

Wir finden also beim Digestenkommentator des 6. Jahrhunderts folgende Konkurrenzen:

- *Actio ad implendam legitimam/querela*, dessen, der zwar nicht klagt, aber auch nicht ausschlug.
- *Querela/querela* dessen, der zwar nicht klagt, aber auch nicht ausschlug.
- *Actio ad implendam legitimam/ actio ad implendam legitimam* dessen, der nicht klagt.

---

180 Legittimazione 109: „... una fattispecie *diversa*, in cui entrambi i fratelli Primo e Secondo fossero stati *totalmente* diseredati dal *pater* ...".

Somit liegt vor, wie der Digestenkommentator das *partem facit, qui non queritur* unterrichtete:

Der Beginn der Kommentierung steht in direkter Abhängigkeit vom Fragment 8.8. Der Teil Ἐπειδὴ ... εἴπομεν, τὸ νόμιμον ... ἀποκλείειν τοῦτον τῆς μέμψεως „nachdem wir (da wir ja) sagten, dass die ... *legitima* die Klage ganz verschließt/versperrt", ist der Wortfolge *quoniam ... quarta ... sufficit ad excludendam querellam* entnommen (Index); εἰ ἄρα ὁ ἐξνερεδάτος παῖς ἐφησυχάζων; ist gehäuft verwendet (vgl. das Schol. Δύο τις ad B. 39.1.14: ἐφησυχάσαντα); πάρτεμ ποιεῖ ist thematisch (= *an exheredatur partem faciat qui non queritur*), und zwar im Schol. Δύο τις ad B. 39.1.14 (= Paul. D. 5.2.17) verneint: μὴ ποιεῖν μέρος τοῖς ἄλλοις (dort ebenso thematisch). Der μὴ κινῶν ist nur in der Summa verkürzt, in der breiteren Stephanos-Kommentierung ist er verbunden mit weiterem Scholien-Stoff. Differenziert ist der Stoff im Schol. Δύο τις ad B. 39.1.14: ὁ μὲν εἷς τῶν παίδων ἐφησύχασεν οὐχ ἁπλῶς, ἀλλὰ ῥεπουδιατεύοντος ψυχῇ (der eine der Söhne verhielt sich ruhig [unternahm nichts], nicht schlicht, sondern mit dem Willen auszuschlagen), in der Kommentierung des Schol. Ἐπειδὴ φθάσαντες ad B. 39.1.8.18 heißt es ἐφησύχασεν, οὐχ ῥεπουδιατεύων μέντοι τὴν μέμψιν (er verhielt sich ruhig, freilich ohne die Klage auszuschlagen). Die Figur ist möglicherweise aus dem Schol. Δύο τις ad B. 39.1.14 = D. 5.2.17pr. hierher versetzt.

Dazu kommt die unselbständige Semeiosis aus dem Schol. Εἰ δύο ad B. 39.1.19 (Sch. B VI 2325; Hb. IV 24) = D. 5.2.23.2: ... σημείωσαι, ὅτι μόνον τότε ὁ ἐξνερεδάτος παῖς πάρτεμ ποιεῖ, ὅτε ἐφησυχάζει μέν, δύναται δέ, εἰ θελήσει, κινεῖν, ... (..., dass nur dann der exheredierte Sohn einen Teil macht, sooft er sich zwar ruhig verhielt, aber klagen könnte, wenn er es wollte). Das verbindet πάρτεμ ποιεῖ mit derselben Fallfigur eines ἐφησυχάζων οὐ ῥεπουδιατεύων μέντοι τὴν μέμψιν. So bildet sich das Lehrsystem zu πάρτεμ ποιεῖ (macht einen Teil): dies gilt für den ἐφησυχάζων οὐ ῥεπουδιατεύων μέντοι τὴν μέμψιν (der sich ruhig verhält, jedoch die Klage nicht ausschlägt) = πάρτεμ ποιεῖ, ὅτε ἐφησυχάζει μέν, δύναται δέ, εἰ θελήσει, κινεῖν (der klagen könnte, wenn er es wollte)[181].

Thematisch wiederum ist das Argument „der Nicht-Klagende ist für bereits tot zu halten und macht daher keinen Teil", die Worte der Kommentierung ἐφησυχάζων τετελευτηκέναι δοκεῖ (der nichts unternimmt scheint gestorben zu sein) scheinen eine direkte Anlehnung an das Schol. Δύο τις ad B. 39.1.14 (Sch. B VI 2320; Hb. VI 20) = D. 5.2.17pr. zu sein, ἐφησύχασαν, ῥεπουδιατευσάντων τὴν μέμψιν, ἤδη τεθνάναι νομιζομένων (die sich ruhig verhalten, und zwar indem sie die Klage ausschlagen, werden für schon verstorben gehalten). Da dort das Thema unmittelbar

181 Das markiert bereits einen subtilen Bruch zu *quarta ad excludendam querellam* in D. 5.2.8.8: wer die Quart hat, ist *exclusus*. Es bliebe nur der Fall von *minus quarta relictum* dem, der nicht klagt, aber klagen könnte. Die Paraphrase erwähnt einen solchen Fall aber nicht.

vorkommt (wer ausschlug, ist für tot zu halten), könnte es von dort herübergezogen sein. Von diesem Gedanken ist das μειοῖ τὸ μέρος des Schol. Ἐπειδὴ φθάσαντες ad B. 39.1.8 abhängig. Der nicht Klagende – und zwar in der Fallfigur οὐ ῥεπουδιατεύων μέντοι τὴν μέμψιν (freilich ohne die Klage auszuschlagen) – ist nicht für tot zu halten, allein schon seine Existenz „verringert, verkleinert" die Querel des Klagenden („macht ihm einen Teil").

Es ist verständlich, dass daraus die Annahme hervorging, sich einen a) Nicht-Klagenden, οὐ ῥεπουδιατεύων τὴν μέμψιν, der die Querel nicht ausschlug, vorzustellen und b) einen Klagenden, der die Quart hat (thematisch abhängig vom Anfang εἴπομεν, τὸ νόμιμον … ἀποκλείειν).

So erklären wir uns die Bildung des ersten Falls: Der, der die Quart hat, klagt auf ein weiteres Achtel *ad supplendam legitimam*, und der andere, der die Querel hat, klagt nicht.

Die zwei weiteren Fälle sind davon abhängige Varianten, und zwar symmetrisch eingeschaltet: 2) keiner hat die Quart, und dann 3) beide haben die Quart.

Es ist daher viel zu gewagt, den in der Kommentierung eingeschalteten 2) Fall „keiner hat die Quart" in das Fragment hinüber zu setzen, wie *Gagliardi* dies vorschlägt. Der Index-Teil ist kurz und unterbrochen. Erst nach dem Zitat ist wieder Index-Stoff (Fall der Enkel) zu sehen. Dazwischen ist ein systematisierender Erklärungsteil, der Index-Material anderer Fragmente aufnimmt (Index-Stoff aus dem Schol. Δύο τις ad B. 39.1.14 zu D. 5.2.17pr. und sachlich die Semeiosis aus dem Schol. Εἰ δύο ad B. 39.1.19 = D. 5.2.23.2).

Gagliardi[182] trennt in Fragment 8.8. das Textstück

> *Quoniam autem quarta debitae portionis sufficit ad excludendam querellam,*

ab von

> *videndum erit an exheredatus partem faciat qui non queritur: ut puta sumus duo filii exheredati. et utique faciet, ut Papinianus respondit, et si dicam inofficiosum, non totam hereditatem debeo, sed dimidiam petere*

und meint, zwischen den beiden Teilen bestehe kein Zusammenhang („non c'è alcuna connessione"[183]). Die Redaktoren der Basiliken hätten den ersten Teil (*Quoniam*) eliminiert und sogleich mit dem zweiten begonnen[184]. Der zweite Teil (*videndum*

182 Legittimazione 96.

183 Die Aussage I) *Quoniam* sei für II) *videndum erit* rell. irrelevant: „è del tutto irrilevante" (96).

184 *Gagliardi*, Legittimazione 100.

erit rell.) enthalte den Fall, dass keiner der Söhne die Quart hatte[185]. Mehr Gewicht scheint uns dagegen der gleiche Anfang der Kommentierung zu haben, *Quoniam sufficit*: die Quart genügt für den Ausschluss von der Klage.

Aber hat er die genügende Quart, wenn der andere nicht klagt? So stellte sich die Frage in der Kommentierung (im Unterricht)[186]. Von zwei Söhnen hat einer $^{1}/_{8}$, hat er aber genug, wenn der andere nicht klagt? Der Kläger behauptet *non partem facit, qui non queritur*, meinte daher *non sufficit* (er habe nicht genug) und klagt *ad implendam legitimam* (auf noch $^{1}/_{8}$). So bildet der Scholienkommentar die Konkurrenz von *actio ad implendam legitimam* und *querela* des anderen, „der nicht klagt, aber nicht ausschlug", setzt er hinzu. Der Standpunkt des Klägers ist unrichtig, der andere, der nicht klagt, „macht ihm einen Teil". So unterrichtete der Scholiast das Fragment 8.8. zu *partem facit, qui non queritur*; das μειοῖ der Summa übernimmt dies, aber mit einem schon vereinfachten Gedanken: Allein schon die Existenz des Nicht-Klagenden kürzt die Klage. Die Kommentierung von *partem facit* ist erweitert um die Konkurrenz von einer *querela* des f2 und einer *querela* des f1, der zwar nicht klagt, aber auch nicht ausschlug[187]. Die am Schluss gebildete Konkurrenz ist nur noch byzantinisch relevant, *actio ad implendam legitimam* des einen/*ad implendam legitimam* des anderen, der aber nicht klagt. Wieder gilt: der nicht Klagende schränkt den Klagenden ein (*partem facit*) oder μειοῖ τὸ μέρος τοῦ κινοῦντος, wie es die Summe sagt. Jedem steht nur ein Achtel zu.

Aus verschiedenen Fallkonstellationen kann also ein *partem facere* hervorgehen und auf die Verschiedenheit der Interpretation ist hinzuweisen: Der Scholiast kann sich ein *partem facere* im Fall, wo einer nicht klagt, nur so vorstellen, dass der Nicht-Klagende nicht ausschlägt. Unklar bleibt dabei, was dann mit dem Intestatteil des Nicht-Klagenden weiter geschieht. Im Fall, dass der Nicht-Klagende die Querel verjähren lässt, wächst nach Paul. D. 5.2.23.2 sein Intestatteil dem anderen an, das *partem facere* fällt somit weg. Das ist auch im Scholion Εἰ δύο ad B. 39.1.19 (Sch.

---

185 *Gagliardi*, Legittimazione 96: „Tuttavia, nel passo si parla poi di due figli *totalmente* diseredati dal padre e riteniamo che nessuno di essi avesse ricevuto neppure per legato o per altra via la legittima."

186 *Glück*, Commentar, 7. Theil, 1. Abth. 423 bezog Fragment 8.8 auf zwei Fragestellungen ausgehend von dem Fall, dass beide Söhne enterbt sind, einer den Pflichtteil hat und ein Fremder eingesetzt ist: 1) Kann der, der das Achtel hat, querelieren? So fragte auch der Scholiast. So konnte aber in Fr. 8.8 nicht gefragt worden sein, weil *partem facit* (der andere macht ihm einen Teil) dann nicht zur Entscheidung *non totam hereditatem ..., sed dimidiam petere* passt. Wenn der andere ihm einen Teil macht, dann hat er mit dem Achtel seine volle Quart und kann nicht querelieren; er bekäme also nicht *dimidiam*, sondern gar nichts. 2), sagt *Glück*, sei entgegengesetzt gefragt worden, „ob auf das andere enterbte Kind ...Rücksicht zu nehmen sey", wenn der, dem nichts vermacht war, quereliert.

187 Ein solcher Fall könnte aus Fragment 8.8 nur in einer – dort nicht vorkommenden –Variante gebildet werden, dass der f2, der möglicherweise die volle Quart nicht hatte, doch noch querelierte, so dass sich aus den konkurrierenden Querelen das *partem facit* ergibt.

B VI 2325; Hb. IV 24) = D. 5.2.23.2 als Semeiosis (Merksatz) so gesagt: ... Τοῦτο δὲ σημείωσαι, ὅτι μόνον τότε ὁ ἐξνερεδάτος παῖς πάρτεμ ποιεῖ, ὅτε ἐφησυχάζει μέν, δύναται δέ, εἰ θελήσει, κινεῖν, οὐ μὴν ἔνθα ἰδικῶς ἀπετάξατο τῇ μέμψει ἢ ἐτελεύτησεν ἢ ἀπεκλείσθη τῷ χρόνῳ. (Das bezeichne, dass nur dann der enterbte Sohn einen Teil macht, solange er sich zwar ruhig verhielt, aber klagen könnte, wenn er es wollte, nicht aber, wo er der Klage besonders entsagte oder starb oder durch Zeit[ablauf] ausgeschlossen war).

In Fragment 8.8 fanden wir zwei Fälle, wo die testamentssichernde Wirkung der Quart zu einem *partem facit* führt, nämlich a) in der Konkurrenz mit einem durch die volle Quart *exclusus* und (im vermuteten Fall) b) mit einem, der sie vielleicht nicht ganz hat, aber nicht klagt. Im Fall b) stellte sich das Wertungsproblem: Profitiert vom *non queri* des f2 nun immer noch der Testamentserbe (*extraneus*) durch die querelausschließende Quart[188] oder profitiert umgekehrt der querelierende f1 vom *non queri* des f2, indem ihm f2 in der Reszission des Testaments nicht konkurriert[189]? Wäre man hier also einem Ausschlagungsfall schon nahe[190]? Wir haben oben schon gesehen, dass der Fall, wo das Viertel zwar nicht voll hinterlassen ist, der zu gering Bedachte sich aber nicht beschwert (*non queritur*), immer noch die Konsequenz der testamentssichernd wirkenden Quart nach sich zieht. Mit *non queri* des f2 macht er, da er anscheinend die Quart hat, mit seinem Intestatteil dem f1 einen Teil; f1 vindiziert somit nur die Hälfte und die andere Hälfte verbleibt dem *extraneus*.

Die oben schon gegebene innere Begründung dafür ist aus Fragment 8.8 in einer fortgesetzten Fallreihe zu entwickeln:

a) Verschiebungen aus der Intestatportion des f2 hin zum *extraneus* sind nicht pflichtwidrig, sofern dem f2 davon ein Viertel verbleibt. Im Umfang des Intestatteils des f2 kann damit aber auch f1 mit seiner Querel das Testament nicht als inoffiziös umstoßen.
b) Ist der f2 unter wenn auch vielleicht nicht voller Quart enterbt, quereliert er aber nicht, so ist immer noch die sichernde Wirkung der querelausschließenden Quart wie im Fall a) da. Auch dann macht er mit seinem Intestatteil dem anderen einen Teil (*partem facit*). Zwei Fälle eines „Nicht-Klagenden, der dem

188 Also nur Teilreszission durch die Querel des Klagenden.

189 Also Gesamtreszission.

190 Was freilich schon von den Konsequenzen her gedacht nicht passt: käme das „Nicht-Klagen" einer Ausschlagung gleich, hätte der andere Klagende die Querel auf den ganzen Nachlass. Das *minus quarta relictum* müsste aber dem „Nicht-Klagenden" verbleiben. Doch so *La Pira*, successione contro 566f.: „egli deve rivendicare *tutta quanta la eredità*; si intende, dedottane la porzione lasciata dal testatore al fratello" (567) mit der Deutung: „il legittimario *che ebbe la debita portio*, si trova nella condizione stessa, in senso *negativo*, di un rinunziante" (566). *La Pira* streicht [*et si dicam inofficiosum, non totam hereditatem debeo, sed dimidiam petere*] (564).

anderen einen Teil macht" sind also auseinander zu halten, weil sie zu verschiedenen Konsequenzen führen: α) Ist zwar *minus quarta relictum* (weniger als die Quart hinterlassen), quereliert der zu gering Bedachte jedoch nicht, so macht er dem anderen einen Teil, und zwar testamentssichernd mit seinem Intestatteil[191]. Will er lieber querelieren, darf er das *minus quarta relictum* nicht annehmen. So jedenfalls nach Digestenrecht. Anders nach justinianischem Recht, wonach die Annahme eines *minus quarta relictum* den Ergänzungsanspruch auf die Quart nicht nimmt (C. 3.28.35.1–2)[192]. Den Fall α) hat die Scholienkommentierung nicht herausgefunden[193]. β) Ist er ein Nicht-Klagender, dem nichts hinterlassen ist, der seinen Intestatteil nicht ausschlägt (im Sinn der Scholienkommentierung ein ἐφησυχάζων οὐ ῥεπουδιατεύων μέντοι τὴν μέμψιν), so macht er dem anderen einen Teil, doch ist das *partem facere* (πάρτεμ ποιεῖν) in einer gewissen Schwebe: quereliert er später noch, so teilt er mit dem anderen, wenn er obsiegt. Oder er lässt seine Querel verjähren, womit sein Intestatteil dem anderen anwächst (D. 5.2.23.2). Während die Scholienkommentierung den Fall β) nennt, nicht aber den Fall α), haben wir umgekehrt zu deuten: Der instabile Fall β) kommt im Fragment 8.8 nicht vor, in Fragment 8.8 geht es nur um das *partem facere* als Wirkung der querelausschließenden Quart.

c) Variierend sei also erwähnt: querelierte f2, weil er die volle Quart nicht hat, und dränge er durch, so teilte er mit f1. Dies ist der schlichte Fall eines *partem facit* aus zusammentreffenden Querelen, die beide in der Gesamtreszission *ab intestato* konkurrieren.

d) Sehr nahe dem Fall b) kommt der Fall, dass ein Querelberechtigter aus der Hand des Erben ein Vermächtnis, wenn auch weniger als die Quart, annimmt und diesen dadurch als Erben anerkennt (vgl. auch Ulp. D. 37.5.5.2[194]; ferner B. 39.1.19 [Sch. A V 1765; Hb. IV 24][195]). Wieder wäre das Testament im Umfang seines Intestatteiles gesichert. Fall d) ist dem Fall b) fast schon analog, die

---

191 Hier nimmt er das *minus relictum* an und der Fall deckt sich mit unten d).

192 Dazu unten, S. 170.

193 Ihn zu finden, wäre wohl auch eine Überschreitung des Kommentarverbots gewesen. Die Digestenkommentierung aus dem 6. Jhdt. hält sich an den Aufbau der Reformkonstitution (zuerst *actio ad implendam legitimam* bei einem *minus*, dann die *querela inofficiosi testamenti*, die bei einem *nihil* bestehen blieb). Zu finden gewesen wäre er in der Konkurrenz „*actio ad implendam* dessen, der nicht klagt/Querel dessen, der klagt". Genau dieser Fall fehlt.

194 Ähnlich zur Alternative „entweder Legat oder *bonorum possessio contra tabulas*": wer die *b.p.c.t.* wählt, wird das Vermächtnis nicht haben und umgekehrt *si legatum elegerit, eo iure utimur, ne petat bonorum possessionem contra tabulas.*

195 Dem Schol. κατὰ περμουτατίουσα ad B. 39.1.19 (Sch. B VI 2325; Hb. IV 24) liegt das Paulus-Fragment D. 5.2.23.1 vor: Παύλου. Ὁ ἀπόκληρος υἱὸς ἀγοράζων ἤ μισθούμενος ἤ τι παραπλήσιον ποιῶν ἐν εἰδήσει παρὰ τοῦ γεγραμμένου ἤ καταβάλλων, ὅπερ ἐχρεώστει τῷ πατρί, ἐκπίπτει τῆς μέμψεως. Sehr verschiedene Fälle sind zusammengestellt: Der enterbte Sohn, der vom Testaments-

Begründung für die testamentssichernde Wirkung ist aber verschieden. Bei d) ist es die Anerkennung als Erben, bei b) sichert die Quart, die von der Querel ausschließt.

Im Schol. Ἐπειδὴ φθάσαντες ad B. 39.1.8 ist es dagegen die Querel dessen, der sich ruhig verhält, freilich ohne auszuschlagen, die dem anderen „einen Teil macht". Es geht nur noch um die Alternative, schlüge er aus, reszindierte die Querel des anderen gesamt (wie im Schol. Δύο τις ad B. 39.1.14 = D. 5.2.17pr.), schlägt er aber nicht aus, kürzt er die Querel des anderen, das Ὁ μὴ κινῶν μειοῖ τὸ μέρος τοῦ κινοῦντος des Scholions ist von diesem Fall abhängig.

Die Auffassung, dass die Existenz eines anderen, der noch querelieren könnte, die Querel kürzt, wirkt bis in die jüngeren Deutungen nach. Wie oben schon erwähnt, lesen wir bei *Voci*[196]: „… la presenza del coerede diminuisce la quota che spetta all'altro e limita la sua legittimazione ad agire"[197]. Auch *Gagliardi*[198] geht von einer eingeschränkten Klagebefugnis aus: im Fall von „due figli *sui*, A^1 e A^2, fossero stati diseredati … e fosse stato istituito … l'estraneo" gelte: „A^1, che avesse agito con querela, avrebbe dovuto limitarsi ad agire per la propria quota" (mit prinzipieller Teilreszission in diesen Fällen[199]). Die Vorlage dafür entnimmt *Gagliardi* dem Fall der Scholienkommentierung, dass keiner der beiden Söhne die Quart hatte.

Gagliardi glaubt, dass im Schol. Ἐπειδὴ φθάσαντες ad B. 39.1.8 der erste Teil von Fragment 8.8 (dort gegliedert mit: *Quoniam autem quarta debitae portionis sufficit ad excludendam querellam*) ausgelassen ist, während der zweite Teil II) *videndum erit an exheredatus partem faciat qui non queritur: ut puta sumus duo filii exheredati. et utique faciet, ut Papinianus respondit, et si dicam inofficiosum, non totam hereditatem debeo, sed dimidiam petere* und der dritte Teil III) *proinde si sint ex duobus filiis nepotes, ex uno plures, tres puta, ex uno unus: unicum sescuncia, unum ex illis semuncia querella excludit* übernommen sind. Daraus schließt *Gagliardi*, dass der dritte Teil mit dem ersten verbunden war. Zwischen dem ersten und dem zweiten Teil sei irgendein weiterer Textteil („qualche ulteriore parte di testo") gestanden, der von den Kompilatoren weggenommen worden sei und das Fragment als „unlogische Sequenz" („illogica sequenza") hinterlassen habe. Der „più ampio passo

erben kauft, mietet oder etwas Ähnliches macht, an ihn eine Schuld zahlt, die er dem Vater schuldete, begibt sich der Querel.

196 DER II 693.

197 Und noch unter Zitat von D. 5.2.8.8: „è la presenza del coerede che determina la quota, non la sua accettazione: *exheredatus qui non queritur partem facit*" (Kritik dazu oben, S. 33). Und, schon oben gesagt, bei *Glück*, Commentar 7. Theil, 1. Abth. 423: „ob auf das andere enterbte Kind …Rücksicht zu nehmen sey".

198 Legittimazione 27.

199 *Gagliardi*, Legittimazione 27: „rescissione (parziale) del testamento".

ulpianeo originale", wie ihn *Gagliardi* vermutet, sei im Schol. Ἐπειδὴ φθάσαντες ad B. 39.1.8 bewahrt. Demnach sei das Fragment 8.8 nach der Vorlage von Schol. Ἐπειδὴ φθάσαντες ad B. 39.1.8 so zu rekonstruieren[200]:

A) Zuerst sei die allgemeine Regel gekommen, dass die Quart von der Querel ausschloss. Dann sei gefolgt:

B) Ein Sohn hatte die Quart ($^1/_8$) und er klagte (aus dem Standpunkt, sein zur Gänze enterbter Bruder mache ihm keinen Teil): „la questione esaminata era qui se tale figlio, che intendeva agire in giudizio, avesse o no ottenuto la quarta legittima che lo escludeva dall'azione". Die Antwort darauf sei gewesen

C), dass der Bruder, der nicht klagte ohne *animus repudiantis, partem faciebat.* Darauf sei der ähnliche Sachverhalt

D) gefolgt, dass beide Söhne zur Gänze enterbt waren („due figli ... entrambi totalmente diseredati")[201]. Einer wollte querelieren „per la rescissione totale", während der andere nicht klagen wollte (ohne auszuschlagen). Nach der „soluzione del giurista" mache ihm der andere aber einen Teil „in considerazione della mancanza dell'*animus repudiantis*".

Aus der Abfolge im Scholienkommentar scheint diese Rekonstruktion unsicher: Ἐπειδὴ ... τὸ νόμιμον ... ἀποκλείειν τοῦτον τῆς μέμψεως ist parallel mit *quoniam ... quarta debitae portionis sufficit ad excludendam querellam* (mit der Quart-Thematik fängt auch der Scholienkommentar an). Auf εἰ ἄρα ὁ ἐξνερεδάτος παῖς ἐφησυχάζων πάρτεμ ποιεῖ τῷ ἀδελφῷ folgt gleich der Fall, dass der Erblasser einem der Söhne die Quart hinterlassen hat und dem anderen nichts. Das muss also ziemlich am Anfang der Fragmentvorlage gestanden haben, so wie wir es auch in Fr. 8.8 lesen. Der zurechtgelegte Fall, dass der, dem nichts hinterlassen wurde, nicht klagt (Interpretation), ist noch dieselbe Fallfigur, dass der andere das Achtel hat und klagt. Die Interpretation seines Klagestandpunktes dürfte ziemlich sicher bereits eine Entnahme aus dem Scholienstoff Δύο τις ad B. 39.1.14 sein (ἐφησύχασαν ... ἤδη τεθνάναι νομιζομένων), das dort seinen Ursprung hat und von Fragment 17pr. herkommt. Das obige εἰ ἄρα ... πάρτεμ ποιεῖ; = *an exheredatus partem faciat qui non queritur* ist im Kommentar mit φησὶν ὁ Παπιανὸς πάρτεμ ποιεῖν ἐκείνῳ τῷ ἐφησυχάζοντι entschieden (im Fragment: *Papinianus respondit, ... non totam hereditatem debeo, sed dimidiam petere*). Zum thematischen πάρτεμ ποιεῖν hinzugebildet ist nun im Kommentar der Fall: „beiden ist nichts hinterlassen, einer klagt und der andere verhält sich ruhig (freilich ohne auszuschlagen)". Der Fall kommt erst spät (vor der Zusammenfassung) und soll aus dem Digestenfragment 17 begriffen werden (so der Hinweis des Kommentars). Wir haben oben den Fall als bloße symmetrische Einschaltung identifiziert (ein leicht fasslicher Grundfall eines

---

200 Die Einteilung A–D folgt *Gagliardi*, Legittimazione 111f.

201 *Gagliardi*, Legittimazione 95.

partem facere). Bei *Gagliardi* finden wir den Fall dem Sinn nach in Fragment 8.8 hineingearbeitet durch Abtrennung des Textstückes I) von II) und Identifizierung des Stückes II) mit dem Beispielfall der Scholienkommentierung.

An der Stichhaltigkeit der Rekonstruktion ließe sich noch aus folgender Beobachtung rütteln. Sehen wir auf die Schlüsselstelle, wo Papinian zitiert ist: ταῦτα λέγοντος ἀυτοῦ καὶ δικαιολογουμένου φησὶν ὁ Παπιανὸς πάρτεμ ποιεῖν ἐκείνῳ τῷ ἐφησυχάζοντι, μὴ ῥεπουδιατεύοντι μέντοι ψυχῇ ἀδελφοῦ. Das Stück φησὶν ὁ Παπιανὸς πάρτεμ ποιεῖν rell. interpretiert den Fragmentteil *an exheredatus partem faciat, qui non queritur ... et utique faciet, ut Papinianus respondit*. Den Teil, wo Papinian mit Namen genannt ist, gibt der Scholiast zu dem Fall, mit dem er anfängt; der Genitivus absolutus ταῦτα λέγοντος ἀυτοῦ καὶ δικαιολογουμένου vor φησὶν ὁ Παπιανὸς greift auf den Sohn zurück, der das Achtel will. Kurz: der Scholiast bezieht das Papinian-Zitat auf den Fall B) (bei *Gagliardi* so bezeichnet), den die Kompilatoren eliminierten[202]. Dort, wo der Fall D) anfängt (πάρτεμ δὲ αὐτῷ ποιεῖ τῷ ἀδελφῷ τοσοῦτον rell.), müsste man ein noch von Papinian abhängiges Zitat allenfalls stillschweigend mitverstehen; *Gagliardi* fügt hier auch bei: „Papiniano ancora afferma"[203]. Das Textstück II) *videndum erit an exheredatus partem faciat qui non queritur: ut puta sumus duo filii exheredati. et utique faciet, ut Papinianus respondit, et si dicam inofficiosum, non totam hereditatem debeo, sed dimidiam petere*[204] handelt nach *Gagliardi* nur von Fall D) (keiner hat die Quart) mit dem Sinn: „il primo doveva limitarsi ad agire solo per la propria quota"[205]. Das leuchtet mir noch insoweit ein, als *non totam hereditatem debeo, sed dimidiam petere* nicht mehr zu einem Fall B) gehören kann, weil dann der, der das Achtel hat, da ihm der andere einen Teil macht, gar nichts bekäme (und nicht die *dimidia*). Aber es bliebe nur die Annahme, dass die Kompilatoren die Namensnennung Papinians aus dem Fall B) in den Fall D) hineinversetzt haben. Das wäre auch noch insofern verständlich, weil sie den Fall B) gestrichen haben[206]. Als auffällig sorglos bliebe aber doch zurück, dass die Kompilatoren einen Fall, der mit der Quart nichts zu tun hatte (Fall D), mit einer Grundaussage zur Quart (*Quoniam autem quarta debitae portionis sufficit ad excludendam querellam, videndum erit* rell.) zusammengerückt haben sollen[207].

202 So *Gagliardi*, Legittimazione 113.

203 Legittimazione 104.

204 So bei *Gagliardi*, Legittimazione 94 gegliedert.

205 *Gagliardi*, Legittimazione 114.

206 *Gagliardi*, Legittimazione 112 sagt, dass wir von Papinian/Ulpian die Antwort C) auf Fall B) kennen (gemeint dann offenbar: aus dem Scholienkommentar zur vermuteten Fragmentvorlage).

207 Nach unserer Deutung oben kam weder Fall B) noch Fall D) im Fragment D. 5.2.8.8 vor.

D. 5.2.19 (Paul. 2 quaest.)

Der zweite Text, wo die Querel des einen von der Quart des anderen betroffen ist, ist das Paulus-Fragment:

> D. 5.2.19 (Paulus 2 quaest.)
> *Mater decedens extraneum ex dodrante heredem instituit, filiam unam ex quadrante, alteram praeteriit: haec de inofficioso egit et optinuit. quaero, scriptae filiae quomodo succurrendum sit. respondi: filia praeterita id vindicare debet, quod intestata matre habitura esset: itaque dici potest eam quae omissa est etiam, si totam hereditatem ab intestato petat et optineat, solam habituram universam successionem, quemadmodum si altera omisisset legitimam hereditatem. sed non est admittendum, ut adversus sororem audiatur agendo de inofficioso: praeterea dicendum est non esse similem omittenti eam, quae ex testamento adiit: et ideo ab extraneo semissem vindicandum et defendendum totum semissem esse auferendum, quasi semis totus ad hanc pertineat. secundum quod non in totum testamentum infirmatur, sed pro parte intestata efficitur, licet quasi furiosae iudicium ultimum eius damnetur. ceterum si quis putaverit filia optinente totum testamentum infirmari, dicendum est etiam institutam ab intestato posse adire hereditatem: nec enim quae ex testamento adiit, quod putat valere, repudiare legitimam hereditatem videtur, quam quidem nescit sibi deferri: cum et hi qui sciant ius suum, eligentes id quod putant sibi competere, non amittant. quod evenit in patrono, qui iudicium defuncti falsa opinione motus amplexus est: is enim non videtur bonorum possessionem contra tabulas repudiasse. ex quibus apparet non recte totam hereditatem praeteritam vindicare, cum rescisso testamento etiam institutae salvum ius sit adeundae hereditatis.*

Die Mutter hatte einen *extraneus* zu drei Viertel und ihre eine Tochter (die *filia scripta*) zu einem Viertel als Testamentserben eingesetzt. Ihre andere Tochter hatte sie übergangen (*alteram praeteriit*); diese klagte *de inofficioso* und obsiegte (*et optinuit*).

Strittig ist bereits, ob die *praeterita* beide verklagt hat. Doch dürfte dies ziemlich sicher sein, weil sich sonst die Frage, wie der *filia scripta* zu helfen sei, nicht gestellt hätte. Ferner auch deswegen, weil die übergangene Tochter die Gesamtreszission anstrebte, somit sowohl die Erbeinsetzung des *extraneus* auf drei Viertel als auch die der *scripta* auf ein Viertel zerstören wollte. Nur so ergibt ihr Argument, dass die *scripta*, indem sie *ex testamento* antrat, ihren Intestatteil ausschlug, einen Sinn: die *praeterita* will nun den ganzen Nachlass, also von beiden vindizieren[208]. Denkbar ist allenfalls die Abfolge, dass die mit ihrer Beweisführung vor dem einen Senat gegen den *extraneus* durchgedrungene *praeterita* dieses Beweisergebnis nun auch

208 Das kann auch heißen: vindizieren mit der Querel; vgl. oben S. 30 zu D. 5.2.8.8.

in einer erst anzustellenden oder bereits begonnenen Querel (*querela preparata* oder schon *instituta*) gegen die *scripta* verwenden will.

Auf die Frage, *scriptae filiae quomodo succurendum sit* (ich frage, wie der *filia scripta* zu helfen sei), entscheidet das *responsum*: Die übergangene Tochter vindiziert (nur), was sie *ab intestato* hätte, also die Hälfte des Nachlasses. Dies ist unten nochmals (und zwar sehr wesentlich) präzisiert: *et ideo ab extraneo semissem vindicandum* ...: der halbe Nachlass ist *nur* vom *extraneus* herauszuverlangen. Ferner spricht *secundum quod non in totum testamentum infirmatur, sed pro parte intestata*[209] *efficitur* ... von der Teilreszission zur Hälfte.

Die Teilreszission zur Hälfte ist eine Konsequenz der Einsetzung der *scripta* auf ein Viertel, wodurch das Testament zur Hälfte (im Umfang der Intestatportion der *scripta*) gesichert war. Daran kann die Querel der *praeterita* nichts ändern. Fr. 19 ist ein erneutes Beispiel der querelausschließenden Quart; schon ein Achtel für die *scripta* hätte zum selben Ergebnis der Teilreszission im Umfang der Hälfte geführt. Und hier sicherte die Erbeinsetzung auf ein Viertel das Testament zur Hälfte, so wie schon oben bei Papinian in D. 5.2.8.8 mit *non totam hereditatem debeo, sed dimidiam petere* die Teilreszission als Folge der testamentssichernden Wirkung der querelausschließenden Quart vorkam: die Querel der *praeterita* ist aus diesem Grund auch in Fr. 19 auf die Hälfte gekürzt. Es ist derselbe Gedanke, der schon vom Plinius-Brief herkommt: Was die Mutter aus der Intestatportion der *scripta* einem *extraneus* hinterlässt, hat dieser nicht inoffiziös, sofern nur der *scripta* davon ein Viertel verbleibt. Die *scripta* kann sich dann nicht beschweren[210]. Im Umfang ihres Intestatteiles macht die *scripta*[211] der *praeterita* „einen Teil". Hier sukzedierte die *scripta* zu einem Viertel *ex testamento*, das andere Viertel aus ihrer Intestatportion (von der Hälfte des Nachlasses) hat der *extraneus* somit nicht inoffiziös; daher bleibt er auch Testamentserbe zu einem Viertel, die Querel der *praeterita* kann ihm das Viertel nicht entziehen. Variieren wir kurz: wäre die *scripta* nur zu einem Achtel eingesetzt (was ausreichend wäre, damit die *scripta* nicht querelieren kann), so hätte der *extraneus* drei Achtel n i c h t i n o f f i z i ö s, die ihm keine Querel streitig machen kann, so dass von seiner Erbeinsetzung zu sieben Achtel die *praeterita* auch nur vier Achtel, somit zur Hälfte reszindierte.

Damit erklärt sich die doppelte Folge des Reskripts: Zum einen das Ergebnis aus der Teilreszission zur Hälfte, wonach die Erbeinsetzung des *extraneus* mit einem Viertel intakt bleibt (er von seinen drei Viertel also die Hälfte des Nachlasses abgibt, die Querel der *praeterita* jedoch nicht seine gesamte Erbeinsetzung von drei Viertel zerstörte), und zum anderen die Konsequenz, dass die *praeterita* diese Hälfte n u r

---

209 Das Feminin erklärt sich aus zu ergänzendem scil. *mater*.

210 So lasen wir es schon oben im Fall des *Curianus* in dem im *Plinius*-Brief mitgeteilten Gedanken: *Si mater inquam te ex parte quarta scripsisset heredem, num queri posses*?

211 Den sie tatsächlich nicht erhält, weil sie *ex testamento* antritt.

vom *extraneus* vindiziert, die *scripta* also von ihrer Einsetzung auf ein Viertel nichts verliert. Auch dies ist eine direkte Folge immer noch davon, dass sie ihrer Schwester mit ihrem Intestatteil einen Teil macht.

Es ist verständlich, dass sich das Responsum somit (widerlegend) fast nur um das zentrale Argument dreht, das die *praeterita* vorbrachte: Mit Erbantritt *ex testamento* habe ihre Schwester den Intestatteil ausgeschlagen.

Paraphrasieren wir die Abfolge der Gedanken schrittweise:

de inofficioso egit et optinuit: Die *praeterita* drang mit ihrer Beweisführung, warum ihre Mutter sie nicht übergehen durfte[212], durch. Damit stellt sich das Problem, wie die Erbeinsetzungen, jene auf drei Viertel des *extraneus* und die auf ein Viertel der *scripta*, zu reszindieren sind, insbesondere, ob die Einsetzung der *scripta* auf ein Viertel überhaupt zu reszindieren sei.

Quaero, scriptae filiae quomodo succurendum sit: ich (Paulus) frage, wie der eingesetzten Tochter zu helfen sei. Dies ist denkbar stärkstes Indiz dafür, dass auch die *scripta* mitverklagt oder jedenfalls mit einer Querel konfrontiert war.

Respondi (Paulus): *filia praeterita id vindicare debet, quod intestata matre habitura esset*: Die übergangene Tochter soll das vindizieren, was sie hätte, wenn die Mutter ohne Testament verstorben wäre. Also ihren Intestatteil der Hälfte. Doch von wem?[213]

Itaque dici potest eam quae omissa est etiam, si totam hereditatem ab intestato petat et optineat, solam habituram universam successionem, quemadmodum si altera omisisset legitimam hereditatem. – Das ist sprachlich etwas uneben, der Anschluss mit *itaque* passt nicht gut zum Responsum des Paulus. Aber es passt gut, wenn man die Passage dem Rhetor als Prozessvertreter der *praeterita* entnommen und ins Fragment eingearbeitet sieht, um dem Argument dann zu erwidern. Der Rhetor brachte nach *et optinuit* vor: „Und so kann gesagt werden (*itaque dici potest*), dass sie, die übergangen ist, wenn sie die ganze Erbschaft *ab intestato* verlange und obsiege, auch allein die gesamte Nachfolge haben wird, so wie wenn die andere ihren gesetzlichen Erbteil ausgeschlagen hätte“[214]. So lautet der tatsächliche Prozessstandpunkt der *praeterita*. Diesem Prozessstandpunkt erwidert Paulus:

Sed non est admittendum, ut adversus sororem audiatur agendo de inofficioso: Aber es ist nicht zuzugeben, dass [sie] mit ihrer Klage *de inofficioso* gegen ihre

---

212 Vgl. D. 5.2.3 (Marcell. 3 dig.) *Inofficiosum testamentum dicere hoc est allegare, quare exheredari vel praeteriri non debuerit.* So ist hier *et optinuit* zu verstehen: dieser Beweis gelang.

213 Von beiden? Anteilig im Verhältnis der Einsetzungsquoten 3:1 auch von der *scripta*? Mit dem Responsum ist die Frage abgeschnitten (es sind nicht $^{3}/_{8}$ vom *extraneus* und $^{1}/_{8}$ von der *scripta* zu vindizieren).

214 Eine andere mögliche Deutung wäre, das *itaque dici potest* kompilatorisch nach einer Kürzung angeschlossen zu sehen, allerdings ungeschickt: eben nicht *dici potest*, sondern sie, die *praeterita*, sagt das (was im AcI steht).

Schwester gehört wird[215]. Die Erbeinsetzung zu einem Viertel der *scripta* soll also gar nicht reszindiert werden. Zwar drang die Beweisführung der *praeterita* durch (*et optinuit*), *pro parte* zu reszindieren ist aber nur die Erbeinsetzung des *extraneus*.

Praeterea dicendum est non esse similem omittendi eam, quae ex testamento adiit: Außerdem muss man sagen, dass die, die aus Testament angetreten ist, nicht einer, die ausschlägt, gleich ist. Paulus widerspricht damit dem zentralen Prozessargument der *praeterita*, die die Gesamtreszission will. Aus *praeterea* ist ersichtlich, dass dies das zweite Argument nach dem obigen ersten ist: 1) die Erbeinsetzung der *scripta* auf ein Viertel ist nicht zu reszindieren, und überdies 2) steht sie nicht einer gleich, die ihren Intestatteil ausschlug.

Et ideo ab extraneo semissem vindicandum – und daher ist *vom extraneus* die Hälfte zu vindizieren – *et defendendum totum semissem esse auferendum, quasi semis totus ad hanc pertineat* – und die Ansicht zu verteidigen[216], dass die ganze Hälfte zu entziehen ist, „mit der Erklärung, dass" (= *quasi*) die ganze Hälfte zu ihr (zur *praeterita*) gehört. Die Bemerkung rundet das Ergebnis ab: die Hälfte geht an die *praeterita*, und zwar (nur) vom *extraneus* zu vindizieren, ein Viertel bleibt bei der *scripta*. Und die ganze Hälfte gehört zur *praeterita*, an die *scripta* muss sie davon keinen Teil abgeben.

Secundum quod non in totum testamentum infirmatur, sed pro parte intestata efficitur, licet quasi furiosae iudicium ultimum eius damnetur: Und das steht in Übereinstimmung damit, dass[217] nicht das ganze Testament entkräftet, sondern [sie] nur zum Teil *intestata*[218] wird, mag auch ihr letzter Wille als gleichsam der einer [Frau], die nicht bei Sinnen ist, verurteilt werden. Die übliche Anschauung, wonach die Reszission des Testamentes als pflichtwidrig inzident auch die *testamenti factio* des Testators als *quasi a demente* (Scaev. 3 resp. D. 5.2.13 mit *nota* des Paulus) oder *quasi furiosus* (Scaev. 18 dig. D. 32.36) verneint, zwingt nicht zur Gesamtreszission.

Ceterum si quis putaverit filia optinente totum testamentum infirmari, dicendum est etiam institutam ab intestato posse adire hereditatem: Im Übrigen, wenn jemand meinte, dass das ganze Testament entkräftet wird, weil die Tochter obsiegt, so muss man sagen, dass auch eine Eingesetzte eine Erbschaft *ab intestato* antreten kann: Eine im Testament Eingesetzte verliert durch ihren Erbantritt nicht ihre Intestatberufung, wenn das Testament nicht gültig sein sollte. Hier ist eine Feinheit

---

215 Die *praeterita* verstehe ich hinzu: aber es ist nicht zuzugeben, dass sie (die *praeterita*) gehört wird, indem sie gegen ihre Schwester wegen Pflichtwidrigkeit klagt.

216 Vielleicht auch: zu vindizieren und in Anspruch zu nehmen; *vindicandum et defendendum* kann hier auch einem Hendiadyoin nahe sein (*defendere = vindicare*), *defendendum* gehört aber schon zum zweiten Satzglied nach *et*.

217 Zum formelhaften (spätlateinischen) *secundum quod* vgl. *Leumann/Hofmann/Szantyr*, Lateinische Grammatik 2. Bd. 249.

218 Das Feminin ist auf die Mutter zu beziehen; diese wird *pro parte intestata*.

zu sehen: Paulus sagt nicht, dass die *scripta* ausschlagen könnte. Sie selber kann ihren Erbantritt nicht rückgängig machen, die Ungültigkeit des Testaments müsste aus anderen Gründen eintreten.

Nec enim quae ex testamento adiit, quod putat valere, repudiare legitimam hereditatem videtur, quam quidem nescit sibi deferri: Nicht nämlich schlägt eine, die aus Testament angetreten ist, weil sie meint, dieses sei gültig, ihren gesetzlichen Erbteil aus, von dem sie freilich nicht weiß, dass er ihr anfällt. Wieder wird, nun auf allgemeinerer Ebene, die Auffassung vertieft, dass die *scripta*, indem sie antrat, ihren gesetzlichen Teil nicht ausschlug.

Cum et hi qui sciant ius suum, eligentes id quod putant sibi competere, non amittant: Weil auch die, die ihr Recht kennen, [dieses] nicht verlieren, indem sie das wählen, von dem sie glauben, dass es ihnen zusteht. Jetzt ist mit *hi* und mit *ius suum* der vorherige Gedanke noch allgemeiner gesagt.

Quod evenit in patrono, qui iudicium defuncti falsa opinione motus amplexus est: Und das geschieht im Fall des Patrons, der aus irriger Meinung den letzten Willen des Verstorbenen befolgt hat. Nun der Beispielsfall zu *cum et hi rell.*; *is enim non videtur bonorum possessionem contra tabulas repudiasse*. Der Fall dürfte bekannt gewesen sein (vielleicht sogar ein Schulfall): Der Patron, der ein (zu gering berechnetes) Vermächtnis annimmt, verliert dadurch nicht die *bonorum possessio contra tabulas*.

Ex quibus apparet non recte totam hereditatem praeteritam vindicare, cum rescisso testamento etiam institutae salvum ius sit adeundae hereditatis: Daraus wird klar, dass die Übergangene nicht zu Recht die ganze Erbschaft herausverlangt, weil nach Testamentsreszission auch das Recht der Eingesetzten unbeschadet ist, die Erbschaft anzutreten.

Non in totum testamentum infirmatur, sed pro parte intestata efficitur ist die von Paulus vertretene Lösung. Mit *ceterum si quis putaverit* spricht Paulus in der Redefigur der „Occupatio“[219], eine Figur, die zur Widerlegung eines gegnerischen Arguments gebraucht wird (in der gleichen Geltung wie *aliquis [fortasse] dixerit; dicet aliquis* und ähnlichem), „wenn aber jemand gemeint hat“ (oder „meinen sollte“), oder – wegen des adversativen *ceterum*[220] – genauer übersetzt: „hingegen, wenn jemand gemeint hat“. Dieser Textabschnitt dient zur Widerlegung der Gesamtreszission, angeschlossen an den Prozessstandpunkt der *praeterita*. Paulus

219 *H. Menge*, Lateinische Syntax und Stilistik[17], Nachdruck 1979, 551, 20; 533, 4b; *Menge/Burkhard/Schauer*, Lehrbuch der lateinischen Syntax und Semantik, 2000, § 89,7; § 90,2; § 91,2a m.w.N. Das Verb *occupare* selbst kommt als Ausdruck zur Entkräftung eines Arguments vor, etwa Sen. ep. 29.5: *omnia, quae dicturus sum, occupabit* („alles, was ich sagen will, wird er [im Voraus] entkräften“: so übersetzt es auch Manfred Rosenbach in der Ausgabe der Briefe [unveränderte Auflage 1995]).

220 Zur adversativen Bedeutung von *ceterum* siehe *Leumann/Hofmann/Szantyr*, Lateinische Grammatik 2. Bd, 492.

argumentiert: Angenommen das Testament wäre gesamt zu reszindieren (also auch die Erbeinsetzung der *scripta* auf ein Viertel), dann könnte auch eine, die zuvor *ex testamento* angetreten ist, immer noch *ab intestato* antreten. Und dafür führt er Fallbeispiele an. 1) So etwa im Fall eines ungültigen Testaments: Wer aus ungültigem Testament antritt, schlägt damit nicht seine Intestatberufung aus. Und auch ist das so 2) im Fall des Patrons, der etwa nach falsch berechnetem Viertel *ex testamento* angetreten ist; auch er hat dann immer noch die *bonorum possessio contra tabulas*. Sohin: Da die *scripta* auch bei Gesamtreszission immer noch *ab intestato* antreten könnte, hätte die *praeterita* auch nur die Hälfte des Nachlasses und diese Hälfte nur vom *extraneus*.

Daraus erhellt, dass die *praeterita* nicht die ganze Erbschaft vindizieren kann; denn machte man Ernst mit der Gesamtreszission, so liefe ihr Prozessstandpunkt ohnedies auf das gleiche Ergebnis hinaus wie bei Teilreszission mit Vindikation nur vom *extraneus*. *Ex quibus apparet* kann ein angefügtes Schlußglossem sein (jedoch unsicher)[221], in der Sache trifft der Textteil zu[222].

Es fällt auf: Paulus sagt nicht, dass die *scripta* ausschlagen könnte[223]. *Ex testamento* hat sie die Erbschaft angetreten (*adiit*) und damit auch den letzten Willen ihrer Mutter anerkannt. Ich stimme daher nicht mit *Di Lella* überein, dass Paulus im Textteil *ceterum si quis* eine alternative Lösung zur Teilreszission entwickelte[224]. Vielmehr vertritt Paulus nur die Teilreszission.

Ein kritischer Punkt im Textverständnis ist noch anzumerken. Zum Textteil *et ideo ab extraneo semissem vindicandum et defendendum totum semissem esse auferendum, quasi semis totus ad hanc pertineat* sagt *Glück*[225] mit *Westphal*[226], dass die Worte *quasi semis totus ad hanc pertineat* „wahrscheinlich von der instituirten Tochter zu verstehen (sind)", und legt sich daraus zurecht: Die *praeterita* reszindierte die ganzen drei Viertel des *extraneus* und muss von den drei Viertel nun ein Viertel an die *scripta* abgeben (*ad hanc* sei auf diese zu beziehen)[227].

Ich kritisiere daran, dass dies nicht dasteht. Im Text steht: die Hälfte kommt an die *praeterita*, die sie nur vom *extraneus* zu vindizieren hat (*semissem*, und nicht

221 *Voci*, DER II 698 „sigillo giustinianeo".

222 Also durchaus echt sein. *Gradenwitz*, SZ 23 (1902) 459 sieht die Textworte in fine sogar als ein daraus zu Fr. 17pr. gezogenes Glossem. Dazu näher unten S. 118.

223 Die Frage stellt sich für die *scripta* auch nicht. Einen solchen Rat zu geben wäre verfehlt, wenn sie das Testament der Mutter respektiert.

224 *Di Lella*, Querela 220: „In conclusione, la figlia istituta sarà in ogni caso tutelata di fronte alla sorella preterita, giacché ella potrà o conservare il quarto lasciatole dalle madre (succedendo in tal modo per testamento) ovvero conseguire addirittura (*ab intestato*) la metà dell'asse ereditario."

225 Commentar 7. Theil, 1. Abth. 428.

226 *E.C. Westphal*, Theorie des Römischen Rechts von Testamenten 777 (§ 1042).

227 Nur auf diese andere Auffassung von *ad hanc* stützt sich die These einer Reszission von drei Viertel (also des ganzen Testamentsteiles des *extraneus*).

drei Viertel). Und die ganze Hälfte gehört der *praeterita* allein, an die *scripta* muss sie davon nichts abgeben (die Asymmetrie des Ergebnisses unter den Schwestern stört nicht, die Hälfte für die *praeterita*, ein Viertel für die *scripta*, ist sachgerechte Wertung, Verschiebungen innerhalb des Intestatteiles der *scripta* hin zu einem *extraneus* sind nicht inoffiziös, solange ihr nur ein Viertel davon verbleibt.

Im Schol. Ἔχουσα δύο υἱούς ad B. 39.1.15 (Sch. B VI 2321; Hb. IV 21) ist *ad hanc* noch zutreffend auf die *praeterita* bezogen:

> *καὶ διὰ τοῦτο χρὴ τὴν πραετέριτον ἀπὸ μόνου τοῦ ἐξωτικοῦ τὸ ἥμισυ τῆς πάσης δηλονότι κληρονομίας, τουτέστι*[228] *τό ἐξαούγκιον παρὰ τοῦ ἐξωτικοῦ δηλονότι λαμβανόμενον, αὐτὴν ἀποφέρεσθαι, ὡς αὐτῇ διαφέρον καὶ μόνῃ.*
> und daher muss die Übergangene vom *extraneus* allein die Hälfte, versteht sich der ganzen Erbschaft, insoweit also die vom *extraneus* freilich zu nehmenden $^{6}/_{12}$, für sich wegnehmen[229], so dass[230] diese [Hälfte] „sie auch allein angeht" (διαφέρον mit Dativ ist unpersönlich konstruiert nach διαφέρει τινί: es geht jemanden an, hier: sie allein = ihr allein gehört die Hälfte).

Unsere Paraphrase geht damit konform.

Mit *Voci*[231] stimme ich im Punkt der Teilreszission überein. Nur unsere innere Begründung für das *responsum* verändert die Stellung von Fr. 19 im System weiterer Fragmente. Die Textabschnitte (bei *Voci* so gegliedert) A) *Mater decedens* bis *filia praeterita id vindicare debet, quod intestata matre habitura esset* und C) *et ideo ab extraneo semissem* bis *licet quasi furiosae iudicium ultimum eius damnetur* sind „la soluzione giusta"[232]. Wir begründen hier nur ergänzend: Im Umfang ihres Intestatteils machte die *scripta* durch ihre Einsetzung auf ein Viertel der *praeterita* „einen Teil" (*partem facit*) als Konsequenz der testamentssichernden Wirkung der querelausschließenden Quart, so wie in Ulp./Pap. D. 5.2.8.8 (ein Viertel des Nachlasses kommt aus dem Intestatteil der *scripta* nicht inoffiziös zum *extraneus*) und wegen *partem facit* im Umfang des Intestatteils ist die *praeterita* zum *vindicare* nur auf die Hälfte des Nachlasses aktivlegitimiert. Der Textteil dazwischen (bei *Voci* gekennzeichnet mit B) ab *itaque* (atqui corr.) *dici potest* bis *praeterea dicendum est non esse similem omittendi eam, quae ex testamento adiit* verneine zwei Dinge: a) dass die *praeterita* „possa agire *de inofficioso* anche contro Prima" (= *scripta*) – also keine Querel gegen die *scripta* (wir meinen genauer: keine Reszission), und

228 Hb. IV 21 hat τέως.

229 Das Medium drückt es gut aus: für sich wegnehmen und behalten.

230 In der *Heimbach*-Ausgabe hat die Authentica (der später ins Lateinische übersetzte Text) kausales *cum*; konsekutives ὡς ziehe ich vor.

231 DER II 694–698.

232 *Voci*, DER II 697.

verneine ferner b) „che Seconda (= *praeterita*) possa agire per l'intero …". Den Schlussteil (D) ab *Ceterum si quis putaverit* bis *is enim non videtur bonorum possessionem contra tabulas repudiasse* interpretiert *Voci* entweder als „consideri due possibilità teoriche" oder – nach ihm wahrscheinlicher – als Mittel gegen die falsche Entscheidung, mit der die Gesamtreszission ausgesprochen wurde („… decisione, che abbia pronunciato per errore la invalidità totale del testamento"). Hierzu meine ich anders, dass dies nur die bekannte Redefigur *si quis dixerit/putaverit* ist, die den Prozessstandpunkt der *praeterita* widerlegt (also weder theoretische Möglichkeit noch Fehlurteil ist)[233].

Mehr als um eine bloße Nuance anders als *Voci* sehen wir aber die Stellung von Fr. 19. *Voci*[234] sieht in Fr. 19 nur eine Epitome einer paulinischen *quaestio*, die er aus den Fragmenten D. 5.2.17pr., 17.1 und 19 entnimmt. Der rote Faden („il filo conduttore"), der die verschiedenen Argumente vereine, sei die Behandlung der Ausschlagung (von Querel und Intestaterbteil). Das Wort *quaero* in Fr. 19 scheint mir für die Annahme einer längeren *quaestio*, die zu Fr. 17pr. und 17.1 hinführt, zu schwach. *Quaero scriptae filiae quomodo succurendum sit* mit *respondeo* wird eher auf den konkreten Rechtsstreit beschränkt gewesen sein. Näher stehen die von *Voci* als paulinisch anerkannten Textteile A) und C) der gleichen Begründung der Teilreszission, wie sie aus Ulp./Pap. in D. 5.2.8.8 hervorgeht.

Stärkere Textzerrüttung durch störend eingefügte (nachklassische) Glossen sieht *Marrone*[235]. Schon *haec de inofficioso egit et optinuit* sei nicht genuin, da nicht gesagt wird, gegen wen die *praeterita* quereliert: Gegen die *scripta*? Oder gegen den *extraneus*? Oder gegen beide?[236] Daran schließt *Marrone* die sachliche Kritik an: Wenn sie nur den *extraneus* verklagt und von ihm schon die Hälfte hätte, hätte die *scripta* nichts zu befürchten. Wenn es aber zur Gesamtreszission oder zu einem Fehlurteil kam, ergäbe die Frage einen Sinn, doch darauf spiele Paulus nicht an, sondern eher befürchtete die *scripta*, dass zuerst sie verklagt werden könnte, und die *praeterita* dann von beiden die Hälfte verlangt[237]. *Marrone* konjiziert: *Mater decedens extraneum ex dodrante heredem instituit, filiam unam ex quadrante, alteram praeteriit.* [-] *Quaero*; die Streichung von *haec de inofficioso egit et optinuit* ist klar, das Textstück passt nicht zur Fragestellung, wie sie *Marrone* sieht. Die nächste Streichung umfasst [*itaque dici potest … si altera omisisset legitimam hereditatem*]. Erst mit *sed non est admittendum ut adversus sororem audiatur agendo de inofficioso* sei der Text wieder echt, Paulus antwortete, dass die *praeterita* nur gegen den *extraneus* im Umfang der Hälfte des Nachlasses querelieren könne und die Querel gegen

---

233 Die Schlussworte *Ex quibus apparet* rell. hält *Voci*, DER II 698 für justinianisch angefügt.

234 DER II 698.

235 AUPA 24 (1955) 70 und 79.

236 AUPA 24 (1955) 71.

237 AUPA 24 (1955) 73.

die *scripta* nicht zuzulassen sei (75). Wieder zu streichen sei das folgende [*praeterea dicendum est non esse similem omittenti eam, quae ex testamento adiit*]. Echt sei wieder *et ideo ab extraneo semissem vindicandum*. *Marrone* konjiziert hier einen Punkt und tilgt [*et defendendum ... damnetur*]. Echt sei *Ceterum si quis putaverit ... sibi deferri*: *Marrone* fragt, ob die *scripta* ihr Viertel *ex testamento* oder *ab intestato* habe, und bezieht darauf die Textpassage *ceterum ... deferri* mit der Erklärung „la figlia istituita potrà adire *ab intestato* grazie all'efficacia pregiudiziale assoluta della sentenza (*totum testamentum infirmari*)" (77). Damit ist das Fragment endgültig zerstört, die paulinische Teilreszission passt nun nicht mehr zur Gesamtreszission.

Die vergessene Erklärung von *Francke*[238] identifiziert den Intestatteil: Der *extraneus* habe den Intestatteil der *praeterita*, was erkläre, warum die Hälfte nur vom *extraneus* zu vindizieren sei.

Bluntschli[239] bemerkt, „aus der Art wie Paulus den vorliegenden Fall behandelt, geht klar hervor, daß die Juristen keine allgemein gültigen Regeln ... aufstellten", und meint, man habe „zwei Wege einschlagen" können: „Entweder ließ man das Testament nur zum Theil ungültig werden", um die *scripta* zu schützen, was Paulus vorgezogen habe. Die *praeterita* bekomme ihre Intestatportion der Hälfte und nicht das Ganze, weil „ihre Schwester keineswegs ihre Ansprüche auf die Erbschaft ausgegeben hat." Es „ließe sich denken", dass die *scripta* ein Viertel und die *praeterita* drei Viertel bekäme, doch sei dies offenbar unbillig; „der vacante ¼ fällt demnach der eingesetzten Tochter zu, und vergrößert ihren Antheil an der Erbschaft"[240]. *Blunschli* denkt also an Teilreszission zu drei Viertel, ein Gedanke, der später bei *Gagliardi*[241] wieder auftaucht. Oder, „der andere Weg, den man wählen konnte, war, das ganze Testament zu zerstören." Die These, dass Paulus eine alternative Lösung entwickelt habe, finden wir wieder bei *di Lella*[242].

Vereinzelt geblieben ist der Deutungsvorschlag von *Tort-Martorell Llabres*[243], die meinte, dass Paulus zur Begründung der Teilreszission die gegen Testamente von Frauen fehlende[244] *bonorum possessio contra tabulas* hier analog – oder lückenschließend – angewendet und so die Gesamtreszission aus der Querel vermieden

238 Notherben 334.

239 Erbfolge 202

240 Erbfolge 203.

241 Legittimazione 169: „Seconda prevalese nella sua *querela* contro l'estraneo e ottenne i tre quarti dell'eredità."

242 Querela 220, oben, S. 74 schon erwähnt.

243 RIDA 43 (1996) 315–342.

244 Da Frauen keine agnatischen Beziehungen erzeugen können und damit keine *sui* haben. Dass es gegen das Testament der Mutter keine *bonorum possessio contra tabulas* gab sondern nur die Querel, belegen: D. 37.4.4.2 (Paul. 41 ed.) und Philipp. C. 3.28.15 (a. 245).

habe; nach dem Muster einer *bonorum possessio contra tabulas* habe die *scripta* die *praeterita* auf die Hälfte eingeschränkt.

Gagliardi[245] erzählt den Fall so: Die *praeterita* habe den *extraneus* verklagt und auch dessen drei Viertel erlangt („e ottenne i tre quarti dell'eredità"). Sie sei auf dem Standpunkt gestanden, dass die *scripta* ihre Intestatberufung ausschlug, indem jene antrat; sie sei daher aus Akkreszenz gesetzliche Alleinerbin. „La sentenza fu erronea"[246], weil sie auf der falschen Grundlage beruhte, dass die *scripta* ausgeschlagen hätte. Das Testament sei zu drei Viertel reszindiert, aber auf der falschen Grundlage, dass die *praeterita* gesetzliche Alleinerbin wäre. Technisch habe sie nun auch noch gegen die *scripta* klagen müssen „per poter rescindere il testamento completamente". Paulus aber nenne die richtige Lösung (la „soluzzione corretta"): Die *praeterita* hätte den *extraneus* nur auf die Hälfte verklagen dürfen. Dazu seien „due distinte soluzioni di rimedio" gefolgt, wie der *scripta* zu helfen sei: 1) Wenn die *praeterita* nun auch die *scripta* verklage, sei ihre Querel zu denegieren („l'azione dovera esserle denegata"). 2) Wenn sie mit der *hereditatis petitio* gegen die *scripta* vorgeht, weil das Testament gesamt (!?) reszindiert sei[247], so sei einzuwenden, dass die *praeterita* nur die Hälfte bekommt aufgrund des Prinzips aus D. 5.2.6.1. Die Stelle D. 5.2.6.1 (Ulp. 14 ad ed.) lautet: *Si quis ex his personis, quae ad successionem ab intestato non admittuntur, de inofficioso egerint (nemo enim eum repellit) et casu optinuerit, non ei prosit victoria, sed his qui habent ab intestato successionem: nam intestatum patrem familias facit.*

Gagliardi argumentiert auch hier mit dem Scholienstoff. Auf eine erste Abweichung ist sogleich hinzuweisen: Die Meinung, dass die übergangene Tochter nur den *extraneus* verklagt hatte, kann sich zwar auf B. 39.1.15 (Sch. A V 1764; Hb. IV 21), also auf die Summa stützen (nicht auf die ausführliche Interpretation des Scholions), aber von einer Reszission zu drei Viertel ist auch dort nicht die Rede. Dort steht:

> *ιε'. Ἔχουσα δύο υἱούς τὸν μέν ἕνα εἰς τρεῖς οὐγκίας ἔγραψε κληρονόμον καὶ τοῦ ἄλλου παρημέλησε καὶ ἐξωτικὸν εἰς ἐννέα οὐγκίας. κατὰ τοῦ ἐξωτικοῦ μόνου κινεῖ ὁ παραμεληθείς, καὶ λαμβάνει τὰς ἕξ οὐγκίας …*
>
> Eine, die zwei Söhne hatte, setzte den einen zu $^{3}/_{12}$ (zu einem Viertel) zum Erben ein und den anderen überging sie und den *extraneus* [setzte sie] zu $^{9}/_{12}$ (zu drei Viertel) [ein]. Gegen den *extraneus* allein klagt der Übergangene und nimmt die $^{6}/_{12}$ (die Hälfte). Die Wortfolge κατὰ τοῦ ἐξωτικοῦ μόνου steht nur hier, in der Kommentierung findet sie sich nicht; und es heißt hier καὶ λαμβάνει τὰς ἕξ οὐγκίας, er bekommt die Hälfte (und

---

245 Legittimazione 168–171.

246 Dort 169. Ein Fehlurteil scheint auch *Voci*, DER II 698 vorzuliegen.

247 Dort 171: „contro questa eventualità Paolo proponeva una „soluzione di rimedio 2".

nicht drei Viertel): eine relevante Abweichung, auf die wir in der Kommentierung noch zurückkommen.

Aus dem Scholion ἔχουσα δύο υἱούς ad B. 39.1.15 (Sch. B VI 2321[248]; Hb. IV 21) lassen wir das Προθεώρησον (Scheltema) [bei Heimbach die Προθεώρησις], die vorangehende Erwägung (*praevia consideratio*), weg, da sie den Fall des dem Patron hinterlassenen Legats betrifft, und setzen dort ein, wo die Kommentierung mit Ἔχουσα δύο υἱοὺς rell. parallel geht. Im Basilikentext ist der Sachverhalt auf Söhne (statt Töchter) verändert, aber die Scholienkommentierung hat wieder Töchter, sie ist der Scholienstoff, der zu Fr. 19 Index ist.

Das Scholion ἔχουσα δύο υἱούς ad B. 39.1.15 (Sch. B VI 2321; Hb. IV 21) erklärt Fr. 19 so:

… Δύο τις ἔχουσα θυγατέρας ἐξωτικὸν μὲν θ'. οὐγκίας ἔγραψε κληρονόμον καὶ μίαν τῶν θυγατέρων εἰς γ'., πραετέριτον δὲ τὴν ἄλλην αὐτῆς θυγατέρα καταλέλοιπεν. Ἀλλὰ μετὰ τὴν τῆς μητρὸς ἀποβίωσιν ἡ πραετέριτος θυγάτηρ κινήσασα τὴν δεινοφικίοσο κατὰ τῆς μητρῴας διαθήκης ἐνίκησε.

… Eine, die zwei Töchter hatte, setzte einen *extraneus* zu $^{9}/_{12}$ (zu drei Viertel) zum Erben ein und eine der Töchter zu $^{3}/_{12}$ (zu einem Viertel), die andere Tochter aber überging sie (hinterließ sie als Übergangene). Aber nach dem Tod der Mutter erhob die übergangene Tochter die Klage gegen das mütterliche Testament und siegte.

Ζητεῖ τοίνυν ὁ Παῦλος, τίνι χρὴ τρόπῳ τῇ γεγραμμένῃ κληρονόμῳ βοηθεῖν θυγατρί; καὶ τοῦτο ζητήσας φησίν, ὅτι ἡ πραετέριτος θυγάτηρ ἐκεῖνο καὶ μόνον ἐκδικεῖν ὀφείλει τὸ μέρος, ὅπερ ἤμελλεν ἔχειν ἀδιαθέτου τῆς μητρὸς τελευτησάσης, τουτέστι τὸ ἐξαούγκιον.

Es untersucht nun der Paulus, auf welche Weise es nötig ist, der zur Erbin eingesetzten Tochter zu helfen. Und, indem er das untersucht[249], sagt er, dass die übergangene Tochter jenen und[250] nur den Teil herausklagen dürfe, den gerade sie zu haben erwarten dürfe, wenn die Mutter ohne Testament verstorben wäre, das ist $^{6}/_{12}$ (die Hälfte).

Ταῦτα ὁ Παῦλος εἰπὼν καὶ τὸ κρατοῦν[251] *ἀποκρινάμενος πειρᾶται λοιπὸν ὡς ἐν ἐπιχειρήματι καὶ τὸ ἐναντίον ἐκ τοῦ ἐναντίου κατασκευάσαι λογισμοῦ.*

---

248 *Scheltema* B VI 2320 beginnt mit dem Προθεώρησον und emendiert ungeschieden Δύο τις ἔχουσα θυγατέρας rell.

249 Untersuchte (und zum Ergebnis gelangt ist): zuerst Ζητεῖ (Präsens) und dann das Aoristpartizip (ζητήσας).

250 Ich verstehe καὶ hier explikativ: jenen, und zwar nur jenen Teil.

251 Zu τὸ κρατοῦν, „das Stärkste", vgl. *Kühner/Gerth*, Grammatik der griechischen Sprache³ (Nachdruck 1983) II, 1, 14.3. Hier: das Vorherrschende = das in Rede stehende Argument.

Das sagte der Paulus und indem er das Vorgebrachte („das Stärkste“ = das „vorherrschende“, das hier vorgebrachte Argument, um das sich der Prozess dreht) beantwortet, prüft er (eigentlich: „versucht er“ im Sinn von „stellt er auf die Probe“) nunmehr gleichsam „im Angriff“ (= zur Widerlegung), um auch auf das Entgegengesetzte aus der entgegengesetzten Überzeugung hinzuargumentieren.

Λέγει γάρ, εἴρηται[252]*, ὡς ἡ πραετέριτος θυγάτηρ μέρος καταλύσασα τῆς διαθήκης μόνη τὴν πᾶσαν ἔχει κληρονομίαν, ὡς ἄν εἰ παρῃτήσατο τὴν ἐξ ἀδιαθέτου κλῆσιν ἡ γεγραμμένη κληρονόμος. Ταῦτα ὡς ἐν ἐπιχειρήματι καὶ τρακτάτῳ*[253] *φήσας ὁ Παῦλος ἐπὶ τὸ κρατοῦν αὖθις μετέρχεται*
Denn er sagt, dass die übergangene Tochter, die einen Teil des Testaments auflöste, allein die ganze Erbschaft habe, wie wenn die zur Erbin Eingesetzte den Intestatteil ausgeschlagen hätte. Dies gleichsam im Angriff (zur Widerlegung) und als Erörterung[254] sagte der Paulus, um wieder auf das Vorgebrachte einzugehen

καί φησιν, ὅτι πρῶτον μὲν οὐ χρὴ τὴν πραετέριτον προσίεσθαι βουλομένεν καὶ κατὰ τῆς ἀδελφῆς τὴν δεινοφικίοσο κινῆσαι καὶ πᾶσαν καταλῦσαι τὴν διαθήκην
und er sagt, dass man zunächst die *praeterita*, die auch gegen die Schwester die Querel erheben und das ganze Testament aufheben will, nicht zulassen darf

ἔπειτα δὲ οὐδὲ προσέοικεν ἡ γεγραμμένη κληρονόμος τῇ ῥεπουδιατευσάσῃ τὴν ἐξ ἀδιαθέτου κλῆσιν ἅπαξ ἐκ διαθήκης ἀδιτεύσασα,
ferner [sagt er], dass die Eingesetzte, die aus Testament einmal die Erbschaft angetreten hat, nicht ähnlich ist einer, die den Intestatteil ausschlug,

καὶ διὰ τοῦτο χρὴ τὴν πραετέριτον ἀπὸ μόνου τοῦ ἐξωτικοῦ τὸ ἥμισυ τῆς πάσης δηλονότι κληρονομίας, τουτέστι τὸ ἐξαούγκιον παρὰ τοῦ ἐξωτικοῦ δηλονότι λαμβανόμενον, αὐτὴν ἀποφέρεσθαι, ὡς αὐτῇ διαφέρον καὶ μόνῃ.
und daher muss die *praeterita* vom *extraneus* allein die Hälfte der ganzen, versteht sich, Erbschaft, das heißt, die vom *extraneus* freilich genommenen $^{6}/_{12}$ (die Hälfte) wegnehmen, so dass ihr das Weggenommene allein gehört.

Δῆλον οὖν ἐκ τῶν εἰρημένων, ὅτι [γὰρ] οὐκ εἰς τὸ πᾶν καταλύεται ἡ διαθήκη, ἀλλὰ κατα τὸ ἥμισυ μέρος εὑρίσκεται ἀδιάθετος προισταμένη, κἂν τὰ μάλιστα ὡς μαινομένης αὐτῆς

252 εἴρηται fehlt in der Ausgabe Heimbach.
253 Heimbach IV 21 emendiert τρακτάτα φήσας.
254 Als Untersuchung der Rechtsfrage: τρακτάτα φήσας: inneres (effiziertes) Objekt zu φήσας (das Erörterte sagen); oder in der Lesart des instrumentalen Dativs τρακτάτῳ: mit dem Erörterten sagen.

ὁ τῇ δεινοφικιοσο δικάζων καταψηφίσοιτο.

Klar ist nun aus dem Gesagten, dass nicht zur Gänze das Testament aufgelöst wird, sondern zum halben Teil bleibt die Testatorin *intestata*, selbst wenn tatsächlich der über die Pflichtwidrigkeit Urteilende sie gleichsam als Verrückte verurteilte (verurteilt haben dürfte).

Κινείτω τοίνυν εἰς μέρος ἡ πραετέριτος θυγάτηρ καὶ προπάρτε καταλυέτω τὴν διαθήκην. Εἰ γάρ τις καὶ αὐτὴν ὑπολάβοι κινεῖν καὶ πᾶσαν κατὰ συναρπαγὴν δηλονότι καταλύεσθαι τὴν διαθήκην, καὶ οὕτω προσῆκόν ἐστι δύνασθαι καὶ τὴν γεγραμμένην κληρονόμον ἀδιτεύειν ἐξ ἀδιαθέτου τῆς τελευτησάσης τὸν κλῆρον, καὶ οὐδὲν ἔχει πλέον ἡμίσεος τῆν πάσης κληρονομίας μέρους ἡ πραετέριτος θυγάτηρ. οὔτε γὰρ δοκεῖ παραιτεῖσθαι τὴν ἐξ ἀδιαθέτου κλῆσιν ἡ γεγραμμένη θυγάτηρ, ἥν οὐδὲ ἐνόμιζεν αὐτῇ διαφέρειν, ἐκ διαθήκης ἀδιτεύσασα τὴν κληρονομίαν. Καὶ οὐδεν θαυμαστόν, εἰ τὴν ἐκ διαθήκης ἡ θυγάτηρ καταδεξαμένη κληρονομίαν οὐ δοκεῖ παραιτεῖσθαι τὰ ἐξ ἀδιαθέτου, ἅπερ οὔτε ἐγίνωσκε διαφέρειν αὐτῇ, ὁπότε καὶ οἱ τὸ οἰκεῖον γινώσκοντες δίκαιον, εἰ ἐπιλέξονται ὅπερ οἴονται κατὰ πλάνην διαφέρειν αὐτοῖς, οὐκ ἀπολλύουσι τὸ πρὸς τῆς ἀληθείας ἁρμόττον αὐτοῖς.

Klagen soll also nun die übergangene Tochter „in den Teil" und *pro parte* auflösen das Testament. Denn wenn auch jemand meinte, dass sie klage und das ganze Testament, κατα συναρπαγὴν (durch Mitraffen[255]) versteht sich, auflöse, so gehört es sich auch dann, dass die Eingesetzte die Erbschaft der Verstorbenen *ab intestato* antreten kann und die übergangene Tochter nicht mehr als die Hälfte der ganzen Erbschaft hat. Denn nicht scheint die eingesetzte Tochter den Intestatteil, von dem sie nicht meinte, dass er ihr anfalle, auszuschlagen, als sie *ex testamento* die Erbschaft antrat. Und es ist nicht verwunderlich, wenn die Tochter, die aus Testament die Erbschaft antrat, nicht die Intestaterbschaft auszuschlagen scheint, von der sie nicht wusste, dass sie ihr anfiel, weil auch die, die wissen, dass ihnen das Hausvermögen zusteht, wenn sie das wählen, von dem sie aus Irrtum meinen, es falle ihnen an, das in Wahrheit für sie Bestimmte nicht verlieren.

Ὅπερ ἔστιν ἰδεῖν ἐπὶ τῶν πατρώνων. ὁ γὰρ πάτρων πεπλανημένος καὶ νομίσας ληγάτον αὐτῷ καταλελεῖφθαι καὶ τῇ πλαστῇ ταύτῃ κεκρατημένος ὑπονοίᾳ τὸ ληγάτον μὴ καταλειφθὲν μέν, νομισθὲν δὲ καταλελεῖφθαι, τὴν ἀρχὴν ἐπιλεξάμενος οὐ δοκεῖ τὴν κοντραταβούλλας repudiateύειν διακατοχήν. Δέδεικται οὖν ἐκ τῶν εἰρημένων μὴ δεόντως τὴν πραετέριτον θυγατέρα πᾶσαν ἐκδικεῖν τὴν κληρονομίαν, ὁπότε, καθάπερ, εἴρηται, κἄν δοίη[256] τις (ὅπερ οὐκ ἔστι) πᾶσαν δι'αὐτῆς καταλύεσθαι τὴν διαθήκην, φυλάττεται καὶ τῇ γεγραμμένῃ κληρονόμῳ τὴν ἐξ ἀδιαθέτου τῆς μητρὸς ἀδιτεύειν κληρονομίαν.

---

255 Vgl. συναρπάζω: mitraffen; mit sich wegreißen/wegraffen; = *per obreptionem*? Vielleicht auch untechnisch: durch Übertölpeln? Bezöge sich das auf das Argument, die *scripta* habe, indem sie antrat, ihren Intestatteil ausgeschlagen?

256 δοιῃ (Hb. IV 22).

Was zu sehen ist bei den Patronen. Denn der sich irrende Patron, der meinte, ihm sei ein Vermächtnis hinterlassen, und von dieser falschen Meinung durchdrungen das nicht hinterlassene Vermächtnis, von dem er meinte, es sei hinterlassen, anfangs wählte, scheint nicht die *bonorum possessio contra tabulas* auszuschlagen. Es ist nun gezeigt aus dem Gesagten, dass nicht zu Recht die übergangene Tochter die ganze Erbschaft herausklagt (vindiziert), da ja, ganz so wie gesagt worden ist, selbst wenn jemand zugäbe, wie es [aber] nicht ist, dass durch sie das ganze Testament aufgelöst wird, auch die in die Erbschaft Eingesetzte geschützt[257] wird, *ab intestato* die Erbschaft der Mutter anzutreten.

Mit *Gagliardi* entsprechen einander die folgenden Textteile:

Ἀλλὰ μετὰ τὴν τῆς μητρὸς ἀποβίωσιν ἡ πραετέριτος θυγάτηρ κινήσασα τὴν δεινοφικίοσο κατὰ τῆς μητρῴας διαθήκης ἐνίκησε. (Aber nach dem Tod der Mutter erhob die übergangene Tochter die Klage gegen das mütterliche Testament und siegte.) = *haec de inofficioso egit et optinuit* (Fr. 19).

Die knappen Textstücke hält *Gagliardi* für vereinbar mit seiner These, dass die *praeterita* nur den *extraneus* verklagt hatte und von ihm drei Viertel erlangte („concretamente ottenuto tre quarti") auf der falschen Grundlage, dass die *scripta* ihren Intestatteil ausschlug und somit ihrer Schwester *partem non faciebat*[258]. Für beide Deutungsannahmen geben beide Textstücke jedoch nichts her.

Im Fragmentteil *Quaero, scriptae filiae quomodo succurendum sit* = Ζητεῖ τοίνυν ὁ Παῦλος, τίνι χρὴ τρόπῳ τῇ γεγραμμένῃ κληρονόμῳ βοηθεῖν θυγατρί (Es untersucht nun der Paulus, auf welche Weise man der zur Erbin eingesetzten Tochter helfen muss) ist die Übereinstimmung unproblematisch.

respondi: filia praeterita id vindicare debet, quod intestata matre habitura esset: = καὶ τοῦτο ζητήσας φησίν, ὅτι ἡ πραετέριτος θυγάτηρ ἐκεῖνο καὶ μόνον ἐκδικεῖν ὀφείλει τὸ μέρος, ὅπερ ἤμελλεν ἔχειν ἀδιαθέτου τῆς μητρὸς τελευτησάσης, τουτέστι τὸ ἑξαούγκιον. (Und, indem er das untersucht, sagt er, dass die übergangene Tochter jenen und nur den Teil herausklagen dürfe, den gerade sie zu haben erwarten dürfe, wenn die Mutter ohne Testament verstorben wäre, das ist $^{6}/_{12}$).

Nach *Gagliardi*[259] ist das die „soluzione corretta" mit der Deutung: „... non dava la risposta alla domanda che aveva appena posto, ma diceva semplicemente quale dovesse essere la „soluzione corretta". Wir deuten anders: Dies ist Inhalt des Responsums, und zwar die Lösung zweier noch offener Rechtsfragen. Ich kann nicht sehen, dass der Scholiast dies anders meinte. Als Ausgangslage für das Responsum nahmen wir oben an: Die *praeterita* drang im Querelprozess gegen den *extraneus* mit ihrer Beweisführung durch, dass ihre Mutter sie pflichtwidrig

---

257 Für die Eingesetzte „bewahrt ist", *ab intestato* anzutreten.

258 Legittimazione 178: „La laconica esposizione ... è compatibile con questa ricostruzione del caso".

259 Legittimazione 179.

übergangen hatte, und will dieses Beweisergebnis nun auch in der vorbereiteten oder bereits begonnenen Querel gegen die *scripta* verwenden. Darauf antwortet das Responsum, 1) in welchem Umfang die *institutio* des *extraneus* zu reszindieren und 2) die *querela praeparata* oder *instituta* gegen die *scripta* nicht zuzulassen (oder weniger technisch, die *scripta* in den Querelprozess nicht hineinzuziehen) ist. Beim Scholiasten lesen wir dazu: καὶ τοῦτο ζητήσας φησίν (und, indem er [Paulus] das untersucht, sagt er), und nun sagt es auch der Scholiast im Präsens[260] des Responsums: ὅτι ἡ πραετέριτος θυγάτηρ ἐκεῖνο καὶ μόνον ἐκδικεῖν ὀφείλει τὸ μέρος … τουτέστι τὸ ἐξαούγκιον (dass die übergangene Tochter jenen und nur den Teil herausklagen dürfe … das ist $^{6}/_{12}$). Dass eine Reszission von der Hälfte oder gar von drei Viertel bereits geschehen wäre, scheint auch von der Interpretation des Scholiasten abzuweichen. Sowohl im Fragment steht im Präsens[261] … *non in totum testamentum infirmatur* und *sed pro parte intestata efficitur*, als auch der Scholiast hat das Präsens[262] im Responsum nicht unbeachtet gelassen, wenn er schreibt „… οὐκ εἰς τὸ πᾶν καταλύεται ἡ διαθήκη …".

Keine Entsprechung im Fragment („non a corrispondenza in D. 5.2.19") sieht *Gagliardi*[263] in: Ταῦτα ὁ Παῦλος εἰπὼν καὶ τὸ κρατοῦν ἀποκρινάμενος πειρᾶται λοιπὸν ὡς ἐν ἐπιχειρήματι καὶ τὸ ἐναντίον ἐκ τοῦ ἐναντίου κατασκευάσαι λογισμοῦ. (Das sagte der Paulus, und indem er das Vorgebrachte beantwortet, prüft er nun gleichsam „im Angriff", um auch auf das Entgegengesetzte aus der entgegengesetzten Überzeugung hinzuargumentieren). Wir sehen darin: Dieses Textstück ist später sinngemäß wieder aufgenommen mit den Worten: Ταῦτα ὡς ἐν ἐπιχειρήματι καὶ τρακτάτῳ φήσας ὁ Παῦλος ἐπὶ τὸ κρατοῦν αὖθις μετέρχεται (Dies gleichsam im Angriff und als Erörterung [als Untersuchung der Rechtsfrage] sagte der Paulus, um wieder auf das Vorgebrachte einzugehen). Beide Textstücke umrahmen den Klagestandpunkt der *praeterita*, dass die *scripta* ihren Intestatteil ausgeschlagen habe. Auch der Scholiast sieht hier eine Redeargumentation im *responsum*. Das *ceterum si quis putaverit* deuteten wir oben als Redefigur einer „Occupatio" zur Widerlegung eines gegnerischen Arguments. Im Wesentlichen gleich benennt es der Scholiast als eine Redeabsicht („um auf das Entgegengesetzte aus der entgegengesetzten Überzeugung hinzuargumentieren")[264].

260 ὀφείλει.

261 Und Indikativ.

262 Und auch Indikativ.

263 Ibidem.

264 Das „Durchprüfen" eines gegnerischen Arguments; ein verbreitetes antikes Denken.

§ 5 Exkurs einer Abgrenzung: et ideo ab extraneo semissem in Fr. 19 (Querel gegen das Testament der Mutter) und Paul. sent. 3.4^{B}8 („Einwachsungsrecht" der vom Vater übergangenen sua)

Pérez Simeón behauptet, dass in Paul. sent. 3.4^{B}8 derselbe Fall und dieselbe Lösung wie in Fr. 19 zu finden seien („encontramos el mismo caso y la misma solución")[265]:

> Paul. sent. 3.4^{B}8
> *Filio et extraneo aequis partibus heredibus institutis si praeterita adcrescat, tantum suo avocabit, quantum extraneo: si vero duo sint filii instituti, suis tertiam, extraneis dimidiam tollet.*

Die Tochter ist übergangen und ein *suus* und ein *extraneus* sind zu gleichen Teilen eingesetzt. Dazu schreibt *Pérez Simeón*: „La hija preterida puede pedir todo lo del extrano (es decir …su cuota intestada). El hermano instituido mantiene toda su mitad. Por eso se dice que non debe querellarse contra la hermana instituida." Aber hier geht es gar nicht um eine Querel, sondern um das sogenannte „Einwachsungsrecht"[266] der übergangenen *sua*, wie der Textteil *si praeterita adcrescat*[267] klar macht. Gai. 2.124 erklärt dieses Recht so: Hat der Vater Haustöchter (genauer, Hauskinder, die nicht Haussöhne sind) übergangen, so ist das Testament gültig. Aber diese Übergangenen wachsen den eingesetzten Erben in einen Teil zu: *praeteritae istae personae scriptis heredibus in partem adcrescunt* und zwar, wenn *sui* eingesetzt sind, zu einem Kopfteil (*si sui heredes sint, in virilem*) und wenn *extranei* eingesetzt sind, dann in die Hälfte (*si extranei, in dimidiam*). Gaius bringt dazu das Beispiel: sind drei Söhne eingesetzt und die Tochter übergangen, wird die Tochter durch Anwachsen zu einem Viertel Erbin (… *filia adcrescendo pro quarta parte fit heres*) und erlangt so ihren Intestatteil (*quod ab intestato patre mortuo habitura esset*). Aber wenn *extranei* eingesetzt sind und die Tochter übergangen ist, so wird sie durch Anwachsen zur Hälfte Erbin: *at si extraneos ille heredes instituerit et filiam praeterierit, filia adcrescendo ex dimidia parte fit heres*. Daraus ist für Paul. sent. 3.4^{B}8 zu erkennen, dass der Sentenzentext beide Fälle kombiniert, und zwar so: 1) Fall: übergangene *sua*, eingesetzt sind ein *suus* und ein *extraneus* je zur Hälfte. Vom *suus* bekommt sie eine Kopfquote, also die Hälfte (1. Fall in Gai. 2.124: *si sui heredes sint, in virilem*) und vom *extraneus* bekommt sie die *dimidia*, also auch die Hälfte (2. Fall in Gai. 2.124: *at si extraneos … adcrescendo ex dimidia parte fit heres*). Daher

---

265 Nemo pro parte 339.

266 *Kübler*, SZ 41 (1920) 28–30; HRP/*Wimmer* § 55 Rn. 7 m.w.N.

267 „Wenn die Übergangene anwächst", gemeint ist *si praeterita in partem adcrescit* wie in Gai. 2.124 (dort Plural), „wenn sie den eingesetzten Erben in einen Teil anwächst".

sagt der Sentenzentext *tantum suo avocabit, quantum extraneo*, ebenso viel wird sie dem Bruder wegnehmen, wieviel sie dem *extraneus* wegnehmen wird. Dann die Variante *si vero* rell.: wieder sind beide Fälle kombiniert: *duo sint filii instituti* (zwei Söhne sind eingesetzt), von diesen bekommt sie wieder ihre Kopfquote, so dass sie ein Drittel hat (*suis tertiam* scil. *tollet* = ihren Intestatteil) und den eingesetzten *extranei* nimmt sie die Hälfte (*extraneis dimidiam tollet*).

Wir sehen also, dass Paul. sent. 3.4^{B}8 für die Interpretation von Paul. D. 5.2.19 nicht zu verwenden ist.

§ 6 Der falsch zur Querel Zugelassene klagt und obsiegt: das Verhältnis von D. 5.2.25.1 zu D. 5.2.6.1

Nur am Rande sei erwähnt, dass wir keinen Beleg für den Fall haben, dass ein durch die Quart Ausgeschlossener, *qui queri non potest*, trotz Quart (zu Unrecht) zur Querel zugelassen wurde. Nicht dafür heranzuziehen ist D. 5.2.25.1. Doch ist das Fragment zu überprüfen, ob auch dort noch die querelausschließende Quart zu finden ist[268].

> D. 5.2.25.1 (Ulpianus 2 disp.)
> *Si quis, cum non possit de inofficioso queri, ad querellam admissus pro parte rescindere testamentum temptet et unum sibi heredem eligat, contra quem inofficiosi querellam instituat, dicendum est, quia testamentum pro parte valet et praecedentes eum personae exclusae sunt, cum effectu eum querellam instituisse.*

Im Textstück *quis, cum non possit de inofficioso queri* ist die Quart nicht zu sehen (also nicht: einer, der durch das Viertel von der Querel ausgeschlossen ist), da dies nicht zu *cum effectu eum querellam instituisse* (dass er die Querel „mit Wirkung" oder „mit Erfolg" angestellt hatte) passte[269]. Aber im Textteil der *praecedentes eum personae exclusae* wird im Schrifttum die Quart als Erklärung für *exclusae* genannt[270].

Die Literatur[271] sieht das Fragment in Konflikt mit D. 5.2.6.1:

---

268 *Pérez Simeón*, Nemo pro parte 343f. behauptet sie dort. Dazu unten S. 90.

269 Und auch nicht recht zu *praecedentes eum personae* (andere, die ihm in der Querel vorgehen); denn in *praecedentes* ist wohl der Grund für *cum non possit … queri* zu sehen.

270 *Gagliardi*, Legittimazione 42 führt *Pérez Simeón* an.

271 *Gagliardi*, Legittimazione 33–58; *Di Lella*, Querela 195 Fn. 31 zu vielfachem Deutungsbemühen. Dazu noch *La Pira*, successione contro 520: „fr.6.1. D 5.2 è quella postclassica"; dort auch zur These der „due diverse concezioni della querella": eine gegründet auf den „color insaniae", die die

D. 5.2.6.1 (Ulpianus 14 ad ed.)
Si quis ex his personis, quae ad successionem ab intestato non admittuntur, de inofficioso egerit (nemo enim eum repellit) et casu optinuerit, non ei prosit victoria, sed his qui habent ab intestato successionem: nam intestatum patrem familias facit.

Ein nur peripher im Kreis von Querelberechtigten (oder außerhalb dieses Kreises) Stehender, etwa ein Bruder des Erblassers, querelierte und obsiegte. Der *pater familias* wird dadurch ganz intestat und in der Intestatsukzession kommen nur die *ab intestato* Berufenen (etwa die Kinder des *pater familias*) zum Zug, der Querelierende geht leer aus. Die Kinder sind somit aus dem zivilen Erbrecht zur *hereditatis petitio* legitimiert, aber Ulpian sagt dies zum Edikt des Prätors, so dass damit wohl auch die Intention verbunden ist, dass der Prätor die Kinder nun zur *bonorum possessio ab intestato unde liberi* zulassen kann, wenn sie diese beantragen[272].

Das Fragment 25.1 handelt von einem ähnlichen Fall, es spricht von einem, der gegen einen Teilerben quereliert, obwohl er nicht querelieren kann, aber dennoch zur Querel zugelassen wurde, und von *eum praecedentes*, was wohl „ihm in der Querel Vorgehende" meint.

Ich glossiere die Textteile des Fragments 25.1 so, wie ich sie auffasse:

Quis, cum non possit de inofficioso queri: weil ihm *praecedentes* vorgehen; der *aliquis* kann der enterbte oder übergangene Vater[273] des Erblassers sein oder dessen Bruder; (möglich ist, wie wir es beim Scholiasten finden, dass er die Querel sogleich „an sich gerissen" hat, noch ehe sich die *praecedentes* zu querelieren entschlossen haben); *praecedentes* sind *enterbte sui* oder *enterbte* Emanzipierte (oder gemischt). *Ad querellam admissus ... rescindere testamentum temptet* (er versucht es gegen einen), und es kommt gegen diesen auch zur Prozessbegründung: *unum sibi heredem eligat, contra quem inofficiosi querellam instituat*: Lässt sich der *contra quem* in den Streit *de inofficioso* ein, so muss er angetreten haben, damit der *aliquis* gegen das *pro parte* erbangetretene Testament überhaupt querelieren kann[274];

quia testamentum pro parte valet: Weil ja das Testament zu dem Teil, den der *aliquis* vom Teilerben haben will, gilt. Die Teilgültigkeit des Testaments zu dem Teil, den der *aliquis* reszindieren will, genügt für ein erfolgreiches Anstellen seiner

„successione intestata generale" eröffnet habe, und die zweite, gegründet auf die „iniuria recata al legittimario", die das Testament nur „nei limiti in cui gliela reca" aufgehoben habe.

272 Vgl. Ulp. D. 5.2.8.16 ... *et bonorum possessor, si hoc se contendit.*

273 Dazu *Bluntschli*, Erbfolge 159: „Sind Eltern von ihren Kindern übergangen oder enterbt worden", so haben sie die Querel, und zwar der Vater als Quasipatron (*parens manumissor*), mit dem Hinweis, dass die Enterbung hier „gar keinen Sinn" hat, „sondern [sie] ist immer Übergehung, sollte sie auch die äußere Form jener [einer *exheredatio*] geborgt haben".

274 Ulp. D. 5.2.8.10: *ante aditam hereditatem nec nascitur querella.*

Querel[275]. Dies[276] zu sagen ist nötig, weil erst gegen ein angetretenes Testament quereliert werden kann. Der Sinn ist: Selbst dann, wenn das Testament zur anderen *pars* (vom anderen Teilerben) noch nicht angetreten sein sollte, hat der *quis* seine Querel erfolgreich instituiert[277]. (Und übrigens auch dann, wenn die *praecedentes* mittlerweile gegen den anderen Teilerben querelierten, hätte er immer noch *cum effectu pro parte* die Querel angestellt). Nämlich weil ja

et praecedentes eum personae exclusae sunt: weil der *aliquis* die Stelle der *praecedentes* eingenommen hat[278] und sie ab dem Moment der *instituta querella* des *aliquis*, mag auch dessen *admissio* in der falschen Ordnung der Zulassung zur Querel nun einmal geschehen sein, von der Querel ausgeschlossen sind.

Dann bleibt keine andere Möglichkeit, als den Querelprozess des *admissus* nun *cum effectu* durchzuführen, die Querel also reszindieren zu lassen. (Scheitert der *aliquis*, können die *praecedentes* zu dieser *pars* nun wieder querelieren; dringt er durch, gilt dieselbe Folge wie in Fr. 6.1).

Ich übersetze den kritischen Satz (ab *dicendum est* rell.) mit dem eingeschobenen Sinnverständnis also so: … so muss man sagen, weil ja das Testament *pro parte* [zu dem Teil, den er haben will] gilt und die ihm vorgehenden Personen ausgeschlossen sind [von ihrer Querel durch die *querella instituta*], dass er die Querel *cum effectu* (erfolgreich = reszindierend) angestellt hat.

Doch versteht die ganz überwiegende Interpretation das Fragment ganz anders und geriet seit dem Scholiasten und Cujaz in erhebliche Schwierigkeiten: *quia exclusae sunt* seien die *praecedentes* nicht erst durch die angestellte Querel des *admissus*, sondern sie seien es schon vorher (oder anders) gewesen. Aber wodurch[279]? *Exclusae tempore*? *Exclusae* durch das Viertel?

---

275 Der *pro parte testatus* kann nun leicht *pro parte intestatus* werden durch *die querella instituta* des *aliquis* (wenn gegen den anderen Teilerben niemand quereliert). Die Durchbrechung der überkommenen Regel (*nemo pro parte testatus* rell.) scheint angesprochen.

276 Teilantritt macht das Testament bereits *pro parte* wirksam.

277 So ist *quia pro parte* korreliert mit *instituisse* und *cum effectu* meint rescindierend.

278 Nicht gleichberechtigte Noterben können sukzessive zugelassen werden: Paul. D. 5.2.31pr. (Reihenfolge: zuerst der Kreis der *liberi* (Kinder, Enkel), dann Eltern, dann Geschwister, wenn ihnen *turpes personae* vorgezogen sind); Fr. 31pr. sagt: *Si is qui admittitur ad accusationem, nolit aut non possit accusare, an sequens admittatur, videndum est. et placuit posse, ut fiat successioni locus.* So wie in der richtigen Ordnung der Zulassung der *sequens* die Stelle der *praecedentes*, die nicht querelieren, einnimmt, nimmt sie oben in Fr. 25.1 in der gestörten Ordnung mit *instituta querella* der *admissus* ein und deshalb schließt seine Querel die *praecedentes* nun aus.

279 Die schon gemachten Vorschläge ließen sich (um nichts weniger spekulativ) noch anreichern: Oder weil die *praecedentes* das Testament anders angriffen, etwa wegen Testamentsfälschung klagten und solange von der Querel ausgeschlossen waren? Vgl. Gord. C. 3.28.14 (a. 239): verliert der Ankläger die *accusatio falsi*, so kann er später immer noch querelieren; zu dieser Konsequenz vgl. *Glück*, Commentar, 7. Theil 1. Abth. 461 (Glück schlägt dies für Fr. 25.1 nicht vor). Deutungsvorschläge dieser Art scheinen gewunden.

Und von welcher *pars* spricht *pro parte valet*? Von der *pars* des anderen Teilerben?[280] Zwar könnte das Textstück *testamentum pro parte valet* eine Randnotiz zu *unum sibi eligat, contra quem inofficiosi querellam instituat* sein, die in den *quia*-Satz hineingeraten ist[281], doch hat auch das Schol. Δύο τις ad B. 39.1.21 (Sch. B VI 2326; Hb. IV 25) dieses Stück: ἐπειδὴ ἐκ μέρους ἔρρωται[282] ἡ διαθήκη, καὶ οἱ τὸν νικήσαντα προλαμβάνοντες ἀπεκλείσθησαν (da ja das Testament zum Teil gültig ist und die dem Siegreichen Vorgehenden ausgeschlossen sind[283]).

Das Scholion Δύο τις ad B. 39.1.21 (Sch. B VI 2326; Hb. IV 25) zu B. 39.1.21 bildet den Fall so: Jemand hatte zwei Söhne und einen Bruder; er setzte zwei Teilerben ein, einen ehrenwerten und einen *turpis*. Seine Söhne enterbte er, seinen Bruder überging er; dieser querelierte gegen einen Teilerben, etwa den *turpis*, indem er die Querel an sich riss (den Söhnen zuvorkam), obgleich diese klagen könnten. Der Bruder obsiegte und löste das Testament *pro parte* auf. Und nun deutet der Scholiast sehr schön (ich paraphrasiere etwas und interpretiere): Die Kinder hätten es dem Bruder verbieten können zu querelieren (das haben sie aber nicht getan). Ulpian sage, da das Testament *pro parte* gültig ist und die dem Bruder Vorgehenden, das sind die Kinder, noch nicht (der Scholiast sagt: μήπω, immer noch nicht) die Querel erheben (gegen den anderen klagen), scheinen sie (er sagt πρόσωπα, das sagt man vom äußerlichen Ansehen eines Dinges oder einer Person), als wären sie ausgeschlossene Exheredierte, (er sagt das im Perfektpartizip ἀποκεκλεισμένοι διὰ τῆς ἐξνερεδατίονός εἰσιν, also, vielleicht zu verstehen, als wären sie endgültig ausgeschlossene Exheredierte) und deshalb klagte der Bruder *cum effectu* (offenbar weil die Kinder es dabei belassen, gegen den anderen auch nicht zu klagen). Hier sagt er wörtlich:

> … *τουτέστιν*[284] *ἑαυτῷ τὴν νίκην περιποιεῖ καὶ τὸ ἐντεῦθεν ἀποφέρεται κέρδος. οὔτε γὰρ οἷόν τε ἐστὶ τέως ἐξ ἀδιαθέτου καλεῖσθαι τοὺς παῖδας, ἐφ'ὅσον, ὡς εἴρηται, διὰ τῆς ἐξνερεδατίονος μήτω τὴν δειωοφικίοσο κινοῦντες ἠσφαλισμένοι τυγχάνουσιν. Ὥστε μὴ ἐναντιωθῇ σοι τὸ εἰρημένον ἐν τῷ ς'. διγ. ἐκεῖ γὰρ θεματίζει πᾶσαν εἰς ὁλόκληρον καταλυθεῖσαν τὴν διαθήκην.*
>
> … solange (bis dahin) verschafft er [der *admissus*] sich den Sieg und trägt daher er den

280 So (mit Vielen) *Wieling*, SZ 102 (1985) 303.

281 Also so: *unum sibi eligat, contra quem inofficiosi querellam instituat*; dazu notierte der Bearbeiter: *testamentum pro parte valet.*

282 Zum Griechischen: ἔρρωται kommt nicht etwa als Medium von ἔρρω (untergehen, zu Grunde gehen), bezieht sich also nicht auf die vom *admissus* ersiegte *pars*, sondern von ῥώννυμι oder ῥώννυω (stark, kräftig sein) und meint die *pars* des nicht verklagten Teilerben, von der gesagt ist *pro parte valet.*

283 ἀπεκλείσθησαν ist vielleicht ein effektiver Aorist.

284 Heimbach hat hier τεως.

Vorteil davon. Denn solange sie, wie gesagt worden ist, wegen der *exheredatio* noch nicht die Querel erheben und eben gerade (in ihrem Entschluss) wanken, so dass nicht entgegensteht, was in dig. 6 (6.1) gesagt ist. Denn dort setzt (behauptet) er, dass das ganze Testament in allen Teilen (vollkommen) aufgehoben worden ist.

Das ist die Erklärung des Scholiasten, der sich zuletzt auch *Gagliardi* anschließt[285]: sie (die *praecedentes*) sind *exclusae* von der Intestaterbfolge (nicht aber von der Querel), solange die testamentarische *exheredatio* sie von der *ab intestato*-Berufung ausschließt. Erst bei Gesamtreszission könne die Intestatsukzession der *praecedentes* zum Tragen kommen. Dagegen sind Pap. D. 5.2.15.2 und C. 3.28.13 einzuwenden: Es scheint sicher, dass es bei Teilreszission auch *pro parte* zur Intestatsukzession kommt. In Fr. 15.2 obsiegt der *filius* gegen einen Teilerben, gegen den anderen verliert er; Papinian sagt dort: *quia credimus eum legitimum heredem pro parte esse factum* (weil wir glauben, dass er *pro parte* gesetzlicher Erbe geworden ist). Und so sagt es auch die Konstitution 13: *pro ea parte, qua resolutum est testamentum* tritt die Intestatsukzession ein: *cum iure intestati qui obtinuit succedat.*

Das Deutungsbemühen des Schrifttums hat das Scheitern einer Rekonstruktion zu D. 5.2.25.1 bisweilen einbekannt[286]. *Marrone*[287] fügt *et optinuit* ein[288]. In seiner sachlichen Kritik sagt *Marrone* zum Sinn des Kausalsatzes: Der Ausschluss der *praecedentes* muss sich aus dem Sieg des Querelierenden ergeben[289]. Auch *Voci* geht von einem Prozesssieg des zu Unrecht Zugelassenen aus[290]: „e ottiene vittoria“[291] und legt sich zurecht: Der gesiegt hatte, war nicht Noterbe oder nicht Erbe im nächsten Grad, ein anderer hatte eine bessere Legitimation; – offen lässt *Voci* aber, wieso der andere (im Text: die *praecedentes*) *persona exclusa* war. Wenn der zweite dann mit der *hereditatis petitio* nach *pro parte* eröffneter Intestaterbfolge den ersten klagt, habe er sich den Inoffiziositätsbeweis erspart, gegen die anderen Teilerben könne er dann „normal“ querelieren[292]. *Ribas-Alba* meint, die *praeceden-*

285 Legittimazione 46.

286 *Marrone*, AUPA 24 (1955) 80: „… vere e proprie accrobazie di interpretazione“. *Voci*, DER II 715f. sieht zu starke kompilatorische Kürzung; „In via di ipotesi può esere tentata la … spiegazione“.

287 AUPA 24 (1955) 83.

288 Doch siehe *Mommsen* (für vielleicht byzantinisch inseriert): „et obtineat *secundum Graecos fortasse ins.*“

289 AUPA 24 (1955) 83 Fn. 163.

290 Die reszindierende Wirkung ist nicht zu bestreiten. Entgegenzutreten ist nur einer Auffassung von *cum effectu*, dass der *quis* den ersiegten Intestatteil auch behalten könne, aber das meint *Voci* auch nicht.

291 *Voci*, DER II 715.

292 DER II 716: „… la successione *ab intestato* si apre a favore di chi ha ottenuto una sentenza favorevole dopo avere esperito la *qit.*: quando è ancora possibile esperire questa *querela*, occorre che sia seguita la via normale, e non quella più breve della *hereditatis petitio* …“.

tes personae seien nicht die besser Aktivlegitimierten, sondern die nicht verklagten Testamentserben[293].

Pérez Simeón[294] stellt sich den Fall so vor, dass der Erblasser einen *ab intestato*-Berechtigten (etwa seinen Sohn) und einen *extraneus* eingesetzt hatte und ein „sucesor ab intestato de grado ulterior", etwa der Vater des Testators, also ein „im Prinzip nicht Aktivlegitimierter" querelierte. Diese Fallkonstellation vergleicht *Pérez Simeón* mit Paul. D. 5.2.19, wo die *filia praeterita* gegen einen *extraneus* und die *filia scripta*, also einen „potencial sucesor *ab intestato* del testador del mismo grado", querelierte. Dort war die Querel nur gegen den *extraneus* zu richten mit Teilreszission, und der Eingesetzte [in Fr. 19 die *filia scripta*] partizipere nicht an der Intestatsukzession, „porque la atribución de la porción debida lo[295] excluye" (weil sie ihre Institutionsportion von einem Viertel ausschloss) sowohl von der Querel als auch von der Intestatsukzession. Aber wenn der Querelierende gegen beide klagte und obsiegte, wäre der Ausschluss beseitigt („desaparece la causa de exclusión") und der Eingesetzte wäre nicht mehr ausgeschlossen von der Intestatsukzession, die durch den Sieg eröffnet wurde. Dasselbe geschehe in Fr. 25.1 („Lo mismo ocurre") nur mit dem Unterschied, dass einer „de un grado ulterior" quereliert habe. Der springende Punkt sei, dass der, der die „porción debida" habe „non tiene pro qué ser llamado ab intestato". „Pero, si se le quita su cuota con la victoria (cosa que, según Paulo, es irregular, pero pasaba en la práctica), el instituido puede participar de la sucesión *ab intestato*"[296].

Wir haben aber keinen Beleg dafür, dass solche irregulären Fälle, wo die Quart nicht sichernd wirkte, vorgekommen wären.

---

293 La desheredación 267: „las praecedentes personae no son los legitimados activos de mejor derecho … sino los herederos testamentarios no demandados".

294 Nemo pro parte 343.

295 *Pérez Simeón* sagt das dort allgemein für einen eingesetzten sucesor *ab intestato*.

296 Nemo pro parte 344: (übersetzt:) Aber wenn seine Einsetzungsquote beseitigt wird mit dem Sieg (was nach Paulus irregulär ist, aber in der Praxis vorkam) kann der Eingesetzte an der Intestatsukzession partizipieren.

C. Die Querel, von einer Quart nicht betroffen

§ 7 Fälle der Akkreszenz

In die Gruppe der Quellen, wo eine querelausschließende Quart nicht vorkommt und daher eine testamentssichernde Wirkung nicht zu sehen ist, gehören Papinian D. 5.2.16pr. und die beiden Paulus-Texte D. 5.2.23.2 und D. 5.2.17pr.

I. Ein Papinianresponsum zur Anwachsung

D. 5.2.16pr. (Papinianus 2 resp.)
Filio, qui de inofficioso matris testamento contra fratrem institutum de parte ante egit et optinuit, filia, quae non egit aut non optinuit, in hereditate legitima fratri non concurrit.
Dem Sohn, der wegen pflichtwidrigen Testaments der Mutter gegen den eingesetzten Bruder *de parte* zuvor geklagt und obsiegt hat, konkurriert die Tochter, die nicht geklagt oder nicht obsiegt hat, dem Bruder nicht in der Intestaterbschaft.

Die Mutter hatte ihren Sohn zum Erben eingesetzt, ihren anderen Sohn und ihre Tochter jedoch übergangen[297]. Der übergangene Sohn klagte erfolgreich wegen pflichtwidrigen Testaments *de parte*[298] (silicet *sua*), ehe seine Schwester entschied, endgültig nicht zu klagen (*non egit*); *aut non optinuit* (oder sie scheiterte) kann eine spätere Hinzufügung, aber auch echt sein[299].

Der umstrittene Text ist im Einzelnen zu erläutern:

297 Gegen das Testament von Frauen stand nur die Querel offen (und keine *bonorum possessio contra tabulas*), da Frauen keine *sui* haben konnten.

298 Abweichende Fallauffassung bei *Ribas-Alba*, desheredación 264: Ein Bruder sei testamentarisch nur zum Teilerben gemeinsam mit anderen eingesetzt gewesen: „el hermano *institutum de parte*“ mit der Begründung „porque con la querella no se pide ninguna cuota ...“. Nur Letzterem (weil mit der Querel keine Quote eingeklagt wird) stimme ich zu. Deswegen ist hier die Besonderheit erwähnt, dass der Bruder *de parte* gegen den zum Alleinerben eingesetzten Bruder querelierte.

299 *Petere et optinuere* (klagen und obsiegen) wird oft zusammen gesagt, gleichsam in einem Atemzug, wie es unmittelbar davor auch vom Bruder gesagt ist (vgl. ferner Paul. D. 36.2.83: *petierat et optinuerat*; Paul. D. 36.1.76.1: *petebat et ... optinuerat*; Paul. D. 44.2.30.1: *ius suum persecutus est et optinuerit*; Belege bei *Heumann/Seckel* s.v. *obtinuere, optinuere*), so dass es sich bei *non egit aut non optinuit* schlicht um die Verneinung des Wortpaares handeln kann. Doch ist dies unsicher. Soweit das Responsum bereits die Dogmatik enthält, *non optinuit* habe dieselbe Konsequenz wie ein *non egit* (oder umgekehrt), ist dies sachlich nicht zu beanstanden.

a) *de parte ante egit*[300]: *de parte* hängt mit *ante* zusammen. Hätte die Schwester gemeinsam mit ihrem Bruder querellert, wäre *de parte* überflüssig, weil bereits die Konkurrenz der *querelae* teilte; – eine *partes concursu fiunt*-Situation von um die Reszission konkurrierender *querelae*[301]; diese trat in Fr. 16pr. später nicht ein, weil die Schwester doch nicht klagte, oder sie fiel weg, weil sie den Prozess verlor. Unter *de parte* ist das *petere* mit der Querel auf den Intestatteil von einem Drittel zu verstehen. Der querelierende Bruder hatte vorweggenommen berücksichtigt, dass auch seine Schwester noch klagen könnte,
b) *et optinuit* (und er hat obsiegt); damit ist das Testament zu reszindieren. Nun geht es um den Umfang der Reszission und des *petere*: wieviel bekommt der obsiegende Bruder, und zwar unter Berücksichtigung von
c) *filia, quae non egit aut non optinuit*, dass seine Schwester nicht geklagt hat oder ihre Querel verlor; sie ist damit nun endgültig aus dem Spiel[302].
d) Das Responsum lautet hier sehr präzise auf die Intestatsukzession bezogen *in hereditate legitima fratri non concurrit*. Aus dem parallel konstruierten Dativ *Filio … fratri non concurrit* ist klar, dass mit *fratri* der querelierende Bruder gemeint ist und nicht der *institutus*. Die strittige Rechtsfrage, die zur Literaturgattung eines Responsums passt, wird einen ähnlichen Sinn gehabt haben, nämlich die Frage, *an filia in hereditate legitima fratri concurrit*? Das sieht nach einem Einwand des eingesetzten Bruders aus, der zwei Drittel behalten will. Von einer aufrechten Konkurrenz seiner Schwester in der Intestaterbfolge gegenüber ihrem Bruder würde nun e r a l l e i n profitieren, nachdem die Schwester nicht geklagt oder ihren Prozess verloren hatte. Von ihrer Seite her bestand nun nicht mehr das Risiko, ihr ein Drittel abzugeben. Das *petere* des Bruders, meinte er,

300 In etwa zu übersetzen mit „er hat wegen (betreffend) seiner *pars* geklagt" (Klagegegenstand). Im kritischen Apparat der Mommsen-Krüger-Ausgabe ist die Lesart „de parte ante] de triente. Mo." angemerkt.

301 In der abweichenden Lesart „de triente", wegen seines Drittels, wäre die *partes concursu*-Lage vermieden.

302 Eine erhobene und durchgedrungene Querel der *filia* hätte reszissorisch auf das Testament (wohl zu einem weiteren Drittel), gewirkt, und zwar unabhängig von ihrer Berufung *ex SCto Orfitiano* bereits aus Urteilsautorität der Centumviri, die die *filia* zur Erbin machen konnten. Das *SC. Orfitianum* (178 n. Chr.) bezeichnet die Erben als *filii*, ob auch *filiae* mit eingeschlossen waren, könnte zur Zeit des Responsums noch zweifelhaft gewesen sein. *Meinhart*, SC. Trertullianum und Orfitianum 139 meint, dass das *SC.* „wohl von allem Anfang an die Töchter mit einbezog", weist aber auch darauf hin, dass der älteste Beleg für die Zulassung einer Tochter zum Nachlass ihrer Mutter die Konstitution C. 6.57.1 aus 225 ist, und tritt dafür ein, dass das *Orfitianum* „wohl schon sehr bald, jedenfalls aber seit 225, auf Söhne und Töchter angewendet wurde". Man kann wohl ausschließen, dass Papinian mit *in hereditate legitima fratri non concurrit* gemeint habe, dass die *filia* aus dem *SC.* nicht berufen wäre (sonst müsste man mit der Konstitution aus 225 einen späteren Meinungsumschwung gegenüber Papinian annehmen, was jedoch ohne Anhaltspunkt ist). Soweit ich sehe, vertritt eine solche Ansicht auch niemand.

müsse, da diesem die Schwester mit einem Drittel noch *ab intestato* konkurriere, auf ein Drittel beschränkt bleiben.

Das Responsum dürfte erkannt haben, dass *de parte ante egit* eine Klageeinschränkung[303] mit Rücksicht auf die *filia* war und nicht mit Rücksicht auf den eingesetzten Bruder. Scheiterte die Schwester oder klagte sie schließlich doch nicht, so fiel dieser Sinn von *de parte* weg. Mit dem Prozessverlust oder *non egit* der Schwester ging auch der Verlust, in ihre Intestatportion zu sukzedieren, einher, nach Reszission des Testaments konkurriert sie damit ihrem Bruder nicht mehr *ab intestato*. Dessen Intestatportion muss also mehr als ein Drittel sein und dem eingesetzten Bruder dürfen nicht zwei Drittel als Testamentserben verbleiben. Die strittige Rechtsfrage, ob die Schwester nun immer noch ihrem Bruder konkurriere, stellte sich nur gegenüber dem nun *ab intestato* allein berufenen obsiegenden Bruder, nicht aber gegenüber dem eingesetzten, der nach wie vor testamentarisch sukzediert.

Als Konsequenz von *in hereditate legitima fratri non concurrit* ergibt sich damit als eine Annahme der Deutung: In der Intestaterbfolge sukzediert der obsiegende Bruder allein, und zwar so, wie auch sonst unter Intestaterben bei Wegfall eines konkurrierenden Mitberechtigten dessen Intestatportion anwächst[304]. Die Intestatberechtigung[305] der Kinder[306] war – vor Einsetzung des Bruders – je ein Drittel,

---

303 Der Normalfall ist schlicht *agere* oder *queri* (*testamentum accusare* oder Ähnliches); wer das Testament als pflichtwidrig angriff, legte nur dar, warum er nicht enterbt oder übergangen hätte werden dürfen (Marcell. D. 5.2.3), der Umfang der Reszission ist dann Sache der Centumviri. Deswegen ist hier *de parte ante* dazugesagt. Wenn seine Aktivlegitimation (!) zur Querel ohnedies auf ein Drittel beschränkt gewesen wäre, schiene *de parte* überflüssig erwähnt. Möglich ist freilich auch, *de parte* so zu verstehen, dass der Bruder die Querel unspezifisch auf *de parte mea* richtete, welchen Teil auch immer mir das Gericht dann zusprechen mag, ohne diesen genau zu beziffern. Auch dann hätte man ein Ausdehnen der *pars* nach Wegfall der Schwester anzunehmen. Siehe auch *Francke*, Notherben 276 zum Streit, ob man *„de parte"* von einem Drittel (dafür *Francke*, 276) oder von der Hälfte verstehen müsse.

304 Das ist der übliche Sinn von *concurrere*, das auch sonst auf *concursu partes*, also auf die Akkreszenz bezogen gebraucht wird, vgl. Jul. D. 30.84.12; Jul. D. 30.34.10; Ulp. D. 7.2.1.3; ferner Ulp. reg. 24.12: *non concurrente altero pars eius alteri adcrescebat*; prinzipiell zu all dem: *Lohsse*, Ius adcrescendi 15f., 21–23, 127–130; *non concurrit* wird man somit nehmen dürfen für „die Schwester macht ihrem Bruder *ab intestato* keinen Teil", ihr Intestatteil wächst [den Brüdern] an (und nicht im Sinn von „mitlaufen *ab intestato*", wie es B. 39.1.13 (Sch. A V 1763; Hb. IV 20) verstand: οὐ συντρέχει αὐτῷ ὡς ἐξ ἀδιαθέτου; dazu oben S. 59 Fn. 179). Doch meinte es in diesem Sinn auch *Francke*, Notherben 276, dass dann die Stelle gar nicht von Akkreszenz spreche, sondern „enthält nur den Satz, daß, wer zu seinem Theile das Testament rescindirte, diesen Theil mit anderen Intestaterben, welche ihren Theil nicht haben, nicht zu theilen braucht, mögen diese andern noch Aussicht haben, ihren gesetzlichen Erbtheil zu erhalten, oder nicht." Daran dürfte sich *Voci*, DER II 693 angeschlossen haben.

305 Abstrakt gesehen.

306 Wenn man das *SC.* unterstellt, spricht doch Papinian von *ab intestato*.

verliert die Schwester ihr Drittel, so wächst dieses mit je einem Sechstel ihren Brüdern an, also sukzediert jeder Bruder nach der Mutter je zur Hälfte, und zwar der obsiegende *ab intestato* und der eingesetzte testamentarisch; es hätte hier keinen Sinn, das Testament gesamt zu reszindieren, um den eingesetzten Bruder sogleich wieder zur Hälfte *ab intestato* zum Zug kommen zu lassen[307]. Dass die Schwester hier leer ausgeht, ist konsequent, weil sie das Testament ihres Bruders nicht umzustoßen vermochte oder dies nicht wollte.

Das nicht mitgeteilte Ergebnis, wie wir es vertreten, von je der Hälfte stimmt mit der Vermutung von *Cujaz*[308] und *Glück*[309] überein, wonach der querelierende Bruder ein Halb *ab intestato* und sein eingesetzter Bruder ein Halb hat; bei *Cujaz* steht es so:

> ... *Vel etiam si primus primum egerit pro triente, cum nondum esset exclusus secundus, si postea secundus excludatur vel repudietur querela, tantum abest ut primus secundo repudianti, vel excluso communicet trientem, quem abstulit*[310]*, ut potius secundi pars adcrescat primo pro rata. Nam adcrescet utrique portio secundi, primo exheredato, et tertio scripto.*
> ... Oder auch wenn der primus zuerst geklagt hat im Umfang von einem Drittel, weil der secundus noch nicht ausgeschlossen war, so ist der primus, wenn der secundus ausgeschlossen oder seine Querel zurückgewiesen wird, so weit davon entfernt, dass er mit dem zurückgewiesenen oder ausgeschlossenen secundus das Drittel, das er weggetragen hat, gemeinsam habe, als vielmehr der Teil des secundus dem primus verhältnismäßig anwächst. Denn es wird beiden die Portion des secundus anwachsen, dem exheredierten primus und dem eingesetzten tertius.

Kleine Korrekturen zu *Cujaz* sind aber dennoch anzumerken; er schreibt ibidem (208): „si primus agat, querela aget pro triente tantum, quia secundus ei partem facit, licet nondum agat". Das klingt wie ein Vorläufer der herrschenden These, dass schon die Existenz des secundus die Aktivlegitimation des primus einschränke. Als durchaus richtig sehe ich an, dass der secundus, solange (!) er nicht klagt, aber klagen könnte, dem primus einen Teil macht. Solange kann auch nicht akkreszieren und es somit nur zur Teilreszission kommen, solange der secundus noch klagen könnte. Denn sonst (bei Gesamtreszission) wäre, wie schon öfters erwähnt, das

---

307 Vgl. dazu Pap. D. 37.7.6. Es lässt sich also nicht von einer Akkreszenz des Sechstels im eigentlichen Sinn sprechen, sondern das Testament wird zu dem Sechstel der Schwester schlicht nicht reszindiert; wenn man so will, eine „uneigentliche Akkreszenz", hinter der aber ein Anwachsungsgedanke steckt. Vgl. sogleich oben schon *Cujaz*, Recitationes 208.

308 Recitationes solemnes ad Titul. II. De inofficioso testamento 208.

309 Commentar, 7. Theil, 1. Abth. 436: „so kann das andere enterbte Kind vi iuris accrescendi auf die Hälfte der ganzen Erbschaft klagen ...".

310 Das verrät Kenntnis der byzantinischen Deutung, die *Cujaz* hier ablehnt.

Anfechtungsobjekt für den secundus „weg", und die Intestatberechtigung für den primus ist ja, solange der secundus nicht klagt, aber noch klagen könnte, im Urteilszeitpunkt nur zum halben Nachlass nachgewiesen. Soweit der Querelkläger im Zeitpunkt seines Obsiegens zur *ab intestato*-Sukzession berufen ist, wird der Erblasser intestat gemacht und das Testament reszindiert. Statt „licet nondum agat" (mag er auch nicht klagen) schiene mir richtiger, „dum non agat" zu sagen. *Cujaz* schreibt ibidem ferner: „Primus habet iustam causam agendi: ideo secundus excluditur post quinquennium, vel excluditur hac praescriptione, quod iudicium defuncti accipiendo legatum agnovit." Der Ausschluss durch Verjährung passt. In diesem Fall akkresziert dem primus, weil der secundus dadurch seine Intestatberufung einbüßte. Aber der Ausschluss durch Annahme eines Legats kann hier nicht stimmen, denn, wie *Cujaz* selbst schreibt, hat der secundus damit die *institutio heredis* anerkannt, das Testament also zu seiner Intestatquote gesichert. Sein Teil wüchse dem primus hier nicht an (der tertius behielte zwei Drittel). *Iudicium defuncti accipiendo legatum agnovit* gehört in die Fallgruppe: Vergleich, querelausschließende Quart, Annahme eines Vermächtnisses aus der Hand des Erben und sonstige Fälle der schlüssigen Anerkennung als Testamentserben.

I.1 Konzepte anderer Deutungen

Die Bildung eines Gesamtsystems bei *di Lella* (mit der Hypothese einer Kontroverse zwischen Papinian und Paulus) setzt entscheidend bei Fr. 16pr. ein. Die reszissorische Wirkung der Querel sei umstritten gewesen: Papinian (und dann ihm folgend Ulpian) habe sich ein Nebeneinander von testamentarischer und Intestaterbfolge und somit Teilreszission vorstellen können, während für Paulus nur Intestaterbfolge zur Gänze und somit stets Gesamtreszission denkbar gewesen sei[311]. Aus Fr. 16pr. kommt hierfür die entscheidende Begründung: Papinian habe die Querel auf das Interesse des Querelierenden, sohin auf seine Intestatportion, begrenzt. Bei der Darstellung seines Gesamtsystems[312] sagt es *di Lella* so: „... secondo l'opinione sostenuta da Papiniano, invece, l'effetto rescissorio va contenuto nei limiti dell'interesse del querelante." Die dort gebrauchte Formulierung „nei limiti dell'interesse del querelante" ist aus Fr. 16pr. herausgearbeitet: „la *querela de parte*, significa a nostro avviso non volere tener conto che, secondo Papiniano, l'escluso della successione non può agire che nei limiti del suo interesse (un terzo dell'asse, nel caso considerato)"[313]. Aus der Sicht von *di Lella* ergibt sich somit: der obsiegende Bruder setzt sein Drittel durch, das heißt seinen Intestatteil als sein „Interesse", zwei Drittel

311 Querela 227.
312 Querela 227.
313 Querela 210.

verbleiben dem eingesetzten Bruder und die Schwester kommt *ab intestato* nicht zum Zug[314]. So passe Pap. Fr. 8.8 (Teilreszission) zu Pap. Fr. 16pr. (Teilreszission)[315].

Voci ist zwei Mal der byzantinischen Sicht sehr nahe. Wie schon oben zu Pap. Fr. 8.8 mehrfach erwähnt stimmt „… la presenza del coerede diminuisce la quota che spetta all'altro e limita la sua legittimazione ad agire"[316] mit der Summe B. 39.1.8.8 (Sch. A V 1761; Hb. IV 13) sachlich überein; allein schon die Existenz des Nicht-Klagenden kürze die Querel (Ὁ μὴ κινῶν μειοῖ τὸ μέρος τοῦ κινοῦντος, der nicht Klagende verringert den Anteil des Klagenden). Fr. 16pr. sei ein von Papinian dafür genanntes Beispiel[317] (der Bruder, der obsiegte, bekomme nur ein Drittel: „vince solo per la sua parte"); zum kritischen *in hereditate legitima fratri non concurrit* sagt *Voci* nur „mentre la figlia, per il solo fatto che abbia agito suo fratello, non consegue niente" (aus der Tatsache allein, dass der Bruder geklagt habe, erlange die Schwester nichts). Auch dies kommt dem Bild in B. 39.1.13 (Sch. A V 1763; Hb. IV 20) mit der Vorlage von Fr. 16pr. sehr nahe: ὁ ἀδελφὸς αὐτοῦ ἤ μὴ κινῶν ἤ ἡττώμενος οὐ συντρέχει αὐτῷ ὡς ἐξ ἀδιαθέτου: der Nicht-Klagende oder Unterliegende „läuft mit ihm [dem Klagenden] nicht *ab intestato* mit"[318]. Aber während dort *concurrere* im Sinn von „mitlaufen", „sich anhängen an den Intestatteil des anderen" verstanden wird[319], spricht *Voci* im Folgenden technisch von Akkreszenz. Die Meinung von Papinian und Ulpian habe Paulus, der Akkreszenz („il diritto di accrescimento") zugelassen habe, nicht geteilt[320].

Pérez Simeón[321] meint, das Responsum Papinians spreche deshalb nicht vom Umfang der Reszission (zu einem Drittel oder zur Hälfte), weil sich Papinian einem Problem zuwende, das sich in beiden Alternativen stellte. Die Schwester sei gegen den obsiegenden Bruder vorgegangen (das ist Scholiendeutung[322]). Der erste Fall sei so zu sehen: der Bruder habe das Testament zu einem Drittel reszindiert, die Schwester *non optinuit* (drang nicht durch). Hier sei klar, dass die Schwester den Bruder nicht um die Früchte seines Prozesssieges bringen könne. Im zweiten Fall habe der Bruder das Testament zur Hälfte reszindiert, weil die Schwester von ihrer Aktivlegitimation zur Querel ausgeschlossen gewesen sei, was mit der „expresión genérica" *non egit* ausgedrückt sei. Auch hier nicht („tampoco") könne die

---

314 So die Deutung von *in hereditate legitima fratri non concurrit*. Entnommen aus den Meinungen, gegen die sich *di Lella*, Querela 209 Fn. 53 wendet.

315 Also müsse in Fr. 16pr. zwei Drittel dem eingesetzten Bruder bleiben.

316 DER II 693: so habe es Papinian und dann Ulpian gesehen.

317 DER II 693: „Papiniano (mit Zitat von Fr. 16pr.) espone questo esempio".

318 Das legt *Voci* nicht offen, aber es ist zu bemerken.

319 Dazu noch genauer unten, S. 103.

320 DER II 693.

321 Nemo pro parte 324–326.

322 Diese im Wortlaut unten, S. 101; bei *Pérez Simeón* nicht explizit offengelegt.

Schwester vom Bruder die Hälfte[323] vom Ersiegten („la mitad de lo que obtuvo") verlangen[324]. Papinian habe hier nur die „regla general" aussprechen wollen, wonach „en principio" nur der Querelierende von der Eröffnung der Intestatsukzession profitiere[325].

Auch *Gagliardi*[326] bekämpft die Vorstellung, dass es in Fr. 16pr. um eine Akkreszenz gegangen sei. Aus Ulp./Pap. D. 5.2.8.8 zusammen mit Pap. D. 5.2.16pr. ergebe sich folgendes: Klagt von zwei Noterben nur einer, so könne er nur seine Quote einklagen (Fr. 8.8)[327]. Obsiegt er, so konkurriere ihm der Nicht-Klagende nicht. Dieser könne später selber noch klagen. Klagt dieser (endgültig) nicht, so verbliebe seine Quote dem Testamentserben[328]. Klagt ein Noterbe irrtümlich oder bösgläubig auch die Quote des anderen (der nicht ausgeschlagen hatte) ein, so könne der andere seine Quote mit der *hereditatis petitio* vom Obsiegenden herausverlangen (D. 5.2.6.1). Klagt der andere später nicht, so frage es sich, ob der Klagende nochmals mit der Querel (auch noch auf die Quote des anderen) klagen könne, indem er von einer Anwachsung *ex post* profitiere, wie *La Pira* dies vorgeschlagen habe. Darauf gäben zwar die Quellen keine ausdrückliche Antwort, doch sei dies zu verneinen, denn dies wäre eine Klage zwischen denselben Personen mit demselben *petitum* (143). Akkreszenz existiere nur, wenn der andere Intestaterbe ausschlage (= mit *animus repudiantis* nicht klage)[329]. In D. 5.2.8.8 habe der, der nicht klagte, keinen *animus repudiantis* gehabt, daher sei der Klagende auf seine Quote beschränkt gewesen (142). Dasselbe gelte um so mehr in D. 5.2.16pr., wenn das Nicht-Klagen der Schwester dem Fall, dass sie klagte und verlor, gleichzuhalten sei. Auch hier komme es nicht zu einer Ausdehnung der Intestatsukzession *ex post* an den Bruder (143). Wenn die Schwester klagte und verlor, sei ihre Quote dem Testamentserben verblieben. Dasselbe würde auch bei Verjährung gelten, Paul. D. 5.2.23.2 beweise hier nicht das Gegenteil.

Doch steht bei Verjährung der Querel bereits das Gegenteil (nämlich Akkreszenz) auch bei den Byzantinern: B. 39.1.19 (Sch. A V 1765; Hb. IV 24) mit der Vorlage D. 5.2.23.2 lautet:

---

323 Schwer erklärbar; vielleicht kommt das aus der Lektüre von *La Pira*, successione contro 466 her, der dort den Basilikentext 39.1.13 abdruckt und paraphrasiert „...entro i limiti del triente [im Umfang des mit der Querel erlangten Drittels sei die Mutter als intestat anzusehen] ... e che, in conseguenza, bisognava dividere tra loro due il triente".

324 Sogar noch ein dritter Fall ist ibidem 326 angeführt: Der Bruder reszindierte zu einem Drittel und die Querel der Schwester war verjährt.

325 326: „... sólo el querelante se beneficia de la apertura de la sucesión *ab intestato* por él conseguida."

326 Legittimazione 138.

327 Zentraler Ausgangspunkt der Deutung von *Gagliardi*; Kritik dazu unten, S. 100.

328 Ich bestreite dies.

329 Zentrale Aussage der These von *Gagliardi*.

> *Ἐὰν δύο ἀπόκληροι κινήσωσιν ἅμα τὴν κατὰ τῆς διαθήκης μέμψιν καὶ ὁ εἷς ἀποστῇ ἢ τῷ χρόνῳ ἀποκλεισθῇ, τὸ μέρος αὐτοῦ τῷ ἄλλῳ προσαύξει.*
> Wenn zwei Enterbte zusammen oder zugleich[330] die Klage gegen das Testament erhoben und der eine abstand [von der Klage] oder durch Zeit[ablauf] ausgeschlossen war, so wächst sein Teil dem anderen an (wird sich sein Teil dem anderen „hinzuvergrößern").

Es fragt sich daher, ob überhaupt ein greifbarer Unterschied zu sehen ist zwischen einem *non egit* (sie hat nicht geklagt), einem „Abstehen von der Klage" (die Klage nicht fortsetzen) und einem „die Querel verjähren lassen"[331].

Die in der Literatur umstrittene Frage, ob der Intestatteil dessen, der nicht klagt, der Querel[332] des Klagenden anwächst, scheint bei Papinian so entschieden: bei Ausschluss durch die Quart nicht (Fr. 8.8), sonst schon (Fr. 16pr.); oder genauer: solange der andere noch klagen könnte, noch nicht, erst wenn der andere endgültig nicht klagte, wächst dessen Intestatteil den *ab intestato-* Berechtigten an (Fr. 16pr.). Aus anderem Blickwinkel gesagt: Klagt einer und der andere nicht, so gibt es den Fall, dass der Erblasser *pro parte testatus* durch einen *extraneus* bleibt, in den Fällen der querelausschließendne Quart, des Vergleichs oder der schlüssigen Anerkennung als Testamentserben. Ohne solche Fälle sind, wenn eine Querel durchdringt, die Sukzessoren des Erblassers stets Intestatberechtigte. Entweder so, dass der Erblasser ganz *intestatus* wird, wenn er einen *extraneus* einsetzte, oder dass er *pro parte testatus* bleibt, wenn er einen Intestatberechtigten einsetzte. Kurz gesagt, bei querelausschließender Quart (und weiteren Fällen der Testamentssicherung) kann es n u r zur Teilreszission kommen. Ist keine Quart hinterlassen, so kommt es „tendentiell" zur Gesamtreszission. So erklärt sich Papinian in Fr. 8.8 und Papinian in Fr. 16pr. Es könnte also in Fr. 16pr. zur Gesamtreszission kommen, wenn nicht auch ein weiterer Bruder, sondern ein *extraneus* eingesetzt wäre. In Fr. 16pr. ist die Reszission von mehr als einem Drittel für sicher zu halten, weil sonst die Antwort, dass die Schwester, die nicht klagte oder verlor, *in hereditate legitima* ihrem Bruder nicht konkurriert, ohne Konsequenz für den klagenden Bruder geblieben wäre[333]. Sinn ergibt die Entscheidung, wenn sich die *partes concursu fieri*-Lage der *ab intestato*-Berufungen von Bruder und Schwester dadurch änderte, dass die Schwester, die nicht klagte oder unterlag, dem Bruder nun nicht mehr in der Intestatsukzession konkurriert und der obsiegende Bruder nun mehr bekommt

---

330 ἅμα heißt zusammen, gemeinsam oder temporal: zugleich.

331 Ich kann hier keinen Unterschied erkennen.

332 Seinem Intestatteil, der aber mit der Querel verfolgt wird, so dass man von einer „Anwachsung an die Querel" sprechen kann.

333 Man müsste sich denn ausdenken, dass die Schwester nun gegen den obsiegenden Bruder vorgeht und von seinem Drittel etwas wegnehmen will, wie der Scholiast dies möchte im Scholion Δύο τις ἔχουσα ad B. 39.1.13 (Sch. B VI 2319; Hb. IV 20). Dazu noch näher unten.

als das Drittel. Konsequent fortgesetzt aus dieser Deutung von Fr. 16pr. käme es also im Fall „Bruder/Schwester/*extraneus institutus*" zur Gesamtreszission, wenn der Bruder die Hälfte einklagte, die Schwester *non egit aut non optinuit* und damit nun *in hereditate legitima fratri non concurrit*. Für dieses Ergebnis (dann hätte der Bruder *ab intestato* alles und der *extraneus* nichts) spricht auch eine innere Wertung, die von einem *dignior hereditate*-Denken herkommen kann: dem Testamentserben kann nichts verbleiben, wenn der obsiegende Intestaterbe der „würdigere Erbe" ist, und die Schwester, die mit der Querel scheiterte oder es gar nicht erst versuchte, kann durch ihren Prozessverlust oder ihr Nicht-Klagen nicht dem Testamentserben dazu verhelfen, dass ihm ihr Intestatteil verbleibt. In Fr. 16pr. hat sich erwiesen, dass der querelierende Bruder zu Unrecht übergangen wurde, so dass die Mutter *intestata* zu machen war (das Fr. 16pr. sagt nicht, in welchem Umfang), der eingesetzte Bruder – durchaus nicht zu Unrecht – eingesetzt ist und die Schwester nicht geklagt hat oder unterlegen ist, die Mutter also gerechte Gründe hatte, sie zu übergehen, was in der Version *aut non optinuit* erwiesen ist. Und in der Version *non egit* hat die Schwester jedenfalls nicht behauptet und klageweise verfolgt, dass sie zu Unrecht übergangen worden sei. Damit verlor die Schwester ihre Intestatportion und ihr Drittel ist unter den Brüdern neu zu verteilen (*ex auctoritate Centumviri*). Der Umfang der Reszission, inwieweit die Mutter *intestata* zu machen ist, hängt vom Umfang der nun erwiesenen *ab intestato*-Berechtigungen ab. Da jedenfalls der obsiegende Bruder *ab intestato* berufen ist und die Schwester ihm *ab intestato* nicht mehr konkurriert (*responsum*), ist die Neuverteilung der Intestaterbteile nunmehr Sache der Urteilsautorität der *Centumviri*. Dies dürfte erklären, warum im Responsum selbst keine Quoten genannt sind. Die Annahme, dass es keinen Sinn hätte, dem eingesetzten Bruder die ganze Institutionsportion zu nehmen (Gesamtreszission)[334], um ihm seine halbe Intestatportion gleich wieder zu geben, ist nicht nur auf Plausibilität angewiesen, sondern durch D. 37.7.6 (Papinianus 6 resp.) abgestützt:

> *Pater filium emancipatum heredem instituit et filiam exheredavit, quae inofficiosi lite perlata partem dimidiam hereditatis abstulit. ... .*

Dringt die Schwester mit der Querel gegen den zum Alleinerben eingesetzten Bruder durch, so bleibt es bei der Testamentseinsetzung des Bruders zur Hälfte und zur Hälfte sukzediert die Schwester *ab intestato*.

Gegen Deutungsmeinungen zu Fr. 16pr., der eingesetzte Bruder behielte zwei Drittel, scheint sehr zweifelhaft, ob die Schwester, von der erwiesen ist, dass ihr ein

---

334 Stilles Indiz dafür ist der Singular *fratri*, bei Gesamtreszission müsste es *in hereditate legitima fratri<bus> non concurrit* heißen.

Drittel *ab intestato* nicht mehr zusteht, durch *non egit aut non optinuit* – gleichsam an der Urteilsautorität der *Centumviri* vorbei – dem eingesetzten Bruder allein (!) dazu verhelfen könne, dass ihr Drittel, das sie *ab intestato* einbüßte, nun nur ihm bliebe. Das kann sie nur, solange es noch nicht feststeht, dass sie *ab intestato* aus dem Spiel ist, solange es noch strittig ist, ob sie zu Recht oder zu Unrecht übergangen wurde, und sich etwa mit dem eingesetzten Bruder vergliche[335]. Das ist der Unterschied zu D. 5.2.6.1[336], wo die Nicht-Klagenden ihre *ab intestato*-Berechtigungen nicht verloren hatten, der Falsche geklagt und obsiegt hatte und die *ab intestato*-Berechtigten vom Obsiegenden mit der *hereditatis petitio* ihre Intestatteile bekamen[337] (*non ei* [nicht ihr, der falschen Person] *prosit victoria, sed his qui habent ab intestato successionem*). Denn in diesem Fall ging es nicht mehr anders, als mit der *hereditatis petitio* gegen den *quis* zu klagen, der nun den Nachlass besaß.

Die Fälle *non egit* – sie hat nicht geklagt, also ihre *ab intestato*-Berechtigung nicht verfolgt – *non optinuit* (sie hat nicht gesiegt, also ihre *ab intestato*-Berufung verloren) – sie hat die Querel verjähren lassen (also ihre *ab intestato*-Berufung nicht weiter verfolgt) – liegen alle auf der gleichen Linie und ziehen *pars eius alteri*[338] *adcrescit* nach sich, wie Paulus in D. 5.2.23.2 sagt zu den Fällen *unus postea constituit non agere* und zu *tempore exclusus* (zur Verjährung der Querel). Die Meinung von *Gagliardi*, dass Akkreszenz nur dann eintrete, wenn der andere Intestaterbe mit *animus repudiantis* nicht klage – wobei in einigen der genannten Fälle eine konkludente Ausschlagung durchaus gesehen werden kann – ist in den Digestentexten nicht mit dem Gegensatz belegt, den wir erst bei den Byzantinern (mit „schlicht nicht klagen") finden. „*Animo repudiantis* nicht klagen" heißt es bei Paulus, *non venit ad accusationem animo repudiantis* (Paul. D. 5.2.17pr.): jemand, der durchaus klagen hätte können, entschloss sich, auszuschlagen. Damit bereits änderte sich die *partes concursu*-Situation unter den Querelberechtigten. In Fr. 16pr. änderte sich diese Situation erst im Zeitpunkt *non egit* (Perfekt, als sie, die vielleicht zunächst noch schwankte, endgültig dann doch nicht klagte) oder zwar doch noch klagte, aber unterlag (*aut non optinuit*). Ein *non egit* oder „die Querel verjähren lassen" ist der gleiche Fall mit den gleichen Konsequenzen wie auch ein *non venire ad accusationem animo repudiantis*, es sind alles Fälle der Anwachsung, unterschieden nur in den Momenten, in denen sie eintritt.

---

335 Vgl. Ulp. D. 5.2.29.2: *res transactione decisa … testamentum in suo iure manet*; dann wäre ihr Drittel für den Bruder eine sichere Institutionsportion.

336 Dazu oben S. 86–87.

337 Querelieren können sie nicht mehr, weil das Anfechtungsobjekt nicht mehr da ist (dieses ist durch die Querel des obsiegenden Falschen zerstört), aber ihre Intestatberechtigungen haben sie noch.

338 Für Fr. 16pr. gesagt: Akkreszenz an beide Söhne.

I.2 Konformitäten und Brüche

Im Scholion Δύο τις ἔχουσα ad B. 39.1.13 (Sch. B VI 2319; Hb. IV 20), das D. 5.2.16pr. kommentiert[339], finden sich bereits mehrere Ausdeutungen, die in der Digestenfassung von Fr. 16pr. nicht stehen.

Die erste ist die, dass der Bruder das Testament *pro parte* reszindierte und das Drittel erhielt, das ihm *ab intestato* zusteht. Der Scholientext lautet:

> ... *ἀλλ' ὁ μὲν υἱὸς ὁ πραετέριτος ἐκίνησε τὴν μέμψιν καὶ κατέλυσε τὴν διαθήκην εἰς μέρος δ'. ἔλαβεν οὐγκίας, αἵτινες αὐτῷ καὶ ἐξ ἀδιαθέτου καλουμένῳ διέφερον'*
> ... Aber der übergangene Sohn erhob die Klage und löste das Testament zum Teil auf und nahm das Drittel (die 4 Teile von 12), das er für sich als auch *ab intestato* Berufenen wegtrug.

Darauf folgt die hier entscheidende zweite Ausdeutung, die sich die Worte *filia, quae non egit aut non optinuit, in hereditate legitima fratri non concurrit* so zurechtlegte, dass sich die Schwester nun an den Bruder, der obsiegt hatte, wandte und von ihm einen Teil vom ersiegten Drittel haben wollte; klassisch wäre hier völlig unklar: eine wie große Quote vom Drittel und warum? Vor allem in der Version, nachdem die Schwester ihren Querelprozess verloren hatte. Der Scholientext lautet nach διέφερον fortgesetzt:

> *δέον δὲ καὶ τὴν θυγατέρα κινῆσαι καὶ παρὰ τοῦ γεγραμμένου κληρονόμου τὸ ἀνῆκον τῶν ἐξ ἀδιαθέτου μέρος λαβεῖν, τοῦτο μὲν οὐκ ἐποίησεν, ἧκε δὲ πρὸς τὸν ἀδελφὸν τὸν διὰ τῆς δεινοφικίοσο λαβόντα τετραούγκιον βουλομένη μέρος ἐκ τούτου λαβεῖν.*
> da es nötig gewesen wäre[340], dass auch die Tochter klagte und vom geschriebenen (= eingesetzten) Erben den Pflichtteil *ab intestato* (ἐξ ἀδιαθέτου ist technisch) zu nehmen, das aber nicht machte, kommt sie zum den durch die Querel das Drittel (die 4 Teile von 12) nehmenden Bruder und will einen Teil aus diesem [vom Drittel] nehmen.

---

339 Der Sachverhalt ist in B. 39.1.13 (Sch. A V 1763; Hb. IV 20) übereinstimmend geschildert: Τοῦ ἑνὸς τῶν παίδων εἰς τὸ ἀναλογοῦν αὐτῷ κινήσαντος καὶ νικήσαντος (Wenn der eine der Söhne in das ihm Entsprechende klagte und obsiegte), ὁ ἀδελφὸς αὐτοῦ ἢ μὴ κινῶν ἢ ἡττώμενος οὐ συντρέχει αὐτῷ ὡς ἐξ ἀδιαθέτου (läuft nicht mit ihm sein Bruder, der nicht klagt oder unterliegt, *ab intestato* mit).

340 δέον: da es nötig war (oder wäre oder gewesen wäre).

Jetzt wird klarer, wie es sich der Scholiast dachte und wieviel die Schwester vom Bruder wollte; sie wollte den Pflichtteil (τὸ ἀνῆκον τῶν ἐξ ἀδιαθέτου μέρος[341]); – das kann nicht papinianisch sein[342].

ἔλεγε γὰρ πρὸς αὐτόν, ὅτι ὅσον ἧκεν εἰς τὰς δ΄. ταύτας οὐγκίας, ἃς ἐκομίσω τὴν δεινοφικίοσο κινήσας, ἀδιάθετος ἡ κοινὴ τετελευτηκέναι μήτηρ δοκεῖ, καὶ ὀφείλω μέρος ἐκ τούτων λαβεῖν.
Denn sie sagt zum Bruder, dass, soweit er in das Drittel kam (in die 4 Teile von 12), das[343] der die Querel Erhebende wegtrug, scheine die gemeinsame Mutter intestat gestorben zu sein, und ich[344] schulde (!) es, den Teil von diesem (vom Drittel) zu nehmen.

Die Schwester behauptet sogar eine Pflicht gegenüber der nun intestat gewordenen gemeinsamen Mutter, den Pflichtteil zu nehmen.

Λέγει Παππιανὸς μὴ δίκαιον εἶναι τὸν δικαστηρίοις ἴσως προσομιλήσαντα καὶ τὸ ἀνῆκον αὐτῷ τῶν ἐξ ἀδιαθέτου κομισάμενον μέρος κοινὸν ἔχειν τοῦτο μετὰ τῆς ἀδελφῆς τῆς ἐφησυχασάσης καὶ μηδὲ κινῆσαι τὴν μέμψιν ἀνασχομένης, ἢ κινησάσης καὶ ἡττηθείσης.
Papinian sagt, es sei nicht gerecht, das ihm Zustehende, den durch die Richter, mit der Sache befasst, gerechten Teil, diesen gemeinsam zu haben mit der Schwester, die sich ruhig verhielt und ruhig abwartete[345], die Klage zu erheben, oder die klagte und unterlag.

I.3 Byzantinische Entsprechungen zu Papinian B. 39.1.13 (mit der Vorlage D. 5.2.16pr.) und Schol. Ἐπειδὴ φθάσαντες ad B. 39.1.8 (mit der Vorlage D. 5.2.8.8)

Die Wahl der gleichen Worte mit dem Schol. Ἐπειδὴ φθάσαντες ad B. 39.1.8 (Sch. B VI 2308; Hb. IV 13) fällt auf:

---

341 τὸ ἀνῆκον (den Pflicht-) μέρος (Teil) von τῶν ἐξ ἀδιαθέτου (*ab intestato*). Byzantinisch ergibt das einen Sinn.

342 Oder genauer: Ein solcher Fall kann schon vorgekommen sein, aber das Denken in Pflichtteilen passt nicht: mit diesem Argument konnte das Responsum nicht konfrontiert gewesen sein. Hat der Scholiast also vom Pflichtteil her gedacht – wie er dies oft tat (auch oben im Schol. Ἐπειδὴ φθάσαντες ad B. 39.1.8 (Sch. B VI 2308; Hb. IV 13)) – dann das *non concurrit* so aufgefasst, wie er dies auch mehrfach tat (im Sinn von „sie läuft nicht mit", was bisweilen den Sinn durchaus gut erfasst, vgl. unten zu Fr. 23.2) und so seine Erklärung hinzugebildet?

343 Im Griechischen Plural, die, bezogen auf die 4 Teile, die der die Querel erhebende [Bruder] wegtrug.

344 Das sagt die Schwester: ὀφείλω (!) μέρος ἐκ τούτων λαβεῖν.

345 Das Partizip ἀνασχομένης kommt von ἀνέχω, hier mit dem Sinn „sich zurückhalten, gelassen bleiben, ruhig abwarten".

... φησὶν ὁ Παπιανὸς πάρτεμ ποιεῖν ἐκείνῳ τῷ ἐφησυχάζοντι, μὴ ῥεπουδιατεύοντι μέντοι ψυχῇ ἀδελφοῦ,

... sagt Papinian, daß er einen Teil macht jenem, der sich ruhig verhielt, freilich mit dem Willen, nicht auszuschlagen.

Dort ist der παῖς ἐφησυχάζων (der Bruder, der sich ruhig verhält), hier klagte die Schwester nicht, μηδὲ κινῆσαι, indem sie ruhig abwartete, die Klage zu erheben, τὴν μέμψιν ἀνασχομένης. Also eine gleiche Interpretation von „Nicht-Klagen". Aber Fr. 8.8 hat *qui non queritur* (Präsens), Fr. 16pr. hat *quae non egit* (Perfekt, gefolgt von *aut non optinuit* mit gleicher Konsequenz). Das wirft die Frage auf: liegt darin nicht schon eine Abkehr von der sachlichen Verklammerung mit *aut non optinuit*? Dann thematisch dort die gleiche Frage: ... μέρος ἔχειν σὺν ἐκείνῳ δοκεῖν (Schol. Ἐπειδὴ φθάσαντες ad B. 39.1.8), ... den Teil gemeinsam haben mit ihm; und hier τοῦτο μετὰ τῆς ἀδελφῆς τῆς ἐφησυχασάσης μέρος κοινὸν ἔχειν (diesen Teil gemeinsam zu haben mit der Schwester; und wieder ist τῆς ἐφησυχασάσης hinzugesetzt): wieder äußert sich Papinian dazu ablehnend. Dann auch dort (Schol. Ἐπειδὴ φθάσαντες ad B. 39.1.8) das gleiche Bild von „mitlaufen, sich anhängen an die Querel des anderen": καὶ μὴ νομίζεσθαι μονον εἶναι τὸν νῦν ἐπιφυόμενον παῖδα (und dass er sich nicht für den einzigen halten dürfe, der sich jetzt an den [anderen] Sohn anhängt). Hier finden wir das Bild im Basilikentext B. 39.1.13 (Sch. A V 1763; Hb. IV 20): ... ὁ ἀδελφὸς αὐτοῦ[346] ἢ μὴ κινῶν ἢ ἡττώμενος οὐ συντρέχει αὐτῷ ὡς ἐξ ἀδιαθέτου: der Nicht-Klagende oder Unterliegende „läuft mit ihm nicht *ab intestato* mit"; so ist hier *concurrere* aufgefasst: „mitlaufen, sich anhängen" an den Intestatteil des anderen, der geklagt hatte und obsiegte. Schließlich auch dort: μηδὲ ὀφείλειν τέλειον κομίζεσθαι τὸ νόμιμον ποστημόριον (und dass er sich nicht holen dürfe den vollständigen Pflichtteil); auch hier ist vom Pflichtteil die Rede: τὸ ἀνῆκον τῶν ἐξ ἀδιαθέτου μέρος λαβεῖν: die Schwester will vom obsiegenden Bruder ihren Pflichtteil.

Auf mögliche Kritikpunkte an der Scholienkommentierung ist demnach hinzuweisen: Die Beifügung οὐ ῥεπουδιατεύων μέντοι τὴν μέμψιν (freilich indem/obgleich er die Klage nicht ausschlug) ist jedenfalls interpretative Deutung. Motiv: sie will erklären, warum Papinian in Fr. 8.8 sagt, dass der, der nicht klagt, dem Klagenden „einen Teil macht" (somit sein Teil dem Klagenden nicht anwächst), während Paulus in D. 5.2.17pr. sagt *Qui repudiantis animo non venit ad accusationem inofficiosi testamenti, partem non facit his qui eandem querellam movere volunt* (dass der, der mit dem Willen auszuschlagen, nicht quereliert hat, den anderen, die querelieren wollen, keinen Teil macht = dass sein Intestatteil den anderen anwächst).

346 Im Basilikentext B. 39.1.13 ist dies von der Schwester (Schol. Δύο τις ἔχουσα ad B. 39.1.13 [Sch. B VI 2319; Hb. IV 20] umgestellt auf einen anderen Bruder, der nicht klagte oder unterlag.

Kritisch ist der Sinn von *non concurrit*; byzantinisch (deutlicher steht es später in der Summe) liegt darin eine leichte Drehung in οὐ συντρέχει αὐτῷ ὡς ἐξ ἀδιαθέτου (sie läuft mit ihm nicht *ab intestato* mit), um es thematisch an B. 39.1.14 (Sch. A V 1763; Hb. IV 20) anzuhängen[347]: οὐ δύναται ὁ ἄλλος συντρέχειν αὐτῷ ὡς ἐξ ἀδιαθέτου (nicht kann der andere mit ihm gleichsam *ab intestato* mitlaufen). Das muss nicht falsch sein, aber es ist schon fern dem möglichen anderen Verständnis von *in hereditate legitima fratri non concurrit*, sie konkurriert dem Bruder nicht *ab intestato* mit der Konsequenz, dass sie ihn nun nicht mehr auf seine eingeklagte *pars* von einem Drittel einschränkt.

Hält man die vorgeschlagene Deutung des Fr. 16pr. für annehmbar, so sagt *fratri non concurrit* im *responsum* Papinians das Gleiche wie Paulus in D. 5.2.23.2 (lib. sing. de inoff. test.) ... *unus postea constituit non agere, pars eius alteri adcrescit*. Auch hier geht die Anwachsung an die Querel aus der Anwachsung an den Intestaterbteil hervor, ausgelöst wieder durch *constituit* (!) *non agere*[348]. Die Folge *pars eius alteri adcrescit* ist mit *in hereditate legitima fratri non concurrit* von Fr. 16pr. zu identifizieren. Von Anwachsung im eigentlichen Sinn[349] ließ sich in Fr. 16pr. freilich nur gegenüber dem querelierenden Bruder (*fratri*) sprechen, gegenüber dem intestaterbberechtigten Instituten war im Umfang des Anwachsungsbruchteils die Reszission verhindert[350]. Genau die Anwachsung (die eigentliche wie auch die atypische an den Instituten[351]) enthält die zutreffende Wertung, dass keiner von beiden allein vom *non egit* der Schwester profitieren soll. Denn durch *non egit* hat sie weder den Instituten als alleinigen Testamentserben schlüssig anerkannt noch ihren Intestatteil allein zugunsten des klagenden Bruders ausgeschlagen[352].

II. Paul. D. 5.2.23.2

Anwachsung und Gesamtreszission schließlich bezeugt das soeben genannte Paulus-Fragment:

---

347 Dazu noch unten bei D. 5.2.23.2.

348 Zuerst der Klageverzicht (fehlende Klagefortsetzung) des einen, der den Verlust seiner Intestaterbberechtigung nach sich zieht, und durch den Wegfall des *ab intestato* Konkurrierenden dehnt sich die Intestatberufung des anderen Querelierenden aus und damit auch dessen Querel (auf Reszission und *petere* der Intestatportion).

349 Delationsausdehnung durch Änderung der *partes concursu fieri*-Situation.

350 Das hat eine gewisse Nähe zum *exceptio doli*-Gedanken: es wäre widersinnig, einen Teil zu reszindieren, den der Eingesetzte ohnedies gleich wieder *ab intestato* bekäme.

351 Zu einer Anwachsung kommt es eigentlich nicht: Der Teil, der dem Instituten anwüchse, bleibt als Institutionsteil von der Reszission verschont.

352 Sondern ihren Intestatteil schlicht ausgeschlagen, so dass beiden Intestatberechtigten anwächst (beim Instituten atypisch, nämlich reszissionsverhindernd).

D. 5.2.23.2 (Paulus lib. sing. de inoff. test.)
Si duo sint filii exheredati et ambo de inofficioso testamento egerunt et unus postea constituit non agere, pars eius alteri adcrescit. idemque erit, et si tempore exclusus sit.
Wenn zwei Söhne enterbt sind, beide wegen pflichtwidrigen Testaments geklagt haben und einer sich dann entschloss, nicht zu klagen, wächst sein Teil dem anderen an. Dasselbe wird auch der Fall sein, wenn er durch Zeitablauf ausgeschlossen ist.

Beide enterbten Söhne querelierten gegen einen *extraneus institutus*[353] und einer setzte die Klage nicht fort (stand von der Querel ab). Oder seine Querel verjährte. Damit wächst seine *pars* dem Klagenden an.

Das Fragment dürfte der Masse der praktisch vorkommenden Normalfälle entnommen sein: beide klagen, im Prozess zeichnet sich bei einem Kläger die Aussichtslosigkeit ab und er bricht den Prozess ab. Oder nur um eine Nuance anders: beide klagen, einer tritt in Vergleichsgespräche ein, die scheitern, und er unternimmt dann nichts weiter. Dem sehr nahe ist die *idemque*-Variante, beispielsweise: beide beginnen Vergleichsgespräche, die scheitern, der eine klagt noch innerhalb offener Verjährung, der andere nicht. Das mag erklären, warum zum Fall *constituit non agere* dann noch der Fall *et si tempore exclusus sit* dazu gerückt ist. Man muss in der Variante also nicht unbedingt an den in der Literatur oft vorgebrachten (aber selten vorkommenden) Fall denken, dass der Kläger *rei publicae causa* (*ex magna et iusta causa*) abwesend war[354] (so steht es als Thematismos, der den Fall hypothetisch für die Erläuterung aufklärt, im Schol. Εἰ δύο παίδων ad B. 39.1.19 [Sch. B VI 2325; Hb. IV 24]).

Queri finden wir mit dem Klageziel *testamentum resolvere*[355], überwiegend *rescindere*[356] oder *intestatum facere*[357], also sinngleicher Ausdrücke für Testamentsaufhebung, belegt. Klagen beide (*ambo*), so konkurrieren die beiden *querelae* im *rescindere testamentum* und schränken einander *concursu* ein. Ein zweiter Über-

353 Den eingesetzten (nicht intestaterbberechtigten) Außenerben.

354 Das Scholion Εἰ δύο παίδων ad B. 39.1.19 variiert den Fall noch dahin, dass keiner der beiden innerhalb der fünf Jahre geklagt hatte, aber einer *rei publicae causa* abwesend war. Das scheint beim Scholiasten aus Kenntnis von Ulpian D. 5.2.8.17 hinzugebildet (...θεματισμόν, ὅτι ...). Abwesenheit in Staatsangelegenheit kommt auch bei *Cujaz*, Recitationes 208 vor bei der Bildung eines *non excludatur*-Falls zu Fr. 16pr.: *quod scilicet abfuerit Reip. causa, nam et querela post quinquennium datur ex magna causa ...* . Vgl. *Gagliardi*, Legittimazione 87 zur Frage, wie es möglich sei, dass die Querel des einen verjährt sei und die des anderen nicht.

355 Gordian C. 3.28.13 (a. 239): *resolutum est testamentum.*

356 Vgl. *Renier*, Querela 240–243. Auch *de inofficioso testamento accusatio*: Antoninus C. 3.28.11 (a. 224). Vielleicht nicht ganz zuverlässige Periodisierungen des Sprachgebrauchs bei *Tuzov*, TR 82 (2014) 233–260.

357 Pap. D. 5.2.15; Paul. D. 5.2.17; Paul. D. 5.2.19; Ulp. D. 5.2.6.1.

lieferungsstrang spricht von *petere* oder *vindicare* bei der Querel[358]. Ist der Querelbeklagte im Nachlassbesitz, wird das *queri* ein *petere* des Intestatteiles in sich schließen, was freilich Fälle einer nachfolgenden *hereditatis petitio* nicht ausschließt. Dringt der Kläger mit dem Beweis, wie er aus Marcell. D. 5.2.3 überliefert ist[359], durch, so ist der Erbantritt *ex testamento* wegzufingieren – Paul 3 resp. D. 5.2.21.2 *ac si hereditas adita non fuisset* – zum *petere* der *hereditas ab intestato* für den obsiegenden Kläger. Verfolgt der andere Sohn durch *constituit non agere* seine Intestatportion nicht mehr, so fällt er als um den ganzen Nachlass konkurrierender Intestaterbberufener aus[360] und seine *pars ab intestato* akkresziert. Der Umfang der Reszission geht konform mit der *ab intestato*-Berufung des obsiegenden Klägers, wie sie sich im Urteilszeitpunkt darstellt.

So ist zu glossieren:

et unus postea constituit non agere[361]: damit verlor er seine *pars ab intestato*;

idemque erit, si tempore exclusus sit ist ein paulinisch hinzugebildeter Fall; auch damit verlöre er seine *pars ab intestato* (gäbe sie damit aber nicht dem Beklagten[362]);

pars eius alteri adcrescit: die *partes consurus fieri*-Lage *ab intestato* änderte sich zugunsten des Klägers. Somit tritt Gesamtreszission ein (so die nicht mehr ausgedrückte Konsequenz). Daraus ist erhellt: Im Umfang der im Zeitpunkt des Urteils nachgewiesenen *ab intestato*-Berechtigung des Obsiegenden ist der Erblasser intestat zu machen[363], *testamentum rescindere, infirmare, removere, subvertere*, die Terminologie schwankt hier; *rescindere* ist die Konsequenz der wegfingierten testamentarischen Erbfolge, die durch die Intestatsukzession ersetzt ist, in Fr. 23.2 auch im Umfang der angewachsenen *pars*. Umkehrungen aus Fr. 23.2 liegen auf der Hand: bei noch behängender Querel oder noch nicht verjährter Querel des anderen wäre noch keine Änderung in der *partes concursu fieri*-Situation in den Intestatberufungen eingetreten und das Testament wäre nur zur *pars* des Obsiegenden zu reszindieren.

358 Ulp. D. 5.2.8.8; Paul. D. 5.2.19 ua.: *Gagliardi*, Decemviri 259f.; *Quadrato*, Hereditatis petitio possessoria 22 Fn. 45; *Renier*, Querela 185f., 237–239.

359 Marcell. 3 dig. D. 5.2.3: *Inofficiosum testamentum dicere hoc est allegare, quare exheredari vel praeteriri non debuerit*. Dies ist der Verfahrensgegenstand.

360 Anwachsung unter Intestaterbberechtigten ergibt sich, weil *jeder* auf den *ganzen* Nachlass berufen ist und sich aus der Konkurrenz um das Ganze Teile der Berufung bilden: *partes concursu fiunt*, hier ½ und ½. Fällt der Miterbe aus, ändert sich für den Querelierenden die *partes concursu fieri*-Situation und seine Erbendelation dehnt sich aus auf $^1/_1$.

361 Schön sagt es *Glück*, Commentar 7. Theil, 1. Abth. 435: „den Prozeß liegen ließ".

362 Nicht also so, wie *Gagliardi* es meint, dass seine *pars* dem Testamentserben verbliebe.

363 Zum Zweck des *petere wie* mit einer *hereditatis petitio*, wenn der Testamentserbe den Nachlass besitzt. Ist Nachlassbesitzer ein Dritter, so ist der obsiegende Kläger *rescisso testamento* auf die *hereditatis petitio* verwiesen.

Das System ist hier sehr fein auch noch gut aus der Scholienliteratur rekonstruierbar: Einer, der mit dem Obsiegenden konkurrierend *ab intestato* berufen wäre, aber selber nicht klagte, kann sich nicht einfach an die Querel des Siegreichen „anhängen"[364]. Will er seinen Teil der Erbschaft, so müsste er selber klagen. So meint es auch der Merksatz (Semeiosis) des Schol. Εἰ δύο παίδων ad B. 39.1.19 (Sch. B VI 2325; Hb. IV 24) umgekehrt zu den Fällen des Fr. 23.2: Nur dann (μόνον τότε), wenn der andere noch klagen könnte, wenn er es wollte, macht er dem Klagenden einen Teil: Τοῦτο δὲ σημείωσαι, ὅτι μόνον τότε ὁ ἐξνερεδάτος παῖς πάρτεμ ποιεῖ, ὅτε ἐφησυχάζει μέν, δύναται δέ, εἰ θελήσει, κινεῖν, ... (das bezeichne, dass nur dann der enterbte Sohn einen Teil macht, solange er sich zwar ruhig verhielt, aber klagen könnte, wenn er es wollte). Der Fall, wo sich Querelberechtigte an den Prozesserfolg des Siegreichen „anhängen" können, kommt in den Quellen vor, wenn der Falsche zur Querel zugelassen wurde, obsiegte und *rescisso testamento* durch die Querel des Falschen die Passivlegitimation des Testamentserben beseitigt wurde, so dass ihre Querel nun ins Leere ginge. Dann verblieb den Richtigen nur noch die Möglichkeit, mit der *hereditatis petito* die Erbschaft vom Obsiegenden herauszuverlangen. Dort verloren sie aber durch die Zulassung des Falschen nicht ihre Aktivlegitimation zur Querel, sondern waren durch dessen Querel nur verdrängt.

So oben D. 5.2.25.1 und D. 5.2.6.1 (Ulpianus 14 ad ed.) *Si quis ex his personis, quae ad successionem ab intestato non admittuntur, de inofficioso egerit (nemo enim eum repellit) et casu optinuerit, non ei prosit victoria, sed his qui habent ab intestato successionem: nam intestatum patrem familias facit.*

Solange noch ein anderer querelieren könnte, ist dem Obsiegenden nicht der ganze Nachlass herauszugeben, denn solange ist seine Aktivlegitimation zum *petere ab intestato* nur im Umfang seiner Intestatportion bewiesen. Quereliert der andere noch und obsiegte auch er, hat der Institut jedem je die Hälfte der Erbschaft abzutreten. Quereliert der andere nicht und ist seine Querel verjährt, wächst sein Intestatteil dem Intestatteil des Obsiegenden an. Die Möglichkeit, dass entweder der andere noch quereliert oder nicht quereliert, ist spätestens mit eingetretener Verjährung beendet. Ob so oder so verbleibt dem *extraneus institutus* nichts. In

364 So das schon mehrfach erwähnte Bild in den Basilikentexten B. 39.1.13 (Sch. A. V 1763; Hb. IV 20) ὁ ἀδελφὸς αὐτοῦ ἢ μὴ κινῶν ἢ ἡττώμενος οὐ συντρέχει αὐτῷ ὡς ἐξ ἀδιαθέτου (sein Bruder, der nicht klagt oder unterliegt, läuft mit ihm nicht *ab intestato* mit), B. 39.1.14 (Sch. A V 1763; Hb. IV 20) οὐ δύναται ὁ ἄλλος συντρέχειν αὐτῷ ὡς ἐξ ἀδιαθέτου (nicht kann der andere mit ihm gleichsam *ab intestato* mitlaufen). Dazu kommt noch der Textteil des Scholions Ἐπειδὴ φθάσαντες ad B. 39.1.8 (Sch. B VI 2308; Hb. IV 13): καὶ μὴ νομίζεσθαι μονον εἶναι τὸν νῦν ἐπιφυόμενον παῖδα (und dass er sich nicht für den einzigen halten dürfe, der sich jetzt an den [anderen] Sohn anhängt). Οὐ συντρέχει (der andere läuft nicht mit, kann sich nicht anhängen an den Obsiegenden) ist offenbar tradierte Interpretation.

Fr. 23.2 war der Erblasser zur Gänze intestat zu machen[365], weil mit *et unus postea constituit non agere* der Bruder im Urteilszeitpunkt nicht mehr *ab intestato* konkurrierte. Dieselbe Sachlage liegt mit *idemque erit* rell. vor[366]. Nur anders als oben bildete sich hier kein *concursus* von *querelae.*

Der Fall berührt sich eng mit dem Fall der zunächst eingeschränkten Querel des anderen bei Papinian D. 5.2.16pr. Klagt zuerst der eine und der andere später nicht, so ist dies kein anderer Fall, als wenn zuerst der eine *de parte* klagt, weil der andere noch klagen könnte, und dann der andere doch nicht klagt. Variiert man Fr. 16pr. hypothetisch zur Annahme eines *extraneus institutus*, würde auch dort die Querel gesamt reszindieren.

Stimmen der jüngeren Deutung[367] zu Fr. 23.2 meinen:

Gagliardi[368] behauptet, Paulus habe vorausgesetzt, dass jeder der Söhne eine *querela pro parte* erhob, also auf „seine Quote" geklagt habe („Paolo sottintendava che, al momento dell' instaurazione dell'azione, entrambi i fratelli avevano agito ciascuno per la propria quota …: *querela pro parte.*"). Das *petitum* bei Litiskontestation sei der Intestatteil; klagte einer auf mehr, läge *plurispetitio* vor. Ich kritisiere daran, dass das nirgends steht und auch sonst nicht zu erschließen ist. Bei *Gagliardi* zieht dies das Scheinproblem nach sich, wie dieses *petitum* nachträglich zu korrigieren sei: „Ci si deve quindi domandare come avesse potuto egli correggere il proprio *petitum* a seguito della volontà, manifestata da suo fratello, di non continuare la propria azione." Oben, bei Fr. 16pr., behauptete *Gagliardi*, dass, wie dort bei *non*

---

365 Wie schon erwähnt lägen die Dinge anders, wenn sich der andere mit dem Testamentserben vergliche, um den Streit zu beenden. Dies wäre ein Fall des Akkreszenzausschlusses und der Teilreszission, vgl. Ulp. 5 op. D. 5.2.29.2: *res transactione decisa …, tamen testamentum in suo iure manet.* Doch dies ist mit *constituit non agere* gerade nicht gemeint.

366 Zugespitzt beispielsweise: Klageerhebung des Bruders (*querela instituta*) am letzten Tag der Verjährung, also noch rechtzeitig *intra quinquennium*, es folgt der Prozessverlauf, im Zeitpunkt des Urteils ist festzustellen, dass *intra quinquennium* der andere Bruder keine Querel vorbereitet oder erhoben hat; damit konkurriert er bei Urteil nicht mehr *ab intestato*; somit Gesamtreszission für den Obsiegenden. *Gagliardi*, Legittimazione 87 fragt: „Resta da comprendere come fosse concretamente possibile che uno dei due querelanti fosse escluso per prescrizione [Der Paulustext spricht schlicht von „tempore exclusus"] e l'altro no, dato che il termine di prescrizione – quinnquennale – era il medesimo per entrambi". Und antwortet dann mit „Si possono formulare diverse ipotesi" (88) zunächst mit dem Scholion 5 zu B. 39.1.19 und dann mit dem Scholion 3 (93), das den praktischen Normalfall nun sieht.

367 Der älteren Literatur zu Fr. 23.2 gilt die Akkreszenz als unproblematisch, beispielsweise: *La Pira*, successione contro 454 (klassisch echt); *Francke*, Notherben 271 bringt das Fragment in die Fallreihe: wo der Pflichtteilsberechtigte die Querel „überhaupt nicht anstellen will", „später aufgibt", sie „verjähren lässt", „finde Accresciren Statt" „zum Besten des nicht Säumigen". *Glück*, Commentar, 7. Theil, 1. Abth. 48f., 435 mit einem à propos: die Stelle beweise, dass es unrichtig sei, dass „nicht sowohl die portio des non querentis, als vielmehr die demselben zustehende Querel accrescire."

368 Legittimazione 83.

egit, auch bei Verjährung nicht anwachse (sondern der Intestatteil dann dem Testamentserben verbleibe). Dies bringt ihn in Schwierigkeiten mit dem Schlussteil von Fr. 23.2 und dem Indexstoff des Schol. Εἰ δύο παίδων ad B. 39.1.19 (Sch. B VI 2325; Hb. IV 24)[369], der eine ziemlich genaue Übersetzung von D. 5.2.23.2 ist: Ἐὰν δύο ἀπόκληροι κινήσωσιν ἅμα τὴν κατὰ τῆς διαθήκης μέμψιν καὶ ὁ εἷς ἀποστῇ ἢ τῷ χρόνῳ ἀποκλεισθῇ, τὸ μέρος αὐτοῦ τῷ ἄλλῳ προσαύξει. (Wenn zwei Enterbte zusammen [oder zugleich] die Klage gegen das Testament erhoben und der eine abstand [von der Klage] oder durch Zeit[ablauf] ausgeschlossen war, so wächst sein Teil dem anderen an.) *Gagliardi* stört an Fr. 23.2 also *idemque erit, et si tempore exclusus sit* und versucht, dieses Textstück als interpoliert zu erweisen[370]. Sehr fein beobachtet *Gagliardi*[371], dass die Summe mit δύο ... κινήσωσιν ἅμα (zwei klagten gleichzeitig – er übersetzt ἅμα mit „contemporaneamente") anfängt und dann der Fall in die Alternativen, „der eine steht von der Klage ab" oder „seine Querel verjährt" aufgelöst wird, wobei die zweite Alternative nicht zu „zwei klagten gleichzeitig" passe. Die Summe sei komprimiert, es sei möglich, dass im Text des Paulus „molto più spazio"[372] gewesen sei; sehr wahrscheinlich sei in den Digestentext kompilatorisch eingegriffen, echt sei nur die Akkreszenz bei *unus postea constituit non agere*[373]. Ich kann nur sehen, dass die Byzantiner *ambo* mit ἅμα übersetzt haben („beide zusammen" oder beide „gleichzeitig" haben geklagt) und dazu die Alternative ἢ τῷ χρόνῳ ἀποκλεισθῇ nannten, was in der Vorlage wohl noch getrennt als zwei Fälle vorkam. Ein zuverlässiges Interpolationsargument ist dies nicht. Ich frage hier wie schon oben: wo ist der Unterschied zwischen der *filia, quae non egit* des Fr. 16pr. mit der Folge *in hereditate legitima fratri non concurrit*, wo nach *Gagliardi nicht* anwachsen soll, und dem *unus postea constituit non agere* des Fr. 23.2 mit der Folge *pars eius alteri adcrescit*? Darin, dass das Nicht-Klagen der Schwester in Fr. 16pr. dem Fall, dass sie klagte und verlor (also nicht ausschlug) gleichzuhalten sei?

Nun noch zum Schol. Εἰ δύο παίδων ad B. 39.1.19 (Sch. B VI 2325; Hb. IV 24): Dort ist ἢ τῷ χρόνῳ ἀποκλεισθῇ (= *idemque erit, et si tempore exclusus sit*, nach *Gagliardi* interpoliert) so aufgefasst: θὲς γάρ, ὅτι ὁ μὲν εἷς τῶν παίδων ἐνδαψιλευομένης ἔτι τῆς πενταετίας προκατήρξατο, ἐρραθύμησε δὲ ὁ ἕτερος καὶ ἡ πενταετία παρέδραμεν[374]. (Denn setze [den Fall], dass zwar der eine der Söhne noch während

369 Bereits oben, S. 98.

370 Legittimazione 86: „Furono quindi con ogni verosimiglianza i compilatori giustinianei i responsabili del fatto che la trattazione della seconda ipotesi fu ridotta a una sola riga."

371 Legittimazione 87.

372 Legittimazione 86.

373 Das passt dann zu seinem System: darin sei ein Nicht-Klagen *animo repudiantis* zu sehen und nur bei *non agere* mit dem Willen auszuschlagen, wachse an.

374 Hb. IV 25. Scheltema Nr. 8 hat Θὲς γὰρ αὐτὸν ἐμαγκίπατον (Sch. B VI 2325).

der gewährten fünf Jahre vorgegangen ist, der andere aber starb und die fünf Jahre abliefen.) Für den Scholiasten ist das ein Fall der Akkreszenz. Das sagt er auch[375]: Solange der andere noch klagen könnte, akkresziert seine *pars* nicht. Gibt er aber die Klage auf, verjährt sie oder stirbt er, so akkresziert: ... Τοῦτο δὲ σημείωσαι, ὅτι μόνον τότε ὁ ἐξνερεδάτος παῖς πάρτεμ ποιεῖ, ὅτε ἐφησυχάζει μέν, δύναται δέ, εἰ θελήσει, κινεῖν, οὐ μὴν ἔνθα ἰδικῶς ἀπετάξατο τῇ μέμψει ἢ ἐτελεύτησεν ἢ ἀπεκλείσθη τῷ χρόνῳ. (Das bezeichne, dass nur dann der enterbte Sohn einen Teil macht, solange er sich zwar ruhig verhielt, aber klagen könnte, wenn er es wollte, nicht aber, wo er der Klage besonders entsagte oder starb oder durch Zeit[ablauf] ausgeschlossen war.) In diesem Scholion sind alle Fälle des Fr. 23.2 zusammen genannt, einschließlich des Falls *postea constituit non agere*, der nach *Galiardi* echt ist. Das Scholion trennt wertend die Konsequenzen: ὁ ἐξνερεδάτος παῖς πάρτεμ ποιεῖ (der enterbte Sohn macht ihm einen Teil = *partem facit*), wenn er noch klagen könnte, und *partem non facit*, wenn er es nicht mehr kann. Dieser Wertung folgt *Gagliardi* also nicht vollständig: Im Scholion ist der Fall der Verjährung (ἢ ἀπεκλείσθη τῷ χρόνῳ) ein Fall von *partem non facit*[376], bei *Gagliardi* muss der Fall der Verjährung ein Fall von *partem facit* bleiben[377]. *Gagliardi* schlägt denn auch eine „verbesserte Übersetzung" („il modo migliore per tradurre") von *partem facit*/ πάρτεμ ποιεῖ vor[378]: *is qui partem facit* soll heißen „colui che deve essere tenuto in conto (i. e. al fine della determinazione delle quote ereditarie tra coeredi)"[379]. Der, der (dem Kläger) einen Teil macht, ist der, mit dem man noch rechnen muss, den man in Betracht ziehen muss (da auch er noch klagen könnte). Aber zum Fall der Verjährung passt nicht einmal die verbesserte Übersetzung[380].

Pérez Simeón[381] sagt: Das Abstehen von der Klage schließe die Querel aus, weil darin ein Anerkennen des erblasserischen Willens zu sehen sei: „... el desistimiento es una causa de exclusión del la *querela inofficiosi testamenti* porque se considera un acto de aceptación de la voluntad del testador.[382]" Mit der Folge, dass dem anderen Sohn anwachse: „En consecuencia, quien desistió perderá su legitimación y quien persista en la acción verá acrecida la cuota en la que puede rescindir el testamento."

---

375 Bei Sch. B VI 2325 Nr. 5.

376 Mit der Folge Akkreszenz und Gesamtreszission.

377 Teilreszission: die *pars* verbliebe nach *Gagliardi* dem Testamentserben.

378 Legittimazione 92. Dazu noch eingehender unten S. 121.

379 Legittimazione 92.

380 Ich räume hier aber ein, dass das dann eine Frage des Beurteilungszeitpunktes ist: Auf die *litis contestatio* gesehen, wäre die „Übersetzung" noch haltbar (außer im *rei publicae causa absens*-Fall). Sieht man auf den Urteilszeitpunkt, so wäre sie das nicht mehr. Sicher nicht haltbar ist sie für das Scholion.

381 Nemo pro parte 326.

382 Solche Fälle sind sicherlich vorgekommen, aber keinesfalls ist Fr. 23. 2 ein Fall, wo jemand nicht klagt, um den Testamentserben anzuerkennen.

Das kann nicht stimmen, weil dann das Testament zur Quote des Anerkennenden gesichert wäre und sein Teil gerade nicht dem Kläger anwüchse[383]. Die Aussage „un acto de aceptación de la voluntad del testador" passt nicht zu „verá acrecida la cuota en la que puede rescindir el testamento".

II.1 Zwischenresümee zu den Quellengruppen (Querel von der Quart betroffen/nicht betroffen)

Gegen die deutende These einer Kontroverse zwischen Papinian und Paulus[384] spricht schon, dass sowohl Papinian als auch Paulus selbst einmal für Akkreszenz, also tendentiell im Sinne der Gesamtreszission, und einmal im Sinne der Teilreszission entscheiden: Pap. D. 5.2.16pr.: der Intestatteil der Schwester akkresziert ihren Brüdern; Pap. in D. 5.2.8.8 für Teilreszission, wenn der andere durch die Quart *exclusus* ist. Paulus D. 5.2.23.2 für Akkreszenz des Intestatteils des anderen Bruders, der die Querel nicht fortsetzt oder der *tempore exclusus* ist (mit Gesamtreszission) und Paul. D. 5.2.19 für Teilreszission zur Hälfte, wenn die *filia praeterita* quereliert und ihre zu einem Viertel eingesetzte Schwester das Testament im Umfang ihres Intestatteils sichert.

Hinterlassene Quart und ähnliche Fälle, die die Pflichtwidrigkeit ausschalten[385] sichern das Testament zur Intestatquote, so dass es nur zur Teilreszission kommen kann. Sonst aber wird der Erblasser durch eine erfolgreiche Querel letzten Endes ganz intestat (sofern der Testamentserbe nicht ohnedies auch ein Intestatberechtigter ist, so dass seine testamentarische Sukzession *pro parte intestata* aufrechtzuerhalten ist), und zwar entweder a) verzögert so, dass f1 *de parte* quereliert und dann f2 wegfällt (Fr. 16pr.) oder b) beide querelieren und im Urteilszeitpunkt f2 wegfiel (Fr. 23.2). Kritisch scheint der Fall, wenn einer obsiegt und der andere verliert. Fr. 23.2 spricht nur davon, dass der andere von seiner Klage abstand, aber in D. 5.2.16pr. mit dem (wohl echten) Textteil *aut non optinuit* ist der Fall belegt[386]: Die Tochter, die nicht klagte „oder nicht durchdrang" konkurriert dem klagenden Bruder nicht in der Intestatsukzession. Wenn die Schwester unterlag,

---

383 Als Folge einer „Anerkennung des letzten Willens" müsste dann die *pars* dessen, der den Prozess nicht fortsetzt, dem Testamentserben (!) (und nicht dem Kläger) „anwachsen", was aber die Textpassage *pars eius alteri adcrescit* aufgibt.

384 *Renier*, Querela, fing schon damit an: „La nullité totale du testament inofficieux attaqué sous prétexte de folie est donc bien la doctrine de Paul" (114) und „Papinien en particulier n'a pas admis la nullité totale du testament attaqué par la querela." (116). Dann *Voci*, DER II 693; dann *di Lella*, Querela 218; 227.

385 Denkbar wäre auch noch durch Verzicht zugunsten des Testamentserben bzw. Anerkennung als Testamentserbe (ein Fall, der ohnedies der querelausschließenden Quart gleichstünde), vgl. oben S. 53.

386 Doch als Texteinschub kritisiert von *Gagliardi*, Legittimazione 131–138.

sichert sie nicht das Testament im Umfang ihres Intestatteils[387], der ihr nach dem Prozessergebnis der gescheiterten Querel genommen ist.

III. Paulus: Qui repudiantis animo non venit ad accusationem

D. 5.2.17pr. (Paulus lib. 2 quaest.)
Qui repudiantis animo non venit ad accusationem inofficiosi testamenti, partem non facit his qui eandem querellam movere volunt. unde si de inofficioso testamento patris alter ex liberis exheredatis ageret, quia rescisso testamento alter quoque ad successionem ab intestato vocatur, et ideo universam hereditatem non recte vindicasset: hic si optinuerit, uteretur rei iudicatae auctoritate, quasi centumviri hunc solum filium in rebus humanis esse nunc, cum facerent intestatum, crediderint.
Wer mit dem Willen auszuschlagen nicht zur Anklage des pflichtwidrigen Testaments schreitet, macht denen, die dieselbe Querel erheben wollen, keinen Teil. Daher, wenn das eine von den enterbten Kindern wegen pflichtwidrigen Testaments des Vaters klagte, hätte es somit, weil auch das andere nach Testamentsaufhebung zur Nachfolge *ab intestato* berufen ist, nicht zu Recht die ganze Erbschaft herausverlangt. Wenn dieses obsiegte, bediente es sich der (Urteils-)Autorität der entschiedenen Sache, so als meinten die Centumviri, dass dieser Sohn allein nun am Leben sei, als sie [den Vater] intestat machten.

Das Fragment erklärt sich aus der doppelten Rechtsschicht von *ius civile* und Urteilsautorität der *Centumviri*, die *ius civile* abändern und „zu Erben machen" konnten. Auszugehen ist von zwei enterbten *liberi* und einem eingesetzten *extraneus*. Ein Sohn klagte gegen das Testament seines Vaters *de inofficioso*, der andere Sohn querelierte nicht (aber „nicht schlicht" – so die byzantinische Phrase[388], sondern) mit dem Willen auszuschlagen; *non venit ad accusationem animo repudiantis* steht im Zeitpunkt der Reszission (des Urteils) fest[389]. Daraus sind die Konsequenzen

---

387 Doch für diese Lösung *Gagliardi*, Legittimazione 139: „… se il coerede che agiva perdeva la causa, lascava la sua quota all'erede testamentario …". *Gagliardi* muss dies mit Interpolationsverdacht gegen *aut non optinuit* in D. 5.2.16pr. vertreten (Begründung der Streichung ibid. 131–138). Dazu noch 92 mit der Auffassung: Liegt kein *animus repudiantis* des anderen vor, reszindiere die Querel nur *pro parte* („la *querela* doveva essere pro parte").

388 Erst der Scholiast spricht so mehrfach in seinen Kommentierungen.

389 Entweder schon bei Klageerhebung oder spätestens bei Reszission. Die Voranstellungen des Leitthemas („wer mit dem Willen auszuschlagen nicht quereliert, macht *his* [Plural, den anderen] keinen Teil") und der *unde si*-Anschluss sind nicht ungewöhnlich. Ich sehe keine Störung, wie sie *Voci*, DER II 695 darin sehen will, dass zuerst gesagt wird *partem non facit* (der andere macht ihm keinen Teil) und dann [unten] gegenteilig, dass er nicht (*non recte*) die ganze Erbschaft vindizieren kann.

a) für die Reszission (Gesamtreszission): Der Vater wird ganz *intestatus*, der Erbantritt des *extraneus* wird wegfingiert[390] und der obsiegende Sohn *ex auctoritate* der *centumviri* zum einzigen Erben gemacht (*quasi hunc solum in rebus humanis esse*). Und zwar aus der Fiktion, dass der, welcher *animo repudiantis* nicht klagt, für nicht existent zu halten ist (das am Schluss gesagte *crediderint* scheint auf eine so lautende Spruchpraxis der *centumviri* hinzuweisen). Das ist im Ergebnis die gleiche Folge, wie sie sich aus Akkreszenz *iure civili ipso iure* ergibt, wenn der andere ausfällt, nur ist es hier mit den Worten der Urteilsautorität so gesagt, dass der *animo repudiantis* nicht Klagende dem Querelierenden „keinen Teil macht". Das *alter quoque ad successionem ab intestato vocatur*[391] ist damit abgeändert. Die weitere Konsequenz daraus ist nun für das
b) *vindicare* des Nachlasses: Die alleinige Legitimation zum *vindicare* des ganzen Nachlasses ist aus der Urteilsautorität begründet und *ex auctoritate* das *universam hereditatem non recte vindicasset* abgeändert. Der Testamentserbe[392], der die Hälfte behalten will, kann gegen das *petere* nicht einwenden, dass dem Obsiegenden die Aktivlegitimation zum *vindicare* im Umfang des halben Nachlasses fehlte (mit dem verfehlten Argument, dass auch noch der andere *ab intestato* berufen wäre)[393].

Noch die Summe B. 39.1.14 (Sch. A V 1763; Hb. IV 20) zeigt deutlich, wo spätere Missdeutungen anfangen.

> *Ὁ γνώμῃ παραιτουμένου μὴ κινῶν τὴν κατὰ τῆς διαθήκης μέμψιν οὐ ποιεῖ μέρος τῷ ἰδίῳ ἀδελφῷ βουλομένῳ κινῆσαι τὴν μέμψιν. ἐαν οὖν ὁ νικήσας λάβῃ πᾶσαν τὴν κληρονομίαν, οὐ δύναται ὁ ἄλλος συντρέχειν αὐτῷ ὡς ἐξ ἀδιαθέτου. ἀντικειται γὰρ αὐτῷ ἡ τοῦ δικαστοῦ ἀπόφασις.*
>
> Der mit dem Willen, die Querel gegen das Testament auszuschlagen, nicht Klagende macht nicht dem (einzelnen) anderen Bruder, der die Querel erheben will, einen Teil. Wenn (also) nun der Obsiegende die ganze Erbschaft nimmt, so kann der andere gleich-

390 Vgl. Paul. 3 resp. D. 5.2.21.2: *ac si hereditas adita non fuisset.*

391 Eine Intestatberufung *iure civili* des anderen nach Gesamtreszission.

392 Anders *Voci*, DER II 695, der an die *exceptio rei iudicatae* des Miterben denkt: „sebbene non abbia agito *recte*, il coerede può tuttavia oporre l'exceptio rei iudicatae al coerede che vorrebbe la sua parte."

393 Wir gehen von einem *vindicare* (mit der Querel und nicht zwingend mit einer nachgeschobenen *hereditatis petitio*) gegen den Testamentserben aus, der im Nachlassbesitz ist. Allgemein für eine Zuständigkeit der *centumviri*, eine Legitimation zur *hereditatis petitio* zuzusprechen: *Ribas-Alba*, desheredación 170 (mit der Meinung, die Kompilatoren hätten diese Kompetenz in drei Texten stehengelassen, nämlich in Paul. D. 5.2.17pr., Paul. D. 34.3.30 und Scaev. D. 5.2.13; ibidem 170).

sam aus der Intestaterbfolge nicht mit ihm „mitlaufen". Denn es steht ihm das Urteil des Richters entgegen.

Die Vorstellung von „mitlaufen" oder „sich anhängen" beim *petere* oder *vindicare* des Intestatteiles (vgl. νῦν ἐπιφυόμενον παῖδα, der sich jetzt an den [anderen] Sohn anhängt im Schol. Ἐπειδὴ φθάσαντες ad B. 39.1.8 [Sch. B VI 2308; Hb. IV 13]) kommt aus dem Umkreis des οὐ ποιεῖ μέρος (macht nicht einen Teil) bzw πάρτεμ δὲ αὐτῷ ποιεῖ (macht ihm einen Teil in Schol. Ἐπειδὴ φθάσαντες ad B. 39.1.8). Im Basilikentext B. 39.1.14 ist das Mitlaufen im *vindicare* gegen den Testamentserben als Erbschaftsbesitzer verneint. Wer die Querel ausschlägt, kann sich nicht dem Siegreichen „anhängen" oder mit ihm „mitlaufen", wenn dieser die Erbschaft herausverlangt.

Auch in der längeren Interpretation (der Glosse ὁ γνώμῃ παραιτουμένου) des Scholions Δύο τις ἔχων ad B. 39.1.14 (Sch. B VI 2320; Hb. IV 20) findet sich nichts von einem Streit unter den Söhnen:

> *Δύο τις ἔχων ἢ καὶ πλείονας παῖδας καὶ ἀλόγως αὐτοὺς ἐξνερεδάτους ποιήσας ἐξωτικὸν ἔγραψε κληρονόμον. Ἀλλ' ὁ μὲν εἷς τῶν παίδων ἐφησύχασεν οὐχ ἁπλῶς, ἀλλὰ ῥεπουδιατεύοντος ψυχῇ βούλονται δὲ κινῆσαι τὴν μέμψιν οἱ ἄλλοι τῶν ἀδελφῶν. Φησὶ τοίνυν ὁ Παῦλος τὸν ψυχῇ ῥεπουδιατεύοντος ἐφησύχάσαντα μὴ ποιεῖν μέρος τοῖς ἄλλοις, οἳ βούλονται κινῆσαι τὴν μέμψιν*
> *ἀλλὰ δὺο τυχὸν ὄντων παίδων, εἰ θάτερος αὐτῶν ῥεπουδιατεύοντος ἐφησυχάσει ψυχῇ, κινῶν ὁ ἕτερος πᾶσαν καταλύει +εἰσ τὸ πᾶν καταλυομένε+ τότε δὴ καὶ ὁ ἐφησυχάσας ἐξ ἀδιαθέτου καλεῖται, καὶ κατὰ τοῦτον τὸν λόγον εὑρίσκεται ὁ νενικηκώς, ὅσον ἧκεν ἐξ ἀκριβείας, μὴ δεόντως τὴν πᾶσαν ἐκδικῶν κληρονομίαν. Εἰκότως ἐνταῦθα εἰ κινήσει καὶ καταλύσει τὴν διαθήκην, κέχρηται τῇ αὐθεντίᾳ τῆς ἀποφάσεως, ὡσανεὶ τῶν δικαστῶν αὐτὸν εἶναι καὶ μόνον ψηφισαμένων, ὅτε πᾶσαν κατέλυσε τὴν διαθήκην, ὡσανεὶ τῶν ἑτέρων παίδων, δι' ὧν ἐφησύχασαν, ῥεπουδιατευσάντων τὴν μέμψιν, ἤδη τεθνάναι νομιζομένων.*
> Jemand, der zwei oder auch mehrere Kinder hatte, enterbte sie grundlos und setzte einen *extraneus* zum Erben ein. Aber das eine von den Kindern verhielt sich ruhig (unternahm nichts), nicht schlicht, sondern mit dem Willen auszuschlagen. Die anderen der Brüder wollen die Querel erheben. Es sagt nun der Paulus, dass der mit dem Willen auszuschlagen nicht Klagende den anderen, die die Querel erheben wollen, nicht einen Teil macht.
> Wenn etwa zwei Söhne sind und der eine von ihnen mit dem Willen auszuschlagen, nichts unternimmt, so löst der andere, der klagt, das ganze Testament auf [das zur Gänze sich auflösende[394]]. Da aber auch der nicht Klagende (der nichts Unternehmende) *ab intestato* berufen ist, verschafft sich nach dieser Ansicht, soweit es den strengen Rechtssinn betrifft,

394 Möglicherweise in den Text geratene Glosse, bei *Heimbach* IV 20 Anm. w) als überflüssig gekennzeichnet: *Haec verba … prorsus supervacanea sunt.*

> der Obsiegende nicht in gebührender Weise die ganze Erbschaft. Mit Recht hat er sich in diesem Fall, wenn er klagen und das Testament aufheben will, der Autorität des Urteils bedient, gleichsam als ob die Richter ihn durch Urteil auch zum einzigen erklärt haben[395], als er das ganze Testament auflöste, und so als ob die anderen Söhne, die, indem sie nichts unternahmen, die Querel ausschlugen, für schon tot zu halten sind.

Der Scholienkommentar lässt sich also für eine gleiche Auffassung unserer Deutung des Fragments heranziehen. Im Textteil der Summe B. 39.1.14 οὐ δύναται ὁ ἄλλος συντρέχειν αὐτῷ ὡς ἐξ ἀδιαθέτου (kann der andere gleichsam aus der Intestaterbfolge nicht mit ihm „mitlaufen") ist „mitlaufen" so wie im Scholion Ἐπειδὴ φθάσαντες ad B. 39.1.8 (Sch. B VI 2308; Hb. IV 13) καὶ μὴ νομίζεσθαι μονον εἶναι τὸν νῦν ἐπιφυόμενον παῖδα (und dass er sich nicht für den einzigen halten dürfe, der sich jetzt an den [anderen] Sohn anhängt) zu verstehen, das Scholion Ἐπειδὴ φθάσαντες ad B. 39.1.8 verweist nämlich direkt auf Fragment 17 (also D. 5.2.17pr.), dort steht: ἀνάγνωθι τὸ ιζ'. διγ. τοῦ παρόντος τιτ. (erkenne dies wieder in Digesten 17 des gegenwärtigen Titels); im Scholion Ἐπειδὴ φθάσαντες ad B. 39.1.8 ist μὴ ῥεπουδιατεύοντι μέντοι ψυχῇ, πάρτεμ δοκεῖ ποιεῖν thematisch, hier umgekehrt οὐ ποιεῖ μέρος (macht nicht einen Teil). Beide Male sind dies Argumente, die in der Konfrontation des Querelierenden gegen den Testamentserben eine Rolle spielen.

Die Urteilsautorität schafft eine dem *ius civile* gleichstehende Aktivlegitimation gegen den Testamentserben zum *vindicare* des ganzen Nachlasses. Der bis heute andauernde Interpolationsverdacht dreht sich dagegen um die Deutung, das Fragment bezöge sich auf eine *hereditatis petitio* des Nicht-Klagenden gegen den Obsiegenden[396].

Ich nenne gerafft nochmals die springenden Punkte gegen die unten zu nennenden Textkritiken: *rescisso testamento* sukzedieren *sui*, aber eben nur der, *secundum quem iudicatum est*[397]. Hier also nicht beide. Die interpretierende Vermutung ist:

---

395 So die Grundbedeutung von ψηφίζομαι, und hier auch technisch: jemanden durch Beschluss oder Urteil zu etwas erklären.

396 Der allerdings nur unter der Annahme, er wäre bereits im Erbschaftsbesitz, passivlegitimiert wäre. Mir scheint dies das Fragment nicht herzugeben: Im Erbschaftbesitz ist noch der *extraneus* und es geht um das *vindicare* von ihm. Doch vgl. zuletzt dazu *Gagliardi*, Legittimazione 126 „... se avesse agito con hereditatis petitio contro Primo, affermando di avervi diritto per successione intestata, Primo gli avrebbe opposto – era questo il parere del giurista – la sentenza centumvirale di querela ...". Die in der Literatur einmütige Sicht, es gehe um einen Streit unter den Söhnen, findet sich schon bei *Glück*, Commentar 7. Theil, 1. Abth. 434: „... wollte er also gegen seinen Bruder auf einen Intestaterbtheil klagen, so wird ihm dieser mit Recht die Einrede entgegensetzen, daß er ein rechtskräftiges Erkenntnis für sich habe, wodurch ihm die ganze Erbschaft zugesprochen wurde ...".

397 So auch bei der Kognitionsquerel, vgl. Ulp. D. 5.2.8.16 (...*cognoverit iudex et pronuntiaverit contra testamentum*...).

der unterlegene Testamentserbe will das *petere* zur Hälfte abwehren (arg. aus *non recte vindicasset* – der Textteil ab *quia* bis *vindicasset* kann echt sein); sein Standpunkt lautet: *rescisso testamento* sukzedieren *sui*, also *alter quoque*. Auch der andere sei noch *ab intestato* berufen, mache dem Obsiegenden also einen Teil (wäre dies richtig, so profitierte e r nun vom *repudiantis animo non venire ad accusationem*. Das ist dann ähnlich wie in Pap. D. 5.2.16pr., wo auch der eingesetzte Sohn mit dem vermuteten gleichen Argument, dass auch die Schwester dem obsiegenden Bruder noch *ab intestato* konkurriere, das Drittel der Schwester behalten wollte). Dagegen sagt Paulus: *partem non facit*, der Intestatteil des *animo repudiantis* nicht Klagenden wächst dem Obsiegenden an. Er sagt, so sehen es die *centumviri*, wenn sie den Erblasser intestat machen. Gegen den Einwand *non recte vindicasset* kann sich der obsiegende Sohn der *auctoritas* der entschiedenen Sache bedienen (Paulus spricht nicht von einer *exceptio*); *uteretur auctoritate*, nämlich der so entschiedenen Sache, dass die Centumviren ihn gleichsam als den einzigen existierenden, das heißt den einzigen für die Intestatsukzession in Frage kommenden Erben ansehen, um das *petere* der ganzen Erbschaft durchzusetzen.

Voci[398] las: schlägt einer aus, profitiert der andere. Daher sollte man schließen, dass der Miterbe, der auf den ganzen Nachlass klagt, „agisce bene“ (zu Recht klagt). „Invece, il testo dice la cosa opposta: *universam hereditatem* non recte *vindicasset*.“ (*Voci* ibidem). Ohne einen Sachverhalt anzudeuten stellt der erste Satz das Hauptthema fest: *partem non facit his* (Plural), *qui eandem querelam movere volunt* (Plural). Wir nehmen eine diesbezügliche Spruchpraxis an. Dann erst folgt der Sachverhalt mit den zwei Akteuren, und es ist nur einer, der dem anderen (*alter*) einen Teil macht. „Aber davon nicht genug“ („ne basta“), sagt *Voci*: obwohl er nicht recte klagte, könne ihm der Miterbe (!) die *exceptio rei iudicatae* entgegenhalten[399]. Doch davon spricht der Text nicht und wir deuten anders: Es ist der siegreiche Querelkläger, der sich gegen den Einwand des Testamentserben (!) auf die Urteilsautorität der *centumviri* beruft und vorbringt, dass das Centumviralgericht ihn zum alleinigen Intestaterben gemacht hat (Spruchpraxis). *Voci* greift das Fragment an: „Qui è chiaro che il brano intermedio del testo (*quia rescisso … vindicasset*) non è di Paolo“, sondern kompilatorischer Einschub und zu tilgen.

La Pira[400] streicht ab [*quia rescissio testamento* … bis *non recte vindicasset*]. Dies scheint uns unnötig. Die *centumviri* hatten im Zeitpunkt der Reszission[401] das Faktum *non venit ad accusationem animo repudiantis* zu werten, das sich nur

---

398 DER II 695.

399 DER II 695: „sebbene non abbia agito *recte*, il coerede può tuttavia opporre l'exceptio rei iudicatae al coerede che vorrebbe la sua parte.“

400 Successione contro 170. So auch *Boyé*, TR 5 (1924) 483: „n'était pas dans le texte commenté …“.

401 Vor Reszission konnte noch kein *concursu partes fiunt*, das die Intestatberufungen änderte, vorliegen.

so verstehen ließ, dass der Querelierende nun als der einzig Existente anzusehen ist, dem der Intestatteil des Ausschlagenden anwuchs. Dies ist keine unmittelbare *ipso iure*-Wirkung aus *concursu partes fiunt* in der Intestatberufung, sondern eine Wirkung aus der Fiktion der Urteilsautorität, konform mit einer Anwachsung nach *ius civile*. Der *quia*-Satz stört nicht, weil nach *ius civile* die Intestatberufung des anderen mit Gesamtreszission ja eintrat, sie war nur *ex auctoritate* der *centumviri* abzuändern; die Prädikate sagen es gut: zuerst *vocatur* und dann *non recte vindicasset*, ein *vindicare* auch des anderen gegen den Testamentserben wäre[402] falsch.

Gagliardi sieht den Textteil ab *hic si optinuerit* „gravamente sconesso“[403]. Dass *partem facit* hier Akkreszenz meine, wie Paul in Fr. 23.2, glaubt auch *Gagliardi*. Ihn stört jedoch der Textabschnitt *unde si* bis *vindicasset* bereits sprachlich: Konjunktiv Plusquamperfekt *vindicasset* und bei *vocatur* Indikativ Präsens. Aber das ist wohl Rede des Testamentserben und Bericht des daraus abgeleiteten Standpunktes des Beklagten durch Paulus – ich paraphrasiere: „weil auch der andere berufen wird“ [vergegenwärtigende Rede des Beklagten] und dann Bericht des Paulus, wie dies der Beklagte damals meinte, der Kläger „hätte daher nicht die ganze Erbschaft herausverlangen können“. Dem Ganzen ist nach *Gagliardi* dennoch ein Sinn abzugewinnen, und hier dreht *Gagliardi* das Argument wieder in seine Richtung: Primo habe nicht zu Recht auch die Quote des Secondo eingeklagt, weil dieser selber hätte klagen müssen[404]. Dieser Sinn sei aber „in disaccordo“ mit den Textteilen davor und danach, daher seien hier Zeichen „di grandi manipolazioni“ zu sehen[405]: nachdem Primo geklagt und auch die Quote seines Bruders erlangt hatte, sei im Textabschnitt ab *hic si optinuerit – crediderint* zu lesen, dass „Secondo avesse mosso *hereditatis petitio* contro Primo“. Hier begegnet wieder die Annahme, es handle sich um die Konfrontation zwischen den Brüdern.

So sah es auch *di Lella*[406]: Die *auctoritas rei iudicatae* habe die Funktion eines Verteidigungsmittels gegen Dritte und vor allem gegen den Bruder („… e sopra tutto di fronte al fratello…“).

---

402 Konjunktiv Plusquamperfekt in *vindicasset* als Ausdruck einer – wie der Beklagte meinte – ausgeschaltet gewesenen Möglichkeit.

403 Legittimazione 117 m.w.N. zu Textangriffen.

404 Legittimazione 120, dort hinzugefügt: „intuiamo mediante *hereditatis petitio*“.

405 *Gagliardi*, Legittimazione 121; dort auch: „Non si può non vedere che il terzo tratto non può coesistere … con gli altri tre.“

406 Querela 223.

Ribas-Alba[407] sieht dies mit einer Nuance zur Klage so, dass dem Obsiegenden die Einrede der entschiedenen Sache zustehe, wenn der Ausschlagende dann (gegen ihn?) querelieren (!) will: „El vencedor podrá interponer excepción de cosa juzgada si el repudiante intenta la *qit.*" Dazu sagt *Ribas-Alba* begründend, es könne keine andere Klage sein, als eine neue *qit*[408]: es könne sein, dass die Enterbung vollkommen gerechtfertigt war, aber um das zu bestimmen, sei eine *querella* nötig[409]. Den Textteil *quia – vindicasset* sieht *Ribas-Alba* als „incongruente con el supuesto", es handle sich dabei um eine postklassische Einfügung[410]. Die Akkreszenz greift *Ribas-Alba* nicht an[411].

Auch *Pérez Simeón* spricht von einer *hereditatis petitio* gegen den Bruder, der dagegen die *exceptio* der entschiedenen Sache habe („Así, si el hijo que actuó *repudinatis animo* se lo repiensa y ejercita la *hereditatis petitio ab intestato*, no tendrá éxito, porque su hermano le podrá oponer la excepción de cosa juzgada."[412])[413]. Und wie *Pérez Simeón* auch zu Paul. D. 5.2.23.2 meinte, spricht er auch hier von einer schlüssigen Anerkennung des erblasserischen Willens durch den *animo repudiantis* nicht Klagenden („Actuar *repudiantis animo* implica aceptar la voluntad testamentaria ..."), gibt aber zugleich die Akkreszenz zu[414].

III.1 Glosseme in Fr. 19 und Fr. 17?

Gradenwitz behauptete, das Textstück *quia rescisso – non recte vindicasset* in Fr. 17 sei „ganz ... Glossem, und zwar aus L. 19 in f. gezogenes Glossem"; „sind es doch fast dieselben Worte und beide Stellen aus dem gleichen Buch."[415] Umgekehrt seien

---

407 Iura 39 (1988) 82. *Ders.*, desheredación 86: „Si de dos posibles querellantes uno renuncia a la acción, su demanda posterior será rechazada por medio de la excepción de cosa juzgada" mit Zitat von D. 5.2.17pr.

408 Also nicht so, woran man vielleicht auch denken könnte, dass f1 querelierte und zur Hälfte durchdrang, weil da der andere (f2) noch *ab intestato* berufen war. Schlägt dann f2 die Querel aus (erklärt das aber nur gegenüber seinem Bruder) und quereliert er dann dennoch gegen den Testamentserben (der von der Ausschlagung zunächst nichts weiß), so stünde ihm die Einrede entgegen, dass die Sache schon zugunsten des f1 als den (infolge Ausschlagung nun) einzigen Intestaterben entschieden, dem f1 also der Teil des f2 akkresziert sei.

409 Iura 39 (1988) 83: „A qué acción se refiere Paulo cuando supone que el hijo no querellado se enfrenta después al vencedor? No puede ser otra que una nueva *qit.*"

410 Iura 39 (1988) 84.

411 *Ribas-Alba*, desheredación 217, Fn. 163: „si vence un sólamente, la parte del otro acrece al que triunfó: D. 5,2,17pr (Paulo, 2 quaest.)".

412 Nemo pro parte 323.

413 Mag sein, dass es unter den Brüdern Streitigkeiten gab, wer querelieren soll, aber zwischen den Brüdern ist kein Rechtsstreit durch Urteil entschieden worden.

414 Nemo pro parte 322. Das passt nicht zusammen; bereits oben S. 110–111.

415 SZ 23 (1902) 459.

ihm in Fr. 19 die Erwägungen *itaque dici potest – omisisset legitimam hereditatem* und *praeterea dicendum est – eam quae ex testamento adiit* „als Glossem aus L. 17 pr. verdächtig geworden“[416]. Doch dürften dort wie da die Textteile genuin und nicht glossierend hinübergerückt sein. Im Scholion Δύο τις ἔχων ad 39.1.14 (Sch. B VI 2320; Hb. IV 20) ist der Textabschnitt im wesentlichen Übersetzungsteil, der fast ohne Erläuterung auskommt; nur zu *non recte vindicasset* ist die klärende Phrase ὅσον ἧκεν ἐξ ἀκριβείας (wenn man es genau nimmt) eingeschoben und ab *quasi* = ὡσανεὶ[417] glossiert der Scholiast ein wenig, indem er von den Ausschlagenden noch dazu sagt, dass sie schon für gestorben zu halten sind (ἤδη τεθνάναι νομιζομένων). Wenn *quia rescisso – non recte vindicasset* ein in den Text geratenes Glossem (oder Randscholion) ist, müsste es einer schon vor dem Scholion geschriebenen Anmerkung entnommen sein[418] und in der kürzeren Vorlage wäre nach *ageret* wohl gleich *si optinuerit* anzuschließen. Das Stück *uteretur rei iudicatae auctoritate* ergibt aber erst nach *universam hereditatem non recte vindicasset* einen guten Sinn, den auch der Scholiast gut erfasst hat: Als die *centumviri* den Vater intestat machten, werteten sie das *repudiantis animo non venit ad accusationem* des anderen Kindes so, als ob der Querelierende *solus filius* (der einzige Sohn) war. Zwar ergäbe sich aus *rescisso testamento* (in der *quaestio* meint Paulus: *ipso iure civili* und der Scholiast bemerkt sinnerfassend: ὅσον ἧκεν ἐξ ἀκριβείας) „genau genommen“ die Intestatberufung auch des anderen Kindes, aber diese ist durch das Nichtklagen in der Absicht, auszuschlagen, verloren gegangen. Wendete der Testamentserbe, der ein *universam hereditatem vindicare* kürzen will, ein, dass auch der andere (von dem er ein *vindicare* nicht mehr befürchten muss) *ab intestato* berufen sei, *et ideo universam hereditatem non recte vindicasset* (und daher der Obsiegende nicht zu Recht die ganze Erbschaft vindizierte), so wäre dieser Einwand durch *uteretur rei iudicatae auctoritate* rell. zu brechen. Striche man vor *uteretur* das *et ideo – vindicasset*, verlöre die Kernaussage der *quaestio* diesen Zusammenhang. Dies macht plausibel, dass die Textfolge *quia rescisso – non recte vindicasset* schon in der Vorlage Fr. 17 ihren Ursprung hatte und nicht aus *non recte totam hereditatem praeteritam vindicare* des Fr. 19 hierher gerückt ist. Die Textworte des Fr. 19 in fine *ex quibus apparet non recte totam hereditatem praeteritam vindicare, cum rescisso testamento etiam institutae salvum ius sit adeundae hereditatis* scheinen zu kurz zu sein, um daraus ein längeres Glossem mit dem Sinn, den es in Fr. 17pr. haben soll, zu bilden; Vorlage wäre nur *non recte totam hereditatem [praeteritam] vindicare*, aber der Sinn zielt in Fr. 19 und 17pr. auf eine jeweils andere Folge: Auf den noch

416 SZ 23 (1902) 459.

417 Das ist zusammengeschriebenes ὡς ἂν εἰ = gleich als wenn, gleichsam.

418 Außer man nähme eine Rückübersetzung (rückübersetzte Paragraphe oder Ähnliches) an.

möglichen Erbantritt *ex testamento* in Fr. 19 und auf die Intestatberufung des anderen, der ausschlug, in Fr. 17pr. Sachlich stimmt hier nichts überein. Umgekehrt sind auch die Textworte des Fr. 19 *itaque dici potest – omisisset legitimam hereditatem* (wohl ein eingearbeiteter Prozessstandpunkt der *praeterita*, den der Rhetor nach *et optinuit* vorbrachte) und *praeterea dicendum est – eam quae ex testamento adiit* (Widerspruch des Paulus gegen den Prozessstandpunkt der *praeterita*) dort ursprünglich.

III.2 Die Versetzung des ἤδη τεθνάναι-Gedankens in den Scholien

Der Gedanke[419] kommt von Fr. 17pr. (*hunc solum filium in rebus humanis esse nunc*) her und ist in der griechischen Kommentierung nur leicht verändert. Während Paulus vom Querelierenden sagt, dass die *centumviri* ihn gleichsam als den einzigen Intestaterben ansehen, wenn der andere in der Absicht auszuschlagen nicht klagt, sagt der Scholiast, dass der andere (bei Erbfall) für schon tot zu halten sei. Also nun: *solus filius* aus ἤδη τεθνάναι des anderen statt *solus filius* aus dem Spruch der Centumviren[420]. Das ist damit zu erklären, dass es byzantinisch keine Centumviren mehr gibt und der Gedanke daher umgebildet ist in das vereinfachte Denkbild. Vom Scholion Δύο τις ἔχων ad 39.1.14 (Sch. B VI 2320; Hb. IV 20) aus ist ἤδη τεθνάναι in das Scholion Ἐπειδὴ φθάσαντες ad B. 39.1.8 (Sch. B VI 2308; Hb. IV 13), das zu *partem facit* wiederum auf Fr. 17 verweist, ausgebreitet[421].

III.3 Umstrittene Schlüsse aus partem facit (= πάρτεμ ποιεῖ in den Scholien)

In Ulp./Pap. D. 5.2.8.8 heißt es: *Quoniam autem quarta debitae portionis sufficit ad excludendam querellam, videndum erit an exheredatus partem faciat qui non queritur: … et utique faciet, ut Papinianus respondit …* . Mit seinem Intestatteil „dem anderen einen Teil machen" ist hier der Sinn. Also ein Ausdruck der Konkurrenz in den Intestatteilen. In Fr. 8.8 ist die Konsequenz daraus die Einschränkung des *si dicam inofficiosum* auf Teilreszission. Oben deuteten wir: Indem er die Quart von seinem Intestatteil hat, konkurriert der Nicht-Klagende seinem querelierenden Bruder immer noch mit seiner Intestatportion, und zwar testamentssichernd zugunsten des *extraneus institutus*, weil im Umfang seiner Intestatportion, von der er ein Viertel hat, ein *inofficiosum dicere testamentum* ausgeschaltet ist.

---

419 ἤδη τεθνάναι: gemeint ist: wer nicht klagt, sei für „schon gestorben" zu halten, zähle also bei der Berechnung des Pflichtteils nicht mit.

420 Als ob er der Einzige wäre, der existiert, heißt es bei Paulus.

421 Mit ἐφησυχάζων τετελευτηκέναι δοκεῖ (der nichts unternimmt, scheint gestorben zu sein): Siehe oben S. 61; 67.

Bei Paul. D. 5.2.17pr. heißt es verneinend *Qui repudiantis animo non venit ad accusationem inofficiosi testamenti, partem non facit his qui eandem querellam movere volunt* .... Wieder ein Ausdruck der – hier nun verneinten – Konkurrenz mit demselben Sinn: Wer, indem er ausschlägt, nicht klagt, macht mit seinem Intestatteil den anderen keinen Teil mit der Folge, dass sein Intestatteil den Intestatteilen der anderen anwächst[422].

Nicht anders ist es in der Scholienliteratur zu lesen. Scholion Δύο τις ἔχων ad B. 39.1.14 (Sch. B VI 2320; Hb. IV 20) = D. 5.2.17pr. sagt übereinstimmend, dass der Ausschlagende im *rescindere testamentum* nicht konkurriert: es sagt nun der Paulus, dass (hier verkürzt:) der Ausschlagende den anderen, die die Querel erheben wollen, nicht einen Teil macht: Φησὶ τοίνυν ὁ Παῦλος τὸν ψυχῇ ῥεπουδιατεύοντος ἐφησύχάσαντα μὴ ποιεῖν μέρος τοῖς ἄλλοις, οἵ βούλονται κινῆσαι τὴν μέμψιν. Wenn von zweien einer ausschlägt, reszindiert die Querel des Klagenden das ganze Testament: κινῶν ὁ ἕτερος πᾶσαν καταλύει. Er ist im Zeitpunkt der Reszission kraft Urteilsautorität der Centumviren als der einzige Erbe anzusehen (und damit aktivlegitimiert zum *vindicare* des ganzen Nachlasses). Immerhin, die Worte εἰ κινήσει καὶ καταλύσει τὴν διαθήκην (wenn er klagen und das Testament aufheben wird [will]) sind im Futur (κινήσει καὶ καταλύσει) gesagt. Das könnte noch zur (zentralen) These von *Gagliardi* passen: „che avesse agito con querela, avrebbe dovuto limitarsi ad agire per la quota propria“[423] (von vornherein auf den Intestatteil begrenzte Querel und prinzipielle Teilreszission). Da der andere ausschlug, muss er „nicht mehr auf ihn Rücksicht nehmen“[424]. So übersetzt *Gagliardi* auch die Wortfolge Φησὶ τοίνυν ὁ Παῦλος τὸν ψυχῇ ῥεπουδιατεύοντος ἐφησύχάσαντα μὴ ποιεῖν μέρος τοῖς ἄλλοις, οἵ βούλονται κινῆσαι τὴν μέμψιν mit „Dice allora Paolo che colui che tace non deve essere tenuto in conto dagli alteri, che vogliono intentare la *querela*.“[425] Aber von einem „non deve essere tenuto in conto dagli alteri“ finden wir nichts im Scholion. Und auf εἰ κινήσει καὶ καταλύσει τὴν διαθήκην folgen die Worte κέχρηται τῇ αὐθεντίᾳ τῆς ἀποφάσεως (bedient er sich der Urteilsautorität, gemeint: die ihn zum einzigen Erben macht): ὡσανεὶ τῶν δικαστῶν αὐτὸν εἶναι καὶ μόνον ψηφισαμένων, ὅτε πᾶσαν κατέλυσε τὴν διαθήκην (gleichsam als ob die Richter ihn durch Urteil auch zum einzigen erklärt haben, als er das ganze Testament auflöste). Das ist vom Zeitpunkt der Reszission und der daraus folgenden Bestimmung der Aktivlegitimation zum *vindicare* gesagt.

---

422 Wegfall eines konkurrierenden *ab intestato* Mitberufenen dehnt die Intestatberufungen der anderen aus.

423 *Gagliardi*, Legittimazione 27.

424 So mehrfach die Sichtweise *Gagliardis* mit „deve essere tenere in conto“, dass auch der andere klagen könnte; Zitat bei der Übersetzung *Gagliardis* zu B 31.1.8.18 (= Schol. Ἐπειδὴ φθάσαντες ad B. 39.1.8) sogleich unten.

425 *Gagliardi*, Legittimazione 122.

Im Scholion Ἐπειδὴ φθάσαντες ad B. 39.1.8 (Sch. B VI 2308; Hb. IV 13) = D. 5.2.8.8 kommt πάρτεμ ποιεῖ mehrfach vor[426]. Angeknüpft an das querelausschließende Viertel ist dort die Frage gestellt, εἰ ἄρα ὁ ἐξνερεδάτος παῖς ἐφησυχάζων πάρτεμ ποιεῖ τῷ ἀδελφῷ; (ob der enterbte Sohn, der nicht klagt, dem Bruder einen Teil macht). *Gagliardi* übersetzt auch hier diesen Textteil mit „se il figlio diseredato che non muove querela debba essere tenuto in conto da parte del fratello"[427]. Aber ein „debba essere tenuto in conto da parte del fratello" (dass er vom Bruder bei dessen Querel in Betracht gezogen werden müsse) steht nicht da. Dem Scholiasten ging es dort um die Ergänzungsklage, näherhin darum, ob einer, der nicht klagt, ohne auszuschlagen, bei der Berechnung des Pflichtteils mitzählt[428]. Das sagt er in der Zusammenfassung nochmals: ὁ ἐξνερεδάτος παῖς κἂν ἐφησυχάζῃ, μὴ ῥεπουδιατεύοντι μέντοι ψυχῇ, πάρτεμ δοκεῖ ποιεῖν ἐκείνοις, οἷς ἅμα αὐτῷ τὸ τῆς ἀναπληρώσεως ἁρμόττει δίκαιον ἢ ἐπὶ καταλύσει τῆς διαθήκης ἡ μέμψις (der enterbte Sohn, auch wenn er nicht klagt, freilich, mit dem Willen nicht auszuschlagen, scheint jenen einen Teil zu machen, denen zusammen mit ihm das Recht auf Ergänzung der *legitima* zusteht oder die Querel auf Aufhebung des Testaments). *Gagliardi* übersetzt ὁ ἐξνερεδάτος παῖς … πάρτεμ δοκεῖ ποιεῖν ἐκείνοις wieder mit „il figlio diseredato … deve essere tenuto in conto da coloro …"[429], obgleich nur πάρτεμ δοκεῖ ποιεῖν (scheint einen Teil zu machen) dasteht.

Im Scholion Εἰ δύο ad B. 39.1.19 (Sch. B VI 2325; Hb. IV 24) = D. 5.2.23.2 steht, „dass nur dann der enterbte Sohn einen Teil macht, wenn er sich zwar ruhig verhält, aber klagen könnte, wenn er es wollte": ὅτι μόνον τότε ὁ ἐξνερεδάτος παῖς πάρτεμ ποιεῖ[430], ὅτε ἐφησυχάζει μέν, δύναται δέ, εἰ θελήσει, κινεῖν, … . In der Scholienliteratur erklärt sich dies aus dem Gegensatz zu τὸν ψυχῇ ῥεπουδιατεύοντος ἐφησύχάσαντα μὴ ποιεῖν μέρος τοῖς ἄλλοις (dass der mit dem Willen auszuschlagen nicht Klagende den anderen nicht einen Teil macht) des Scholions Δύο τις ἔχων ad B. 39.1.14 (Sch. B VI 2320; Hb. IV 20) = D. 5.2.17pr. In Fr. 23.2 kommt *partem facere* nicht vor, sondern es heißt dort *pars eius alteri adcrescit*, sein Teil wächst dem anderen an, wenn er sich später entschließt, nicht zu klagen[431] (Paul. D. 5.2.23.2 *Si duo sint filii exheredati et ambo de inofficioso testamento egerunt et unus postea constituit non agere, pars eius alteri adcrescit*). Überall heißt *partem*

---

426 Vollständige Textabfolge bereits oben S. 56–60.

427 Legittimazione 102.

428 Das ist um eine entscheidende Nuance anders: *Gagliardi* meint dies von einem limitarsi ad agire, einer eingeschränkten Aktivlegitimation.

429 Legittimazione 104.

430 Die Übersetzung von *Gagliardi*, Legittimazione 88 lautet wieder: „il figlio diseredato deve essere tenuto in conto …".

431 Im laufenden Querelprozess beider der eine die Querel nicht weiter verfolgt.

facere schlicht „mit seinem Intestatteil dem anderen einen Teil machen" und so fassten es auch die Byzantiner auf.

Und doch sind weitere Schlüsse aus *partem facit* und der Umkehrung des Ausdrucks (*partem non facit*) sehr umstritten. In Paul. D. 5.2.23.2 setzt *Voci pars eius alteri adcrescit* (zutreffend) gleich mit *partem n o n facit* (wer von der Klage absteht, macht dem anderen keinen Teil, sein Erbteil wächst an: „la sua quota si accresce all'altro")[432]. Auffällig verengt *Voci* dann aber die Bedeutung von *partem non facit*, was Akkreszenz bedeute, auf umgekehrt *partem facit*, was den Ausschluss der Akkreszenz meine[433], und schließt aus Ulp./Pap. D. 5.2.8.8 (*exheredatus qui non queritur partem facit*) auf einen Streit zwischen Paulus, der die Anwachsung zuließ, und Papinian/Ulpian, die sie ablehnten.

III.4 Resümee und Ergänztes zu Teilreszission/Gesamtreszission

Die Schlüsselterminologie für die Erklärung der Texte ist also *partem facere*, sie ist in beiden Quellengruppen verbürgt und auch in den Scholien mit πάρτεμ ποιεῖ/ μὴ ποιεῖν μέρος übernommen. Danach ist nach den Quellen zu scheiden 1) in ein testamentssichernd wirkendes *partem facit* (D. 5.2.8.8, wo die Quart sicherte; D. 5.2.19, wo die *institutio* auf ein Viertel zur Intestatquote sicherte) und 2) in ein nicht testamentssicherndes *partem non facit* (D. 5.2.16pr.; D. 5.2.23.2; D. 5.2.17pr., Texte, in denen die querelausschließende Quart nicht vorkommt).

Die Beispiele zu den Konsequenzen folgen dem Muster zweier querelberechtigter Söhne, f1, f2, und einem *extraneus institutus*:

1) Testamentssichernd wirkendes *partem facit* schränkt auf Teilreszission ein. Solche Fälle entstehen bei
   a) hinterlassener Quart: ein Viertel der Intestatquote sichert das Testament im Umfang der Intestatquote des *exclusus* gegen die Querel eines anderen (D. 5.2.8.8 und in D. 5.2.19 sichert die Einsetzung der *scripta* auf ein Viertel das Testament zur Hälfte). Die Quart schaltet ein *inofficiosum dicere* aus (*inofficiosum dicere non potest* so wie auch der Alleinerbe, der mit Vermächtnissen überschwert ist, das Testament nicht pflichtwidrig nennen kann, weil ihm das falzidische Viertel bleibt; und argumentierend entwickelt bei Plin. ep. 5.1.9; Ulp. D. 5.2.8.9; Paul. sent. 4.5.5). Die Testamentssicherung ist – auch noch im Scholienstoff – so gesagt: wer das Viertel hat, macht ihm, dem Klagenden, einen Teil, also jedem Klagenden. Das Testament ist zur Intestatquote des *exclusus* allseitig gesichert. Wir vermuten aus D. 5.2.8.8 dies auch bei *minus quarta relictum*, wenn nicht geklagt wird (auch der

432 *Voci*, DER II 693.

433 Auch dies trifft zu.

Anschein der Quart sichert und schließt Gesamtreszission aus, wenn der, der weniger als das Viertel hat, nicht quereliert).

b) Vergleich (*transactio*) des Querelberechtigten mit dem Testamentserben. Der Prozessvergleich ist in D. 5.2.29.2 (Ulpianus lib. 5 opin.) überliefert: *Quamvis instituta inofficiosi testamenti accusatione res transactione decisa sit, tamen testamentum in suo iure manet*. Daraus ist variierend der hypothetische Fall abzuleiten: f1 quereliert erfolgreich, f2 vergleicht sich; damit tritt (begründet aus D. 5.2.29.2 vermutet) Teilreszission zur Hälfte ein, der *extraneus* sukzediert *ex testamento* gesichert zur Hälfte und der obsiegende f1 zur Hälfte *ab intestato*. Die Testamentssicherung durch Vergleich ist abhängig von der Vergleichserfüllung[434]: D. 5.2.27 (Ulpianus lib. 6 opin.) *Si instituta de inofficioso testamento accusatione de lite pacto transactum est nec fides ab herede transactioni praestatur, inofficiosi causam integram esse placuit*. Zum den letzten Willen anerkennenden Vergleich bei Justinian C. 3.28.35.1a und 2 (a. 531) näher unten.

c) Annahme eines Vermächtnisses aus der Hand des Erben (Ulp. D. 5.2.8.10; Paul. D. 5.2.31.3); nicht aber, wenn der Exheredierte den Legatar beerbt (Paul. D. 5.2.32.1, jedoch mit dem Ratschlag, es sei sicherer, sich der *petitio legati* zu enthalten) und sonstige Fälle der Anerkennung als Testamentserben (Paul. D. 5.2.23.1; Paul. D. 5.2.32pr; Alex. Sev. C. 3.28.8.1 [a. 223]) sichert das Testament im Umfang der Intestatquote dessen, *qui agnovit iudicium defuncti* (vermutete Konsequenz)[435].

d) Einen Fall des Übergangs in die Gruppe 2) bildet die Konstellation f1 klagt, f2 klagt (noch) nicht (*qui non querit*), aber er könnte noch klagen, und die Querel des f1 dringt bereits durch (f1 *optinuit*): dann wird der Erblasser *intestatus* im Umfang der Intestatberechtigung des Obsiegenden (Deutungsthese aus den Fragmenten 16pr., 23.2 und 17pr.: die Reszission geht konform mit der im Zeitpunkt des Urteils bestehenden Aktivlegitimation zum *ab intestato petere hereditatem*). Da ihm f2 *ab intestato* noch konkurriert, wird der Erblasser also zur Hälfte intestat. Zur anderen Hälfte bleibt der Testamentserbe passivlegitimiert für eine noch mögliche Querel des f2. Aber letzten Endes wird der Erblasser hier zur Gänze *intestatus*, indem α) f2 doch

434 Die Konsequenz fehlender Sicherung bei Ausbleiben der Vergleichserfüllung wäre in folgender Konstellation zu denken: Der Eingesetzte erfüllt den (vorprozessualen oder im Prozeß abgeschlossenen) Vergleich mit f2 nicht; dann könnte f2 querelieren oder die Querel fortsetzen – eine Folge davon, dass er aus dem Vergleichspactum nicht auf Vergleichserfüllung klagen, sondern nur den noch nicht beendeten Streit fortsetzen kann; setzt f2 fort, so konkurriert er mit f1 in der Querel. Setzt er nicht fort, liegt der Fall von D. 5.2.23.2 vor und die Querel des f1 kann gesamt reszindieren, wenn sein Inoffiziositätsbeweis durchdringt.

435 Vgl. schon oben, S. 53. Fälle zu unserer Konstellation sind dazu nicht überliefert.

noch (*intra quinquennium*) klagt und obsiegt, so dass auch er *ab intestato* zu dieser Hälfte sukzediert. Oder β) er endgültig nicht klagt (*non egit* wie in D. 5.2.16pr.), seine Querel verjähren lässt (D. 5.2.23.2) oder zwar noch quereliert aber den Prozess verliert (Fr. 16pr.) oder den Prozess nicht fortsetzt (wie in Fr. 23.2), so dass sein Intestatteil dem f1 anwächst.

2) Nicht testamentssichernd wirkendes *partem non facit* führt zur Gesamtreszission, sofern der Eingesetzte nicht ohnehin dem Kreis der Intestatberechtigten angehört (dann bleibt die Intestatquote des Eingesetzten Einsetzungsteil: Pap. D. 37.7.6). Diese Konsequenz tritt durch Wegfall eines *ab intestato*-Konkurrenten ein. In Pap. D. 5.2.16pr. fiel die in der Intestatberufung konkurrierende Schwester weg durch *non egit aut non optinuit* (mit der Folge, dass f1 *ab intestato* sukzediert und der f2 als *institutus ex testamento*, ähnlich wie in Pap. D. 37.7.6), so in Paul. D. 5.2.23.2 durch nicht fortgesetzte Querel des Bruders (und mit gleicher Folge bei *tempore exclusus*, weil er mit Eintritt der Verjährung seine Intestatportion nicht verfolgt hat) und in Paul. D. 5.2.17pr. durch *non venire ad accusationem* (wer es gar nicht erst zur Querel kommen lässt) *animo repudiantis*, in der Absicht auszuschlagen. Fr. 17pr. stellt klar, dass damit nur eine Wirkung im Kreis der *ab intestato*-Berechtigten verbunden ist (*partem non facit*, er macht keinen Teil denen, die querelieren wollen).

Die Diktion bei Paul. D. 5.2.19 *secundum quod non in totum testamentum infirmatur, sed pro parte intestata [sc. matre] efficitur* belegt wohl am genauesten die Denkweise, indem dort dazugesagt ist *licet quasi furiosae iudicium ultimum eius damnetur* („mag auch ihr letzter Wille als der einer gleichsam Verrückten verurteilt werden“). Gerade dieses Argument greift dort nicht im Umfang der Intestatquote der *scripta*, und dieses Argument (den Testator *in totum* intestat zu machen, weil das Testament eines gleichsam Verrückten vorliegt) verfängt auch nicht in den Fällen, wo der Testator ein ausreichend ehrendes Viertel hinterlassen hat, um die Querel auszuschließen. Wer die Quart hinterlässt, testiert im Teil dieser Intestatportion nicht inoffiziös, nicht *quasi demens*, wenn er sie dem *extraneus* gibt und davon dem *suus* ein Viertel lässt. Hat aber keiner die Quart, fanden die Quellen keinen Grund, den Einsetzungsteil des Verklagten nicht *in totum* zu reszindieren.

Ferner sind Konsequenzen modellhaft mit dem Sprachgebrauch der Quellen noch so zu erläutern: zwei vom Vater exheredierte, f1 und f2, keiner hat die Quart, und ein *extraneus* ist eingesetzt. F1 quereliert und obsiegt. Der Vater wird intestat, soweit dem f1 die Legitimation zum *petere ab intestato* zu geben ist, was davon abhängt, ob ihm andere noch konkurrieren. *Testamento remoto* kann der, *secundum quem testamentum infirmatum est*, die *hereditas* herausverlangen, soweit er n u n (aus durchgedrungenem *inofficiosum dicere*) zum *hereditatem petere ab intestato* berechtigt ist. Solange ihm der f2 noch *ab intestato* konkurriert, ist er dies nur zur Hälfte. Der f2 kann sich nicht an den Prozesssieg des f1 „anhängen“, weil er nicht einer ist, *secundum quem testamentum rescissum est* (zugunsten dessen das Testament beseitigt ist). Ein *petere* des f2 mit einer *hereditatis petitio*, ohne dass er selber querelierte, kann der Erbschaftsbesitzer zurückzuschlagen, zur Querel des f2 bleibt der *extraneus* passivlegitimiert, weil er angetreten hatte und noch die Hälfte der *hereditas* besitzt. Quereliert f2 gegen ihn und obsiegt auch er, so verliert der *extraneus* auch diese Hälfte an f2. Verliert f2 den Prozess oder klagte er endgültig (*intra quinquennium*) nicht, so konkurriert er dem f1 nicht mehr *ab intestato* und f1 bekommt die akkreszierte Hälfte[436].

Erfasst man die Querel mit den Worten der Quellen, so heißt querelieren, das Testament *inofficiosum dicere, de inofficioso arguere* (Paul. D. 5.2.31.2, wegen Pflichtwidrigkeit das Testament als falsch erweisen), *accusare ut inofficiosum voluntatem patris* (den Willen des Vaters als pflichtwidrig „anklagen", C. 3.28.8.1 [a. 223][437]), alle diese Wendungen kommen vor. Und zwar mit dem Sachvorbringen (*allegare*), warum man nicht enterbt oder übergangen werden durfte (Marcell. D. 5.2.3); Marcell. D. 5.2.5: *huius ... verbi „de inofficioso" vis illa ...est docere immerentem se et ideo indigne praeteritum vel etiam exheredatione summotum* (zeigen, warum man unverdient, und daher ungerecht übergangen oder durch Enterbung vom Nachlass ferngehalten wurde). Das Beweisthema veranschaulicht noch Diocl./Max. C. 3.28.18 [a. 286] *Cum te pietatis religione non violasse, sed mariti coniugium quod fueras sortita distrahere noluisse ac propterea offensum atque iratum patrem ad exheredationis notam prolapsum esse dicas ...*[438]. Ist diese Beweisführung durchgedrungen (*et optinuit*), deferiert dem Obsiegenden die Intestatsukzession (wie es noch bei Constantinus C. 3.28.28.1 (a. 321) heißt: *testamento remoto matri successio deferatur*). Aber die Grundlage dafür, dass der Obsiegende *ab intestato vocatur*, ist in den Texten der severischen Juristen die Urteilsautorität der *centumviri*, sie legitimiert den Obsiegenden zum *petere ab intestato*. Soweit sie ihn als legitimiert sieht, reszindiert sie und macht den Erblasser intestat. Das zeigt sich daran, dass die Urteilsautorität der *centumviri* auch obsiegende Kognaten zu zivilen Erben *ab*

---

436 Zur nicht belegten Konstellation, dass f1 bereits obsiegte und dann erst f2 klagt, fragt die Literatur, ob es eine Anwachsung *ex post* gebe oder ob f1 neuerlich querelieren müsse: *Gagliardi*, legittimazione 140 ablehnend zu *La Pira*, successione contro 454: dieser für Akkreszenz *ex postfacto*. Dazu näher unten S. 132–133.

437 Dort im Fall ausgeschlossen.

438 Beweisthemen, wie etwa in Constantinus C. 3.28.28pr.–2 (a. 321) zeigen Beweiskonfrontationen: *Liberi de inofficioso querellam contra testamentum parentum moventes probationes debent praestare, quod obsequium debitum iugiter, prout ipsius naturae religio flagitabat, parentibus adhibuerunt, nisi scripti heredes ostendere maluerint ingratos liberos contra parentes exstitisse* (pr.).

intestato macht und sie wie diese legitimiert[439]. *Testamentum rescindere*[440] (das Testament einreißen, aufheben) wechselt in technischer Verwendung ab mit [den Erblasser] *intestatum facere, testamentum infirmari* (entkräften, D. 5.2.19), *removere testamentum* (beseitigen, C. 3.28.28.1 [a. 321], so auch noch bei Justinian C. 3.28.34.1 [a. 531] im Abl. abs. *testamento remoto*), *testamentum resolvere* (auflösen, Gord. C. 3.28.13 [a. 239] *pro ea parte, qua resolutum est testamentum*) und davor noch literarisch *testamentum...subvertere* (Val. Max. 7.8.1) und *convellere* („niederreißen", Val. Max. 7.8.3)[441]. Es sind dies Bilder im synonymen Wechsel der Terminologie, die darauf hinauslaufen, dass die Urteilsautorität den siegreichen Kläger an Stelle des Testamentserben „zum Erben machte"[442].

Teilreszission ist belegt bei einer Mehrheit von Testamentserben, wenn nur gegen einen Teilerben quereliert und nur dessen *heredis institutio* reszindiert wird[443]. Oder wie bei Pap. D. 5.2.15.2 so, dass der Sohn gegen beide Testamentserben klagte *et unum vicit, ab altero superatus est* (und gegen einen gewinnt, gegen den anderen verliert) mit der Folge *credimus eum legitimum heredem pro parte esse factum: et ideo pars hereditatis in testamento remansit, nec absurdum videtur pro parte intestatum videri*. Hier ist es so gesagt, dass ein Teil der Erbschaft „im Testament zurückbleibt" und der Sohn zum Intestaterben *pro parte* „gemacht worden ist". Eine Ausdrucksweise, die wohl überhaupt für die Teilreszission zu verwenden ist. Hält man Paul. D. 5.2.19 *secundum quod non in totum testamentum infirmatur, sed pro parte intestata [sc. matre] efficitur* daneben, so lässt sich sagen, dass die *praeterita* zur Hälfte zur Intestaterbin gemacht wurde und von der Erbschaft das ganze Viertel der *scripta* sowie beim *extraneus* ein Viertel im Testament zurückblieb. In Fr. 19 ist die *scripta* von der *pro parte* rescindierenden Querel gar nicht betroffen, die Teilreszission sieht man hier nur beim *extraneus*, der von seinem Einsetzungsteil zu drei Viertel die Hälfte des Nachlasses abgibt. Wäre die *scripta* zur Hälfte und der *extraneus* zur Hälfte eingesetzt, käme es beim *extraneus* zur „Gesamtreszission seiner ganzen Hälfte" (und die *scripta* behielte ihren Einsetzungsteil wie in Pap.

---

439 *Marrone*, Studi Betti, III (1962) 408f. = Scritti, 1 (2003) 409 erklärt die Aktivlegitimation der Kognaten zur Querel aus der *bonorum possessio litis ordinandae gratia*: wer *testamentum inofficiosum dicere* will, habe sie beantragt und sei dann unter prätorischer Sanktion gezwungen, die *hereditatis petitio* in Form einer *legis actio per sponsionem* anzustellen; drang sie durch, sei die *bonorum possessio* selbsttätig *cum re* geworden und habe zum *interdictum quorum bonorum* berechtigt.

440 Mit der herrschenden Interpretation ist Gegenstand der Reszission die *heredis institutio* des Beklagten: *Di Lella*, Querela 96 „l'azione non ha ad oggetto il testamento, ma la singola istituzione che vi è contenuta"; *Kaser*, RP II 610f.; *Gulina*, Scr. Melillo II 564.

441 Bei der Cognitionsquerel auch *cum contra testamentum ut inofficiosum iudicatur* (Paul. D. 5.2.17.1) andernfalls, wenn die Querel abzuweisen war, ist zugunsten des Testaments zu entscheiden (Tryph. D. 5.2.22.1 *si secundum testamentum pronuntiatum fuisset*).

442 Vgl. *Gagliardi*, Decemviri 271f., 514; *di Lella*, Querela 96.

443 Siehe auch oben Ulp. D. 5.2.25.1.

D. 37.7.6). Wäre die *scripta* zu einem Achtel (= zur Quart) und der *extraneus* zu sieben Achtel eingesetzt, so sicherte die *scripta* im Umfang ihres Intestatteils das Testament, und zwar ihren Institutionsteil von einem Achtel ganz, weil sie es ist, die mit ihrem Intestatteil ihrer Schwester einen Teil macht (*partem facit*), und den Institutionsteil des *extraneus* zu drei Achtel; *pro parte* reszindiert wäre wieder nur der Einsetzungsteil des *extraneus*, der von seinen sieben Achtel die Hälfte des Nachlasses abgibt. Man sieht daraus, dass es in den Fällen einer gemischten Einsetzung von *suus* und *extraneus* zu Teilerben sowohl den Fall einer Teilreszission nur beim *extraneus* gibt als auch den Fall einer „Gesamtreszission der ganzen *pars*" des *extraneus*, wo nicht das Testament *in totum* infirmiert wird. Aber dies nur deswegen nicht, weil der eingesetzte *suus* mit seinem Intestatteil dem Querelierenden *partem facit*.

Aus der Textgruppe, wo keine Quart vorkommt, ist zu erkennen: Wer endgültig nicht quereliert, verfügt damit nicht schlüssig über seinen Intestatteil zugunsten des Testamentserben, weil sich gar nicht sagen ließe, ob seine Enterbung oder Übergehung nicht doch berechtigt war, so dass er eine Intestatportion gar nicht erst erlangt hätte[444]. Daher ist im endgültigen Nichtklagen nur die Konsequenz zu finden, dass er mit seiner Querel nun nicht mehr dem anderen Querelierenden „einen Teil macht", somit dessen *queri* nicht konkurriert.

So in Paul. D. 5.2.23.2: *ambo egerunt … unus postea constituit non agere*. Das *unus postea constituit non agere* war zu werten, in welche Richtung daraus Konsequenzen ausschlagen: wirkt sich das zugunsten des Eingesetzten aus oder ergeben sich dadurch nur Folgen für den Querelierenden? Im *constituit non agere* des anderen ließ sich nicht mehr finden als nur, dass er dem anderen nicht mehr im *petere hereditatem* gegen den Eingesetzten konkurrierte. Die Wertungsfolge ist damit *pars eius alteri adcrescit*. An ein Anerkennen des Testamentserben ist hier nicht zu denken. Dazu hätte er sich mit diesem vergleichen oder eine Handlung setzen müssen, aus der sich ein *agnovisse* deutlich ergibt, nicht aber bloß die Verfolgung seiner Intestatberechtigung preisgeben dürfen. So erkannte das Centumviralgericht, wieweit der Obsiegende zur Intestatsukzession und zum *petere* (*vindicare*) der *hereditas* legitimiert ist. Soweit er zu legitimieren war, war das Testament zu reszindieren. Allgemein gesagt, das Centumviralgericht gibt die Legitimation zum *petere ab intestato* und reszindiert, soweit es einem Obsiegenden diese Legitimation gibt. In Fr. 23.2 ist dies einschließlich der akkreszierten *pars* des anderen, der die Querel nicht fortsetzte. Ein *si tempore exclusus sit* des anderen wäre gleich zu werten, konsequent zu der mit *non egit* (D. 5.2.16pr.) beginnenden Fallreihe.

---

444 Quereliert keiner, so ist es nur eine faktische Folge, dass das Testament intakt bleibt, nicht aber die Konsequenz einer Wertung.

In Paul. D. 5.2.17pr. ist das Wertungsproblem, aus dessen Lösung dem Obsiegenden die Legitimation zum *petere ab intestato* zu geben war, vielleicht noch stärker sichtbar. Im *repudiantis animo non venire ad accusationem*, darin, eine Querel gar nicht erst vorbereiten oder eine *querella praeparata* dann nicht anstellen zu wollen, sondern das *accusare testamentum* abzulehnen, ließ sich auch nicht mehr sehen, als nur, dass er nicht zu querelieren bereit war, während es die anderen sind (*partem non facit his qui eandem querellam*[445] *movere volunt*). Da klar ist, dass, wer nicht querelierte, seinen Intestatteil einbüßte, ist er genau so anzusehen wie einer, der seinen Intestatteil ausschlug; Konsequenzen daraus sind also nur im *partes concursu fieri* unter Intestaterben zu finden. Die Legitimation zum *petere hereditatem ab intestato* war dem klagenden Sohn daher so zu geben, als sei er nun der einzige *ab intestato* Berufene, als die Centumviren das Testament reszindierten und den Vater ganz intestat machten.

In Pap. D. 5.2.16pr. war nicht nur im Umfang der eingeklagten *pars* zu reszindieren, sondern die Folge aus der Tatsache, dass die Schwester nicht geklagt hat oder unterlegen ist, zu werten im Sinne der Akkreszenz ihrer *pars* an Intestatberechtigte. Eine andere Konsequenz als *in hereditate legitima fratri non concurrit* ließ sich auch hier nicht finden, so dass dem Bruder eine ausgedehnte Legitimation zur Intestatsukzession zu geben war (Deutungsannahme). Konsequent zum Textstück der Entscheidung wäre auf Gesamtreszission zu schließen, wenn ein *extraneus* eingesetzt wäre.

In der Textgruppe, wo die Quart vorkommt (oder eine im Umfang der Intestatquote testamentssichernde Einsetzung zu mehr als ein Viertel, aber zu weniger als zur Intestatportion[446]), war die Frage, wie die Legitimation zum *petere ab intestato* zu geben und wie sohin zu reszindieren war, ebenso von Wertungsfragen abhängig. Bei Paul. D. 5.2.19 war die *praeterita* a) gegen ihre zu einem Viertel eingesetzte Schwester gar nicht zum *vindicare* zu legitimieren, somit die Einsetzung der *scripta* auf ein Viertel nicht zu reszindieren, weil die *scripta* mit ihrem Intestatteil der Schwester einen Teil macht), b) sie überhaupt nur zur Hälfte zum *vindicare* zu legitimieren, weil die *scripta* im Umfang ihrer Intestatquote das Testament zur Hälfte sicherte) und sie daher c) zum *vindicare ab intestato* auf den halben Nachlass nur gegen den *extraneus* zu legitimieren, so dass nur dessen Institutionsteil *pro parte* zu reszindieren war.

Und bei Ulp./Pap. D. 5.2.8.8 war die Frage, wieweit zu reszindieren war, dort formuliert mit *an partem faciat*, entweder bloß im Rahmen der gefestigten Rechtsauffassung (*quoniam* … quarta … *sufficit ad excludendam querellam*) zu beantworten oder die Frage war zu einem vermuteten heikleren Problem gestellt, ob die

445 Gemeint, gegen denselben Testamentserben.

446 Paul. D. 5.2.19.

querelausschließende Quart auch dann noch testamentssichernd wirkt, wenn einer nicht das volle Viertel hat, aber nicht klagt. Ist dies immer noch ein Sicherungsfall oder schon ein Fall der Ausschlagung mit Anwachsung seiner *pars* an den Klagenden? Mit dem *responsum* Papinians beantwortet: sicherlich ist auch dies ein testamentssicherndes *partem facit*.

III.5 Kritik an grundlegenden Thesen der Literatur

a) Zur These der auf die Quote beschränkten Aktivlegitimation zur Querel:

Voci[447], „*Pérez Simeón*[448], *Gagliardi*[449] vertreten sie, sie wird mittlerweile als Mehrheitsmeinung bezeichnet[450].

Man muss verstehen, dass diese Ansicht aus einer Interpretation zu *partem facit* des Schol. Ἐπειδὴ φθάσαντες ad B. 39.1.8 (Sch. B VI 2308; Hb. IV 13) herkommt, genauer gesagt aus der Summe des Basilikentextes B. 39.1.8.8 Ὁ μὴ κινῶν μειοῖ τὸ μέρος τοῦ κινοῦντος[451]. Die zweite Wurzel dieser Meinung bildet die Auffassung, dass die Querel aus einer *hereditatis petitio* hervorgegangen sei.

Gegen die Meinungen ist einzuwenden, dass es im Ulpian-Textstück *et si dicam inofficiosum, non totam hereditatem debeo, sed dimidiam petere* (D. 5.2.8.8) thematisch die Quart des anderen ist, die die Querel des ego auf ein halb kürzt, und nicht schon die bloße Existenz des anderen, der *exclusus* ist[452]. Die geäußerte Auffassung, die Existenz möglicher Querelkläger begrenze die Aktivlegitimation, umfasst den Fall, dass einer quereliert und der andere nicht klagt, aber noch klagen könnte. Ein Quellenbeleg, der hier die Aktivlegitimation (!), genauer gesagt die *admissio* zur Querel auf die Hälfte einschränkte, fehlt[453].

---

447 DER II 693.

448 Nemo pro parte 344.

449 Legittimazione 19.

450 *Koch*, SZ 136 (2019) 493.

451 Dazu bereits oben, S. 55. Im Scholion Ἐπειδὴ φθάσαντες ad B. 39.1.8 ist es noch die konkrete Konkurrenz zwischen *actio ad implendam legitimam* des einen und *querela* des anderen, der nicht klagt, aber auch nicht ausschlug, die den Teil macht. Erst in der Summe B. 39.1.8 steht dann schon die Vereinfachung Ὁ μὴ κινῶν μειοῖ τὸ μέρος τοῦ κινοῦντος, die so verstanden werden kann, dass bereits die „Existenz" des anderen die Querel des Klagenden kürzt. Und die Summe B. 39.1.14 (mit der Vorlage D. 5.2.17pr.) schließt das System durch den Gegenfall ab. (Der Ausschlagende ist für nicht mehr existent zu halten und macht daher dem Klagenden keinen Teil; wer aber nicht ausschlägt, ist noch existent und macht dem Klagenden einen Teil). Der bei *Voci* DER II 693 zu lesende erste Satzteil „… la presenza del coerede diminuisce la quota che spetta all'altro" ist auffallend gleichlautend gesagt.

452 Womit er für eine Querel gar nicht mehr in Frage käme.

453 Von einem *admissus* zu ½, *pro parte* oder Ähnlichem ist in den Quellen nichts zu lesen.

Gagliardi[454] sagt, im Fall von „due figli *sui*, A^1 e A^2, fossero stati diseredati ... e fosse stato istituito ... l'estraneo" gelte: „A^1, che avesse agito con querela, avrebbe dovuto limitarsi ad agire per la propria quota" (mit prinzipieller Teilreszission in diesen Fällen[455]).

Auch *Glück*[456] ist ein Vorläufer der These; er sagt nach der Erörterung von Paulus D. 5.2.19: „So stimmen nun also Ulpian und Paulus darin überein, daß, wenn ein übergangener oder enterbter Notherbe die Querel in einem Falle anstellt, wo noch andere nicht übergangene Notherben vorhanden sind, die Klage nur darauf gerichtet werden könne, was der ausgeschlossene Notherbe ab intestato erhalten haben würde, und daß in einem solchen Falle das Testament nur pro parte rescindirt werde." Dazu zitiert er *Fabrot*: „...Agit igitur filia praeterita PRO PARTE, et rescindit testamentum pro parte." und die übereinstimmende Erklärung des Scholiasten. Gemeint ist das Scholion Δύο τις ἔχουσα ad B. 39.1.15 (Sch. B VI 2321; Hb. IV 21) zu D. 5.2.19: Ζητεῖ τοίνυν ὁ Παῦλος, τίνι χρὴ τρόπῳ τῇ γεγραμμένῃ κληρονόμῳ βοηθεῖν θυγατρί; καὶ τοῦτο ζητήσας φησίν, ὅτι ἡ πραετέριτος θυγάτηρ ἐκεῖνο καὶ μόνον ἐκδικεῖν ὀφείλει τὸ μέρος, ὅπερ ἤμελλεν ἔχειν ἀδιαθέτου τῆς μητρὸς τελευτησάσης, τουτέστι τὸ ἐξαούγκιον. (Es untersucht nun der Paulus, auf welche Weise es nötig ist, der zur Erbin eingesetzten Tochter zu helfen. Und, indem er das untersucht, sagt er, dass die übergangene Tochter jenen und nur den Teil herausklagen dürfe, den gerade sie zu haben erwarten dürfe, wenn die Mutter ohne Testament verstorben wäre, das ist die Hälfte [$^6/_{12}$]).

Nach diesen Meinungen ist von einem auf den Intestatteil eingeschränkten Klagen (ἐκδικεῖν, *agit*, „die Klage darauf richten") die Rede, nur beim Scholiasten unscharf, da ἐκδικέω bloß „ich schaffe Recht" heißt[457]. Und schließlich schrieb *Glück* zum Fall, „wenn mehrere zur Querel gleich berechtigte zusammentreffen: Auch hier kann der Regel nach ein jeder nur auf den Theil der Erbschaft klagen, den er ab intestato erhalten haben würde, und in so weit kann er also auch nur sein Gesuch auf Rescission des Testaments richten"[458]. Der Ausdruck „Gesuch auf Rescission" ist fragwürdig. Querelieren ist schlicht *testamentum inofficiosum dicere*, womit ein *petere* (oder *vindicare*) *hereditatem ab intestato* verfolgt wird – das ist schließlich Sinn der Sache –, aber die Aktivlegitimation zur Querel – man sollte

454 Legittimazione 27.

455 *Gagliardi*, Legittimazione 27: „rescissione (parziale) del testamento".

456 Commentar 7. Theil, 1. Abth. 431 zum 5. Buch, 2. Tit. Und dort noch mit weiteren Hinweisen auf Nooth, Struv, Cocceji, Reuter und Hofacker.

457 Und vielleicht sogar eher als Acc. Graecus zu übersetzen ist: und sie allein hinsichtlich des Teils (oder hinsichtlich allein dieses Teils) Recht schaffen dürfe etc.

458 Commentar 7. Theil, 1. Abth. 432.

richtiger von einem *admittere* zur Querel sprechen[459] – ist nicht abhängig von einer *hereditatis petitio*, sondern die erfolgreiche Querel soll erst zum Erben machen und den Obsiegenden wie einen zivilen Erben zur *hereditatis petitio* legitimieren. *Glück* erklärt in D. 5.2.16pr.[460] den Umstand, dass das Testament „in Rücksicht auf das eingesetzte Kind gültig [bleibe]" damit, dass „der übergangene Bruder nur die hereditatis petitio de inofficioso partiaria angestellt hatte"[461] und untermauert ferner die „hereditatis petitio de inofficioso partiaria" mit der Begründung: „Denn Niemand kann durch die Querel mehr, als seine Intestatportion, einklagen und erhalten"[462]. Der andauernde Thesenstreit ist in den Quellen kaum abzustützen: ist die Querel eine „rescissorische hereditatis petitio"[463]? Ist sie als eine inzidente *hereditatis petitio* entstanden (These der „Inzidentquerel")[464]?

Weitere Streitpunkte des Schrifttums[465] entspinnen sich aus der hypothetischen Konstellation, dass der eine bereits obsiegte, bevor die Querel des anderen wegfiel. *La Pira*[466] schrieb zutreffend, der Querelberechtigte habe das Recht, in die Intestatsukzession zu kommen („ha diritto di venire alla successione ...") und dieses Recht umfasse – „almeno virtuale" – die gesamte Erbschaft („... di questo diritto abbraccia tutta l'eredità"): „esso può integralmente attuarsi", die Querel habe also tendentiell Gesamtreszission zur Folge, wenn nicht konkret „nè il concorso di altri diritti, nè ostacolo nel giudizio di inofficiosità" entgegenstehe. Und dann schrieb er: „E può avvenire che quantunque in un primo tempo fosse solo parziale, la sua attuazione divenga ex postfacto, *per accrescimento*, integrale"[467]. Ich stimme dem ersten aus dem Quellenbild D. 5.2.16pr. (echt), D. 5.2.23.2 (echt) und D. 5.2.17pr. (echt) ganz zu. Die in der Literatur gestellte Frage, ob es eine Akkreszenz *ex post* (also eine Anwachsung an den Intestatteil nach einer durchgedrungenen Querel) gebe, war

---

459 Vgl. Ulp. D. 5.2.8.15: *... puto aut non admittendum ad inofficiosum, aut si admittatur ...*; Ulp. D. 5.2.25.1: *... ad querellam admissus ...*; Paul. D. 5.2.31pr.: *qui admittitur ad accusationem ...*; *Krüger*, FS Koschaker II (1939) 264f.; *Pérez Simeón*, Iura 65 (2017) 247.

460 Hier ist der Gedanke von *Gagliardi*, wer mehr als den Intestatteil einklage, überklage, bei *Glück*, Commentar 7. Theil, 1. Abth. 436 schon vorbereitet, indem *Glück* sagt, auf $^{8}/_{12}$ konnte er [der übergangene Bruder] nicht klagen, „weil er sonst durch die Querel mehr bekommen würde, als ab intestato."

461 Commentar 7. Theil, 1. Abth. 436.

462 Commentar 7. Theil, 1. Abth. 437. Ferner allgemein 489f. „Die Querela inofficiosi testamenti ist eine wahre hereditatis petitio."

463 Siehe bei *di Lella*, Querela 190 die weiteren Nachweise.

464 Prägend *Marrone*, AUPA 27 (1959) 175–177; St. Betti III (1962) 401–410; zu zustimmenden und ablehnenden Stimmen (mit den jeweiligen Gründen) vgl. die Übersicht in HRP/*Wimmer* §55 Rn. 48 Fn. 171 m.w.N.

465 *Gagliardi*, legittimazione 140f. gegen *La Pira*, successione contro 453f.

466 Successione contro 453.

467 Successione contro 454.

für *La Pira* unproblematisch, indem die Testamentsreszission schlicht mit den *ab intestato*-Konkurrenzen korreliert zu sehen sei. Dem füge ich an: Klar ist, dass f1 *ex auctoritate centumviri* zum *petere ab intestato* zur Hälfte legitimiert ist, solange ihm f2 noch konkurriert. Fällt f2 später in der Konkurrenz der *ab intestato*-Berufenen weg, so ist es schon möglich, Fr. 17pr. konsequent so fortzudenken, dass f1 nicht nochmals querelieren muss, denn er ist schon einer, *secundum quem* das Testament des *extraneus* beseitigt ist, und er hat nun als der alleinige Sukzessor *ab intestato* zu gelten. Stellt f1 einfach die *hereditatis petitio* auf die restliche Hälfte an, so kann der *extraneus* weder einwenden, dass f1 nicht einer sei, *secundum quem* das Testament entkräftet wurde, noch dass ihm die Aktivlegitimation zum *petere ab intestato* auch zu dieser Hälfte fehle. So wenig wie in Fr. 17pr. das Argument des Testamentserben galt, f1 vindiziere *non recte universam hereditatem*, nachdem f2 wegfiel, so wenig änderte sich etwas an dieser Auffassung der *Centumviri* auch in diesem Fall[468]. Mit größerer Bestimmtheit beantwortet *Gagliardi* die Frage[469] – ich unterbreche den zu zitierenden Satz *Gagliardis* mit Einschüben –: „Il coerede che avesse agito solo per la propria quota" – das ist die nicht bewiesene These der auf die eigene Quote[470] beschränkten Aktivlegitimation – „non avrebbe potuto … pretendere *ex post* la quota del coerede che successivamente non avesse agito" ([der Miterbe, der geklagt hat] wird nicht im nachhinein die Quote des anderen, der nicht geklagt hatte, in Anspruch nehmen können). Und zwar, weil dies eine „ripetizione dell'*eadem causa* tra le stesse parti e coi medesimi petitum, cioè l'eredità, e *causa petendi*, ovverosia l'apertura della successione intestata a causa dell'inofficiosità" sei, oder, „molto banalmente", weil man nicht die Querel zweimal gegen denselben anstellen könne („non si poteva intentare querela per due volte contro la stessa persona")[471]. Der Intestatteil dessen, der nicht geklagt hatte, verbleibe endgültig dem Testamentserben („La quota teoricamente spettante *ab intestato* al coerede necessario che non agiva rimaneva definitivamente all'erede testamentario"[472]). Anwachsung gebe es nur, wenn im Laufe des Prozesses bereits feststehe, dass der andere mit dem Willen

---

468 Andernfalls müsste man sagen, dass eine zweite Querel des f1 nur den Sinn haben könne zu prüfen, ob die Querel des f2 tatsächlich wegfiel. Wird dies eingewendet, scheint Raum für eine zweite Querel; ist dagegen der Querelverzicht des anderen unstrittig, wird die *hereditatis petitio* allein genügen, indem die Anwachsung an die zivile Intestatportion klar ist.

469 Legittimazione 140: „… la risposta sembra potersi ricavare implicitamente dai testi esaminati …". Die Konfrontation mit *La Pira* (mit der These, die Querel reszindiere prinzipiell gesamt)/*Gagliardi* (prinzipiell Teilreszission) liegt hier auf der Hand.

470 Was aber ist die eigene Quote? Eine Intestaterbordnung, die die Akkreszenz kennt, rüttelt an einer zu früh fixierten „propria quota".

471 Die Meinung kommt bei *Gagliardi* aus Fr. 8.8 zusammen mit Fr. 16pr. hervor; zum Zusammenhang siehe daher bei Fr.16pr., oben S. 97.

472 Legittimazione 142.

auszuschlagen nicht klage[473]. *Gagliardi* stören nun also Texte, wo über die eigene Quote hinaus anwächst (wenn nicht ausgeschlagen wurde) und dieser Teil somit nicht dem Testamentserben verbleibt. In D. 5.2.16pr. ist es der Textteil *filia … in hereditate legitima fratri non concurrit*; hier folgt er ganz *Voci*, der meinte, *non concurrit* heiße hier so viel wie die Schwester würde nichts erlangen können aus der Tatsache, dass der Bruder obsiegte[474]. Also so, wie die Byzantiner es meinten mit „sie dürfe nicht mit dem Bruder mitlaufen". Sein Deutungskonzept sieht *Gagliardi* in Fr. 16pr. so: Jeder klagt für sich seine Quote ein. Wenn die Schwester (*postea*) *non egit* oder zwar klagte, aber *non optinuit*, dann habe sie nichts erlangt, und davon dürfe der andere nicht profitieren[475]. Und in D. 5.2.23.2 (*pars eius alteri adcrescit*) stört der Textteil *idemque erit, et si tempore exclusus sit*, weil sich dieses Textstück nicht mehr im Sinne einer Ausschlagung zurechtrücken lässt, während sich in den Teil *unus postea constituit non agere* zur Not gerade noch ein *animo repudiantis* hineinlesen ließe, um ein Abstehen von der Prozessfortsetzung wegen Aussichtslosigkeit auszublenden.

b) Meinungen der prägenden Literatur – Periodisierung, Juristenzweifel und Kontroversen (*La Pira*, *Renier*, *Voci*, *Di Lella*) und Ausschaltung der Kontroversen (*Ribas-Alba*, *Gagliardi*)

Die Periodisierungen *La Piras*[476]:

Die Konsequenzen von „Nicht-Klagen" des einen für die Querel des anderen seien nach den Perioden unterschiedlich gewesen[477]; klassisch sei: Die, die nicht klagen wollen oder können seien ausgeschlossen geblieben von der Intestatsukzession, nachklassisch seien aber auch sie zur Sukzession berufen worden. Aber die, die einen klaren Ausschlagungswillen bekundeten, seien als vorverstorben angesehen worden und daher von der Sukzession ausgeschlossen geblieben. Daher sei es in der nachklassischen Periode von großer Bedeutung gewesen, einen *animus repudiantis* zu erweisen. Während in der klassischen Periode die Annahme eines Legats bereits genügte, um ein *adgnovit iudicium defuncti* (ein Anerkennen des letzten Willens) anzunehmen, habe dies nachklassisch noch nicht die Ausschlagung der Intestatsukzession bedeutet[478]. So spricht *La Pira* von „profili delle due

473 Legittimazione 142: „Il diritto di accrescimento esisteva dunque evidentemente solo se …nel corso di un processo di *querela*, durante il quale già constasse l'*animus repudiantis* dell'altro coerede necessario."

474 Legittimazione 129.

475 Legittimazione 130.

476 Successione contro.

477 Successione contro 459.

478 Erkennbar auf D. 5.2.19 gemünzt.

querellae" (von zwei Querelen), „della querella classica e di quella postclassica"[479] (einer klassischen und einer nachklassischen).

Gerafft gesagt schlägt *La Pira* folgende Streichungen vor, je nachdem ob ein Textteil konzeptkonform oder konzeptwidrig ist:

Oben schon bei D. 5.2.8.8 erwähnt[480] sei der Textteil [*et si dicam inofficiosum non totam hereditatem debeo, sed dimidiam petere*] zu streichen: im „testo originale" zählten die, die nicht klagen wollen oder können, bei der Berechnung der *portio debita* mit („ma al solo fine della computazione della portione debita"). So wie sich der Text aber „gegenwärtig präsentiere", seien die, die nicht klagen – „purchè non repudiantis animo" –, zur Intestatsukzession berufen (das ist nur mit dem nachklassischen Konzept konform); daher konkurrierten sie im Erwerb der Erbschaft mit dem Obsiegenden. Wenn von zwei Brüdern der eine klagt und der andere nicht, „ed anulli l'intero testamento" (und er das Testament gesamt reszindierte), stehe deshalb da, dass der Obsiegende *non totam hereditatem debet, sed dimidiam petere* (nachklassisch konzeptkonform ist nun auch der andere berufen und der Obsiegende kann nur die Hälfte herausverlangen). *La Pira* fügt – wie es später auch *Gagliardi* übernimmt – an: Soweit der Text nicht ausdrücklich unterscheide zwischen einem, der *simpliciter* nicht klagt, und einem, der *animo repudiantis* nicht klagt, müsse man dies mitverstehen („essa vi è, tuttavia, sottintesa"); das beweise das lange Scholion von Stephanos[481].

D 5.2.17pr.[482] sei im Teil der Anwachsung echt[483]; [*repudiantis animo*] sei interpoliert (byzantinischer Gedanke); für das klassische Konzept stört die Berufung auch des anderen zur Intestatsukzession; daher sei zu streichen [*quia rescisso testamento alter quoque ad successionem ab intestato vocatur, et ideo universam hereditatem non recte vindicasset*]. Ab [*quia … vindicasset*] strich als Glossem schon *Gradenwitz*; die erweiterte Interpolationsannahme *La Piras* („la ragione più profondo dell'interpolazione") sei aus der verschiedenen Natur der postklassischen Querel begründet[484]. Die Streichung [*in rebus humanis*] sei motiviert aus justinianischer Tendenz, Enterbte wie schon Tote anzusehen[485]. Die Akkreszenz in Fr. 17pr. (*partem non facit*) stützt *La Pira*[486] mit D. 37.4.10.4[487]: da sei der Sinn von *partem non facere* unzwei-

479 Successione contro 558 (§ 265f.).

480 Meinungsüberblick zu D. 5.2.8.8 S. 33–34.

481 Successione contro 458 (§ 222).

482 Successione contro 454 (§ 221).

483 Successione contro 562.

484 Successione contro 454 Fn. 2.

485 Successione contro 455 Fn. 2.

486 Successione contro 561 (§ 265).

487 D. 37.4.10.4 (Ulp. 40 ad ed.) *Liberi, qui contra tabulas habere non possunt, nec partem faciunt, si per alios committatur edictum*; … . Die Koinzidenz ist richtig.

felhaft: Die, die die *bonorum possessio contra tabulas* nicht beantragen können, konkurrieren nicht denen, die sie beantragen. Das sei auch der Sinn von *partem non facere* in Fr. 17pr.: Der Obsiegende erlange die ganze Erbschaft. D. 5.2.17pr. „coincide perfettamente col fr. 10.4 D. 37.4: è lo stesso stile, la stessa direzione di pensiero …“[488]. Die festgestellte Koinzidenz sei also: wer nicht querelieren will oder kann, sei in derselben Position wie einer, der die *bonorum possessio contra tabulas* nicht beantragen will oder kann.[489] Das in den Originaltext inserierte *quia rescisso testamento alter quoque ad successionem ab intestato vocatur* gehe konform mit dem neuen Konzept, das die Byzantiner in D. 5.2.6.1 anwandten[490].

Aus Fr. 17pr. zog *La Pira*[491] drei Schlussfolgerungen: 1) dass die „querella classica“ notwendig koordiniert gewesen sei mit dem Recht zu sukzedieren („coordinata al diritto di successione“), das heißt: ist eine Querel ausgeschlagen oder verhindert, so war auch das Recht, in diesen Teil zu sukzedieren, verhindert. 2) Der „querella postclassica“ habe diese Koordination gefehlt: von der Reszission durch einen habe auch der andere profitiert. 3) Diese Konsequenz sei nur durch die Fiktion, wer ausschlug, sei vorverstorben, verhindert worden. Daher hätten auch die, die „per semplice inazione“ (schlichtes Nicht-Klagen) oder weil sie sonst gehindert waren, nicht klagten, von der Gesamtreszission profitiert (*La Pira* zitiert „6.1 D 5.2; 19 D 5.2“). Ausgeschlossen seien nur die gewesen, die *repudiantis animo* nicht klagten (Zitat: „17 pr. D 5.2“) oder die, bei denen der Verzicht offenkundig war (Zitat: „19 D 5.2“). Das alles sei ganz klar („chiarissimo“) aus dem Scholion des Stephanos.

D. 5.2.16pr.[492] sei im Wesentlichen echt: „la perdita della querella importa anche perdita del diritto di successione …“ (wer die Querel verliert, verliert auch die Intestatsukzession); sonst nur wenig verändert: [*in hereditate legitima*] sei zu streichen, weil die Querel im klassischen Recht nicht die *legitima hereditas* eröffne, wie dies erst im nachklassischen Recht der Fall sei.

D. 5.2.23.2[493] sei ganz echt. Da gelte Gesamtreszission („rescinderà così per intero il testamento“). Wer unterlag, ausgeschlossen war oder den Streit aufgab, konkurriert nicht mehr; daher: „il legittimario querelante attuerà integralmente il suo diritto“, und zwar vom Moment an, da ihm „il diritto del legittimario rinunziante“ nicht mehr konkurriert.

488 Successione contro 561.

489 Successione contro 561.

490 Der Kritik verfällt „nuovo concetto che i bizantini avevano della querella, e di cui essi fecero applicazione del fr. 6.1 D 5.2.“ (successione contro 561) mit der Begründung des Deutungsvorschlages zu Fr. 6.1, oben S. 86–87.

491 Successione contro 563 (§ 265).

492 Successione contro 454.

493 Successione contro 454.

D. 5.2.19[494]: Für das klassische Recht sei die Lösung klar: Der Antritt der *scripta* habe sie von der Intestatsukzession ausgeschlossen („l'adizione ha *assorbito* la vocazione intestata"[495]). Die *praeterita* könne die drei Viertel vom *extraneus* vindizieren, aber die Einsetzung der Schwester zu einem Viertel nicht reszindieren. Nachklassisch müsse man unterscheiden, ob der Erbantritt der *scripta* Ausschlagung ihrer Intestatberufung bedeute oder nicht bedeute. Im ersten Fall profitiere einzig die *praeterita* und könne die gesamte Erbschaft vindizieren. Im zweiten Fall profitiere auch die *scripta* („dell'annullamento del testamento") und auch sie sukzediere nach der Mutter (*ab intestato*). *La Pira* „isoliert" aus dem Text die „sicher klassischen Elemente" nach *Respondi* so: [*id*] sei zu streichen und <*dodrantem*> (¾) einzufügen; ab [*quod intestata matre – hereditatem. sed*] sei zu streichen; echt sei: *non est (enim) admittendum ut adversus sororem audiatur agendo de inofficioso*: das folgende [*praeterea dicendum – ex testamento adiit*] sei zu streichen; *et ideo ab extraneo* [*semissem*] <*dodrantem*> *vindicandum.* [*et defendendum – ad hanc pertineat*] *secundum quod non in totum testamentum infirmatur, sed pro parte* [*intestata efficitur* – sei zu streichen bis zum Schluss – *salvum ius sit adeundae hereditatis*][496]. Der Originaltext „doveva dire": die *praeterita* vindiziere drei Viertel, sei aber nicht zugelassen, gegen die Schwester zu klagen („non viene ammessa ad agire contro la sorella"). Das Testament sei also nur teilweise reszindiert („Il testamento, dunque, è solo parzialmente rescisso"). In diese Entscheidung hätten die Byzantiner die Frage der Ausschlagung hineinverwoben[497].

III.6 Kontroversen?

Die Erklärung aus Juristenkontroversen kommt von einem anderen Streit her: ist die Querel aus der Praxis des Centumviralgerichts als eine Intestaterbschaftsklage mit der besonderen Behauptung eines *color insaniae* (*Hartmann*) hervorgegangen, mithin als eine „qualifizierte" *hereditatis petitio*? Oder ist sie von einer *hereditatis petitio* unabhängig „als selbständiges Rechtsmittel" entstanden (verteidigt von *Wöß*[498])? Der Streit kommt von zwei Quellen her, die einander scheinbar widersprechen: D. 5.2.20 (Scaevola 2 quaest.) ...*qui vero de inofficioso dicit, nec actiones movere debet<nec aliam ullam quam hereditatis petitionem exercere> nec ali*).... Da-

494 Successione contro 459–462.

495 Successione contro 460.

496 Successione contro 460f. Der Schlussteil sei justinianisch; er bekräftige, dass die Querel die Intestatsukzession eröffne und dass die, die schon angetreten haben, „*nuovamente*" *ab intestato* antreten können (462).

497 Successione contro 461.

498 Erbrecht, insbesondere 217.

zu sagte *Francke*[499]: „Es ist also die Querel eine wirkliche hereditatis petitio, dahin gerichtet, daß der Kläger, nach vorgängiger Rescission des lieblosen Testaments, als Intestaterbe anerkannt, und demnach ihm sein Intestaterbtheil herausgegeben werde". Als widersprechend empfand man Paul. sent. 4.5.4 *qui inofficiosum dicere potest, hereditatem petere non prohibetur*[500]. *Eisele* vermittelte die beiden Texte Scaev. D. 5.2.20 und Paul. sent. 4.5.4 so, dass die Querel zwei Wurzeln habe, eine Centumviralquerel als gewöhnliche Erbschaftsklage, die *colore insaniae* des Erblassers das Testament umstoßen will, und eine Kognitionsquerel (*extraordinaria cognitio*), die das Testament nicht wegen *insania* als nichtig sieht, so dass nicht unmittelbar auf Herausgabe zu erkennen sei, sondern die das bis dahin gültige Testament wegen Inofficiosität reszindierte (eine *hereditatis petitio* sei dann nachgeschoben).

Renier[501] schloss sich *Eisele* in der These der zwei Querelen insoweit an, als sich aus ihrem Parallelismus und ihrer schrittweisen Vereinigung erkläre, dass die Juristen mit Zweifelsfragen konfrontiert waren, wo der *color insaniae* noch auftaucht, die *Renier* aber in der Scholienliteratur als bereits ausgeräumt feststellte. So weist *Renier* im Paulus-Text D. 5.2.19 auf das Textstück … *licet quasi furiosae iudicium ultimum eius damnetur* hin. Dass der *color insaniae* nicht mehr die Wirkung einer Gesamtreszission haben soll, sei dem Scholion Δύο τις ἔχουσα ad B. 39.1.15 (Hb. IV 21) bereits klar gewesen (so offenbar wegen Δῆλον οὖν), im Paulus-Text komme das noch als Zögern vor, was im Scholion nur noch als eine Reprise erwähnt werde: (*Renier*[502]: „Nous constatons donc que les commentateurs byzantins ne se sont pas dégagés des hésitations de Paul." „… Cést dans la scolie que l'on retrouve cette discussion reprise chez Paul de la nullité radicale du testament inofficieux"). Ich merke dazu an, dass Δῆλον οὖν ἐκ τῶν εἰρημένων, ὅτι [γὰρ] οὐκ εἰς τὸ πᾶν καταλύεται ἡ διαθήκη (klar ist nun aus dem Gesagten, dass nicht zur Gänze das Testament aufgelöst wird) nicht so zu verstehen ist, dass es nunmehr nach der Rechtslage klar sei, sondern dass es n a c h d e m G e s a g t e n klar sei[503]. Paulus argumentiert im Kern gegen den Prozessstandpunkt der *praeterita*, und nimmt somit auch dieses Argument auf … *licet quasi furiosae iudicium ultimum eius damnetur*. *Renier*[504] beobachtet, dass sich der *color insaniae* – eine, wie er sagt, theoretische (oder besser rhetorische) Rechtfertigung der Gesamtreszission – in eher theoretischen Abhandlungen bei Tryphonin[505] und Paulus (in einer nota zu Scaevola D. 5.2.13 *quasi a demente*, in den Quaestionen D. 5.2.19 und im liber singularis de septemviralibus

499 Notherben 254f.
500 Vgl. *Woeß*, Erbrecht 211.
501 Etude sur l'histoire de la querela inofficiosi en droit romain (im Folgenden: querela).
502 Querela 236.
503 Paraphrase des Gedankengangs oben, S. 80–81.
504 Querela 120f.
505 „D. 32.36" ist dort Fehlzitat.

D. 5.2.28) findet, nicht aber bei Papinian in seinen Responsa, die eine praktische Lösung erforderten. Dazu weist er zur „rescission partielle" den Papinian-Text D. 5.2.15 auf mit *nec absurdum videtur pro parte intestatum videri*[506] (D. 5.2.15.2 am Ende; der Text gehört allerdings auch zur Literaturgattung der Quaestionen, Papinian, libro quarto decimo quaestionum). Und Ulpian zitiere nur Papinian[507].

Voci vertritt eine Kontroverse zwischen Papinian/Ulpian – beide seien für Teilreszission; die *pars* des Nicht-Klagenden akkresziere nicht – und Paulus[508] („il quale ammetteva il diritto di accrescimento")[509]:

Pap. D. 5.2.16pr. und Ulp./Pap. D. 5.2.8.8 sind bei *Voci* so in Übereinstimmung gebracht:

Pap. 2 resp. D. 5.2.16pr. (drei Kinder, pflichtwidriges Testament der Mutter): *filius* 1 klagt *de parte* gegen den *fratrem institutum*; die *filia* klagte nicht oder verlor. Entscheidung: *filia, quae non egit aut non optinuit, in hereditate legitima fratri non concurrit.*

Voci[510] meinte: der *filius* 1 bekomme ein Drittel und die *filia* nichts[511]. Die Ablehnung der Akkreszenz belege hier *non concurrit*. Ferner, *filia … non egit* sei gleich wie *qui non queritur* in Pap./Ulp. 14 ad ed. D. 5.2.8.8, dort mit der Entscheidung Papinians, dass, wer nicht klagt, dem anderen *partem facit* (ihm einen Teil macht); das sei als Ausschluss der Akkreszenz zu verstehen. In beiden Texten komme Teilreszission vor.

Das scheint den Sinn von *non concurrit* zurechtzurücken und gleicht einer Übersetzung von οὐ συντρέχει αὐτῷ[512] ὡς ἐξ ἀδιαθέτου, die *filia* „läuft nicht mit" mit dem Bruder in der Intestaterbfolge. Aber der Scholiast meinte es so, dass die Schwester vom ersiegten Drittel des Bruders ihren Pflichtteil haben wollte[513] (bezog dies also auf eine Konfrontation der Schwester gegen ihren Bruder und nicht darauf, ob sich der Teil des Bruders, der ein Drittel bekam, vergrößere). Der Kritik verfällt, den Sinn von *non concurrit* aus Pap. Fr. 16pr. nach Pap./Ulp. Fr. 8.8 zu versetzen und zu sagen *non concurrit = partem facit*. Das ist eine falsche Identität der Vokabeln. *Partem non facit = adcrescit* (so interpretiert *Voci* die Identität zutreffend in D. 5.2.23.2),

---

506 Querela 121.

507 Querela 121: „En nos textes Ulpien y fait appel à six resprises et ne cite que Papinien."

508 Eine Kontroverse ist nicht glaubhaft aus den oben im Zwischenresümee genannten Gründen.

509 DER II 693.

510 DER II 693.

511 Dort: L'altro figlio … vince solo per la sua parte e ha diritto di conseguire un terzo, mentre la figlia … non consegue niente." Das heißt: dem *filius institutus* verblieben zwei Drittel (vgl. so auch unten bei *di Lella*).

512 Vgl. oben zu B. 39.1.13 (Sch. A V 1763; Hb. IV 20) und B. 39.1.14 (Sch. A V 1763; Hb. IV 20).

513 Oben, S. 101–102, Fr. 16, „Konformitäten und Brüche".

und *partem facit* = *non adcrescit*[514] = *non concurrit*[515] (so *Voci*). Zu erinnern ist an *Francke*[516], der ganz ähnlich wie das Scholion meinte, *non concurrit* enthalte nur den Satz, dass der Bruder, der das Testament zu seinem Teil reszindierte, diesen Teil mit der Schwester nicht zu teilen brauche, er vom Ersiegten ihr also nichts abgeben müsse. Dann spreche die Stelle gar nicht von Anwachsung (*Francke*). Das sieht auch so aus wie *non concurrit* = *non accrescit* = *partem facit*, aber es hieße: die Schwester „läuft nicht mit" mit dem Bruder, kann sich nicht an seinen ersiegten Teil anhängen = ihr Teil wächst dem Bruder nicht an (das ist nun schon schief) = sie macht (mit ihrem Intestatteil) ihrem Bruder einen Teil, kürzt also dessen Querel gegen den eingesetzten Bruder.[517] Will *Voci* so für Papinian die einheitliche Linie einer Teilreszission behaupten, so gelingt es aber doch nicht ganz für Paulus, die Linie einer Gesamtreszission („il quale ammetteva il diritto di accrescimento"[518]) durchzuhalten, wenn für Paulus in D. 5.2.19 die „soluzione giusta" die Teilreszission sein soll, oder genauer, wie es *Voci* sagt, dass die *praeterita* nur gegen den *extraneus* querelieren könne („La soluzione giusta è per Paolo la seguente. La querela deve essere esperita solo contro l'estraneo …"). Als selbstständige Begründung mag das noch einleuchten, nicht mehr aber, wie dann die partielle Teilreszission beim *extraneus* selbst, der von seinen drei Viertel ein Viertel behält (auch das sei die „richtige Lösung" für Paulus[519]), dazu passt.

Di Lella[520] vertritt mit eigenständiger Begründung die gleiche Kontroverse[521] und meint in Fr. 16pr.: Der beklagte *filius* 2 behalte zwei Drittel (und nicht nur die Hälfte, wie andere meinten). Die nicht klagende *filia* hindere die Eröffnung der Intestatsukzession („…impedisce l'apertura della successione intestata"). Das sei eine Akkreszenz ihres Teils, nicht an den querelierenden Bruder, sondern an den eingesetzten Bruder („accrescimento … in favore di quello istituito …")[522]. Ich merke an: man sieht, dass *di Lella* bemüht ist, *concurrit* – als technisch für

514 Diese Gleichsetzung ist richtig.

515 Diese Gleichsetzung ist unrichtig.

516 Notherben 276; dazu schon oben S. 96 Fn. 314 (D. 5.2.16pr.).

517 Doch mit *Voci* (und gegen *La Pira*) *Gagliardi*, legittimazione 129. Gegen *Voci* unter anderem zutreffend *Ribas-Alba*, Iura 39 (1988) 79 zu Fr. 16pr.: „el texto se aporta como prueba de la falta de acrecimiento … Es precisamento lo contrario."

518 Und Akkreszenz = *exheredatus partem non facit* in Paul. D. 5.2.23.2.

519 DER II 697: „… a quest'ultimo resta un quarto …".

520 Querela 210.

521 Dazu schon oben bei Fr. 16pr., S. 95, nur mit der verfeinerten Begründung, für Papinian und Ulpian sei ein Nebeneinander von testamentarischer und Intestaterbfolge, somit Teilreszission, denkbar gewesen, für Paulus nur Intestaterbfolge zur Gänze und damit Gesamtreszission: *Di Lella*, Querela 218, 227.

522 Querela 211; und dort: „… cioè di successori che hanno titolo diverso".

Akkreszenz – zu halten. Aber der Vorschlag verlässt den Sinn des Textteils sowohl bei *in hereditate legitima* als auch bei *fratri = filio, qui … ante egit*[523].

Der Gegensatz der Positionen zwischen Papinian und Paulus komme aus einer unterschiedlichen Sicht von reszissorischer und petitorischer Funktion des Querelprozesses. Nach Papinian seien reszissorisch und petitorisch so innerlich verbunden („cosí intimamente connesse"), dass sie als zwei verschiedene Aspekte derselben Klage („due aspetti diversi di una medesima azione") gelten, die sich wechselseitig bedingten („condizionano reciprocamente") in dem Sinne, dass die konkret herausverlangte Portion den reszissorischen Effekt bestimme.[524] Nach Paulus lägen dagegen zwei unabhängige Klagen vor („due azioni indipendenti"), das Testament werde immer gesamt reszindiert. Der Gesamtreszission könne die Vindikation der *pars* folgen („in quanto alle rescissione sempre totale del testamento può seguire una rivendicazione dei beni ereditari solo per avventura parziale"[525]). In D. 5.2.19 würden beide Konstruktionen dazu führen, dass die *praeterita* nur die Hälfte vindizieren könne. Aber während für Paulus auch die *scripta* zur Hälfte *ab intestato* sukzedieren könne[526], würde nach Papinian die *scripta* aus ihrer Einsetzung mit dem *extraneus* konkurrieren und beide zu je einem Viertel testamentarisch sukzedieren[527]. Paulus präzisiere, was die *praeterita* machen könne: wenn sie ihre Vindikation auf die Hälfte beschränkte, gäbe es keine quaestio („*nulla quaestio*"[528]). Aber wenn sie die gesamte Erbschaft herausverlangte („se … richiederà l'intera eredità"), könne ihr die *scripta* ihre „qualità di successore *ab intestato*" entgegenhalten, ungeachtet der Tatsache, dass sie *ex testamento* antrat[529].

In D. 5.2.17pr. (Paul. 2 quaest.) bedeute *partem non facit* Akkreszenz[530]. Andernfalls sei nicht zu erklären, wie Paulus bekräftigen könne, dass der *alter quoque ad successionem ab intestato* berufen sei, wenn der Obsiegende nur die Hälfte vindizieren könnte[531]. Der Textteil *quia rescisso testamento – et ideo universam hereditatem*

---

523 Begründung bereits oben S. 93.

524 Querela 218: „…nel senso che la concreta portata della pretesa petitoria finisce per ripercuotersi sui limiti dell'effetto rescissorio."

525 Querela 218.

526 Wir bestritten dies oben, S. 74.

527 Querela 218: „ma, mentre per Paolo anche la istituta potrà succedere ab intestato nell'altra metà, per Papiniano non potrà non aversi coesistenza di successione intestata e successione testamentaria, ed in quest'ultima concorreranno la figlia istituta e l'estraneo, ciascuno in ragione di un quarto." (These der Papinianischen Koexistenz von testamentarischer Sukzession und Intestatsukzession und somit Teilreszission).

528 Querela 219.

529 Querela 220.

530 Querela 221. Dem ist zuzustimmen.

531 Querela 222, dort mit *Marrone*, efficacia 65 und Fn. 124.

non recte vindicasset beziehe sich darauf, dass sich der Obsiegende, der den ganzen Nachlass erlangte, gegen eine Vindikation seines Bruders verteidigen könne[532].

D. 5.2.23.2 (Paulus lib. sing. de inoff. test.) spreche ebenso von Akkreszenz und „successione intestata per l'intero in favore del querelante vittorioso"[533] (Gesamtreszission zugunsten des Obsiegenden in allen dort genannten Fällen; auch *idemque ...et si tempore exclusus sit* sei echt).

III.7 Stimmen gegen eine Kontroverse

Ribas-Alba meint, klassisch sei Gesamtreszission, eine Teilreszission sei interpoliert mit nachklassischen Texteinschüben; die behauptete Kontroverse sei inexistent. Textpassagen zur Teilreszission seien als Texteingriffe zu identifizieren bei Ulp.-Pap. D. 5.2.8.8: das Fragment befasse sich ausschließlich mit der Bestimmung der *„portio debita"* die Erwähnung der Wirkung der Querel sei nachklassische Einfügung („adición postclásica"[534]); nachklassischen Ursprungs sei das Textstück *et si dicam inofficiosum non totam hereditatem debeo, sed dimidiam petere* („no puede ser considerado como clásico"[535]), begründet im Wesentlichen mit systematischen Erwägungen: Im palingenetischen Zusammenhang („en la obra de Ulpiano") stehe die Stelle im Kontext der Aktivlegitimation und anderer damit verbundener Probleme, eine davon sei die *„portio debita"*. Der Jurist unterbreche jäh die Argumentation, indem er sofort auf die Quote übergehe, die der Konkurrenz mehrerer Legitimierter entspreche[536]. Fr. 8.8 löse das Problem, ob die Enterbung bei der Bestimmung der *portio debita* zu berücksichtigen sei[537].

Anzumerken sind dazu die Fragen von *Francke*[538], der vertrat, es gehe in Fr. 8.8 nicht um die Frage, ob der „rechtmäßig Enterbte" „bei der Berechnung des Pflichttheils mitzuzählen sei", sondern „ob er mitgezählt werde bei der Bestimmung welchen Erbtheil der Andere mit der Querel vindiciren könne". Dies sei zu bejahen. „So frage sich, ob das Dasein dieses Enterbten von Einfluß ist auf die Querel eines andern". *Francke* will damit auf Folgendes hinaus: Wird der Enterbte bei der Be-

---

532 Querela 223. Anders unsere Deutung oben S. 113: der Textteil spricht vom Einwand des Testamentserben, der die Hälfte behalten will, gegen den Obsiegenden.

533 Querela 225. Dem ist zuzustimmen.

534 Desheredación 285.

535 Desheredación 241.

536 Desheredación 241f.

537 Desheredación 242.

538 Notherben 214 m.w.N. *Ribas-Alba* zitiert ihn (S. 240), wendet sich aber dagegen, dass *Francke* den Textteil halten will: „A favor del carácter genuino del texto se manifestó M. Francke, aunque desde una perspectiva insuficientemente crítica". Zwar will *Ribas-Alba* die Sichtweise übernehmen, aber die Klassizität des Einschnitts *non totam* rell. eliminieren.

rechnung des Intestaterbteils (!) mitgezählt, verringere sich durch das Mitzählen auch der Pflichtteil, denn „der Pflichttheil ist Theil der Intestaterbportion“[539].

In Paul. D. 5.2.17pr. greift *Ribas-Alba* den Textabschnitt *quia rescisso testamento alter quoque ad succesionem ab intestato vocatur, et ideo universam hereditatem non recte vindicasset* als Glossem an[540] und verweist dazu auf *Gradenwitz*[541].

Zu Paul. D. 5.2.19 brachte *Ribas-Alba* die tragende Interpretation bereits in einem früheren Aufsatz[542] vor[543]: Die übergangene Tochter habe gegen beide Testamentserben (gegen die *scripta* und den *extraneus*) obsiegt[544] („La preterida obtuvo una victoria *total*“)[545]. Der Beweis für die „rescisión total“ (Gesamtreszission) sei die Frage, wie der *scripta* zu helfen sei[546]. Im Aufsatz wendet sich *Ribas-Alba* gegen *Voci* (dort zitiert mit: „il testamento è recisso per la metà“ mit der Konsequenz, dass auch die *hereditatis petitio* auf ein halb gehe) und meint, der Textteil, dass der *extraneus* die Hälfte verliert, sei zugunsten der *scripta* gesagt und nicht für die *praeterita* („Cuando el texto dice que el extrano debe ser privado de la mitad, lo refiere en favor de la hija instituida, no de la que venció la *qit.*“[547]). Daraus entwickelt *Ribas-Alba* die Deutung, der Text spreche von Gesamtreszission und die *scripta* (!) verlange die Hälfte vom *extraneus* („Es la instituida la que pide la mitad – semis – del extrano“[548]).

Schwer zu halten ist dann das Textstück *Sed non est admittendum, ut adversus sororem audiatur agendo de inofficioso*, das gegen eine Gesamtreszission spricht. *Ribas-Alba* behauptet eine „adición postclásica“, weil ihm das Stück „divergente respecto a la estructura global del pasaje“ scheine[549]. Es ist auch schwer zu sehen, wie ein *inofficiosum dicere* gegen die *scripta* durchdringen soll, um ihr (nach ihrem Prozessverlust!) dann *ab intestato* zu mehr, nämlich zur Hälfte, zu verhelfen. Dazu kommt, dass mit Papinian D. 37.7.6 belegt ist, dass die Querel die Institutionsportion eines *suus*, die sich mit seiner Intestatportion deckt, nicht zerstört (*Pater filium emancipatum heredem instituit et filiam exheredavit, quae inofficiosi lite perlata partem dimidiam hereditatis abstulit. …*)[550]. Sollte hier Paulus bei der Einsetzung der

---

539 *Francke*, Notherben 215.

540 Desheredación 287.

541 Kritik dazu oben: bei Glosseme S. 118–120.

542 Iura 39 (1988) 75–98.

543 Aufrechterhalten in desheredación 277–284 („la correcta interpretación“ beginnt mit 281–284).

544 Desheredación 277: „La hija preterida ha vencido en los litigios contra ambos herederos testamentarios“.

545 Iura 39 (1988) 90.

546 Desheredación 277: „La prueba de la rescisión total …“.

547 Iura 39 (1988) 90.

548 Iura 39 (1988) 90.

549 Desheredación 279.

550 Dazu bereits oben bei D. 5.2.16pr., S. 94.

scripta auf ein Viertel anderes entschieden haben, so dass eine neue Kontroverse zu eröffnen wäre? Auch wäre der Aufbau[551] ungereimt: Die Frage *quaero, scriptae filiae quomodo succurrendum sit* wird sogleich beantwortet mit *respondi: filia praeterita* (!) *id vindicare debet* rell. (also auf die Hälfte gekürzte Querel, so dass die *scripta* verschont bleibt): Warum steht dann, wenn eine Gesamtreszission schon geschehen wäre, nicht direkt bei *respondi*, dass die *scripta* die Hälfte *ab extraneo* vindizieren könne? Man würde erwarten dürfen: *respondi, filia scripta semissem vindicare debet* rell. Gesamtreszission schließe ich aufgrund geschlossener Interpretation der Texte[552] für Fr. 19 aus, weil die Einsetzung der *scripta* auf ein Viertel das Testament zur Hälfte sicherte[553].

Gagliardi nimmt die Grundthese von *Voci*[554] an: „nella querela ciascuno agiva solo per se“[555] (jeder klagt für sich allein nur seine Quote ein, sonst würde er überklagen[556]), will aber die behauptete Kontroverse beseitigen.

In Fr. 16pr.[557] geht *Gagliardi* im Ergebnis konform mit *Voci* (dem eingesetzten Bruder würden zwei Drittel verbleiben), weicht aber in einem entscheidenden Punkt ab: hier stehe kein *animus repudiantis* der *filia* fest[558]. Hätte sie ausgeschlagen, hätte auch Papinian für Akkreszenz entschieden[559]. Damit eliminiert *Gagliardi* einen Juristenstreit zwischen Paulus und Papinian im Punkt der Anwachsung.

III.8 Die Quart nimmt die Querel – quid porro? Ein Manko der Quellendeutungen

An den Interpretationsmeinungen lässt sich bemerken: *Di Lella* sagt bei Paul. D. 5.2.19, dass sich die *instituta* durch ihren Antritt in einer Lage befinde, wo ihr die Querel genommen sei[560], zugleich vertritt er aber für Paulus alternativ auch

---

551 Auch in diesem Textstück, das man ganz überwiegend noch als kohärent ansieht (vermutete Brüche beginnen erst woanders); oben S. 71–72.

552 Der Fragmente 8.8 mit Fr. 19 und Fr. 16pr. mit Fr. 23.2 und Fr. 17pr.

553 Begründung oben S. 70.

554 DER II 693 (wenn von zweien nur einer klagt): „… egli non può conseguire che una quota … cioè la sua“; und dort: „è la presenza del coerede che determina la quota …“.

555 Legittimazione 130.

556 Legittimazione 84 (*plurispetitio*).

557 Zu [*aut non optinuit*] als interpoliert: *Pescani*, St. Volterra 6, 222ff.: als postklassisch oder byzantinisch vermutet aus Scholion1 zu B. 39.1.13. Rekonstruktionsüberlegungen dazu bei *Gagliardi*, Legittimazione 137f.

558 Doch scheint dies gar nicht nötig, wenn man *Gagliardi* folgte: Der Textteil *aut non optinuit* störte nicht: wer verlor, schlug nicht aus. Der Sinn der Alternative „klagte nicht ohne auszuschlagen oder ist nicht durchgedrungen“ liefe auf das Ergebnis hinaus, dass das Drittel der *filia* dem eingesetzten Bruder verbliebe (dieses Ergebnis meint *Gagliardi*).

559 Legittimazione 130.

560 Querela 219: „…avendo conseguito un quarto dell'eredità, si trova nella condizione di non poter impugnare il testamento …“.

(!) Gesamtreszission. Daraus wird deutlich, dass *di Lella* zwar den Querelausschluss durch die Quart (in fr. 19 durch die *institutio* der *scripta* auf ein Viertel) immer sah, aber nie die aus der querelausschließenden Quart resultierende Konsequenz der testamentssichernden Wirkung im Umfang des Intestatteils infolge ausgeschaltetem *inofficiosum dicere. Voci*[561] unterteilte den Text von D. 5.2.19 in zwei Kolonnen[562], in die richtige Lösung („la soluzione giusta"), wie sie nach Paulus hätte lauten müssen, und in die zweite, die der *scripta* gegen die *praeterita* hilft, nachdem die *praeterita* auf die gesamte Erbschaft geklagt und obsiegt hat („avendo agito per l'intero, ha vinto e conseguito tutta l'eredità"). Die „soluzione giusta" sei, dass die *praeterita* die Querel nur gegen den *extraneus* anstellen dürfe („La querela deve essere esperita solo contro l'estraneo"), nicht gegen die *scripta*, „non contro Prima, la quale ha dal testamento una quota che non lede la *portio debita* della sorella". Hier wäre es nur ein kurzer Schritt gewesen, dies auch mit der testamentssichernden Wirkung der querelausschließenden Quart zu begründen, aber *Voci* sagt nur „Il testamento è rescisso per metà" und daher gehe auch die *hereditatis petitio* nur auf ein Halb. Die Begründung, warum der *extraneus* von seinen drei Viertel nur die Hälfte der Erbschaft abgibt und ein Viertel behält, lässt sich bei *Voci* dem „filo conduttore", dem roten Faden, der sich durch die Fragmente der *quaestio* ziehe, D. 5.2.17pr.-1und D. 5.2.19, nur ungenau entnehmen und lautet für Fr. 19: wer im Testament eingesetzt ist, könne die Querel nicht anstellen, andererseits könne ihm aber auch nicht die „quota che gli spetta" genommen werden[563].

Neu in die Erschließung eines Gesamtbildes einzuführen ist die Frage, welche Texte von der querelausschließenden Quart betroffen sind und welche nicht:

Die genannten Schwierigkeiten schwinden, indem sich Papinian/Ulpian D. 5.2.8.8 und Papinian D. 5.2.19 durch die Quart unterscheiden von Papinian D. 5.2.16pr., Paulus D. 5.2.23.2 und Paulus D. 5.2.17pr.

In den Texten, in denen die Quart vorkommt, gilt:

In D. 5.2.8.8 schaltet die Quart des Intestatteils ein *inofficiosum dicere* im Umfang des ganzen Intestatteils aus und sichert das Testament zur Hälfte des Nachlasses (Teilreszission). In D. 5.2.19 schaltet die *institutio* der *scripta* auf ein Viertel das *inofficiosum dicere* zur Hälfte (zum Intestatteil der *scripta*) aus (Teilreszission).

Wo sie nicht vorkommt, gilt:

---

561 DER II 697.

562 *Voci*, DER II 698 fragt: Sind das zwei in der Praxis des Gerichts widersprechende Thesen oder nur eine theoretische Möglichkeit, die Paulus erörtere, oder ein Fehlurteil der Gesamtreszission und neigt zu letzterem: „…abbia pronunciato per errore la invalidità totale del testamento. Sembra che quest'ultima sia l'interpretazione esatta."

563 DER II 698: „essendo istituito nel testamento, non può esperire la *qit*. e non può, d'altera parte, essere privato della quota che gli spetta (III)." [III bezieht sich auf Fr. 19].

D. 5.2.16pr.: der Bruder des Querelierenden ist eingesetzt, seinen Geschwistern ist nichts hinterlassen (keine Quart): der Intestatteil der Schwester, die nicht klagt oder unterliegt, sichert das Testament nicht; *in hereditate legitima* konkurriert sie nicht dem Bruder, der klagt. Der eingesetzte Bruder gibt von seiner Institutionsportion dem obsiegenden Bruder die Hälfte ab[564]. D. 5.2.23.1 (eingesetzter *extraneus* und ungesichertes Testament): der Text zeigt die Anwachsung an die Querel des anderen wie auch sonst unter Intestaterben, wenn einer die Querel aufgibt (Gesamtreszission). D. 5.2.17pr. (eingesetzter *extraneus* und ungesichertes Testament): der Intestatteil dessen, der die Querel ausschlägt, wächst dem Querelierenden an (Gesamtreszission).

564 Und Gesamtreszission, wenn ein *extraneus* eingesetzt wäre (Behauptung).

D. Ergänzungsklauseln

§ 8 *Ex iudicio patris supremo repleatur*

D. 5.2.25pr. (Ulpianus 2 disp.)
Si non mortis causa fuerit donatum, sed inter vivos, hac tamen contemplatione, ut in quartam habeatur: potest dici inofficiosi querellam cessare, si quartam in donatione habet aut, si minus habeat, quod deest viri boni arbitratu repleatur: aut certe conferri oportere id quod donatum est.
Wenn nicht von Todes wegen geschenkt worden ist, sondern unter Lebenden, aber in der Absicht, dass man es [das Geschenkte] in der Quart hat, so kann man sagen, dass die Querel nicht statt hat, wenn er [der Beschenkte] die Quart durch die Schenkung hat oder, wenn er weniger hat, das was fehlt, nach dem Ermessen eines redlichen Mannes ergänzt werden soll; aber sicherlich muss das, was geschenkt worden ist, beigetragen werden.

Die Schenkung unter Lebenden im Hinblick auf die Quart kann auf folgende Konsequenzen hinauslaufen[565]: im Todeszeitpunkt macht das Geschenkte das Viertel aus. Das ist der unproblematische Fall, der in der ersten Alternative genannt ist: *si quartam in donatione habet.* Dies schließt die Querel durch die Quart *in donatione* aus, denn dies war gerade der Sinn der Sache (*hac tamen contemplatione, ut in quartam habeatur*).

565 Da sich das Vermögen bis zum Tod noch ändern kann, weiß man in den Fällen der Schenkung unter Lebenden *contemplatione, ut in quartam habeatur* – wie auch bei der querelausschließenden Quart durch *mortis causa donatio* – nicht genau, wovon man die Quart letztlich berechnet, das Geschenkte kann bei späterer Vermögensvermehrung für die Quart zu wenig sein. Jedoch Echtheitszweifel bei *Francke*, Notherben 236f.: *aut si minus habeat, quod deest repleatur* sei eine durch die justinianische Ergänzungsklage notwendig gewordene Interpolation.

Es scheint nicht zwingend, dies in Stufen einer Analogie[566] damit zu begründen, dass die Schenkung unter Lebenden, um die Quart vorweggenommen zu geben, der durch *mortis causa donatio* gegebenen Quart (Ulp. D. 5.2.8.6) analog sei, die wiederum der durch Vermächtnis hinterlassenen Quart gleichsteht. Ähnliche Fälle, noch bei Lebzeiten vorweg eine mögliche spätere Querel auszuschalten, sind immerhin auch einem in C. 3.28.35.1 (a. 531) berichteten Responsum Papinians zu entnehmen: *si quis a patre certas res vel pecunias accepisset et pactus fuisset, quatenus de inofficiosi querella adversus testamentum paternum minime ab eo moveretur …*[567]. Eine parallele Entwicklung[568] all dieser verschiedenen Fälle ist also denkbar.

Gegenüber einem *minus quarta relictum* durch Legate oder zu geringer Erbquote gibt es bei der Schenkung unter Lebenden *contemplatione* auf die querelausschließende Quart allerdings mehr Fälle, die Quart zu verfehlen. Im Zeitpunkt der Schenkung konnte noch das volle Viertel erreicht sein, aus dem später bei Tod des Schenkers aber ein *minus quarta in donatione* wurde, wenn sich das Vermögen des Erblassers vermehrt hatte oder das Geschenkte an Wert verlor. Die beiden Textstücke *quod deest viri boni arbitratu repleatur* und *aut certe conferri oportere id quod donatum est* zeigen dann die weitere Folge, wobei zwei Deutungen in Frage kommen:

1) Beides, sowohl die *collatio* des Geschenkten als auch das *repleatur* (es soll ergänzt werden), ergibt sich schon aus dem Sinn, den eine Schenkung *contemplatione, ut in quartam habeatur* hat. Das *conferri* und das *boni viri arbitratu repleatur* sind

566 Die Analogie oder ein Vorbild der *mortis causa donatio* für eine *donatio contemplatione* findet sich auch in D. 38.2.3.18 zum Pflichtteil des Patrons: D. 38.2.3.18 (Ulpianus 41 ad ed.) *Sed et si non mortis causa donavit libertus patrono, contemplatione tamen debitae portionis donata sunt, idem erit dicendum: tunc enim vel quasi mortis causa imputabuntur vel quasi adgnita repellent patronum a contra tabulas bonorum possessione.*

Doch zeigt der Text nur, dass Ulpian mit der Figur einer *donatio contemplatione* (*debitae portionis*) bereits vertraut war. Eine *contemplatio* auf die Quart mag man auch in dem Vermerk in der Dotalurkunde bei Papinian D. 38.16.16 sehen, wonach der Vater seiner Tochter die *dos* so bestellt, dass sie nichts mehr aus der Erbschaft erwarten könne: *ita dotem accepisse, ne quid aliud ex hereditate patris speraret.* Sonst aber ist aus dem System der Pflichtquote des Patrons keine weitere Analogie zu gewinnen, die querelausschließende Quart empfand man nicht als eine *portio debita*, eine Ergänzungsklage, wie sie im patronatischen System bei D. 38.2.10pr. zu finden ist, war für die querelausschließende Quart noch undenkbar: D. 38.2.10pr. (Ulp. 44 ad ed.): Mehrere Freilasser (der Sklave stand im Miteigentum): einem Patron ist mehr als der Pflichtteil hinterlassen, dem anderen weniger und ein *extraneus* ist zum Erben eingesetzt. Dann ist dem Patron, dem weniger als die *portio debita* hinterlassen wurde, die Ergänzungsklage zu geben *ut eius portio suppleatur ex eo, quod extraneo heredi et quod patrono supra suam portionem relictum est.* Die Quart hatte dagegen nur *exclusus*-Wirkung, eine rein querelausschließende Funktion.

567 Dazu im einzelnen unten S. 171.

568 Und nicht unbedingt die Annahme, dass die *mortis causa donatio*, um die Quart zu hinterlassen, hier eine Vorstufe zur *donatio inter vivos hac tamen contemplatione, ut in quartam habeatur* war.

Juristenauslegung des Paulus zu *hac contemplatione, ut in quartam habeatur* (und nicht Zitat einer ausdrücklich angeordneten Klausel), wobei denkbar ist, dass Paulus die Konsequenzen von *hac contemplatione, ut in quartam habeatur* im Sinne der *repleatur*-Klauseln auslegte, wie sie bei durch *iudicium defuncti* hinterlassener Quart mit angeordnetem *si minus habeat … repleatur* vorkamen[569]. Vom *conferri* des Geschenkten ist auszugehen und ein allfälliges *quod deest* nach den für die *collatio* auch sonst geltenden Maßstäben zu ermitteln; das heißt beispielsweise, wie es etwa Paulus in D. 37.6.2.2 sagt, *vir autem bonus non sit arbitraturus conferendum id, quod nec habet nec dolo nec culpa desiit habere*; eine unverschuldete Minderung des Wertes des Geschenkten würde den Fehlbetrag erhöhen.

2) Freilich bleibt möglich, hier das Zitat einer ausdrücklich angeordneten *repleatur*-Klausel zu sehen. Unsicher ist dann nur, ob sich die Klausel schon bei der Schenkung fand oder erst später im Testament.

Erst die Interpretatio zu der viel späteren Ergänzungsklausel von CTh 2.19.4 (a. 361) machte darin keinen Unterschied: *seu hoc testamento seu donatione conscripserit.*

Schon oben bei C. Greg. 2.IIII.1 war zu sehen[570]: Die Quart schloss nur dann die Querel aus, wenn sie *ex iudicio defuncti* hinterlassen war, das ehrende Viertel, somit auch die Ergänzung mussten aus dem Vermögen des Erblassers kommen und von ihm angeordnet sein. Gleichgültig, ob sich ein *repleatur* in Fr. 25pr. aus der Juristeninterpretation zur Konsequenz aus *hac contemplatione, ut in quartam habeatur* ergibt oder klauselartig angeordnet zu sehen ist, das *repleatur* ist ein Bestandteil der querelabwehrenden Funktion der Quart: Fehlt etwas auf die Quart, so soll nun der Erbe das Fehlende ergänzen, weil es der Erblasser selber nicht mehr kann (aber es ist immer noch eine ehrende Gabe gleichsam aus der Hand des Erblassers). Ob man nun sagen kann, *inofficiosi querellam cessare* (die Inoffiziositätsquerel sei nicht anzuwenden), hängt davon ab, ob der Erbe ergänzt. Nur soll eben der Erbe nach einem vorherigen *arbitrium boni viri* wissen, wie viel zu ergänzen ist, um die Querel auszuschließen. Ergänzt er nicht, kann der Beschenkte querelieren, weil er die Quart nicht hat.

Es bleibt zu betonen, dass der Text allgemein gehalten ist und von einer weiteren Möglichkeit, die Quart zu geben, spricht. Die *donatio* mit einer entsprechenden *contemplatio*, der Beschenkte soll das Geschenk als Quart seines Intestatteils empfangen, schließt genauso die Querel aus wie ein *ex iudicio defuncti* hinterlassenes

---

569 Mit dem Beleg von C. Greg. 2.IIII.1 *si ex iudicio patris supremo quarta filiae non suppletur* aus dem Jahr 235 können wir die Klauseln bereits vermuten.

570 Oben S. 25.

Viertel; um diese Wirkung zu erreichen muss man nicht erst die Form einer Todesschenkung wählen. Man kann sagen, *querela cessat*, wenn bei *minus quarta donatione* das Geschenk, indem der Beschenkte es wieder in den Nachlass zurückgibt (technisch genauer gemeint: conferiert), nun aus dem Nachlass auf das Viertel ergänzt wird, und zwar nach Berechnung durch einen *arbiter*. Das ist auch der Wille des Schenkers, seine *contemplatio* lässt insoweit keinen Spielraum der Auslegung. Aber es geht im Text nur um die *exclusus*-Wirkung, die die Quart hat, Fragment 25pr. spricht nur von einem *potest dici inofficiosi querellam cessare* und nicht von einem Anspruch des Beschenkten auf Ergänzung. Fr. 25pr. gibt somit noch nichts für die Vermutung her, *repleatur* gäbe dem Beschenkten auch einen fideikommissarischen Ergänzungsanspruch. Zuverlässiger erschließen wir diesen erst in CTh. 2.19.4.

Den Interpolationsverdacht gegen die Wendung *aut si minus habeat, quod deest repleatur* mit dem Argument, dass durch eine klagbare Klausel schon vor Justinian eine *actio ad implendam legitimam* eingeführt wäre[571], können wir ausschalten. Das *repleatur* hatte nur die Bedeutung, die Quart sicherzustellen, sie passt am besten zur noch sehr strikten Auffassung der severischen Juristen, wonach schon eine geringe Verfehlung der Quart die Querel nicht mehr ausschloss: C. Greg 2.IIII.2 (a. 223) sprach von *Si … quarta ad te sine ulla diminutione pervenire non potuit, inofficiosi testamenti accusationem instituere non prohiberis*. Die Sinnhaftigkeit eines *repleatur* liegt hier auf der Hand. Diese strikte Sichtweise ist unter Justinian, unter dem die Klauseln fortgalten, preisgegeben, indem bei hinterlassener *quantacumque pars* eine *actio ad implendam* zu geben ist *licet non fuerit adiectum boni viri arbitratu debere eam repleri* (Inst. 2.18.3). Es ist ferner aus der Reformkonstitution C. 3.28.30 (*sive adiciatur testamento de implenda*) und C. 3.28.36pr. bekannt, dass eine vorjustinianische Ergänzungspraxis bereits existierte[572].

Im Einzelnen scheinen folgende Interpolationsannahmen des Schrifttums unbegründet: *La Pira*[573] greift den ganzen Text an, sowohl der Textteil zur *donatio inter vivos*, als auch eine *actio ad supplendam* (?) seien justinianisch inspiriert („Il testo è sostanzialmente interpolato … Tanto per le donazioni inter vivos quanto per l'actio ad supplendam legittimam esso, … si inspira al diritto nuovo (cfr §6 Inst. 2.18; c.35.2; 29:30,2 C. 3.28)". Dagegen ist aus I. 2.18.6 *vel si mortis causa ei quarta donata fuerit, vel inter vivos in his tantummmodo casibus, quorum nostra constitutio*

571 Interpolationsannahme bei *Francke*, Notherben 236f. Auch *Voci*, DER II 677 Fn. 35 glaubt nicht, dass die Quart schon unter den severischen Juristen durch Schenkung unter Lebenden *contemplatione, ut in quartam habeatur* hinterlassen werden konnte, „non, invece, con una donatione inter vivos, e neppure con la costituzione di dote" (nur letzteres halten wir für zutreffend), und weist die Texte der justinianischen Zeit zu: DER II 732.

572 Näher dazu unten, S. 174–176.

573 Successione contro 471.

mentionem facit ... einzuwenden: Justinian meint seine Konstitution C. 3.28.35.2 (a. 531) zu Fällen von *minus quarta relictum* durch ...*vel aliquid dederit vel mortis causa donatione vel inter vivos sub ea condicione, ut haec inter vivos donatio in quartam ei computetur* ..., wo durch Vorempfänge von *certae res* und *pacta* versucht wurde, die Querel auszuschließen. Das sind Fälle der *mortis causa donatio* und Schenkung unter Lebenden auf die *portio legitima*, die Justinian dort aus Anlass des durch ein Responsum Papinians überlieferten Problems neu regelt, nicht aber führt die Konstitution die Figuren der *mortis causa donatio* oder der Schenkung als Vorempfang auf die Quart (unter Justinian: auf die *portio legitima*) als neu ein[574]. Die Fälle kamen vorher schon vor, wie gerade das dort berichtete Responsum Papinians zeigt. Der Interpolationsverdacht ist also zurückzuweisen: eine *donatio inter vivos* auf die Quart (D. 5.2.25pr.) ist dem Fall nahe, dass der Vater *certae res vel pecuniae* gibt und (nicht bindend) mit dem Sohn paktiert, dass der Sohn die Querel nicht erheben wird (erwähntes Responsum Papinians in C. 3.28.35.1) und von einer *actio ad supplendam legittimam* spricht Fr. 25pr. gar nicht. Zuletzt weist auch *Sanguinetti*[575] auf die vielfach geäußerte Vermutung hin, der Textteil *aut, si minus habeat, quod deest viri boni arbitratu repleatur* sei als Folge der Einführung der *actio ad implendam legitimam* interpoliert[576] und meint, die Syntax der Wortfolge wäre „sopprimendo tale frase" in Ordnung – „altrimenti sconessa" (andernfalls unverbunden)[577]. *Sanguinetti* gibt aber zu, dass in Fr. 25pr. nichts anderes steht als der Querelausschluss, wenn der Beschenkte „seine portio debita" („la sua *portio debita*")[578] hat; „in caso contrario egli avrebbe potuto esercitare la *querela* a patto che facesse *collatio* della donazione medesima"[579]: Der Hinweis mit „a patto che"

574 Im Einzelnen dazu unten, S. 173.

575 Dalla querela 85f.

576 Das ist wenig glaubhaft, weil die Reformkonstitution C. 3.28.30 über die Klausel *quod deest viri boni arbitratu repleatur* hinausgeht und in den Fällen von *minus quarta relictum* die *actio ad implendam* einführt, gleichgültig ob die Klausel angeordnet ist oder ob sie fehlt (*sive adiciatur testamento de implenda legitima portione sive non*); die Reform nimmt darin eine frühere Praxis der Klausel auf.

577 So sehr gestört ist die Syntax hier nicht: zum ersten *si*-Satz gehört die Alternative: *si quartam habeat* (wenn er die Quart hat) ... *aut quod deest* ... *repleatur* (oder wenn [abhängig noch vom ersten *si*], wenn er weniger hat [untergeordneter zweiter *si*-Satz], was fehlt ergänzt werden soll), so kann man sagen (*potest dici*) *inofficiosi querellam cessare*. Der Schlussteil *aut certe conferri oportere id quod donatum est* wirkt etwas angeflickt, kann aber noch von *potest dici* abhängig gelesen werden (aber sicherlich muss das, was geschenkt worden ist, „conferiert" [in die Erbmasse zur gemeinschaftlichen Teilung eingeworfen] werden).

578 Der Ausdruck ist zu kritisieren: die querelausschließende Quart ist keine *portio debita*; sie ist nicht geschuldet und sie ist nicht zu hinterlassen; sie schließt nur die Querel aus, wenn sie hinterlassen ist.

579 Dalla querela 86.

ist unklar: meinte dies, der Beschenkte könne nicht querelieren, wenn er nicht zur *collatio* (die er unter Satisdation zu kavieren hat) bereit ist?

Noch einmal ist der Beleg für die severische Zeit heranzuziehen.

C. Greg. 2.IIII.1 Imp. Alexander A. Valeriae Caelestinae (a. 235)[580]
Dos, quae a patre nubenti filiae data est aut in obligatione constituta, in quartam, quam habere ex bonis patris debet, ne inofficiosum testamentum possit accusare, non computatur, quoniam vivente patre bonis eius fuit separata. 1. Imperite itaque introducitur querella cautionis a marito tuo emissae, quasi non omnia tradita ei essent, cum, etsi verum sit quod scriptura continetur, non perimatur querella inofficiosi testamenti, si ex iudicio patris supremo quarta filiae non suppletur, quam intestato patre pro portione sua habere debuit.

Das Reskript erwähnt im Schlussteil die suppletorische Testamentsklausel und überlässt es dem Erben, ob er sie erfüllt: *si ex iudicio patris supremo quarta filiae non suppletur, quam intestato patre pro portione sua habere debuit.* Ergänzt er nicht, ist die Querel nicht zerstört (*non perimatur querella inofficiosi testamenti*). Mit der *dos* war die Quart nicht zu bilden, weil die Mitgift zu Lebzeiten des Vaters von seinem Vermögen getrennt war[581]. Auch die vom Schwiegersohn geleistete *cautio* bewirkt nicht, dass der Tochter die *dos ex bonis patris* hinterlassen ist. Der Text belegt, dass die Quart aus dem Vermögen des Erblassers hinterlassen sein muss, um die *exclusus*-Wirkung zu haben (*quam habere ex bonis patris debet, ne inofficiosum testamentum possit accusare*).

I. Das spätere in pecunia conpleatur

Eine vielleicht erste Aufweichung im Punkt *ex bonis testatoris* überliefert

CTh 2.19.4 Imp. Constantius Olybrio (19. Mai 361)
Cum scribit moriens, ut arbitratu boni viri, si quid minus sit relictum quam modus quartae, qui per successionem bonis tantum liberis debetur, efflagitat, id ipsum ab herede iisdem in pecunia conpleatur, manifestum est nullam iam prorsus nec super testamento nec super donationibus querellam remanere, praesertim cum universam eandem repellat et reprimat, quae ad pecuniam redigit, iusta taxatio.
Wenn der Sterbende schreibt, er bitte, dass nach dem Ermessen eines redlichen Mannes, falls weniger hinterlassen ist, als „das Maß des Viertels", das nur guten Kindern[582] durch Erbfolge geschuldet wird, dieses selbst ihnen vom Erben in Geld ergänzt werden soll, so

580 FIRA II, 657f.
581 Zum Text bereits oben, S. 25.
582 Gemeint sind *grati* im Gegensatz zu den *ingrati*.

liegt auf der Hand, dass keine Beschwerde mehr, weder über das Testament noch über die Schenkungen bleibt, zumal da eine gerechte Schätzung, die auf Geld geht, diese[583] gesamt zurückschlägt und im Keim erstickt.

Die conpletorische Klausel der Ergänzung in Geld ist hier in Form einer den Erben beschwerenden Fideikommißbitte (*efflagitat*[584]) zugunsten der *filii* angeordnet. Darin sehen wir eine bereits erweiterte Fassung, die die Quartbildung *ex bonis testatoris* (aus dem Vermögen des Erblassers) lockert. Im Fall *si minus sit relictum* kann der Erbe nun auch mit eigenem Geld das auf die Quart Fehlende ergänzen, vorausgesetzt ist nur eine *iusta taxatio* (eine gerechte Bewertung des in Geld zu Ergänzenden). Das *conpleri* hat zurückschlagende Wirkung (*repellat et reprimat*) auf jede Querel (*inofficiosi testamenti* und *inofficiosae donationis*), also wieder keine andere Wirkung als die querelausschließende Quart.

Die Interpretatio[585] erläutert in allen Punkten zutreffend: *committendum* (dem Testamentserben ist letztwillig anvertraut), also fideikommissarischer Ergänzungsanspruch in Geld, und *dummodo quartam ... consequatur in nummo*, sofern in Geld ergänzt wird, sind die Querelae ausgeschlossen. Die Interpretatio denkt dabei auch an die Fälle der durch Schenkung unter Lebenden oder von Todes wegen hinterlassenen Quart, *si quid minus sit relictum*. Dass es gleichgültig ist, ob die conpletorische Klausel im Testament oder schon in der Schenkung angeordnet ist, kann überlieferte Auffassung oder eine zweite Erweiterung (*seu donatione*) sein.

So wie die Quart selbst, muss auch die Ergänzung auf die Quart *ex iudicio defuncti* und *ex bonis defuncti* herkommen. Noch Justinian sagt es in der Rückschau auf die alten suppletorischen Klauseln (C. 3.28.36pr.) in C. 3.28.36pr.–1b (a. 531): *Repletionem autem fieri ex ipsa substantia patris. Ex ipsa substantia* meint zwar dort abgrenzend „und nicht aus den anreifenden Früchten", dahinter steht aber eine relevante Vorstellung, die sich noch lange danach in der Novellen-Literatur und in den Basiliken findet, auf die *Balis* mit der treffenden Bemerkung hinwies: „der Erwerb von Naturalanteilen an den elterlichen Sachen selbst ist auch als eine Genugtuung für den Berechtigten anzusehen"[586]. Die ehrende Note des Viertels wird in der Teilhabe gerade an dem, was dem Erblasser selber gehörte, empfunden

583 Gemeint sind beide Querelen, die *querella inofficiosi testamenti* und die *querella inofficiosae donationis*. Dazu ausführlicher zum längeren Text unten S. 260–263.

584 „Heftig verlangen" ist Fideikommiss-Worten zuzuordnen.

585 Interpretatio ad CTh. 2.19.4: quoties pater filiis per testamentum de facultatibus a se dimissis quartam dari praeceperit portionem, et hoc in nummo fieri bonorum virorum arbitrio crediderit committendum, seu hoc testamento sive donatione conscripserit, nullam contra voluntatem patris filius habeat actionem, dummodo quartam portionis suae, quam erat habiturus de omnibus, quae tempore mortis suae pater reliquerit, consequatur in nummo.

586 *Balis*, SZ 55 (1935) 274.

worden sein. Die Belege des Anfangs für die suppletorischen Klauseln, D. 5.2.25pr. und C. Greg. 2.4.1 (a. 235), sehen wir noch daran gebunden.

II. Paul. sent. 4.5.7

Umstritten in ihrer Grundlage ist die Ergänzung in

> Paul. sent. 4.5.7
> *Filius iudicio patris si minus quarta portione consecutus sit, ut quarta sibi a coheredibus citra inofficiosi querellam impleatur, iure desiderat.*
> Wenn der Sohn nach dem [letzten] Urteil des Vaters weniger als das Viertel erhalten hat, so verlangt er zu Recht, dass ihm ohne Querel die Quart von den Miterben ergänzt werde.

Die Streitpunkte der Deutung entspinnen sich sprachlich: Ist *iudicio patris* zu *minus consecutus sit* zu ziehen[587] oder zu *impleatur* oder an das Ende zu *iure desiderat*[588]? Die (wohl) überwiegende Interpretation sieht in *iure desiderat* eine eigenständige Grundlage, die Ergänzung zu verlangen, wenn eine suppletorische Klausel fehlte. *Mühlenbruch*[589] meinte, es solle „die Klage auf Ergänzung des Pflichttheils auch ohne eine darauf gerichtete besondere Anordnung stattfinden, jedoch nur, wenn der betheiligte Notherbe mit zu Erben eingesetzten Geschwistern zusammentrifft"[590]. Man dürfe die Worte *judicio patris* „... nicht gerade auf den Theil beziehen, welchen der Testirer seinem Sohn wirklich aussetzt ..., sondern .... auf die Verfügung des Testirers, daß der Notherbe nachfordern solle, was am Pflichttheile noch fehlt"[591].

---

587 So *Schröder*, Notherbenrecht 486; *Sanguinetti*, Dalla querela 87 mit Begründung aus der Wortstellung: „...mi pare che per la posizione che ocupano nella frase esse non possano essere riderite se non a *„si minus quarta portione consecutus sit.*" (Dort ausdrücklich mit *Schröder*).

588 So *Tellegen-Couperus*, SZ 116 (1999) 614f.

589 Commentar, 36. Theil 4–7.

590 Commentar, 36. Theil 5.

591 Commentar, 36. Theil 6; dort mit syntaktischer Gliederung: „statt zu construiren: Filius, si judicio patris minus quarta portione consecutus sit u.s.w." sei zu konstruieren: „Filius, si minus quarta portione consecutus sit, judicio patris, ut quarta sibi - - impleatur, jure desiderat" mit dem Übersetzungsvorschlag: „der Sohn kann in Gemäßheit einer darauf gerichteten väterlichen Verfügung, wenn ihm weniger als der vierte Theil zugewendet ist, das Fehlende von seinem Miterben nachfordern." (S. 7). Einfacher gesagt – so jedenfalls verstehe ich *Mühlenbruch*: es sei im Sinne des Vaters, dass der Sohn nachfordere, auch wenn der Vater dies nicht eigens mit einer Klausel gesagt hatte; vielmehr ergebe sich dies (dass der Sohn aus dem *iudicium* des Vaters nachfordern solle) schlüssig daraus, dass er dem Sohn letztwillig etwas zuwandte.

Zieht man dagegen mit *Tellegen-Couperus*[592] und *Gutiérrez-Masson*[593] *iudicio patris* zu *iure desiderat*, so bildete die suppletorische Klausel die Grundlage, die Ergänzung zu verlangen (und nicht ein eigenständiger *iure*-Klagegrund). Im *iudicio patris* sei die Klausel zu finden. Weiters ist die Auffassung von *citra inofficiosi querellam* umstritten: Mit *Renier*[594] zeige *citra inofficiosi querellam* die Wahl zwischen dieser und der Querel an („indique que le fils aurait le choix"). So sehen es auch *Woeß*[595] und ihm folgend *Wesener*[596], *citra inofficiosi querelam* heiße nicht „mit Ausschluß" der Querel[597], sondern „außer der Querel, abgesehen von der Querel", so dass zwei Rechtsbehelfe zur Wahl stünden, die Querel und eine Klage auf Ergänzung.

Das Vorkommen von suppletorischen Klauseln wird man sich für Fälle vorzustellen haben, die für ein *minus* anfällig sind, typischerweise etwa Miterbeneinsetzungen, vor allem, wenn sie komplexe letztwillige Verfügungen von Bruchteilszuweisungen auf die Erbquote enthalten[598]. Greift eine angeordnete Klausel ein, so hat sich im *minus* ein typischer Fehler, die Quart zu verfehlen, verwirklicht, den die Klausel wettmachen soll, wie etwa Bewertungsungenauigkeit, fehlerhafter Überblick über zusammenzurechnende Quoten und Flächenmaße, Wertirrtum des Testators etc[599]. Fehlt zwar eine Klausel, lässt sich aber als Grund für das *minus* ebenso eine Bewertungs- oder Rechenungenauigkeit in Quotenzuweisungen vermuten, also ein *minus* aus denselben Fehlern, denen sonst üblicherweise eine Klausel vorbeugt, so wird man das *repleatur* anwenden, wenn es verlangt wird. Dies dürfte in der Sentenz das *iure desiderat* erklären. Die Schutzlücke, dass es sonst

---

592 SZ 116 (1999) 614f.: „PS 4.5.7 merely states that a son is justified *iudicio patris* in asking for a supplement …".

593 BIDR 103–104 (2000–2001) 191.

594 Querela 259.

595 Erbrecht 253.

596 FS Kränzlein (1986) 150.

597 Auf *Leist* in Glück, Commentar, 5. Theil (Serie der Bücher 37. und 38.) 150 hierzu bezieht sich *Sanguinetti*, Dalla querela 87 Fn. 97 (jedoch unklar); *Siber*, Römisches Recht 381: „nach westgotischem Vorbild P.S. 4.5.7 itp." gebe nur das, was *ad supplendam legitimam* auf den Pflichtteil fehlt.

598 Vgl. aus der Urkundenpraxis beispielsweise P.Oxy. VI 907. Dazu *Strobel*, Testamentsurkunden 201f.; 217. Beispielsweise *institutio* mit Teilungsanordnung, verwickelt noch durch gehäufte Zuweisungen von Flächenmaßen oder Bruchteilen an Einzelgegenständen (er soll in Anrechnung auf seinen Erbteil haben so viel Getreideland in den Gegenden um das Dorf, und so viel um das Dorf, diverse Quote an den Weinbergen, dazu eine Quote am Stadthaus, eine andere Quote an den Gärten etc). Vgl. ferner auch die Belege, in denen der Testator den Überblick über die Erben verloren hatte: *Chr. Paulus*, postmortale Persönlichkeit 51 Fn. 44 mit Ulp. D. 30.14pr.; Marcell. D. 28.5.54.

599 Außer bei Teilungsanordnungen noch bei gleichgelagerter *institutio ex re certa* (*vice praeceptionis* zugewiesener Einzelsachen) oder Prälegate, aber auch, damit nachträgliche Wertveränderungen der gewollten Quart unschädlich sind, ist die Klausel sinnvoll (zwischen Testamentserrichtung und Erbfall eingetretener Wertverlust der *certa res*; Vermögenszuwachs beim Vater, nachdem er testierte, wodurch die *certa res* weniger als das Viertel war).

beim *minus* bleiben müsste, wenn der Sohn nicht querelíert, wird man vermieden haben.

Die Sentenz ist sehr dünn gefasst, gibt aber zwei Indizien her: Erbeinsetzung des Sohnes neben anderen Miterben als für ein *minus* anfälliger Fall. Und *si minus quarta portione consecutus sit* ist einem *si quid minus (filiis) sit relictum* (CTh 2.19.4) auffällig ähnlich gesagt, was auf eine gleiche Absicht, die querelausschließende Quart zu hinterlassen, hindeutet. Dass die Klausel hier fehlte, ist ohne weiteres denkbar, doch dürfte ein Fall einer angewandten Klausel vorliegen.

Das beiden Gliedsätzen vorangestellte *iudicio patris* lässt sich gut sowohl im *si*-Satz als auch im *ut*-Satz mitverstehen mit dem Sinn: Wenn der Sohn weniger aus dem *iudicium patris* erlangt als das Viertel, so verlangt er zu Recht von den Miterben, dass ihm *citra inofficiosi querellam* ergänzt wird, wobei mit *citra* gemeint sein kann: vor einer Querel, bevor er sich zur Querel entschließt[600], oder, noch näher an der Grundbedeutung von *citra* gesagt, um gleichsam diesseits der Grenze zur Querel zu bleiben.

Dass Ergänzung und Querel elektiv konkurrieren, versteht sich von selbst. Verlangt der Sohn das ihm Hinterlassene (und zusammen mit diesem die Ergänzung[601]), so erkennt er die Erben an und die Querel ist beseitigt. Quereliert er, so verliert er das ihm *ex iudicio defuncti* Hinterlassene (und die Ergänzung), weil er gegen den letzten Willen klagt. Die Sentenz sagt daher richtig, dass der Sohn *citra inofficiosi querellam* die Ergänzung verlangen kann, weil das von ihm verlangte *impleatur* ein *impleri* auf die Quart ist, die die Querel ausschließt[602].

Dass die Sentenz nur zum Fall eines irrtümlichen *minus relictum* neigt[603], mag freilich nicht ganz gesichert sein. Fasst man *iudicio patris* auf *minus quarta portione* bezogen auf, so kann dies darauf hinauslaufen, dass der Vater ein *ingratus*-Urteil fällen wollte[604], allerdings müsste dann ein sehr auffälliges, beleidigendes *minus*

600 Zum örtlich-temporalen Gebrauch von *citra* vgl. etwa Sen. ep. 77.4: *si in media parte aut citra petitum locum steteris* (wenn du in der Mitte oder vor dem Ziel stehenbleibst).

601 Klagte er, so wäre es die *actio familiae erciscundae*, mit der er das Hinterlassene und das (auf das Hinterlassene) Fehlende verlangt.

602 Die Sentenz macht darauf aufmerksam. Der Sohn sollte also die Querel nicht vorbereiten, wenn er die Ergänzung will (eine *querela praeparata* wäre vielleicht bereits ein Akt gegen den letzten Willen des Vaters). *Citra inofficiosi querellam* schlicht temporal zu verstehen (vor einer Querel), ergibt also auch einen Sinn, sagt aber nichts anderes, als dass dem Sohn die Querel verwehrt ist, sobald er auf Ergänzung besteht (der Sohn verlangt zu Recht die querelausschließende Ergänzung auf die Quart). Daran, dass er querelieren kann, wenn er sie nicht verlangt, rüttelt die Sentenz nicht.

603 Diese Deutung ziehe ich vor, weil sie mir in der Deutungstradition der *interpretatio* ad § 7 zu stehen scheint, die auch von einer verfehlten, aber eigentlich gewollten querelausschließenden Quart ausgeht.

604 Doch greifen die Literaturstimmen, die *iudicio patris* auf *minus quarta* beziehen (zuletzt *Sanguinetti*, dalla Querela 87), diesen weiteren Schritt der Deutung nicht auf.

anzunehmen sein, wodurch auch das Urteil gesprochen ist, der Sohn sei *ingratus* gewesen[605]. Dann ginge es in der Sentenz darum, dass der Sohn die stille *mentio ingrati* seines Vaters durch ein *impleri* loswerden kann. *Iure desiderat* hieße dann, dass seine Miterben dies nicht verhindern können[606]. Die Sentenz löste also nur die Alternativen auf: Unternähme der Sohn nichts, bliebe sein Ruf beschädigt. Querelierte er (was er nicht will), so versöhnte er sich erst recht nicht mit dem Vater nach dessen Tod. Kann er dagegen die Ergänzung verlangen, steht er bei *non queri* wie ein *gratus* und er kann sagen, dass sein Vater nur liebevoll irrte, als er ihm zu wenig hinterließ. Das kommt der späteren Reformkonstitution Justinians[607] schon nahe, ist aber entscheidend noch von ihr entfernt: Dem Sohn ist die Querel noch nicht genommen. Und in der Konstitution Justinians ist, wenn der Erblasser zu wenig hinterließ, zwischen *nullam eorum quasi ingratorum fecerit mentionem* (keine Erwähnung als Undankbare) und einem *eos … ingratos circa se fuisse testator edixit* (Ausspruch der Undankbarkeit) unterschieden. Die Sentenz wäre dagegen eher von einer schlüssigen *mentio* zu sehen; durch *iure desiderat* wäre nur beseitigt, dass es selbst bei einem krassen *minus*[608] beim *ingratus*-Urteil des Vaters bleiben müsse, wenn der Sohn nicht quereliert. Die Auffassung, dass der Vater hier die Quart gar nicht geben wollte, stünde am ehesten mit Deutungsmeinungen in Einklang, die in der Sentenz eine eigenständige, von der Quart losgelöste Rechtsgrundlage, die Ergänzung zu verlangen, vorgebildet finden.

II.1 Überblick über die Meinungen und Kritik

a) Eine Wahl zwischen Querel und Ergänzungsanspruch (*citra inofficiosi querelam* = außer der Querel) vertraten bereits *Francke*[609], *Arndts*[610] und *Schröder*[611].

Woeß[612] schrieb, Paulus gebe dem Noterben „zwei Rechtsmittel, die Querel und die suppletoria“.

---

605 Vgl. oben S. 18 zu *Apuleius*, apologia de magia 97.5–6.

606 Oder diese sich auf den Standpunkt, es gebe keine Grundlage dafür, der Sohn solle doch querelieren, zurückziehen können.

607 C. 3.28.30pr.–1.

608 *Iudicio patris* ist dann auf das *minus quarta* zu beziehen.

609 Notherben 328.

610 Pandecten, 2. Bd. 582.

611 Notherbenrecht 485.

612 Erbrecht 253.

Auch *Wesener*[613] meint, die Querel sei in Paul. sent. 4.5.7 nicht ausgeschlossen; zwei Rechtsbehelfe stünden zur Wahl. Erst nach der westgotischen *interpretatio* (ad §7) sei die *querela* (*actio inofficiosi*) ausgeschlossen gewesen.

Sanguinetti[614] schließt sich *Woeß* und *Wesener* an mit der Begründung, dass Justinian sonst in seiner Reformkonstitution C. 3.28.30 (a. 528) nicht von *magnam et innumerabilem occasionem subvertendae eorum dispositionis* sprechen hätte können, wenn es zuvor schon eine Ergänzungsklage ohne suppletorische Klausel gegeben hätte. Folgte man zu *citra inofficiosi querelam* der Interpretation „mit Ausschluß der Querel", so müsste man zugeben, dass die *actio ad implendam legittimam* durch Paul. sent. 4.5.7 schon generell eingeführt war. Doch meine Paul. sent. 4.5.7: Fehlte eine Klausel, so hatte der Noterbe die Wahl zwischen Querel und Ergänzung, wie er sie zuvor schon bei suppletorischer Klausel hatte[615]; er konnte *iure* auf Ergänzung der *portio debita* klagen.

Die Meinungsgruppe von *Woeß*, *Wesener*, *Sanguinetti* und zuletzt *Hecht*[616] stimmt zum Sinn dieser Wahlmöglichkeit darin überein, dass die fünfjährige Frist für die Querel schon abgelaufen sein konnte oder der Noterbe das Risiko des Unterliegens (Indignität) nicht auf sich nehmen wollte[617].

Dieser Sinn der Wahl kann aus dem Gesamtbild, das uns D. 5.2.23.2 …*pars eius alteri adcrescit. idemque erit, et si tempore exclusus sit* zur verjährten Querel bot[618], zweifelhaft sein. Zur Einbuße auch der Intestatberechtigung durch Verjährung passte es nicht gut, dann noch auf Ergänzung klagen zu können[619].

Ferner treten für einen selbständigen Ergänzungsanspruch ein, ohne sich zur Frage einer Wahl auszusprechen: *Brinz*[620], gestützt auf „jure desiderat" mit der

613 FS Kränzlein (1986) 150.

614 Dalla Querela 89: Klage auf Ergänzung auch noch nach Verjährung der Querel: „la alternativa tra le due azioni rendeva possibile non solo agire dopo la scadenza del termine quinquennale …"; und ebenso für *iure* als Klagegrundlage: „l'erede necessario poteva agire *iure* per il completamento" (89).

615 *Sanguinetti*, Dalla querela 89 vermutet diese schon „für die klassische Zeit": „… questa scelta fosse forse già accordata in epoca classica quando nel testamento era inserita la clausola *suppletoria*."

616 Symmachus 347: „auch ohne suppletorische Klausel"… „Anspruch auf Pflichtteilsergänzung" mit Wahlrecht zur befristeten Querel.

617 *Woeß*, Erbrecht 253; *Wesener*, FS Kränzlein 150; *Sanguinetti*, Dalla querela 89.

618 Etwa schwächer noch die Folge aus *non egit* in D. 5.2.16pr.: Anwachsung eines Teils des Intestatteiles an den anderen Querelierenden.

619 Hier nicht beweisend, doch konsequent in der Wertung ist später die justinianische Konstitution C. 3.28.34.1 (a. 531): zur Konstellation Erblasser/Sohn/Enkel: die *repletio quartae partis* (Ergänzung auf die Quart) hat auch der Enkel, wenn seinem Vater *minus relictum* war (*si qua patri eius competebat*), außer der Vater hatte die Querel ausgeschlagen oder sie verjähren lassen: *nisi pater adhuc superstes vel repudiavit querellam vel quinquennium tacuit*, … .

620 Pandekten, 3. Bd. 263.

Meinung: „eine solche *suppletoria* oder *ad supplendam* war in besonderen Fällen schon (vor Justinian) möglich".

Nach *Samper*[621] setze Paul. sent. 4.5.7 – anders als CTh 2.19.4 – keine Ergänzungsklausel voraus. Das Testament sei inoffiziös, aber die Quote werde durch direkte richterliche Intervention ergänzt[622].

Die Interpretation von *iure* als Rechtsgrundlage für den Ergänzungsanspruch scheint überdehnt gedeutet; wohl heißt *iure desiderat* hier schlicht: (dass ihm die Quart ergänzt werde) „verlangt er zu Recht".

b) Nur Ergänzung (und keine Querel; *citra inofficiosi querelam* = unter Ausschluß der Querel) vertreten:

Unzner[623] führt Paul. sent. 4.5.7 für die Auffassung an, dass die Querel nicht nur bei ausdrücklicher Anordnung der Ergänzung entfalle, sondern auch bei stillschweigender Anordnung der Aufbesserung. Allerdings nur unter gewissen Umständen, wenn Brüder vorhanden sind und der Noterbe mit eingesetzt sei.

O. E. Tellegen-Couperus[624] sieht (gegen *Sanguinetti*) eine suppletorische Klausel angeordnet: „PS 4.5.7 merely states that a son is justified iudicio patris in asking for a supplement"; ferner: „the father's will did contain a supplementary clause and the son did not have any choice at all". (Der Sohn habe keine Wahl zu querelieren gehabt; wenn der Vater ein *repleatur* anordnete, könne der Sohn nur noch auf Ergänzung klagen).

Auch die westgotische *interpretatio* zu Paul. sent. 4.5.7 hat im *impleri* die Funktion der querelausschließenden Quart gut gesehen:

> *Interpretatio ad §7. Filio herede scripto, si ex ordinatione defuncti patris minus quam quarta portionis suae fuerit deputata, suppleri eam sibi a coheredibus fratribus iure desiderat, quia in tali casu inofficiosi actio removetur.*

Zwei Auffassungen der Interpretation sind möglich, je nachdem, worauf man *in tali casu* bezieht.

a) Der Interpret begründet richtig, dass das verlangte *suppleri* die Querel ausschließt (*removetur*). Bezieht sich *in tali casu* auf *suppleri*, so kann der Sinn sein: Der Sohn verlangt zu Recht, dass ihm von seinen Brüdern, Miterben, ergänzt wird, weil in einem solchen Fall (des *suppleri* oder auch schon des *desiderare*

---

621 SD 37 (1971) 99f.

622 SD 37 (1971) 100: „… las cuotas legítimas se completan directamente mediante intervención del juez."

623 Querela 14.

624 SZ 116 (1999) 615.

suppleri) die Querel verhindert wird. Was die Sentenz mit *citra inofficiosi querellam* sagte (dass ihm querelausschließend ergänzt wird), sagt der Interpret mit [durch *suppleri*] *inofficiosi actio removetur* [wird die Querel ferngehalten]. Das *suppleri* übernimmt die Wirkung der querelausschließenden Quart.

b) *In tali casu* kann allerdings auch auf *si ex ordinatione defuncti patris minus quam quarta portionis suae fuerit deputata* zu beziehen sein. Das hieße, dass, wenn aus der Anordnung des verstorbenen Vaters weniger als das Viertel des Erbteils zugewiesen worden ist, der Sohn deswegen die Ergänzung verlangen kann, weil ihm in einem solchen Fall die Querel genommen ist. Der Interpret durchblickt den *si ex ordinatione defuncti patris minus … fuerit deputata*-Fall – ein Indiz dafür ist seine Wortwahl *deputata* (berechnet/zugewiesen) – so, dass *in tali casu* (in einem solchen Fall) der Vater die Quart gemeint (wenn auch verfehlt) hat und auch das ist ein der Querel entfernter Fall, der dem Sohn die Wahl zu querelieren nimmt. Auf die Querel zu optieren, weil er nicht ausreichend ehrend bedacht wurde, sei falsch, wenn ihm der Vater die Quart geben wollte[625]. So aufgefasst ist das *citra inofficiosi querellam* der Sentenz erweitert interpretiert: In den *minus quarta*-Fällen, in denen erkennbar die Quart gewollt war, soll *citra*, „diesseits" der Querel ergänzt werden. Die Pauli Sentenz ging möglicherweise gar nicht so weit. Aber auch beim Interpreten ist dann die Grundlage für das *impleatur* im *iudicium patris* zu finden.

Conrat[626] paraphrasiert den Sinn der Sentenz so, dass, „wenn ein Kind in dem väterlichen Testamente weniger als seine Quart erhalten hat, es mit Grund von den Miterben die Ergänzung der Quart ohne Querel verlangen kann." Die interpretatio verstehe die Sentenz so, „dass in solchem Fall die Inoffiziositätsklage unzulässig ist", aber *Conrat* fügt an: „Damit wird eine Actio ad supplendam legitimam als zwingendes Recht eingeführt, allerdings nur für den Fall der Miterbschaft von Geschwistern, worauf die Interpretation den Sachverhalt beschränkt"[627]. Diese Fortdeutung geht wohl über das in der interpretatio ad §7 Gemeinte hinaus. Die erwähnte Einschränkung des Sachverhalts findet sich bereits bei *Unzner*[628] und taucht zuletzt wieder bei *Sanguinetti*[629] auf.

625 Sonst würde er sich nur wegen eines Irrtums beschweren und nicht wegen einer Absicht.

626 Der westgotische Paulus 204.

627 *Conrat*, 204, Fn. 587 räumt ein, dass die Vorlage nur von Coheredes schlechthin spricht.

628 Querela 14: „Man ließ aber … nicht bloß … die Querel cessiren, sondern nahm, wie wir aus Paulus wissen, unter gewissen Umständen, nämlich wenn nur Brüder vorhanden und der betreffende Noterbe mit eingesetzt, eine stillschweigende Anordnung der Aufbesserung an und verweigerte die Querel".

629 Dalla querela 90. Die *interpretatio* habe die Möglichkeit, auf Ergänzung zu klagen, auf den Fall eingeschränkt, dass der Sohn zusammen mit seinen eigenen Brüdern eingesetzt war, während

Sehen wir aber noch darauf, wie die interpretatio ad §7 den *si*-Satz sieht: *Filio herede scripto, si ex ordinatione defuncti patris minus quam quarta portionis suae fuerit deputata*. Stand in der Sentenz *iudicio patris* dem *si*-Satz noch voran, so ist es hier in den *si*-Satz hineingezogen. Und es ist nicht mehr von *si minus consecutus sit* des Sohnes die Rede, sondern von *si minus deputata fuerit* des Vaters. Das ist nur eine noch engere Interpretation, als wir sie in der Sentenz schon fanden: „wenn aus der Anordnung des verstorbenen Vaters weniger als das Viertel seines Erbteils berechnet/zugewiesen/bestimmt worden ist". Es sind also noch dieselben Fälle, die wir bei der Sentenz vermutet haben: Berechnungsirrtum oder Ungenauigkeit in Quotenzuweisungen des Vaters, der meinte, durch die *institutio* die volle Quart hinterlassen zu haben.

Wir haben also anzunehmen, dass die Folge des *suppleri eam sibi a coheredibus fratribus iure desiderat* in der westgotischen Interpretation noch vom *iudicium patris* herkommt. Von einer „Actio ad supplendam legitimam als zwingendes Recht"[630], die die Querel ausschloss, ist auch beim Interpreten ad §7 nur im Sinn eines erweiterten Falls einer zwar gewollten, aber verfehlten Quart zu sprechen.

Paul. sent. 4.5.7 schlicht von *coheredes* (Miterben) gesprochen habe. Ich kann nicht sehen, welchen Unterschied dies machen sollte (gegen Brüder keine Querel, gegen *extranei* schon?).

630 *Conrat*, 204; *Brinz*, Pandekten, 3. Bd. 263; *Wesener*, FS Kränzlein (1986) 150.

Zweiter Teil: Die Fortsetzung im Reformsystem Justinians

A. Die Konstitution C. 3.28.30

§ 9 Die Ausdehnung der Fälle der Quart

Aus der *interpretatio* ad §7[631] ist zu vermuten, dass in den irrtümlichen *minus*-Fällen die querelausschließende Ergänzung bereits vorjustinianische Routine war[632]. Ein Vorbild also für die Zusammenfassung in der Reformkonstitution C. 3.28.30pr. *ut, sive adiciatur testamento de implenda legitima portione sive non*. Der *sive non*-Teil dieser Wendung dürfte auf die mit Paul. sent. 4.5.7 und *interpretatio* ad §7 spärlich überlieferten Fälle zurückgehen. Drehte sich die Reformkonstitution nur um die *minus*-Fälle, so zeigt sich darin, dass zwei Vorlagen für ein *impleri ex iudicio defuncti* nun zugleich Fälle der *actio ad implendam* sind. Ein Doppelsystem der Klagengrundlagen also, da die Ergänzungsklauseln mit C. 3.28.36pr. und 30pr. fortgelten.

> C. 3.28.30pr.: Imp. Iustinianus A. Meneae (a. 528)
> *Omnimodo testatorum voluntatibus prospicientes magnam et innumerabilem occasionem subvertendae eorum dispositionis amputare censemus et in certis casibus, in quibus de inofficiosis defunctorum testamentis vel alio modo subvertendis moveri solebat actio, certa et statuta lege tam mortuis consulere quam liberis eorum vel aliis personis, quibus eadem actio competere poterat: ut, sive adiciatur testamento de implenda legitima portione sive non, firmum quidem testamentum sit, liceat vero his personis, quae testamentum quasi inofficiosum vel alio modo subvertendum queri poterant, id quod minus portione legitima sibi relictum est ad implendam eam sine ullo gravamine vel mora exigere, si tamen non ingrati legitimis modis arguantur, cum eos scilicet ingratos circa se fuisse testator edixit: nam si nullam eorum quasi ingratorum fecerit mentionem, non licebit eius heredibus ingratos eos nominare et huiusmodi quaestionem introducere. et haec quidem de his personis statuimus, quarum mentionem testantes fecerint et aliquam eis quantitatem in hereditate vel legato vel fideicommisso, licet minorem legitima portione, reliquerint.*
> Überhaupt meinen wir, indem wir für den Willen der Testatoren Vorsorge treffen, dass die große und unzählige Gelegenheit, deren Verfügung umzustoßen, zu verringern ist und in den bestimmten Fällen, in denen wegen pflichtwidrigen Testaments der Verstorbenen oder, um [dieses] auf andere Weise umzustoßen, eine Klage erhoben zu werden pflegt,

---

631 Zu Paul. sent. 4.5.7.

632 Weitere Gründe für diese Annahme sind aus C. 2.28.30pr. mit C. 2.28.36pr. zu gewinnen: *etsi non adiciatur viri boni arbitratu repleri filio* (eine Rückschau Justinians auf die vorjustinianischen Klauseln); dazu unten bei 36pr.

durch ein bestimmtes und festgesetztes Gesetz sowohl für die Toten zu sorgen als auch für deren Kinder oder andere Personen, denen diese Klage zustehen konnte. [Wir meinen], dass, sei es, dass eine [Klausel] über die Ergänzung der gesetzlichen Portion hinzugefügt ist, sei es, dass sie nicht [hinzugefügt ist], das Testament jedenfalls bestandskräftig sein soll. [Wir meinen], dass es aber den Personen, die gegen das Testament als pflichtwidrig oder, dass es auf andere Weise umzustoßen sei, klagen konnten, erlaubt ist/frei steht, das, was ihnen weniger als die gesetzliche Portion hinterlassen ist, zu deren Ergänzung ohne Erschwernis oder Verzögerung zu verlangen, wenn sie als dennoch nicht Undankbare[633] auf gesetzliche Weise bewiesen werden[634], versteht sich[635], wenn der Testator ausgesprochen hat, sie seien undankbar gegen ihn gewesen. Denn wenn er ihrer keine Erwähnung als Undankbare machte, so wird seinen Erben nicht erlaubt sein, sie undankbar zu nennen und eine *quaestio* [gerichtliche Untersuchung] dieser Art einzuführen. Und das freilich bestimmen wir betreffend der Personen, die die Testierenden erwähnt haben [= bedacht haben] und ihnen irgendeine Summe/Menge in der Erbschaft oder durch Vermächtnis oder Fideikommiss hinterlassen haben, wenn auch weniger als die gesetzliche Portion.

C.3.28.30.1
Sin vero vel praeterierint aliquam eorum personam iam natam vel ante testamentum quidem conceptam, adhuc vero in ventre constitutam, vel exheredatione vel alia eorum mentione facta nihil eis penitus reliquerint, tunc vetera iura locum habere sancimus, nullam ex praesenti promulgatione novationem vel permutationem acceptura.
Wenn sie [die Testatoren] aber von ihnen irgendeine schon geborene oder vor Testamentserrichtung schon gezeugte, noch im Mutterleib festgestellte Person übergangen haben oder durch Enterbung oder durch eine andere gemachte Erwähnung ihrer ihnen überhaupt nichts hinterlassen haben, dann sollen die alten Gesetze ihren Platz haben, ordnen wir an, indem sie keine Neuerung aufgrund der gegenwärtigen Verordnung oder Änderung annehmen.

Die Reformkonstitution stellt das doppelte rechtspolitische Motiv (*tam mortuis consulere quam liberis eorum vel aliis personis* rell.) an die Spitze: Zu sorgen ist da-

633 Ich bin mir nicht sicher, wohin *tamen* zu ziehen ist: zu *si* (*si tamen*) oder zu *non ingrati*? Ich ziehe es in der Übersetzung zunächst zu *non ingrati*. Zur Sinnerfassung *si tamen* dann oben.

634 Das sieht nach einem Erschütterungsbeweis gegen das *ingratos circa se fuisse edixit* aus, ein auf die Gründe, die der Testator nannte, eingeschränktes Beweisthema. *Arguere* meint meist ein Beweisen durch offenbare Gründe. Damit scheint gesagt: augenscheinlich waren sie aber doch dankbar. Ein Offenkundigkeitsbeweis gegen das, was der Testator *edixit*, scheint genügt zu haben. Gelingt dieser, ist auf den Pflichtteil zu ergänzen.

635 Man kann *scilicet* auch hier schon eingliedern; sinngleich ist, dem Text an der Seite zu bleiben und zu übersetzen: wenn der Testator ausgesprochen hat, dass sie, versteht sich, undankbar gegen ihn gewesen sind.

für, dass der letzte Wille nicht umgestoßen wird und dass Querelberechtigte nicht (oft zerstörerische oder schwer beweisbare) Querelprozesse beginnen. Zergliedert man den Text dort, wo die konkreten Regelungsinhalte anfangen (*ut, sive adiciatur testamento de implenda legitima portione sive non, firmum quidem testamentum sit*), so ist festzustellen: *sive non* ist keine justinianische Erweiterung; *implere* aus beigefügter suppletorischer Klausel und *implere*, wo es keine Rolle spielt, dass sie fehlt, sind zwei übernommene Fälle. *Firmum quidem testamentum sit* nimmt hier schon die Wahl zur Querel weg. Wenn nach einer Deutungsmöglichkeit zur *interpretatio* ad §7 nur noch Ergänzung bereits Routine war in den Fällen der angewandten Klausel, so stehen wir auch hier noch nicht vor einer Neuerung, sondern haben noch den Anschluss an den Querelausschluß in allen Fällen irrtümlich verfehlter Quart anzunehmen.

Aus der Verklammerung der zwei alten Fälle (Ergänzungsklausel und „angewandte Ergänzungsklausel"[636]) formt die Reformkonstitution die Erstreckung auf alle Fälle von *minus quarta relictum*, und zwar mehrfach reduziert[637]: Nur der Erblasser selbst soll die Undankbarkeit aussprechen, wenn er weniger als das Viertel hinterlassen will.

Dieser Grundgedanke beginnt schon in der Konstitution 30 und ist später in der Novelle 115 auch für die *nihil relictum*-Fälle wiederholt und stärker durchgebildet[638].

---

636 Die Fälle der „angewandten Ergänzungsklausel" sind zwar nur schwach belegt (Paul. sent. 4.5.7), aber doch mehr als eine bloße Hypothese mit zuverlässiger Grundlage in C. 2.28.36pr.

637 Verdeutlichend ist das Textstück am Ende der Konstitution 30pr., das auf den Geltungsbereich der *minus quarta relictum*-Fälle hinweist: *et haec quidem de his personis statuimus, quarum mentionem testantes fecerint et aliquam eis quantitatem in hereditate vel legato vel fideicommisso, licet minorem legitima portione, reliquerint.*

638 Erst die Novelle 115 cap. 3 regelt das *nihil relictum* durch Übergehen oder Enterben neu (ich zitiere daraus übersetzt): „Es ist nicht erlaubt dem Vater oder der Mutter, dem Großvater oder der Großmutter, dem Urgroßvater oder Urgroßmutter, seinen Sohn oder seine Tochter oder die weiteren Kinder im Testament zu übergehen oder zu enterben, ohne ihnen den Pflichtteil (die *debita portio*) zu geben durch Schenkung, Vermächtnis, Fideikommiss oder auf andere Weise. Außer, sie werden als undankbar bewiesen und die Gründe selbst der namentlich bezeichneten Undankbarkeit [Enterbungsgründe der Novelle 115] im Testament aufgenommen. Aber weil die Gründe, aus denen die Kinder als undankbar angesehen werden dürfen, in verschiedenen Gesetzen verstreut sind und wir sie nicht offen deklariert [bestimmt] vorfinden …, ist nun eine Reihe von Enterbungsgründen im gegenwärtigen Gesetz zusammengefasst." Gegenüber der alten Querel der Konstitution 3.28.30.1 kehrt sich in der Nov. 115 cap. 3 auch die Beweislast um: εἰ μὴ τυχὸν ἀχάριστοι ἀποδειχθεῖεν (wenn sie nicht etwa als undankbar gezeigt/bewiesen würden): der Testamentserbe hat die Richtigkeit des im Testament angeführten Enterbungsgrundes darzutun. Die Beweislastumkehr ist allgemeine Auffassung, vgl. *La Pira*, successione contro 489: „L'onere della prova incombente all'erede e non, come prima, al legittimario querelante". Ferner dazu *Bluntschli*, Erbfolge 223f.: erst der angeführte und bewiesene Enterbungsgrund sichert das Testament vor der Umstürzung. „Früher war der Beweis der Undankbarkeit nicht fest geregelt, und stand sehr der Willkür offen" (*Bluntschli*, 223).

Bluntschli[639] sagt es zur Novelle 115 sehr gut: „Hat der Vater gegründete Ursache, seinen Sohn auszuschließen, so soll er sie selbst anführen, und für sie stehn. Es soll nicht in der Macht des Fremden, des eingesetzten Erben liegen, irgend einen ehemaligen Streit zwischen Vater und Sohn aufzusuchen, und vorzubringen. Nur der Vater soll die Undankbarkeit beurteilen".

Fehlt eine solche *mentio* des Erblassers, so ist auf das Viertel zu ergänzen und die Querel ist auf die *actio ad implendam* reduziert. Dass dem zu gering Bedachten damit die Querel auf den Intestatteil genommen ist, finden wir im überkommenen Rechtsgedanken begründet, den wir schon bei Plinius überliefert sahen: wenn du das Viertel hast, kannst du dich etwa beschweren? Und die Ergänzung auf das Viertel ist bei fehlender *mentio testatoris* abgesichert: *nam si nullam eorum quasi ingratorum fecerit mentionem, non licebit eius heredibus ingratos eos nominare et huiusmodi quaestionem introducere*. Die Erben können dann nicht eine gerichtliche Untersuchung über eine (nur von ihnen behauptete) Undankbarkeit gegenüber dem Erblasser einführen, wenn sie nicht ergänzen wollen.

Hat aber der Erblasser, der weniger als das Viertel hinterließ, eine Undankbarkeit ausgesprochen (*cum eos scilicet ingratos circa se fuisse testator edixit*), so ist das, was bisher typischer Streitgegenstand der Querel war, nun Streitgegenstand der *actio ad implendam*. Auch hier ist die Querel auf die *actio ad implendam* reduziert, jedoch nur auf der Grundlage einer vom Erblasser genannten Undankbarkeit. Gerichtlich zu untersuchen ist[640], ob die vom Erblasser ausgesprochene Undankbarkeit zutrifft oder nicht. Trifft sie nicht zu, so steht der zu gering Bedachte nicht besser als ein sonst *minus quarta* Bedachter ohne nachteilige *mentio*. Dies ergibt sich aus dem Aufbau im Textstück ab *liceat vero* rell. mit der Gedankenfolge: Die *querela inofficiosi testamenti*, die bisher in den *minus relictum*-Fällen zu Gebote stand, ist durch die *actio ad implendam* ersetzt. Und zwar soll ohne Erschwernis und Verzögerung auf das Viertel ergänzt werden. Das bezieht sich auf die Streichung erschwerender oder verzögernder Nebenbestimmungen, unter denen die Quart hinterlassen ist, wie sie bald darauf in der Konstitution C. 3.28.32 (a. 529) ausdrücklich verordnet ist. Das restriktive *si tamen non ingrati* rell. stellt darauf den Bedingungssatz in einen Gegensatz zum Vorausgehenden[641]. Bei *ingratos circa se fuisse testator edixit* tritt eine Verzögerung durch die Klage *ad implendam* ein.

Der Sinn von *eos … ingratos circa se fuisse … edixit* ist gleich dem *eorum quasi ingratorum fecerit mentionem*. Trifft die nachteilige *mentio* zu, so hat der Erblas-

639 Erbfolge 224.

640 Von einer *quaestio de repletione* (ob zu ergänzen ist oder nicht) spricht auch C. 3.28.35.2 (a. 531), dort allerdings wird man keine nachteilige *mentio* anzunehmen haben; dazu unten S. 170.

641 Zu *si tamen* vgl. *Leumann-Hofmann-Szantyr*, Lateinische Grammatik, 2. Bd. 673.

ser die Ergänzung auf das Viertel genommen und es bleibt beim *minus quarta*[642]. Ob dafür ein (unsubstantiiertes) schlichtes Sagen, sie seien undankbar gegen den Testator gewesen, genügte[643] oder vielmehr auch der Grund, der sie undankbar erscheinen ließ, auszusprechen war, ist fraglich. Aus *nam si nullam eorum quasi ingratorum fecerit mentionem, non licebit eius heredibus ingratos eos nominare* scheint klar: Schwieg der Testator, so ist es auch seinen Erben nicht erlaubt, einen Vorfall, den der Testator verzieh, vorzubringen. Das ist im Geiste der Reform: Zu beachten ist nur, was der Testator selbst sagte. Das Verbot, *ingratos eos nominare et huiusmodi quaestionem introducere*, wenn der Testator schwieg, scheint nicht zu meinen, den Erben sei es untersagt, durch unsubstantiiertes *ingratos nominare* die zu gering Bedachten zum Inoffiziositätsnachweis zu zwingen, sondern, dass es ihnen nicht erlaubt sei, Zerwürfnisse, Streitigkeiten, die vielleicht tatsächlich vorgekommen sind, vorzubringen, wenn der Testator sie nicht nachteilig erwähnte. Das legt nahe, auch *eos … ingratos circa se fuisse … edixit* nicht als ein leeres Sagen, sondern als substantiiertes *edicere* des Testators zu sehen, das die Testamentserben aufgrund ihrer Sukzession in das *edicere* des Testators zu vertreten haben in einer *quaestio huiusmodi* (mit dem Streitgegenstand, ob es zutreffe, was der Testator als Grund für das *minus* aussprach). Das *arguantur* in *si tamen non ingrati legitimis modis arguantur, cum eos scilicet ingratos circa se fuisse testator edixit* hat dann den Charakter eines Gegenbeweises, der die zu gering Bedachten gegen das *ingratos circa se fuisse testator edixit* dann doch als *non ingrati* erscheinen lässt. Dies ist ein wesentlich engerer Streitgegenstand gegenüber dem Fall *nihil eis penitus reliquerint* (wo ihnen überhaupt nichts hinterlassen ist). Da ist der viel umfassendere Inoffiziositätsbeweis mit der Querel nach altem Recht zu führen. Gelingt dieser viel schwierigere Beweis, so ist es auch nach dem Reformsystem konsequent, so wie nach *ius vetus* den Intestatteil erstritten zu haben.

Insgesamt lassen sich damit die Wertungen erkennen: Die *minus quarta relictum*-Fälle ohne nachteilige *mentio* sind den Fällen der Klauseln *ex iudicio testatoris* gleichgehalten und auch die *minus quarta*-Fälle mit *mentio* bleiben nicht Fälle der Querel des alten Rechts (auf den Intestatteil), weil sich die Frage der Ergänzung noch stellen kann; sie sind den sonstigen *minus quarta*-Fällen näher als den Fällen von *nihil relictum*. Kann eine nachteilige *mentio testatoris*, der immerhin etwas hinterlassen hat, widerlegt werden, so passt ein *impleri* auf das Viertel besser als ein *rescindere testamentum*, weil nur eine nachteilige *mentio* zu korrigieren war. Ist

---

642 So auch *Francke*, Notherben 340: der Erblasser, „welcher gegründete Ursache hatte", könne „… die suppletoria actio nehmen, wenn er ihm weniger zuwendet als seinen Pflichttheil. Was er dann ihm zuwendet, ist eine freie Gabe."

643 So *Francke*, Notherben 340f.: „Nur ist hier nicht vorgeschrieben, daß ausdrücklich ein Grund der Ausschließung, ein bestimmtes Factum, im Testamente angeführt sein müsse, sondern es muß nur das schlechte Betragen des Pflichttheilsberechtigten im Allgemeinen gerügt sein."

diese aber beseitigt, soll man nicht besser stehen, als man bei *ex iudicio defuncti* hinterlassener Quart stünde.

Nur bei *nihil relictum* stellt sich die Frage eines *impleri* nicht mehr und es bleibt bei der *querela inofficiosi testamenti.* Ein neues Regelungssystem, das die Querel hier ersetzen konnte, ließ sich in der justinianischen Reform nicht finden.

§ 10 Vorempfang, Vorausverzicht und Ergänzungsklausel

Eine Anpassung an das Reformsystem war in den *minus quarta relictum*-Fällen nötig geworden: Wir hatten oben schon gesehen: Wer „aus der Hand des Erben"[644] ein Vermächtnis, und sei es auch weniger als das Viertel, annahm, anerkannte diesen damit als Testamentserben und die Querel war ausgeschlossen. Die Konstitution C. 3.28.35.2 musste also darauf hinweisen, dass die Annahme des *minus quarta relictum* den Ergänzungsanspruch auf die Quart nicht nimmt.

> C.3.28.35.1–2: Imp. Iustinianus A. Iohanni (a. 531)
> *1: Illud etiam sancimus, ut, si quis a patre certas res vel pecunias accepisset et pactus fuisset, quatenus de inofficiosi querella adversus testamentum paternum minime ab eo moveretur, et post obitum patris filius cognito paterno testamento non agnoverit eius iudicium, sed oppugnandum putaverit, vetere iurgio exploso huiusmodi pacto filium minime gravari secundum Papiniani responsum, in quo definivit meritis filios ad paterna obsequia provocandos quam pactionibus adstringendos.*
> *1a: Sed hoc ita admittimus, nisi transactiones ad heredes paternos filius celebraverit, in quibus apertissime iudicium patris agnoverit.*
> *2: Et generaliter definimus, quando pater minus legitima portione filio reliquerit vel aliquid dederit vel mortis causa donatione vel inter vivos sub ea condicione , ut haec inter vivos donatio in quartam ei computetur, si filius post obitum patris hoc quod relictum vel datum est simpliciter agnoverit, forte et securitatem heredibus fecerit quod ei relictum est accepisse, non adiciens nullam sibi superesse de repletione quaestionem, nullum filium sibi facere praeiudicium, sed legitimam partem repleri, nisi hoc specialiter sive in apocha sive in transactione scripserit vel pactus fuerit, quod contentus relicta vel data parte de eo quod deest nullam habet quaestionem: tunc etenim omni exclusa querella paternum amplecti compellitur iudicium.*

Die Konstitution schließt an Vorläuferfälle an in zwei verschiedenen Fallfiguren: in §2 an die a) *donatio inter vivos hac tamen contemplatione, ut in quartam habeatur* aus Paul. D. 5.2.25pr. in der Fallalternative einer angeordneten Ergänzungsklausel *aut,*

644 *Glück*, Commentar, 7. Theil, 1. Abth. 478.

si minus habeat, quod deest viri boni arbitratu repleatur, somit an den Fall, in dem der Erblasser durch die Schenkung unter Lebenden die volle Quart hinterlassen wollte. Und b) in §1 an den Fall, dass der Vater seinem Sohn bestimmte Sachen oder Geld gab mit dem *pactum*, der Sohn werde nicht querelieren, um damit einen alten Streit zwischen Vater und Sohn zu beenden (*vetere iurgio exploso*).

C. 3.28.35.1 ist als Argument zu verwenden, Paulus D. 5.2.25pr. für echt zu halten, weil auch Papinian Fälle[645] der Zuwendung unter Lebenden, um die Querel auszuschließen, bereits kannte. Das Textstück *aut, si minus habeat, quod deest viri boni arbitratu repleatur* in Fr. 25pr. passt auch besser zur Ergänzungsklausel, die nach C. 3.28.36pr. sicher vorjustinianisch ist, als zu einer *quaestio de repletione*.

Die Worte des Textstücks in §2 *...inter vivos sub ea condicione, ut haec inter vivos donatio in quartam ei computetur* sehen nur wie eine andere Fassung zu *...hac contemplatione, ut in quartam habeatur* aus. Im Leitfall der Konstitution C. 3.28.30pr. entspricht dem die Gestalt der Ergänzungsklage bei *minus portione legitima relictum* ohne nachteilige Nennung (*nulla ingratorum mentio*), also mit rasch durchsetzbarer *quaestio de repletione*, die strittige Berechnungsfragen löst, den Ergänzungsanpruch selbst aber nicht mehr vernichten kann. Und auch im Fall b) des §1 ist anzunehmen, dass eine nachteilige *mentio* fehlt, weil durch die *datio* und das *pactum* der alte Streit zwischen Vater und Sohn beendet sein sollte. Im Testament selbst ist in beiden Fällen zwar *nihil relictum*, wegen der Vorempfänge unter Lebenden, um die Querel auszuschließen, liegen aber Fälle von *sin vero quantacumque pars hereditatis vel res eis fuerit relicta* im Sinne von Inst. 2.18.3 vor.

Im Anschluss an das *responsum* Papinians (*Illud etiam sancimus* des §1) waren allerdings überkommene Komplikationen zu lösen. Der Sohn hatte von seinem Vater *inter vivos certas res vel pecunias* erhalten (*accepisset*) und mit dem Vater paktiert (*et pactus fuisset*), dass er nicht quereliert (*quatenus*[646] *de inofficiosi<o> querella adversus testamentum paternum minime ab eo moveretur*). Im *accepisse* (der *certae res vel pecunia*) *inter vivos* liegt im vorhinein noch kein *agnoscere* des letzten Willens. Die Komplikation – und zugleich das Regelungsmotiv Justinians – nennt die Konstitution auch: Nachdem der Sohn das väterliche Testament kannte, anerkannte er nicht den letzten Willen (*non agnoverit eius iudicium*), sondern meinte, diesen bekämpfen zu müssen (*sed oppugnandum putaverit*). Das *pactum*, mit dem der alte Streit zwischen Vater und Sohn beigelegt war, „beschwert" den Sohn nicht, weil durch solche *pacta* – nach dem Responsum Papinians – die Söhne eher zum Gehorsam gegenüber dem Vater aufgefordert werden, als dass sie sie binden.

645 Papinian kannte solche *pacta*, er spricht dann in der Mehrzahl (*pactionibus*).

646 *Quatenus … minime* hat hier die finale Geltung von *ne* (damit er nicht); mit *ne* steht es auch in der Fassung von Paul. sent. 4.5.8.

So überliefert es auch

Paul. sent. 4.5.8: *Pactio talis, ne de inofficioso testamento dicatur, querellam super iudicio futuram non excludet*[647]*: meritis enim liberos quam pactionibus adstringi placuit.*

Justinian unterstellt diese Fälle der allgemeinen Regel des §2. *Et generaliter definimus* rell. regelt allgemein die Fälle eines *minus legitima relictum* gemeinsam mit den Fällen eines *minus legitima datum inter vivos* (*donatum*): *vel mortis causa donatione vel inter vivos*, wenn das Geschenk in der Absicht gegeben war, es auf die Quart anzurechnen, das *datum* also auch als ein *relictum* gelten soll[648].

Ein *accepisse* ist erst *post obitum patris* (nach Tod des Vaters) ein *agnoscere* (ein Anerkennen des letzten Willens), wenn

a) der Sohn nach Tod des Vaters das *datum* als auf die *legitima* gegeben anerkennt[649] (*si filius post obitum patris hoc quod relictum vel datum est simpliciter agnoverit*), etwa um den Erben die Sicherheit zu geben, er habe, was ihm hinterlassen ist, erhalten (*forte et securitatem heredibus fecerit quod ei relictum est accepisse*). Anerkennt der Sohn *simpliciter*, das heißt, ohne hinzuzufügen, dass „ihm keine *quaestio de repletione* übrig ist" (*non adiciens nullam sibi superesse de repletione quaestionem*), so macht er sich kein Präjudiz für die Ergänzungsklage, schließt diese also nicht aus. Hinzuzudenken ist: erklärt er aber *nulla mihi superest de repletione quaestio*, so ist die Ergänzung n u n e r s t ausgeschlossen[650].
b) Hat er hingegen *specialiter* in der Quittung über die vom Vater erhaltene Zahlung (*sive in apocha*) oder in der Vergleichsurkunde[651] (*sive in transactione scripserit*) erklärt oder paktiert (*vel pactus fuerit*), dass er sich mit dem Vorempfang zufrieden gebe (*quod contentus relicta vel data parte*), so ist dadurch die Ergänzungsklage ausgeschlossen (*de eo quod deest nullam habet quaestionem*).

Die Schlussworte in §2 *tunc etenim omni exclusa querella paternum amplecti compellitur iudicium* (dann nämlich erst ist er [der Sohn] gezwungen, den väterlichen

647 Das paktierte „dass das Testament nicht pflichtwidrig genannt werden soll" schließt die künftige Querel gegen das Testament nicht aus.

648 Das, was man heute „Vorempfang" nennt. Der Vorempfang ist nicht *ex constitutione*, sondern nach dem Willen des Erblassers auf die *legitima* anzurechnen. Schenkte er ohne diese Absicht, liegt kein Fall von C. 3.28.35.1–2 vor.

649 Anerkennt er den Empfang nicht als auf die *legitima* gegeben, werden die Erben einwenden *inter vivos donatio in quartam ei computetur*: so wollte es der Vater. Strittig bliebe dann, ob das unter Lebenden Gegebene überhaupt etwas mit der *legitima* zu tun hatte oder nicht.

650 Nicht aber schon durch das damalige *accepisse* und *pactum*.

651 Also beweisbar und unstrittig. Reformabsicht ist die Streitvermeidung.

Willen zu befolgen, sodass jede Querel ausgeschlossen ist[652]) weisen darauf hin, dass die überkommenen Fälle der *pacta* im erwähnten Sinn geneuert sind.

Insgesamt zeigt sich folgendes Schema:

a) Annahme eines *minus relictum* aus der Hand des Erben mit besonderer Erklärung (*nullam habeo quaestionem* oder *nulla mihi superest de repletione quaestio* = unter ausdrücklichem Verzicht auf die Ergänzung): dies erst ist ein qualifiziertes *iudicium patris agnoverit*, das die Ergänzungsklage nimmt.
b) Annahme eines *minus relictum* aus der Hand des Erben nach C. 3.28.30pr. (*id quod minus portione legitima relictum est*) hat zur Folge: *ad implendam eam sine ullo gravamina vel mora exigere*; es steht die (rasch durchsetzbare[653]) Ergänzungsklage zu.

Neu geregelt sind die bei Vorempfängen auf die Quart vorkommenden *pacta* (*quatenus de inofficiosi<o> querela minime moveretur*; Paul. sent. 4.5.8 *ne de inofficioso dicatur*) eines Vorausverzichts auf die Querel:

1) Vorjustinianisch galt: die *pacta* banden nicht, ein Vorausverzicht auf die Querel war unwirksam (*responsum* Papinians und Paul. sent. 4.5.8); das *accepisse* bewirkte kein *iudicium patris agnoverit*, und der Sohn hatte bei einem *minus* die Querel auf Reszission.
2) Justinianisch: nur ein ausdrücklicher Verzicht auf die Ergänzung (wie oben bei a) nimmt die Ergänzungsklage.
   Mit den Worten aus C. 3.28.35.1a gesagt: „Aber das (gemeint ist die Klage auf *repleri*) gestehen wir nur dann zu, wenn er (der Sohn) nicht einen Vergleich im Hinblick auf die väterlichen Erben abgeschlossen hat, in denen er offen (*apertissime*) den väterlichen Willen anerkannt hat".
   Der unwirksame Querelausschluss durch das *pactum* zeigt sich nun so: das überlieferte *querellam super iudicio futuram non excludet* (Paul. sent. 4.5.8) ist reduziert auf die Klage auf *repleri*. So wie früher die Querel, ist nun diese nicht ausgeschlossen. Die Querel selbst ist, da zumindest etwas hinterlassen ist, bereits nach der Reformkonstitution C. 3.28.30pr., Inst. 2.18.3 durch *quod deest repletur* ersetzt. Praktisch laufen die Fälle auf folgendes hinaus: Zu bestreiten, dass die *datio* des Vaters etwas mit der *legitima* zu tun hatte, ist illusorisch; das *pactum* (*quatenus minime querella moveretur*, dass der Sohn nicht querelieren wird) beweist das Gegenteil; diesen Beweiswert immerhin hat das *pactum*. Damit liegt ein *dare* unter Lebenden auf die *legitima* vor – oder jedenfalls ein dem

652 Ich verstehe den Ablativus absolutus (*omni exclusa querella*) in proleptischer Funktion (so dass).

653 Die Erben können einen alten Streit zwischen Vater und Sohn nicht hervorholen, wenn eine *mentio* des Vaters, die den Sohn *ingratus* nannte, fehlt.

gleichgestellter Fall – das sinnvollerweise als Teil der *legitima* erhalten zu haben (*accepisse*) *simpliciter* anzuerkennen ist.

3) Annahme des *minus* aus der Hand des Vaters (Erblassers) + (nicht qualifiziertes) *pactum*, oder aus der Hand des Erben ohne Erklärung (*non adiciens* rell. = *simpliciter agnoverit*) anerkennt nur, erhalten zu haben[654], zwingt aber nicht das *pactum* (paktierte *querela exclusa*) zu befolgen. Insoweit geht die Konstitution noch konform mit dem *responsum* Papinians, reduziert nun aber die Querel wieder auf die Klage auf Ergänzung (*legitimam partem repleri*) wie oben bei b) (C. 3.28.30pr. *id quod minus portione legitima relictum est … ad implendam … exigere*).

§ 11 Übernommene Ergänzungsklauseln

Deutlich ist die Fortgeltung der überkommenen Ergänzungsklauseln ausgesprochen in

> C.3.28.36pr.: Imp. Iustinianus A. Iohanni (a. 531)
> *Scimus ante constitutionem fecisse, qua cautum est, si pater minorem debita portionem filio suo reliquisset, omnimodo, etsi non adiciatur viri boni arbitratu repleri filio, attamen ipso iure inesse eandem repletionem.*
> *1 Quaerebatur itaque, si quis rem donatam vel inter vivos vel mortis causa vel in testamento relictam agnoverit et pro parte sua habuerit, deinde eadem res evicta vel tota vel pro parte fuerit, an debeat ex nostra constitutione pars legitima post evictionem suppleri: vel si ex lege Falcidia minuantur legata vel fideicommissa vel mortis causa donationes, debet tamen ex hoc casu supplementum introduci: ne, dum totam Falcidiam accipere heres nititur, etiam totum commodum hereditatis amittat.*
> *1a Sancimus itaque in omnibus istis casibus, sive in totum evictio subsequatur sive in partem, emendari vitium et vel aliam rem vel pecunias restitui vel repletionem fieri, nulla Falcidia interveniente, ut, sive ab initio minus fuerit derelictum sive extrinsecus qualiscumque causa interveniens aliquod gravamen imponat vel in quantitate vel in tempore, hoc modis omnibus repleri et nostrum iuvamen purum filiis inferri.*
> *1b Repletionem autem fieri ex ipsa substantia patris, non si quid ex aliis causis filius lucratus est vel ex substitutione vel ex iure adcrescendi, puta usus fructus: humanitatis etenim gratia sancimus ea quidem omnia quasi iure adventicio eum lucrari, repletionem autem ex rebus substantiae fieri.*

---

654 Nicht in Zweifel gezogen ist damit die Absicht des Erblassers *ut in quartam ei computetur*. Dass das Gegebene außerhalb der *legitima* gegeben worden wäre, wird nicht behauptet. Schlicht anerkannt ist, einen Teil der *legitima* bereits erhalten zu haben (mehr aber nicht).

36pr. ist zusammen zu lesen mit den Worten der Reformkonstitution 30pr. *sive adiciatur testamento de implenda legitima portione sive non* (sei es, dass dem Testament eine Klausel über die Ergänzung auf die *legitima* beigefügt ist oder nicht): Die Klauseln kommen also auch unter Justinian noch vor und gelten; 36pr. (wir wissen, dass [die Anordnung einer Ergänzung] vor der Konstitution gemacht worden ist) weist auf die Vorläufer hin und dokumentiert Stufen ihrer Entwicklung: Die früheste Fassung einer ausdrücklichen Anordnung *si minus habeat, quod deest viri boni arbitratu repleatur* (Paul. D. 5.2.25pr.) betraf die Fälle, in denen der Erblasser das volle Viertel hinterlassen wollte und auch meinte, es hinterlassen zu haben, es aber möglicherweise (rechnerisch) verfehlte. Diese Klauselfassung hielt sich offenbar bis auf Justinian, weil sie in 36pr. (in der umgekehrten Alternative) als noch aktuell genannt ist (*etsi non adiciatur viri boni arbitratu repleri filio*). Die fortgebildeten Fälle fehlender Klausel dürften sich daran angelehnt haben, dass die Absicht, das volle Viertel zu hinterlassen, aus den Umständen offenkundig war, es also klar war, dass das Fehlen eines *repleatur* nicht schadet (nicht schaden solle): *attamen ipso iure inesse repletionem* (aber dennoch – trotz nicht ausdrücklich angeordnetem *repleatur* – ist die Klausel *ipso iure* enthalten)[655]. Das *iure* in Paul. sent. 4.5.7 ist zwar nicht mit dem *ipso iure* zu identifizieren (*iure desiderat* sagt nicht das Gleiche wie *ipso iure inesse repletionem*), aber Paul. sent. 4.5.7 wird als ein solcher Fall zu sehen sein, ein Fall der angewandten (oder mitgemeinten, nach der Art des Hinterlassenen inhärenten) Klausel.

Zweifelhaft an dieser Auffassung von C. 3.28.36pr. könnte freilich sein, ob sich *attamen ipso iure inesse eandem repletionem* nicht schon direkt auf die Konstitution selbst bezieht. Aber dann hinge das *omnimodo*, wenn es zu *ante constitutionem fecisse* gesagt ist, ein wenig in der Luft. Etwas unsicher ist also die Gliederung des Gedankengangs: *Scimus ante constitutionem fecisse* (wir wissen, dass [schon] vor der Konstitution, *qua cautum est* (durch die verordnet ist), *si pater minorem debita portionem filio suo reliquisset* (wenn der Vater weniger als die *debita portio* hinterlassen hatte), *omnimodo, etsi non adiciatur viri boni arbitratu repleri filio, attamen ipso iure inesse eandem repletionem* (es gemacht worden ist, dass jedenfalls, auch wenn nicht hinzugefügt ist, dass nach dem Ermessen eines *vir bonus* ergänzt wird, dennoch *ipso iure* die Ergänzung enthalten ist). Selbst wenn man abweichend von dieser Sinnerfassung das *ipso iure inesse eandem repletionem* nicht auf einen Vorläuferfall, sondern schon auf die Konstitution bezieht, bleibt immer noch der Beleg von Paul. sent. 4.5.7 als vorjustinianisch.

---

655 Gegen die Deutung, man müsse die Klausel mitverstehen, auch wenn sie fehlte: *Sanguinetti*, Dalla querela 113: dort gegen eine Rückführung auf den erblasserischen Willen, sondern „…il diritto all'integrazione deve ritenersi sussistente *ipso iure* (in forza della nostra precedente costituzione)".

In der Nachfolge in die Klauseln zeigt sich das Bemühen der Reform, mit dem letzten Willen so weit wie möglich übereinzustimmen. Die Konvergenz mit dem erblasserischen Willen fängt an und reißt ab in der Abstufung folgender Fälle:

a) *Minus quarta (= legitima) relictum* mit angeordnetem *repleatur*: die Ergänzung geschieht *ex iudicio defuncti*. Nach C. 3.28.30pr. ist im Fall *adiciatur testamento de implenda legitima portione* die Konvergenz vollständig.
b) *Minus quarta relictum* in den Fällen von *ipso iure inesse repletionem*: nach C. 3.28.36pr. *etsi non adiciatur viri boni arbitratu repleri* besteht wieder vollständige Konvergenz mit dem *iudicium defuncti*.
c) Nicht viel, aber auch nicht auffallend wenig ist hinterlassen: Ob man hier von Konvergenz eines *repleri* mit dem letzten Willen sprechen kann, ist unklar, wenn *ex constitutione* ergänzt wird.
d) Lächerlich (auffallend) wenig ist hinterlassen (fehlende Konvergenz): Aber da soll es der Erblasser dann auch dazu sagen, dass er den Noterben für undankbar hielt und eine *mentio ingrati* machen (*ingrati mentionem facere*[656] heißt, er soll die Undankbarkeit[657] zur Sprache bringen). Machte er das nicht, ist zu ergänzen. Dagegen hängt in den Fällen, in denen eine Ergänzung im erklärten Widerspruch zum letzten Willen stünde, davon ab, ob die *mentio ingrati* berechtigt oder unberechtigt ausgesprochen war. So wie es bei der Querel des *ius vetus* eben strittig war, ob Kinder *inique* (zu Unrecht) enterbt oder übergangen waren und daher querelieren konnten (Inst. 2.18pr.), ist in Fällen von *quantacumque pars relicta* bei einem deutlichen *minus* der Streit auf das *repleri* beschränkt. Denn mehr als das Viertel hätte der Erblasser dann auch einem Dankbaren nicht hinterlassen. Wollte der Erblasser auch das nicht, so darf er eben gar nichts hinterlassen und es bleibt bei der Querel des alten Rechts.

§ 12 Konsequenzen bei Eviktion

C. 3.28.36.1 nimmt mit den Worten *si quis rem donatam vel inter vivos vel mortis causa vel in testamento relictam agnoverit et pro parte sua habuerit* die Fälle aus C. 3.28.35.2 (a. 531) auf. Für die Fälle der Eviktion oder Teileviktion des auf die *legitima* Hinterlassenen nennt Justinian in der Konstitution zunächst die Rechtsfrage *an debeat ex nostra constitutione pars legitima post evictionem suppleri* (ob[658] aus unserer Konstitution die *pars legitima* nach Eviktion ergänzt werden soll) und

---

656 C. 2.28.30pr. (*nam si nullum*) *quasi ingratorum fecerit mentionem*.

657 Den Streit etc.

658 Wohl eher nicht ein argumentierendes *an* (sollte etwa ergänzt werden?), weil Justinian die Ergänzung verordnet.

verordnet die Ergänzung (*tamen ex hoc casu supplementum introduci*). Der Textabschnitt ist so aufgebaut: a) Jemand hat die *res donata vel inter vivos vel mortis causa* oder das ihm testamentarisch Hinterlassene (Vermächtnis oder Fideikommiss) als *pars sua* (= als seine *legitima* erhalten zu haben) anerkannt; das ist sein *commodum hereditatis*. b) Entsteht ihm dann durch Teileviktion ein *minus quarta* oder wird ihm die Sache ganz evinziert (wodurch sich aber kein Fall von *nihil relictum* im Sinne des Reformsystems bildet), so ist auch für diese Fälle die Ergänzung eingeführt. c) Warum muss in diesem Fall die Ergänzung eingeführt werden (mit der Konstitution 36)? *Vel si* gibt einen besonderen Fall an: während der *quis* die Ergänzung will, will der Erbe sie ihm falzidisch kürzen: „damit[659] er (der *quis*) nicht den ganzen Vorteil (sein *commodum hereditatis*) verliert, während der Erbe darauf aus ist, die ganze Falcidia zu erhalten"[660]. Der Erbe kann also nicht falzidisch kürzen, wenn dadurch der Noterbe das volle Viertel nicht hätte (36pr. und 1a: *repletionem fieri nulla Falcidia interveniente*). Das *suppleri debere* nimmt die Kürzungslast des Noterben hinweg (zu Lasten der anderen Legate[661]) und gibt ihm bei Eviktion die Ergänzung auf die volle *legitima*.

Dies ist etwa so zu veranschaulichen: beispielsweise ein Noterbe (N), der durch Vermächtnis (*vel in testamento relictam*) oder durch Schenkung *inter vivos* oder *mortis causa* das Viertel (die *legitima*) hat[662], ein Testamentserbe, der ein Viertel hat, und der Rest ging an weitere Legatare. Entsteht durch Eviktion gegen N ein *minus*, muss der Testamentserbe auf die *legitima* ergänzen und kann die *repletio* nicht durch den falzidischen Abzug kürzen[663].

Eine Zweifelsfrage der Textdeutung ist hier zu stellen:

> *§1: Quaerebatur itaque, si quis rem donatam vel inter vivos vel mortis causa vel in testamento relictam agnoverit et pro parte sua habuerit, deinde eadem res evicta vel tota vel pro parte fuerit, an debeat ex nostra constitutione pars legitima post evictionem suppleri: vel si ex lege Falcidia minuantur legata vel fideicommissa vel mortis causa donationes, debet tamen ex hoc casu supplementum introduci: ....*

---

659 Das emendierte Semikolon *ne, dum* erfasst dies wohl richtig (es ist also nicht *nedum* zu lesen).

660 Im *ne, dum* rell.-Satz korrespondieren entgegengesetzt, *totam Falcidiam accipere heres nititur* mit *totum commodum amittat* (während der *quis* das *supplemetum* will – sonst verliert er auch noch das Ganze ihm letztwillig Hinterlassene –, ist der Erbe darauf aus, die ganze Falcidia zu haben und dem *quis* dessen Legat/Fideikommiss/*donatio mortis causa* zu kürzen).

661 Derer, die nicht Noterben sind. Wer die *legitima* durch eine *res legata*, *donata mortis causa* etc. hat, ist durch *nulla Falcidia interveniente* privilegiert.

662 Also einer, der *ab intestato* Alleinerbe wäre.

663 Die Verschiebung der Kürzungslast auf die anderen Legatare aufgrund bevorrechteter *legitima* ist hier nicht weiters erörtert.

Setzt *vel si ex lege Falcidia minuantur* rell. die *res evicta*-Thematik fort oder sagt dieser Textteil abgetrennt davon, dass der Erbe nicht durch falzidische Kürzung ein *minus* beim Noterben herbeiführen kann? *Schindler*[664] sieht hier eine zweite, separate Frage, die schlicht das Problem betroffen habe, „ob der Testamentserbe die einem *exheredatus* hinterlassenen Legate oder Fideikommisse durch Einbehaltung der falcidischen Quart in der Weise kürzen durfte, daß dessen Pflichtteilsquart sich verminderte", was Justinian verneint habe. Möglicherweise ist aber *vel si* rell. inhaltlich doch stärker an *evictionem suppleri* angeschlossen, so dass das Textstück das thematische *res evicta* fortführt, das ja auch im folgenden 1a fortgesetzt ist. Näher dürfte also das oben angeführte Beispiel dem Text sein. Dass der Erbe nicht durch falzidisches Kürzen ein *minus quarta* beim Noterben, dem die *legitima* durch ein Vermächtnis hinterlassen ist, verursachen kann, sondern vielmehr auf die Quart ergänzen muss, ist dort für den Fall der Eviktion/Teileviktion der *res donata vel inter vivos vel mortis causa* gesagt: weil der Testamentserbe bei Eviktion ergänzen muss, darf er nicht kürzen[665].

664 Justinians Haltung 101f.

665 Das *suppleri debere* des Testamentserben schließt die Kürzungslast bei dem Legatar, der durch das Vermächtnis die *legitima* haben soll, aus. Wer die *legitima* durch ein Vermächtnis haben soll, ist vor anderen Legataren privilegiert.

B. Absicht der Reform: Die Querel durch die Quart nehmen

Insgesamt ist zur Systematik der Reform zu beobachten:

Programm der Reform ist es, achtzugeben auf den Testierwillen und die Gelegenheiten zur Querel zu beschneiden: (C. 3.28.30pr. *Omnimodo testatorum voluntatibus prospicientes magnam et innumerabilem occasionem subvertendae eorum dispositionis amputare censemus*). Das vorgefundene Mittel *ad excludendam querellam* steht im Institutionentext Inst. 2.18.6 so: *Igitur quartam quis debet habere, ut de inofficioso testamento agere non possit*[666] – das ist noch ganz die Wortwahl der querelausschließenden Quart[667]. Im Text der Reformkonstitution zeigen sich zwei Fallgruppen, angefügt mit *ut, sive adiciatur testamento de implenda legitima portione sive non, firmum quidem testamentum sit*: 1) zur Quart hin neigende Fälle von *minus quarta relictum*, wo die Ergänzung auf das ehrende Viertel *ad excludendam querellam ex iudicio defuncti* gewollt ist. Das sind die Fälle der angeordneten Ergänzungsklausel und die Fälle von *ipso iure inesse eandem repletionem*, wenn man Paul. sent. 4.5.7 so interpretiert. Also eine deckungsgleiche Konvergenz der Klauseln (C. 3.28.36pr.) mit *ad implendam exigere eam sine ullo gravamine vel mora*, wie sie gleich später in C. 3.28.32 (a. 529) noch ausdrücklich verordnet ist (erschwerende oder verzögernde Nebenbestimmungen, unter denen die Quart hinterlassen ist, sind zu streichen). 2) Nicht mehr deckungsgleich mit dem *supremum iudicium*, aber nun justinianisch zur querelausschließenden Quart hin geordnet ist die zweite Fallgruppe eines *minus quarta*, die im Institutionentext mit *quantacunque pars relicta* genannt ist (*sin vero quantacumque pars … relicta …repletur* [Inst. 2.18.3 und *tantum repleatur* [C. 3.28.31]). Da nun greift das Instrument ausgesprochener oder fehlender *mentio testatoris* ein: *… cum eos scilicet ingratos circa se fuisse testator edixit: nam si nullam eorum quasi ingratorum fecerit mentionem, non licebit eius heredibus ingratos eos nominare et huiusmodi quaestionem introducere.* (Hat der Erblasser den alten Streit nicht zur Sprache gebracht[668], dann können ihn auch die

---

666 Darauf folgt dort, wie sie zu hinterlassen ist: *sive iure hereditario sive iure legati vel fideicommissi, vel si mortis causa ei quarta donata fuerit, vel inter vivos in his tantummodo casibus, quorum nostra constitutio mentionem facit, vel aliis modis qui constitutionibus continentur* – um diese Möglichkeiten, querelausschließend das Viertel zu hinterlassen, gruppieren sich mehrere Konstitutionen.

667 Daher muss die Quart jemand haben, so dass er nicht *de inofficioso* klagen kann. In den Konstitutionen selbst spricht Justinian dann fast nur noch von *portio legitima* (C. 3.28.30pr., C. 3.28.35.2) oder *portio debita* (C. 3.28.36pr.).

668 So hier nur beispielsweise, angelehnt an C. 3.28.35.1, genannt: die missbilligte Lebensführung.

Testamentserben nicht hervorholen). So erreicht Justinian auch hier eine Konvergenz, die sich der querelausschließenden Quart annähert: a) Im Fall von *testator non edixit* liegt, verglichen mit der Querel nach altem Recht in solchen Fällen, eine Art Patt-Situation vor: Den Testamentserben ist die Möglichkeit genommen, den Beweis anzutreten, dass das *minus* gerechtfertigt war (also nicht zu ergänzen ist), wenn der Testator geschwiegen hat. Und der zu gering Bedachte, dem die Querel genommen ist, kann sich nicht beschweren, wenn er die Ergänzung auf das Viertel bekommt, weil der Erblasser auch einem *gratus* nicht mehr geben musste, um die Querel zu verhindern. b) Bei *minus* mit nachteiliger *mentio testatoris* ist dagegen ein Streit möglich[669], aber eingeschränkt: hier ist es den Erben erlaubt, den Noterben *ingratus* zu nennen (nun umgekehrt zu *non licebit eius heredibus ingratos eos nominare*), aber nur aus den Gründen, die der Erblasser selbst nannte. Obsiegt in dieser *quaestio* (*et huiusmodi quaestionem introducere*) der Noterbe gegen den Testamentserben, ist wiederum nur auf das Viertel zu ergänzen[670]. Wieder kann sich der Noterbe nicht beschweren, wenn er nur das Viertel bekommt (und nicht den Intestatteil), da sein Prozesssieg nur die nachteilige *mentio* als unrichtig erwies und er daher nun so steht wie ein *gratus*.

Die Konstitution 31 wendet das Reformsystem auch auf die mündlichen Testamente an (*etiam ad testamenta sine scriptis facienda locum habere sancimus*):

> C.3.28.31: Imperator Justinianus A. Menae (a. 528)
> *Quae nuper ad testamenta conservanda nec facile retractanda sanximus, ut ratione falcidiae minime illis personis derelicta, quae ad inofficiosi testamenti querellam ex prioribus vocabantur legibus, non periclitentur testamenta, sed quod deest legitimae portioni, id est quartae parti ab intestato successionis, tantum repleatur, exceptis illis quibus nihil in testamento derelictum est, in quibus prisca iura illibata servavimus, etiam ad testamenta sine scriptis facienda locum habere sancimus.*

---

669 Wenn der Noterbe die nachteilige *mentio* aus der Welt schaffen will oder die Testamentserben nicht ergänzen wollen.

670 Anders *Koeppen*, Erbrecht 606, der diesen Fall aus der Systematik des pr. (*ad implendam eam*) herausnimmt und zum Fall des §1 gibt: das „Inoffiziositätssystem" der Querel sei „auf Reszission des Testaments bis zum Betrage der Intestatportion nur noch begründet bei gänzlicher Ausschließung vom Pflichttheil und bei theilweiser Entziehung desselben unter dem Vorwurf der ingratitudo" mit Zitat der Wortfolge „c. 30 pr. cit. … si tamen non ingrati legitimis modis arguantur, cum eos scilicet ingratos circa se fuisse testator edixit." Das scheint nicht richtig: Die Wortfolge gehört thematisch zu *ad implendam eam* und ist diesem auch im *si*-Satz sprachlich untergeordnet. Ist im Fall eines *minus relictum* die ausgesprochene *ingratitudo* (die das *minus* rechtfertigen soll) augenscheinlich widerlegt, so soll es nicht beim *minus* bleiben, sondern es soll auf den Pflichtteil ergänzt werden.

Die Konstitution 31 beginnt (inhaltlich angeschlossen an 30pr.) sogleich mit dem alten Fall der *querela inofficiosi testamenti* bei einem *minus relictum*: (*ratione Falcidiae minime illis personis derelicta*): da soll das Testament nicht umgestoßen, sondern nur das *quod deest* ergänzt werden (*tantum repleatur*). Und dann steht gleich *exceptis illis quibus nihil in testamento dereclictum est* [*repleatur*]: ausgenommen denen, denen nichts im Testament hinterlassen ist), „bei denen wir die alten Rechte bewahren". Von Anfang an war es Eckpunkt der Reform, in den Fällen von *nihil relictum* die Querel nicht anzutasten[671]. Nichts deutet hier auf eine Entwicklung hin, dass es bei der justinianischen Ergänzungsklage nur um ein simples Ersetzen der Querel durch eine in CTh. 2.19.4 (a. 361) schon vorgebildete *actio ad supplendam legitimam* ging[672].

§ 13 *Ius vetus* bei *nihil relictum*

Es war nie die Absicht der Reform, die *querela inofficiosi testamenti* ganz preiszugeben. Das sagt der Institutionentext 2.18.3:

> *Sed haec ita accipienda sunt si nihil eis penitus a testatoribus testamento relictum est. quod nostra constitutio ad verecundiam naturae introduxit. sin vero quantacumque pars hereditatis vel res eis fuerit relicta, de inofficioso querela quiescente, id quod eis deest, usque ad quartam legitimae partis repletur, licet non fuerit adiectum, boni viri arbitratu debere eam repleri.*
>
> Aber das ist so aufzufassen, wenn ihnen gänzlich nichts von den Testatoren im Testament hinterlassen ist, was unsere Konstitution <gemeint ist hier der Schlussteil von C. 3.28.31> aus Zurückhaltung vor der Natur [der Sache?[673]] eingeführt hat. Wenn aber ein wie großer Teil auch immer der Erbschaft oder Sachen ihnen hinterlassen ist, wird, indem die Querel wegen Pflichtwidrigkeit schweigt/still gestellt/unwirksam ist, das, was ihnen fehlt bis zur

---

671 Sie hat schon eine zu lange Tradition. Und ihre Anwendung in den Fällen von *penitus nihil relictum* (ganz und gar nichts hinterlassen) hat viel für sich: Konnte man früher dem Testator in den (nicht ausreichend ehrenden) *minus quarta relictum*-Fällen vielleicht nicht immer so eindeutig – wie etwa gerade bei irrend *minus relictum* – vorwerfen, er habe *pietas*-pflichtvergessen testiert, so kommt bei *nihil relictum* viel deutlicher zum Vorschein: Entweder der Testator hat sich mit *nihil relinquere* – eine sehr scharfe stille *nota* zur Lebensführung des Klägers – entgegen seiner Pflichtbindung „völlig verrannt" (*demens*), als er testierte, sodass es sachgerecht ist, seinen letzten Willen nicht aufrechtzuerhalten (demjenigen gegenüber, dem er pflichtvergessen testierte), oder das *nihil relinquere* war nach der Lebensführung des Klägers gerechtfertigt. Die Folge eines „Alles (ganzer Intestatteil) oder nichts" ist nur konsequent.

672 Doch vgl. *La Pira*, successione contro 482 und 484.

673 Oder ist hier die Natur des Menschen, genauer die sittliche Pflicht, gemeint? Vgl. umgekehrt die Belege zu „Naturwidrigkeit = Pflichtwidrigkeit" bei *Kaser*, RP II 516 Fn. 8.

quarta legitma, ergänzt, auch wenn nicht hinzugefügt worden ist, dass sie [gemeint ist die Quart] nach dem Ermessen eines *vir bonus* ergänzt wird.

Anerkennt man, dass die Fälle von *nihil relictum* in der Reformabsicht von Anfang an als Fälle der Querel unangetastet zu lassen waren, so lässt sich die Textabfolge der Reformkonstitution 30pr. und 31 auch auf den Kopf stellen und sie von unten nach oben so erklären: 1) *nihil relictum*: in einem solchen Fall kann es nur die *querela inofficiosi testamenti* geben mit dem Motiv: *prisca iura servavimus*, aus Respekt vor der langen Tradition der Querel. 2) *Minus quarta relictum*: Da nun mehr geben (*replere*) und die Inoffiziositätsquerel nehmen (Reformgedanke). Und zwar schon bei *quantacumque pars relicta* so: Der Erblasser soll es selber sagen, warum er nicht die volle Quart hinterließ: α) *edixit eos ... ingratos circa se fuisse*; dann können auch die Testamentserben diesen Standpunkt einnehmen und es soll beim *minus* bleiben, wenn die nachteilige *mentio testatoris* zutrifft; β) *nullam eorum quasi ingratorum fecerit mentionem* (er hat nichts zur Sprache gebracht, was sie als *ingrati* erscheinen ließe): Da schon ist es leicht, zu ergänzen und die Querel zu nehmen; schlicht aus dem Gedanken der querelausschließenden Quart: Konnte man immer schon sagen: Mehr als ein Viertel bekommt auch ein Dankbarer nicht; kannst du dich etwa beschweren?[674], so gibt nun die Konstitution das *repleri* und schaltet die Querel aus (*sin vero quantacumque pars ... relicta ...repletur* [Inst. 2.18.3 und *tantum repleatur* [C. 3.28.31]). Und auf der Hand liegt ein „*repleri* und die Querel nehmen" in Fällen von *minus relictum*, die ohnehin zur Quart konvergieren: ein *minus* mit Ergänzungsklausel ist schon wie ein Fall der querelausschließenden Quart zu sehen, weil der Erblasser damit eigentlich das volle Viertel hinterlassen wollte. So fängt (in seinem sachlichen Kern) der Reformtext an: Testamentssicherung: *sive adiciatur testamento de implenda legitima portione sive non* (das fasst die Vorläuferfälle der angeordneten und angewandten Klausel zusammen), *firmum quidem testamentum sit*[675].

---

674 Das Argument des Plinius, oben S. 45.

675 Das Gesamtsystem ist konsequent durchgebildet: Verblieb ein tiefgreifender Zwist, so wird in der Regel *nihil relictum* (gar nichts hinterlassen sein), ein Kreis der Fälle, der sich mit den später in der Novelle 115 aufgelisteten Enterbungsgründen deckt oder überschneidet (wie etwa: exheredierter Sohn, der mit seiner Stiefmutter oder Konkubine des Vaters Unzucht trieb; exheredierter Sohn oder Enkel, der die Eltern aus der Schuldhaft nicht befreite, obwohl er dies konnte; exheredierte Kinder, die ihre Eltern anzeigten, sie hart und herabsetzend beleidigten etc; umgekehrt, zum Ausschluß der Eltern: exheredierter Vater, der mit der Schwiegertochter oder Konkubine des Sohns sexuell verkehrte; exheredierte Eltern, die kriegsgefangene Kinder nicht loskauften etc); solche Fälle haben immer schon eine Rolle gespielt und sie unterscheiden sich von Fällen von *aliqua pars relicta*; Fälle, in denen verspottend wenig hinterlassen wurde (und die eigentlich als *nihil relictum* anzusehen wären), kamen vielleicht (weiterhin) vor, waren aber nicht die Normalfälle, an denen sich ein Reformsystem orientierte. Da sich in den Fällen von *minus quarta relictum* der Gedanke leicht

§ 14 Rückschau auf eine Entwicklung

Die Schritte der Entwicklung scheinen in folgender Abfolge sichtbar: 1) Aufkommen der querelausschließenden Quart mit dem aus der falzidischen Quart vorgebrachten Argument, dass sich auch ein eingesetzter Erbe nicht beschweren kann, wenn ihm nur ein Viertel vom Intestatteil verbleibt (*num queri posses?*). Dazu passt noch die scharfe Konsequenz, dass schon das geringste *minus quarta* die Querel nicht mehr auschloss (C. Greg. 2.IIII.2 (a. 223): *Si ... quarta ad te sine ulla diminutione pervenire non potuit*). 2) Die *ex iudicio defuncti* angeordneten *repleatur*-Klauseln ließen noch die Wahl, an der Stellung eines *gratus* festzuhalten und die Ergänzung zu verlangen oder dieses letzte Urteil zu zerstören und die Querel zu riskieren. 3) In der justinianischen Reform machte es schließlich der Gedanke, der Erblasser soll es selber sagen, wen er für *ingratus* hielt, möglich, auch bei irgendeinem *relictum* ohne nachteilige *mentio* jeden zu gering Bedachten wie einen *gratus* zu stellen. Und wenn er eine Undankbarkeit aussprach und dennoch etwas zuwandte (... *et aliquam eis quantitatem ..., licet minorem legitima portione, reliquerint*), so rechtfertigte eine *quasi ingratorum mentio* doch nur das *minus* (scil. *legitima portione*). Dann ist es konsequent, auf das Viertel zu ergänzen, wenn sie dennoch *non ingrati* waren (... *ad implendam eam ... exigere, si tamen non ingrati ... arguantur, cum eos scilicet ingratos circa se fuisse testator edixit*).

I. Literatur und Kritik

Sanguinetti sieht die Entwicklung hin zur *actio ad implendam* Justinians in Folgeschritten so: Auf Constantius CTh 2.19.4 (wo die angeordnete Ergänzungsklausel die Querel ausschloss) sei mit Paul. sent. 4.5.7 ein Fall gefolgt, wo die Klausel fehlte[676] und die Ergänzung auf das Viertel oder die Querel zur Wahl standen. Dies sei dort sinnvoll gewesen, nicht nur, um erst nach Verjährung der Querel noch auf Ergänzung klagen zu können, sondern habe auch das Risiko vermieden, als unwürdig bezeichnet zu werden („... ma permette anche di evitare il rischio di essere dichiarati indegni ...")[677]. Nachklassisch zeige sich schon eine fortschreitende Begrenzung der Querel: „caratterizzando per una progressiva limitazione della

---

fortsetzen ließ, dass auch einem Dankbaren nicht mehr als ein Viertel vom Intestatteil hinterlassen sein musste, um die Querel auszuschließen, konnte die Reform auch den in der Stellung eines *gratus* sehen, dem ohne nachteilige *mentio quantacumqua pars* hinterlassen war.

676 Dalla querela 89 „nel caso in cui nel testamento mancasse la clausola suppletoria", jedoch strittig: oben S. 154f.; 158.

677 Dalla querela 89.

possibilità di agire *de inofficioso testamento*"[678]. Justinian habe dann „introducendo in via generale l'*actio ad implendam legitimam*" aus dem Motiv „amputare magnam et innumerabliem occasionem subvertendae testatorum dispositionis"[679] (30pr.) die Ergänzungsklage *ex lege* generalisiert[680].

Dazu ist anzumerken, dass dies das Innere der Details noch nicht zeigt. Das „Alles oder nichts"-Prinzip der *querela inofficiosi testamenti* ist konsequent: Ist bewiesen worden, dass die Enterbung oder Übergehung nicht haltbar ist, muss dem Querelierenden der Intestatteil zustehen (Leitgedanke der Querel). Nach dem Leitgedanken der querelausschließenden Quart, wie er für die severische Zeit überliefert ist, war schon bei nur geringfügig verfehlter Quart die Querel nicht mehr ausgeschlossen (C. Greg. 2.IIII.2 [a. 223]). Die Reform verschiebt diese Grenze zur Querel bis zu den Fällen von *nihil relictum*, wobei die überlieferten rechtfertigenden Sätze der querelausschließenden Quart (wer das Viertel hat, kann das Testament nicht pflichtwidrig nennen: *inofficiosum dicere non potest*: Paul. sent. 4.5.5; Ulp. D. 5.2.8.9) auch Justinian bekannt sein mussten. Das eingefügte System einer nachteiligen *mentio testatoris* (*edixit eos … ingratos circa se fuisse*) ist so auch verständlich: wenn sie stimmt, hat der Testator nicht pflichtwidrig testiert. Schwieg er, so ist es wiederum unproblematisch, auf die Quart zu ergänzen und die Querel zu nehmen. Die pessimistische Einschätzung *Sanguinettis*[681], „L'aporia … – in cui il trattamento era diverso per chi avesse ricevuto la *quarta legitimae portionis* e per chi avesse ottenuto qualcosa in meno – non fu quindi risolta da Giustiniano…" muss man nicht teilen.

---

678 Dalla querela 95; dort auch „questo movimento evolutivo", Herausbildung der *actio ad implendam* aus den Klauseln und dann fehlender Klausel.

679 Dalla querela 95.

680 So mehrfach: Dalla querela 104: „*La generalizzazione dell'*actio ad implendam legitimam …"; 106; 108.

681 Dalla querela 108.

Dritter Teil:
Reskripte auf *revocari*

A. Severische Reskripte

§ 15 Einordnung einer Terminologie

Intervertendae inofficiosi querellae patrimonium suum donationibus ... exinanisse (um den Nachlass der *querella inofficiosi testamenti* zu entziehen, hat [sie] ihr Vermögen durch Schenkungen leer gemacht), lautet der erste greifbare Beleg nach einer Konstitution von Alexander Severus, D. 31.87.3 (Paul. 14 resp.). Bald darauf folgt die Konstitution Philipp. C. 3.29.1 (a. 245) ... *ad deludendam inofficiosi querellam paene universas facultates ... factis donationibus ... exhausit ... fecit heredes* ([eure Mutter hat] ... um der Inoffiziositätsquerel zu spotten, beinahe ihr gesamtes Vermögen ... durch gemachte Schenkungen ... erschöpft ... und euch zu Erben eingesetzt). Und Valer./Gallien. C. 3.29.3 (a. 257) ... *cum testamento facto vivi patrimonium suum immensis donationibus exinanisset, inane nomen heredum liberis reliquisset, ...* (nachdem er nach Testamentserrichtung sein Vermögen durch maßlose Schenkungen leer machte, hat er den Kindern den leeren Namen von Erben hinterlassen).

I. Terminologie einer Anlehnung

Zwei Mal findet sich *ratio deposcit*, die *ratio* der *querella inofficiosi testamenti*[682] verlangt ein *revocari* (u. ä.) [der Schenkungen], der früheste Beleg lautet so: *ratio deposcit id, quod donatum est, pro dimidia parte revocari* (D. 31.87.3, Paul. 14 resp.). Und später noch einmal bei Diokletian, C. 3.29.8pr. (a. 294) ... *aditum querellae ratio deposcat, quod donatum est pro ratione quartae ad instar inofficiosi testamenti convicti diminuetur* (verlangt die *ratio* der Querel, die Idee der Inoffiziositätsquerel/ihr Rechtsgedanke, die Möglichkeit [das Recht]: was geschenkt worden ist, wird *pro ratione quartae* nach dem Vorbild des bewiesenen pflichtwidrigen Testaments vermindert werden).

Schlicht „helfen" oder „Hilfe gewähren" *ad similitudinem inofficiosi querellae* heißt es bei Val./Gall. C. 3.29.2 (a. 256) *ad similitudinem inofficiosi querellae auxilium tibi aequitatis impertiet*, wird er dir nach Ähnlichkeit/Analogie der Inoffiziositätsquerel die Hilfe der Gerechtigkeit zukommen lassen, und wieder nur *subveniri vobis* bei Philipp. C. 3.29.1 (a. 245). So steht es noch bei Diokletian/Maximian C. 3.29.4 (a. 286), dort stand eine *in integrum restitutio* zu Gebote, *ideoque non*

682 Diese Ausdeutung ist möglich; es kann aber auch schlicht gemeint sein: Die Vernunft verlangt es, zurückzurufen.

est tibi necessarium adversus immodicas donationes auxilium ad instar inofficiosi testamenti (daher ist dir nicht nötig gegen unmäßige Schenkungen die Hilfe nach dem Vorbild des pflichtwidrigen Testaments). Die Wendung „nach dem Vorbild/ Beispiel der *querela inofficiosi testamenti*" helfen, oder technischer [was geschenkt worden ist] reszindieren, kommt gehäuft in überkommenen Kaiserkonstitutionen vor: Diocletian und Constantius, Fr. Vat. 270: ... *has* [die Schenkungen an die Tochter *in fraudem* der übrigen Kinder] *rescindi ad instar inofficiosi testamenti sacris constitutionibus parentum nostrorum evidenter continetur.* Diokletian Fr. Vat. 271 ... *plerisque constitutionibus huiusmodi commentis ad exemplum inofficiosi querellae esse occursum* (nach dem Beispiel der Inoffiziositätsquerel entgegenwirken). Diocletian und Maximian C. 4.38.4 (a. 293) ... *ne vel exemplo inofficiosi testamenti possit haec* [gemeint sind die *bona donata*] *avocare* (damit er [der Erbe] sie nicht nach dem Vorbild des pflichtwidrigen Testaments entreißen kann). Ist zunächst also nur von einem *auxilium* (oder ähnlich) nach dem Muster der *querela inofficiosi testamenti* die Rede, so taucht der Ausdruck „Querel" selbst erst spät auf; Constantius C. 3.29.9 (a. 361) sagt, es sei nicht daran zu zweifeln *quod immodicarum donationum omnis querella ad similitudinem inofficiosi testamenti legibus fuerit introducta* ... (dass durch die Gesetze eine Querel wegen maßloser Schenkungen nach dem Abbild [der Querel] wegen pflichtwidrigen Testaments eingeführt wurde).

In derselben Terminologie wie sie bei der *querela inofficiosi testamenti* von einer κατὰ τῆς διαθήκης μέμψις (einer Klage gegen das Testament) spricht, redet erst die Scholienliteratur:

Schol. κατὰ μίμησιν ad B. 41.4.3 (Sch. B VI 2468; Hb. IV 156) = C. 3.29.2

κατὰ μίμησιν τῆς δεινοφφικίοσο[683] *– Πάντα οὖν τὰ εἰρημένα σοι ἀνωτέρω ἐπὶ τῆς δεινοφικίοσο*[684] *τεσταμέντο νόει καὶ ἐπὶ τῆς δεινοφφικίοσο*[685] *δονατιονίβους.*

Nach dem Abbild der Klage gegen das Testament[686] – Alles nun das dir oben [oder vorher] zur *q.i.t.* [zur Klage *de inofficioso testamento*] Gesagte verstehe auch von der Klage *de inofficioso donationibus.*

Schol. Ὁ δεινοφφικίοσο ad B. 41.4.9 (Sch. B VI 2470; Hb. IV 158) = C. 3.29.9

683 Heimbach: κατὰ μίμησιν τῆς κατὰ διαθήκης μέμψεως]

684 Heimbach: „Lege (lies): δὲ ἰνοφικιόσις", also getrennt zu lesen; es ist nur die griechische Umschrift des lateinischen *de inofficiosis.*

685 Heimbach: δεινοφικιόσις.

686 Ich übersetze hier Heimbach (siehe oben Fn. 683) κατὰ μίμησιν τῆς κατὰ διαθήκης μέμψεως], weil so klarer wird, dass zu den zwei folgenden Genitiven des Artikels τῆς stets μέμψεως hinzu zu verstehen ist. Also, ἐπὶ τῆς [μέμψεως] δεινοφικίοσο τεσταμέντο (zur Klage *de inofficioso testamento* und ἐπὶ τῆς [μέμψεως] δεινοφικιόσις (zur Klage *de inofficiosis donationibus*).

θεοδώρου. Ὁ δεινοφφικίοσο δονατιονίβους παρέοικε τῇ δεινοφφικίοσο testamento. ... Πλὴν[687] *ἴσθι, ὅτι κἂν μιμεῖται αὐτὴν κατά τι, ἀλλ᾽ οὖν διαφέρει αὐτῆς, καθὸ αὕτη μὲν ἡ κατὰ τῶν δωρεῶν μέμψις καὶ ἐξ ἀδιαθέτου κινεῖται, ...*

Die Klage *de inofficioso* [*inofficiosis*] *donationibus* gleicht der [Klage] *de inofficioso testamento* ... [erwähnt ist dann im Text die gleiche fünfjährige Verjährungsfrist] ... Andererseits wisse, dass, wenn sie diese auch nachahmt, sie sich aber doch von ihr (darin) unterscheidet, dass die Klage gegen das Geschenkte auch *ab intestato* erhoben wird. ...

Die Texte der Konstitutionen sprechen also noch nicht von einer *q.i.d.*[688]. Die Reskripte selbst scheinen die Rechtsgrundlage für ein *ad patrimonium revertetur* (C. 3.29.5) und ähnlicher Wendungen zu bilden, wie sie vorkommen mit den Worten *quod donatum est pro dimidia parte revocari* (D. 31.87.3), ...*imperator* ... *ea quae donata sunt revocari praeceperit* ... (D. 31.87.4), *quod ad excludendam inofficiosi testamenti querellam ... sufficeret, ... quod immoderate gestum est revocabitur* (C. 3.29.7); so ist das Maß der Rückführung bei *revocari, revertitur,* [*quod donatum est*] *deminuetur* (C. 3.29.8) gehäuft ausgedrückt: *quantum ad submovendam querellam sufficiat* (C. 3.29.6), *quod ad submovendas inofficiosi testamenti querellas non ingratis liberis relinqui necesse est* (C. 3.29.5), *quod donatum est pro ratione quartae ad instar inofficiosi testamenti convicti deminuetur* (C. 3.29.8pr.). Die *ratio* der *q.i.t.* ist es, Inoffiziosität zu beseitigen. Wer das volle Viertel nicht hat, hat die *q.i.t.* und das *vindicare* im Normalfall in einen nicht leeren Nachlass. Machten Schenkungen den Nachlass „leer" (aus den verschiedensten Motiven, um der *q.i.t.* zu spotten, oder nur *impetu quodam liberalitatis*[689]), scheint nach den Konstitutionentexten das maßlos Geschenkte bis zum Maß eines *q.i.t.*-Ausschlusses (*ad excludendam inofficiosi testamenti querellam*) in den Nachlass zurückgeführt. Ob die Interpolationsvermutungen der Literatur gegen die Textstücke einer begrenzten Rückführung auf das Maß eines *q.i.t.*-Ausschlusses stichhaltig sind, wird noch zu überprüfen sein. Sind die Textteile *ad excludendam/submovendam q.i.t.* in den Reskripten echt, so scheint das gemeinsame Muster mit der *q.i.t.* nur die Konvergenz eines gleichen Ergebnisses ausgeschalteter Inoffiziosität zu sein. Zwei nebeneinander gelegte Muster der *q.i.t.* also: So wie einer, der das volle Viertel nicht hat, zwar wegen Inoffiziosität das Testament zerstören kann, aber einer, der das Viertel hat, es eben nicht kann, so sollen Schenkungen, die den Nachlass leer machen, nur soweit revoziert werden, dass sich auch *grati* nicht über sie beschweren können.

---

687 Heimbach hat πάλιν.

688 *Voci*, DER II 727: „Il termine *querela inofficiosae donationis* (= *qid.*) non è delle fonti, ma della tradizione romanistica".

689 C. 3.29.2.

C. 3.29.3 (23. Oktober 257/Honoré 1331/14) bezeugt die voraufgehenden Fälle und dehnt den Anwendungsbereich der Reskripte aus:

Valerianus et Gallienus Aeliano
Precibus quidam tuis proposita rescripta eos parentes denotant, qui, cum testamento facto vivi patrimonium suum immensis donationibus exinanissent, inane nomen heredum liberis reliquissent. sed ad intestatos quoque eadem ratio aequitatis extenditur.
Die auf deine Bitten hin [ergangenen] veröffentlichten Reskripte zeigen auf die Väter hin[690], die, obwohl sie ein Testament gemacht haben, zu Lebzeiten ihr Vermögen durch enorme Schenkungen leer gemacht und ihren Kindern den leeren Namen von Erben hinterlassen haben. Aber auch auf intestat Verstorbene wird dieselbe *ratio* dieser Gerechtigkeit ausgedehnt.

D. 31.87.4 (Paulus 14 resp.) belegt einen solchen Fall der Vorläuferreskripte, wo mehrere (emanzipierte) Kinder vorkommen; einem von ihnen schenkte der Erblasser den größten Teil seines umfangreichen Vermögens und setzte dann alle seine Kinder, auch das beschenkte, zu Testamentserben ein.

In der Reihenfolge der Entwicklung, die in C. 3.29.3 überliefert ist, folgen folgende Falltypen: zunächst etwa 1) durch Schenkungen unter Lebenden bevorzugtes Kind, das gemeinsam mit den benachteiligten Kindern in ein *inane nomen* nachfolgt. Eine *q.i.t.* versagt hier; klagt im Normalfall mit einer *q.i.t.* der, der leer ausging, den Testamentserben, so ist er hier selber zum Testamentserben eines leeren Nachlasses eingesetzt[691]. 2) In den Intestatfällen stellt sich das Problem gleich: durch Schenkungen bevorzugtes Kind, das gemeinsam mit anderen Kindern *ab intestato* in einen nicht vorhandenen Nachlass sukzediert. Aus Valer./Gallien. C. 3.29.3 (a. 257) *sed ad intestatos quoque … extenditur* müssen wir annehmen, dass unter Alexander Severus dieser Fall nicht sogleich erfasst war.

Die frühen Fälle kommen also von testamentarischer Sukzession und von Bevorzugung durch Schenkungen überwiegend im Familienkreis her (so jedenfalls die greifbare Überlieferung D. 31.87.4 und D. 31.87.3; Philipp. C. 3.29.1 (a. 245) hat beides, *sive in quosdam liberos sive in extraneos*). Da es unverständlich wäre, gerade dem beschenkten Kind (oder Enkelkind), das man „mehr liebt als die anderen“[692], den *honos institutionis* zu versagen, ist es nicht ungewöhnlich, dann auch das bevorzugte Kind einzusetzen.

---

690 Gemeint ist ein missbilligendes Hinzeigen.

691 Die den Abschluss des Gesamthandelns bildende Erbeinsetzung nur noch auf ein *inane nomen heredis* widerspricht einer *Pietas*-Pflichttreue gegenüber den Kindern.

692 Vgl. die Worte noch in der späteren Nov. 92 cap. 1. = B. 41.5.1.

II. Der Schlüsseltext D. 31.87.3

D. 31.87.3 (Paulus 14 resp.)
Imperator Alexander Augustus Claudiano Iuliano praefecto urbi. „si liquet tibi, Iuliane carissime, aviam intervertendae inofficiosi querellae patrimonium suum donationibus in nepotem factis exinanisse, ratio deposcit id, quod donatum est, pro dimidia parte revocari".
Der Kaiser Alexander an Claudius Julianus, den Stadtpräfekten: Wenn dir bewiesen ist, liebster Julian, dass die Großmutter, um die Inoffiziositätsquerel zu entziehen, ihr Vermögen durch an den Enkel gemachte Schenkungen leer gemacht hat, so verlangt es die vernünftige Überlegung, dass das, was geschenkt worden ist, zum halben Teil zurückgerufen wird.

Am wahrscheinlichsten ist zu rekonstruieren[693]:

Die Großmutter zog ihren Enkel dem eigenen Kind vor. Sie schenkte in mehreren vorangegangenen Schenkungen ihr Vermögen dem Enkel und setzte später beide, ihr Kind und ihren Enkel, zu Testamentserben ein.

Den Sachverhalt so zu sehen ist aus folgenden Gründen plausibel: 1) Die bloße Nennung von *avia* und *in nepotem* lässt in natürlicher Assoziation ihr eigenes Kind hinzudenken. 2) Aus *intervertendae inofficiosi querellae*[694] (um ihr Vermögen der Inoffiziositätsquerel zu entziehen) geht hervor, dass der Anfragende zweifellos querelberechtigt sein musste (somit liegt es nahe, dass ihr Kind anfragte). Dies stützt, die Assoziationslücke *avia*/[wer ist der Anfragende?]/*nepos* zu ergänzen auf *avia*/*filius[filia]*/*nepos*. 3) Und die Frage, warum Erbeinsetzung und nicht Intestaterbfolge anzunehmen ist, ist mit der oben schon angeführten Konstitution Valer./Gallien. C. 3.29.3 (a. 257) *sed ad intestatos quoque ... extenditur* zu beantworten; die Erbeinsetzungsfälle gingen voran und sind bei Alexander Severus Fälle des Reskripts *ad instar q.i.t.* Die Erbeinsetzung beider passt auch gut zum *intervertere* der *q.i.t.*, testamentarisch sind Kind und Enkel nun in der gleichen Lage, beide sind auf einen leeren Nachlass eingesetzt. Bildete man den Fall um in einen Fall der *q.i.t.*, so ist es eigentlich nicht anders, als wenn der Enkel *ex asse* eingesetzt und das Kind übergangen wäre.

Alexander Severus geht gegen das *intervertere* der *q.i.t.* vor. Das an den Enkel Geschenkte ist in den Nachlass zu ziehen, und zwar genau *pro dimidia parte*, weil sich so nun folgende Konsequenz ergibt: Mit *revocari* der Hälfte des Geschenkten in die testamentarische Erbfolge von Kind und Enkel, die je zur Hälfte sukzedie-

---

693 Der Sachverhalt ist umstritten und im Schrifttum nicht befriedigend rekonstruiert.

694 Das kann ein Dativus finalis sein; möglich ist aber auch, einen Genitivus causae zu empfinden oder *causa* mitzuverstehen; vgl. *Zoz de Biasio*, Rimedi 81 Fn. 3: „è un dativo di scopo poco usale" (doch ohne den Text anzugreifen).

ren, hat das Kind der *avia* nun ein Viertel, also die querelausschließende Quart. Dieses Ergebnis passt in der severischen Zeit zum schon festen Rechtsbestand der Quart, die die *q.i.t.* ausschließt. *Ratio deposcit id, quod donatum est, pro dimidia revocari* korrigiert damit (eher zurückhaltend) das *intervertere* der *q.i.t.* so, dass das Viertel auch die *q.i.t.* ausschlösse und damit das versuchte *intervertere* dieser Klage durch die Mutter letztlich misslingt, ohne aber sonst allzu sehr in ihren Willen einzugreifen.

Revocari des Ganzen wäre nur dann richtig, wenn die *q.i.d.*[695] auf den Intestatteil ginge (dann müsste das Kind das Ganze vor dem Enkel haben). Der Text spricht eben sehr genau von *pro dimidia parte*: genau die Hälfte ergibt ein Viertel vom Ganzen für das Kind, das dem Enkel *ab intestato* vorgeht.

Die vorgeschlagene Deutung verlässt die bisherigen Interpretationen, die die bestehenden Deutungsschwierigkeiten zur *q.i.d.* insgesamt vorbereitet haben. Sie sind der Reihe nach zu nennen:

Mühlenbruch in Glück[696]: „… die Interpretation [verdiene] den Vorzug, daß der begünstigte Enkel ebenfalls Notherbenrechte hatte und neben ihm nur noch ein Notherbe vorhanden war, welchem der Kaiser nach Analogie der querela inofficiosi testamenti zu seiner vollen Intestatportion verhelfen wollte“[697]. Dies kehrt bei *Francke*[698], *Krüger*[699], *Zoz de Biasio*[700] und *Rüger*[701] so wieder, dass von zwei Enkeln auszugehen sei. *Mühlenbruch*[702] fügt eine seit der Glosse überkommene abweichende Deutung an: „Jedoch glauben sehr Viele, daß der Kaiser eine Rescission der Schenkung nicht auf die volle Hälfte derselben, sondern nur so weit der Pflichttheil des beeinträchtigten Notherben dadurch verletzt sey, zugelassen habe, und um dies Resultat herauszubringen, verstehen sie das *pro dimidia parte* von einer pars dimidia quartae partis bonorum aviae (von dem alten Pflichttheil); sie denken also das hinzu, was später von den Kaisern Diocletian und Maximian so ausgedrückt wurde: Si mater tua patrimonium suum ita profunda liberalitate in fratrum tuum evisceratis opibus suis exhausit, ut *quartae partis dimidium*, quod ad excludendam inofficiosi testamenti querelam adversus te sufficeret, in his donationibus, quae tibi largita est, non habeas, quod immoderate gestum est, revocabitur[703]. So die Glosse,

695 Wie es die Literatur sagt.
696 Commentar, 36. Theil 44–50; er beginnt mit: „reiches Feld für Vermuthungen“ (44).
697 Commentar, 36. Theil 44.
698 Notherben 499.
699 Schenkung 84f.
700 Rimedi 81.
701 Donatio mortis causa 84.
702 Commentar, 36. Theil 45.
703 Das ist Diocl./Maxim. C. 3.29.7 (a. 286).

Bartolus, Cujacius, Donellus, Vinnius u.A."[704]. Daran kritisierte *Mühlenbruch*, es sei willkürlich „gegen den klaren Wortverstand anzunehmen, daß nicht die Hälfte, sondern nur ein Achttheil der Schenkung (dies würde nämlich die dimidia quartae partis seyn) revozirt werden sollte"[705].

Wir lesen mehrere Missverständnisse: In der zitierten Konstitution Diocl./Maxim. C. 3.29.7 (a. 286) steht, wenn die Mutter so schenkte, dass das Viertel, das die *q.i.t.* ausschlösse, nicht mehr im Nachlass war[706], so wird *quod immoderate gestum est, revocabitur.* Daraus *quartae partis dimidium* herauszuziehen und auf *pro dimidia parte* unseres Fragments so anzuwenden, dass quellenwidrig eine Reszission zu einem Achtel herauskommt, missdeutet sowohl Fr. 3 als auch die Konstitution 7. Soweit es in C. 3.29.7 um die Schenkung *in fratrum tuum* (an deinen Bruder) geht, ist verständlich, dass *Mühlenbruch* abweichende Meinungen der Glossatoren zur Konstitution 7 auch für seine Fallauffassung heranzieht, indem er zum „begünstigten Enkel" „neben ihm ... noch ein[n] Notherbe[n]" (also gleichen Grades) annimmt. Aber wir bezweifeln, dass der Fall so lautete. Der Annahme, dass die *q.i.d.* analog zur *q.i.t.* einem im Grad gleichberechtigten Noterben „zu seiner vollen Intestatportion verhelfen wollte" (*Mühlenbruch*[707]), ist auch für die diokletianischen Konstitutionen nicht zuzustimmen, weil dort vermehrt von der querelausschließenden Quart die Rede ist (wie in Konstitution 7: *ut quartae partis dimidium, quod ad excludendam inofficiosi testamenti querellam adversus te sufficeret...*; Konstitution 8 ... *pro ratione quartae ad instar inofficiosi testamenti ...*). „Zu seinem vollen Intestatteil verhelfen", den der Enkel <mit unserer Deutung: das Kind> mit einer *q.i.t.* vielleicht gar nicht bekommen hätte, gäbe ihm zu viel, solange ungeklärt bleibt, ob er <mit unserer Deutung: das Kind> *gratus* oder *ingratus* gegenüber der Großmutter <seiner Mutter> gewesen ist. Viel praktikabler ist dagegen ein *revocari*, damit er die querelausschließende Quart hat, so dass dauerhaft ungeklärt bleiben kann, ob er auch mit einer *q.i.t.* obsiegt hätte.

Francke[708] sagt knapp, Alexander Severus habe „die Schenkung einer Großmutter zum Besten eines Enkels kassirt [], weil diese ihr Vermögen einem anderen Enkel geschenkt hatte, in der Absicht dadurch dem ersten Enkel seinen Erbteil zu

---

704 Commentar, 36. Theil 45.

705 Commentar, 36. Theil 46.

706 Wortfolge: *ut quartae partis dimidium, quod ad excludendam inofficiosi testamenti querellam ... sufficeret ... non habeas.*

707 Commentar, 36. Theil 44: [die Interpretation verdiene den Vorzug] „... daß der begünstigte Enkel ebenfalls Notherbenrechte hatte und neben ihm nur noch ein Notherbe vorhanden war, welchem der Kaiser nach Analogie der querela inofficiosi testamenti zu seiner vollen Intestatportion verhelfen wollte. Denn nur wenn man einen so einfachen Fall unterstellt, erklärt sich einigermaßen, daß die beteiligten Personen, so wie die besonderen Umstände dieser Schenkung in dem Rescripte nicht angegeben sind."

708 Notherben 499.

entziehen.“ Dazu angemerkt ist das Quellenzitat „l. 87. § 3. 4. D. de legat. II“. Zu Fragment 3 ist dies ident mit der Fallauffassung und These *Mühlenbruchs* (*q.i.d.* auf den Intestatteil[709]). D. 31.87.4 ist zu dieser These fehlerhaft mitzitiert, weil die *q.i.d.* dort eine ganz andere Funktion hat[710].

Zoz de Biasio[711] folgt der erwähnten Fallauffassung: „i legittimari sono i due nipoti del'ava“ und der Meinung, die *q.i.d.* gehe auf den ganzen Intestatteil: „... bensi la quota ab intestato intera“[712]. Wie die *q.i.t.* wirke die *q.i.d.* schon von Anfang an reszissorisch auf die Schenkung und zugleich petitorisch auf das Geschenkte[713]. Vorsichtig verallgemeinernd will *Zoz de Biasio* noch weiter gehen („Forse si può andare oltre“) und vermutet für Alexander Severus die *q.i.d.* als eine Klage, die immer auf „ripetere ... la quota virile delle donazioni impugnate“ gehe, also n i c h t auf *revocari* des g a n z e n Geschenkten („La q.i.dn. non tenderebbe perciò a revocare in generale le donazioni e a farle rientrare nell'asse ereditario“)[714]. Dieses Prinzip finde sich in C. 3.29.2 bestätigt[715].

Rüger schließt sich *Krüger* und *Mühlenbruch* an: „Die Analogie zur *querela inofficiosi testamenti* verlangt die Rückforderung der gesamten Schenkung, die damit wieder in den Nachlaß fällt, welcher dann den Abkömmlingen zu gleichen Teilen zusteht“[716]. Deshalb sei in Fr. 3 im Ergebnis nur die Hälfte zurückverlangt mit der weiteren Vermutung, dass sich „die sehr schneidige *querela* in der Folgezeit abgeschwächt [habe] zu einer Rückforderungsklage *pro rata*, also soweit es zur Gewährleistung des Pflichtteils[717] [sic!] nötig [sei]“[718].

Bei all diesen Stimmen lesen wir versteckte Insinuierungen mit. *Francke*: „in der Absicht ... dem ersten Enkel seinen Erbteil zu entziehen“; stand ihm denn der Erbteil (sicher) zu? *Mühlenbruch*: „...welchem der Kaiser nach Analogie der querela inofficiosi testamenti zu seiner vollen Intestatportion verhelfen wollte“; und mit

709 Commentar, 36. Theil 50: dort ablehnend, dass die ganze Schenkung revoziert werde als auch, dass es die *legitima* sei, zu der die Schenkung revoziert werde: „Das „ea *quae donata sunt*“ darf natürlich nicht auf die ganze Schenkung bezogen werden, sondern immer nur auf den Theil des betheiligten Notherben.“

710 Dazu näher unten S. 196–199.

711 Rimedi 81.

712 Rimedi 83. Und dort explizit gegen ein Viertel vom Intestatteil :“... non la quota di riserva, equivalente al quarto della sua quota *ab intestato*“.

713 Rimedi 84: „fin *ab initio*, contemporaneamente quale azione rescissoria della donazione e petitoria dell'oggetto donato“.

714 Rimedi 84.

715 Zu Valer./Gallien. C. 3.29.2 (a. 256) unten S. 209.

716 *Rüger*, Donatio mortis causa 84.

717 Auch die nähere Folgezeit kennt noch keinen Pflichtteil (sondern nur die querelausschließende Quart).

718 *Rüger*, Donatio mortis causa 84 Fn. 318.

einer *q.i.t.* obsiegt man immer? Im selben Sinn *Zoz de Biasio*: „la quota ab intestato intera". Die Auffassungen provozieren den Einwand: vielleicht hätte er mit einer *q.i.t.* aber auch gar nichts bekommen; das ist schließlich ungeklärt. Das Reskript des Alexander neutralisiert den Einwand, indem es die *q.i.t.* und die Inoffiziosität der Schenkung ausschaltet, beides durch die Quart. So hätte die Großmutter auch vorgehen können, wenn sie dem Enkel <mit unserer Deutung: ihrem Kind> die *q.i.t.* verwehren wollte, nicht durch ein verpöntes *intervertere* der *q.i.t.*, sondern rechtmäßig.

Die Rekonstruktionsvorschläge der Literatur nehmen also durchwegs zwei Enkel an, offenkundig aus dem Gedanken, dass die *dimidia* den Intestaterbteil nenne, so dass ein zweiter Enkel zu ergänzen sei. Der Fall ergibt ein analoges Bild zur *q.i.t.*, wenn man es so ansieht, als wäre der beschenkte Enkel „eigentlich *ex asse* eingesetzt" und der andere enterbt. Eine *q.i.t.* würde dann zur Hälfte reszindieren.

Im Überblick sind aus D. 31.87.3 folgende Vermutungen zur Erschließung eines Gesamtbildes der *q.i.d.* zu nennen, zunächst[719] so, wie die Literatur den Fall sieht:

a) Großmutter und zwei Enkel, einer ist *intervertendae q.i.t.* beschenkt: Ein Intestatfall passt nicht wegen C. 3.29.3, somit sind Einsetzungen anzunehmen. α) Einsetzung beider Enkel (ähnlich wie in D. 31.87.4) je zur Hälfte und *revocari* der *dimidia* in den Nachlass ergäbe vom Geschenk drei Viertel für den Beschenkten und ein Viertel für den Benachteiligten. Das wäre weder sein Intestatteil (die Hälfte des Nachlasses) noch die Quart (ein Achtel). Das Ergebnis wäre also weder mit einem *revocari quantum ad submovendam querellam sufficiat* noch mit Reszission zum Intestatteil begründbar. β) Erbeinsetzung nur des benachteiligten Enkels. So kann die Analogie zur *q.i.t.* stimmen; es ist so anzusehen, als hätte eigentlich der Beschenkte alles „geerbt" und der andere Enkel nichts; eine *q.i.t.* würde hier zur Hälfte reszindieren. Mit *revocari* der *dimidia* in den Nachlass sukzediert der benachteiligte Enkel in die ganze *dimidia ex testamento*. Die Konsequenz für die Erschließung der Quellen zur *q.i.d.* wäre dann, dass die Fälle mit D. 31.87.3 anders anfingen als sie dann mit *revocari quantum ad submovendam querellam sufficiat* in späteren Konstitutionen fortgesetzt wurden.

b) Großmutter, Kind, beschenkter Enkel, beide sind auf das *inane nomen* eingesetzt (ähnlich wie in D. 31.87.4): *revocari* der *dimidia* in den Nachlass ist *revocari quantum ad submovendam querellam sufficiat* für das Kind, das zur Hälfte in die *dimidia ex testamento* sukzediert, also das Viertel hat. Die Umbildung in einen Fall der *q.i.t.* lautet: eigentlich ist es so anzusehen, als wäre der Enkel allein eingesetzt und das Kind übergangen, aber ein Viertel schlösse die Querel aus, daher ist so viel vom Geschenkten in den Nachlass zurückzurufen, dass das

---

719 Unter a).

Kind die Quart hat. Ob das Kind mit einer *q.i.t.* zum Intestatteil gekommen oder gescheitert wäre, lässt sich nicht mehr klären; jedenfalls wollte es die Großmutter ganz ausschließen. So ist das Kind jetzt immer noch ein *exclusus*, aber einer, der sich nicht beschweren kann. Die Konsequenz für das Gesamtbild ist dann, dass die Quellen der Reskripte auf *revocari* bereits mit *revocari quantum ad submovendam querellam sufficiat* anfingen[720].

Auf das Reskript in Fr. 3 rekurriert auch noch der folgende Text:

D. 31.87.4 (Paulus 14 resp.)
Lucius Titius cum haberet quinque liberos, universos emancipavit et in unum filium Gaium Seium amplissimas facultates donationibus contulit et modicum sibi residuum servavit et universos liberos cum uxore scripsit heredes: in eodem testamento duas possessiones, quas retinuerat, eidem Gaio Seio praelegavit et ab eo petit, ut ex reditibus praediorum, quae vivus ei donaverat, Maeviae filiae tot aureos daret, item alteri fratri alios tot: conventus a Maevia sorore sua legem Falcidiam implorat. quaero, cum sanctissimus imperator, ut supra scriptum est, contra voluntatem donantis ea quae donata sunt revocari praeceperit, an Gaius Seius compellendus sit secundum voluntatem patris ex donationibus fideicommissum praestare heredi sororis. Paulus respondit post litteras imperatoris nostri dubitari non oportere, quin in hac quoque specie, de qua quaeritur, subveniendum sit liberis, quorum portio in unum filium donationibus collatis imminuta est, praesertim cum imperator noster contra voluntatem patris subvenerit, in proposita autem causa etiam voluntas patris pro his qui fideicommissum petunt intercedit. sed si Falcidia lex intercedat, fideicommissa in solidum esse praestanda propter immodicarum donationum rationem.[721]

---

720 Immerhin lässt sich mit der Annahme b) für D. 31.87.3 ein Fall finden, der zur etablierten Wertung der querelausschließenden Quart unter Alexander Severus passt. Die Annahme a) β) scheint allenfalls noch durch Argumente der Praxis geschwächt: eine *q.i.t.* muss man erst einmal gewinnen, die Schwierigkeiten einer solchen Prozessführung sind bekannt. *Revocari* der *dimidia* (als Intestatteil aufgefasst) durch das Reskript würde vom Prozessrisiko entlasten, gäbe also unter Umständen einem *ingratus* zu viel und passt somit nicht auf alle Fälle. Neutralisiert das Reskript das *intervertere* der *q.i.t.* dagegen durch ein *revocari* bis zur Quart, kann sich niemand beschweren: hätte die *avia* redlich gehandelt, so hätte sie auch durch das Viertel von der *q.i.t.* ausschließen können. Ein *intervertere* der *q.i.t.* pönalisierend härter anzufassen und prozesslos den Intestatteil zu geben, hat wenig Sinn: die Großmutter ist tot, der Beschenkte war vielleicht *gratus* und der Benachteiligte vielleicht besonders *ingratus*; ohne Beweisführung wie bei einer *q.i.t.* muss das offen bleiben.

721 Übersetzung: Lucius Titius hat, als er fünf Kinder hatte, alle emanzipiert und an einen Sohn, den Gaius Seius, sein sehr umfangreiches Vermögen durch Schenkungen übertragen, einen bescheidenen Rest hat er für sich behalten und die gesamten Kinder zusammen mit seiner Frau zu Erben eingesetzt. Im selben Testament hat er zwei Besitztümer, die er zurückbehalten hatte, demselben Gaius Seius vorausvermacht und von ihm erbeten, dass er aus den Erträgnissen der Grundstücke, die er ihm zu Lebzeiten geschenkt hatte, der Tochter Maevia so und so viele *aurei* zahle, ebenso dem anderen Bruder genau so viele [*aurei*]. Von seiner Schwester, Maevia, verklagt, verlangt er

Lucius Titius hatte fünf Kinder, emanzipierte alle und übertrug sein umfangreiches Vermögen durch mehrere Schenkungen an seinen Sohn Gaius Seius; einen geringen Teil seines Vermögens behielt er. Daraufhin setzte er alle seine Kinder zusammen mit seiner Ehefrau zu Erben ein und verfügte letztwillig: zwei Besitztümer (die er zurückbehalten hatte) sollen dem Gaius Seius vorausvermacht sein; von ihm erbat er, aus den Erträgnissen der Grundstücke, die er ihm bei Lebzeiten geschenkt hatte, der Tochter Maevia[722] und dem anderen Sohn[723] jeweils *tot aurei* zu zahlen, begünstigte somit beide mit Geldfideikommissen. Maevia klagte das Geldfideikommiß ein. Dagegen berief sich Gaius Seius auf die falzidische Kürzung. Der Fortgang des Textes *praestare heredi sororis* erwähnt noch, dass die Maevia inzwischen verstorben war, ihr Erbe setzte den Fideikommissprozess fort.

Der Standpunkt des Gaius Seius, das Geldfideikommiss sei falzidisch zu kürzen, kann sich darauf stützen, dass die *tot aurei*[724] für die Maevia seine Erbquote und sein Prälegat der *duae possessiones* (besonders krass) übersteigen[725]. Zu beachten ist ferner die Tatsache, dass Gaius Seius um die Anwendung des *beneficium Falcidiae* auf das Geldfideikommiss bittet, womit er dem Willen des Vaters nicht entgegentritt, dass die Fideikommisse aus den Schenkungen geschuldet werden[726], genauer, Geld aus den von ihm erwirtschafteten Erträgnissen des geschenkten Vermögens. Der Wille des Vaters ist die sehr deutliche Bevorzugung des Gaius Seius und dessen Onerierung mit ungekürzten Geldfideikommissen aus den *reditus*. Nach dem *revocari* von *ea, quae donata sunt* des Reskripts ergibt sich mit den zum Nachlass gezogenen Schenkungen keine falzidische Kürzung. Zwar ist das *revocari* als solches *contra voluntatem patris*, aber die Vermeidung der Kürzung ist *voluntas patris* (Wille des Vaters). So sagt es Paulus mit *in proposita autem causa*

[die Anwendung] der *lex Falcidia*. Ich frage, wenn der erhabene Kaiser, wie oben geschrieben worden ist, bestimmt hat, dass gegen den Willen des Schenkers das, was geschenkt worden ist, zurückgerufen wird, ob Gaius Seius zu zwingen sei, im Sinne des [Testier-]Willens seines Vaters aus den Schenkungen dem Erben der Schwester das Fideikommiss zu leisten. Paulus hat geantwortet, nach dem Schreiben unseres Kaisers darf nicht bezweifelt werden, dass auch in diesem Sachverhalt, der in Frage steht, den Kindern geholfen werden müsse, deren Erbteil durch Schenkungen an einen Sohn verringert worden ist. Zumal, da ja unser Kaiser [sonst] gegen den Willen des Vaters geholfen hat, im vorliegenden Fall aber sogar der Wille des Vaters für die, die das Fideikommiss verlangen, eintritt. Aber wenn die *lex Falcidia* eingreift, sind die Fideikommisse ganz [ungekürzt] zu leisten aus dem Grund der unmäßigen Schenkungen.

722 Der Schwester des Gaius Seius.

723 Einem der Brüder des Gaius Seius.

724 Offenbar eine sehr hohe Summe.

725 Wohl weniger aus dem Standpunkt, dass die *tot aurei* die *reditus* (die Erträge) übersteigen, aus denen sie zu zahlen sind.

726 Schon dies, ob überhaupt Fideikommisse aus den Schenkungen geschuldet sind, hätte Gaius Seius bestreiten können. Doch dem Grunde nach sind die Fideikommisse unstrittig, nur ihre Höhe ist strittig.

etiam voluntas patris pro his qui fideicommissum petunt intercedit: Im vorliegenden Fall aber, also in der konkreten Rechtsfrage, wird das Reskript nicht gegen den Willen des Vaters angewendet. Das *ex donationibus fideicommissum praestare* (dass das Fideikommiss aus den Schenkungen zu leisten ist) wird durch das *revocari* in den Nachlass unproblematisch.

Das bei Gai. 2.261 zur Wirksamkeit von Fideikommissen überlieferte Problem stellt sich dann nicht mehr:

> ... *Sed hoc solum observandum est, ne plus quisquam rogetur aliis restituere, quam ipse ex testamento ceperit; nam // quod amplius est, inutiliter relinquitur*
> ... doch ist allein darauf zu achten, dass nicht jemand gebeten ist, mehr einem anderen zu restituieren, als er selber aus Testament erworben hat; denn was darüber hinausgeht, ist unwirksam hinterlassen.

Das Reskript des *revocari*, jenes in D. 31.87.3, ging dem vorliegenden Reskript voran: „Nach dem Brief (Reskript) unseres Kaisers darf nicht bezweifelt werden, dass auch in diesem Sachverhalt den Kindern zu helfen ist." Das *subveniendum sit liberis, quorum portio in unum filium donationibus collatis imminuta est* (es ist den Kindern zu helfen, deren *portio* [Erbteil] durch Schenkungen, auf einen Sohn „zusammengetragen", vermindert ist) bildet die Vorlage der Fakten für Reskripte des *revocari*. Wo der Kaiser damit sonst gegen den Willen des Vaters hilft, hilft er hier mit einem solchen Reskript im Sinne des väterlichen Testamentswillens. Es ist klar, dass es für die vorliegende Rechtsfrage falsch wäre, das *revocari* auf ein Maß zu beschränken; in *hac specie, de qua quaeritur* ist ein Nachlass zu bilden, wie er im Todeszeitpunkt mitsamt den Schenkungen vorhanden wäre, um falzidisch rechnen zu können[727].

Sind im Sinne des *revocari* die Schenkungen immer noch als Bestandteil des Nachlasses zu sehen, so zeigt sich der Fall der *q.i.t.* unmittelbar so: der Großteil des Vermögens ist bei Gaius Seius, einen geringen Teil, sicher weniger als das Viertel, haben die *liberi*; unter ihnen könnten Maevia und ihr Bruder durch das Fideikommiss von der *q.i.t.* ausgeschlossen sein, die anderen Kinder könnten gegen Gaius Seius querelieren, doch haben sie um ein Reskript nicht nachgesucht.

Fr. 87.4 ist hier thematisch reduziert: a) Maevia könnte querelieren, wenn ihr Fideikommiss zu kürzen wäre, indem sie das Viertel nicht hätte, ein ungekürztes Geldfideikommiss schlösse ihre *q.i.t.* jedoch aus[728] (mittelbar thematisch). Maevia

---

727 Ein *pro parte* .... *revocari* wäre verfehlt und unnötig. Die Geldfideikommisse sollen aus Erträgnissen der Schenkungen (aller Schenkungen) geleistet werden und nur bei Rückführung der ganzen Schenkungen ist der falzidische Rechenansatz richtig.

728 Das ist hier auch zu vermuten, da die *tot aurei* offenbar eine große Summe waren und Maevia nur diese ungekürzt durchsetzen will.

will die *tot aurei* ungekürzt (thematisch im Text des Reskripts). Das Gleiche gilt für den Bruder und Fideikommissar der anderen *tot aurei*: ein *revocari* zur Ergänzung seiner *portio minuta* ist nicht thematisch. Insgesamt, für alle *liberi* gesagt, ist die Vergrößerung ihrer *portio donationibus imminuta* in Fr. 87.4 nicht thematisch[729].

Das Ergebnis ist somit: aus dem *modicum residuum* (dem kleinen vererbten Rest) hat die Maevia ihre durch die Schenkungen verminderte Portion und dabei bleibt es auch. Das rechnerische *revocari* der Schenkungen gibt ihr das Geldfideikommiss ungekürzt und nimmt ihr damit die *q.i.t.*[730], die sie sonst fiktiv hätte. Und bei Gaius Seius zeigt das *revocari ea quae donata sunt*, dass ihm nicht zu wenig aus dem (rechnerisch vergrößerten) Nachlass verbleibt, wenn er das Fideikommiss ganz erfüllt. Er zahlt die *tot aurei*, gibt aber nichts in die *portio donationibus minuta* der Maevia ab. Das *revocari* des Reskripts ist nur für die falzidische Rechnung angewandt, reszindiert aber nicht die Schenkungen[731].

Die Literatur wirft folgende Fragen auf: Eine bis auf die Glosse zurückreichende Meinung sieht hier das Neue, dass einer, dem unwiderruflich *inter vivos* geschenkt wurde, mit Fideikommissen belastet sein konnte[732]. Die Meinung wird von *Zoz de Biasio*[733] und *Rüger* vertreten, der ansprechend vermutet, dass die Schenkungen durch die *q.i.d.* auch ohne Vereinbarung eines Rückforderungsrechts „in gewissem Sinne widerruflich sind"[734], womit eine Nähe zur *mortis causa donatio* erreicht wäre. Doch ist diese Behauptung *Rügers* nur eingeschränkt für den Fall denkbar, dass der Fideikommissar ein Noterbe ist, der die Quart nicht hat. Wäre der Fideikommissar ein *extraneus* (nicht-Noterbe), griffe ein Reskript auf *revocari* nicht ein und es fehlte der Analogieschritt zur *donatio mortis causa* (ein widerruflich Geschenktes oder Geschenktes, das sich durch *revocari* in den Nachlass zurückholen ließe).

729 Der Text schweigt dazu, ob die anderen *liberi* um ein Reskript des *revocari propter immodicarum donationum* nachsuchten, Fr. 87.4 entscheidet jedenfalls nicht darüber.

730 Weil sie dann sicher das Viertel hat.

731 So auch *Rüger*, Donatio mortis causa 85: es sei nicht davon auszugehen, dass „die Schenkungen tatsächlich zurückgefordert werden", allerdings mit der Begründung, dass sonst den Fideikommissen die Grundlage entzogen wäre (konsequent zur Annahme der Onerierung als Beschenkter) und für Größenschluss: wenn schon nach dem Reskript die gesamten Schenkungen zurückgefordert werden könnten, dann müsse erst recht die geringere Belastung mit den Fideikommissen hingenommen werden.

732 *Rüger*, Donatio mortis causa 84 Fn. 322.

733 Rimedi 88f.

734 *Rüger*, Donatio mortis causa 85.

III. D. 31.87.3 und D. 31.87.4: die Begründung einer Analogie

D. 31.87.3[735]: Es sieht so aus, als hätte (durch die Schenkungen) eigentlich der Enkel alles „geerbt"[736] und das Kind nichts; wäre der Nachlass nicht leer, wäre dies ein Fall der *q.i.t.*[737] Die *ratio* der *q.i.t.* verlangt – bei genauer Analogie – die querelausschließende Quart (und nicht, das *intervertere* der *q.i.t.* mit dem Prozessergebnis einer ersiegten *q.i.t.* zu sanktionieren[738]). Die Frage, ob eine (vereitelte) *q.i.t.* durchgedrungen oder gescheitert wäre, soll keine Rolle spielen. Den Fall, die *q.i.t.* verpönt zu unterlaufen, die die *avia* auch rechtmäßig ausschließen hätte können, bekommt das Reskript mit *id, quo donatum est pro dimidia parte revocari* in den Griff: das Testament[739] der Großmutter lässt sich nicht antasten, in den Nachlass ist die Hälfte der Schenkungen zurückzurufen zu den Testamentseinsetzungen von Kind und Enkel (sind sie schlicht eingesetzt, ist eine Berufung gleichteilig je zur Hälfte anzunehmen), so dass das Kind das Viertel vom Vermögen hat (Rekonstruktionsannahme).

Das *revocari* bis zur querelausschließenden Quart ist die genauere Anwendung *ad instar q.i.t.* für einen *exclusus*. Das Reskript zeigt hier ein tiefes Verständnis bei der Bildung der Analogie[740]: Ob die Großmutter vielleicht sogar gerechtfertigte Gründe hatte, ihr Kind (faktisch) zu übergehen, ist – ohne Beweisverfahren wie bei einer *q.i.t.* – nicht zu erörtern[741], keinesfalls aber darf sie eine *q.i.t.* hintertreiben. Schenkte sie so, dass ihrem Kind die Quart verbliebe, entstünde von vornherein kein Fall einer *q.i.t.* Gegen solche Schenkungen wäre gar nicht erst vorzugehen. Schenkte sie aber unmäßig, so entsteht das Bild der *q.i.t.* und der Fall ist so zu verstehen, dass die Großmutter ihr Kind jedenfalls von einer *q.i.t.* ausschließen wollte, zugleich ist dem Kind aber so zu helfen, dass es sich über das *exinanisse* des Nachlasses nicht mehr beschweren kann. Nach der *ratio* der *q.i.t.* trifft das ausreichend ehrende Viertel diesen Fall. Das Reskript konnte nicht so weit gehen,

---

735 Unter der Rekonstruktionsannahme: Großmutter/Kind/Enkel; Kind und Enkel sind eingesetzt.

736 Wären die Schenkungen noch im Nachlass, so ist das Ergebnis, wie es die *avia* wollte, dass letzten Endes der Enkel alles nach ihr hat und ihr Kind nichts.

737 Nach dem Muster, wo zwei eingesetzt sind, einer von beiden weniger als auf das Viertel, der die *q.i.t.* gegen den anderen hat.

738 Die Stimmen der Literatur, die ein *revocari* des Intestatteils annehmen (oben, S. 20 Fn. 39), sind darin zu kritisieren, dass sie das Prozessrisiko negieren: sie tun so, als ob man eine *q.i.t.*, zu der man zuzulassen ist, auch immer gewänne.

739 Die *avia* bleibt *testata*.

740 *Steinwenter*, St. Arangio-Ruiz II 170, spricht bei der praktischen Handhabung der Analogie von „Formen gedanklicher Assoziation". Das passt auch hier gut: Wäre das Geschenkte noch Nachlassvermögen, entstünde sogleich das Bild der *q.i.t.*: der Enkel hat mehr als drei Viertel vom Nachlass und das Kind weniger als das Viertel und hätte die *q.i.t.*

741 Die Analogie zur *q.i.t.* kann ihm nicht geben, was er mit einer *q.i.t.* vielleicht gar nie bekäme.

die Schenkungen total zu revozieren, weil das Ergebnis *testamento non remoto* weder zur *q.i.t.*, noch zur querelausschließenden Quart passte. Der abweichenden Rekonstruktionsannahme eines Teils der Literatur (Großmutter und zwei Enkel mit der These, dass es der Intestatteil sei, der revoziert wird) steht die Schwierigkeit entgegen, dass das Reskript das *revocari* nicht abhängig macht von einem (beispielsweise gesagt) *si probare potueris, quod aviae in nullo laeseris pietatem*[742], also ohne einen Inoffiziositätsbeweis antreten zu müssen. Es ginge weit über die *ratio* einer *q.i.t.* hinaus, es so anzusehen, als ob der Enkel[743] auch eine *q.i.t.*, die ihm faktisch genommen war, unter keinen Umständen verlieren hätte können, hätte er den Beweis, wie ihn D. 5.2.3 und 5 für die *q.i.t.* verlangt, angetreten. Die genaue Form einer Analogie zur *q.i.t.*, bei der ein Verfahren über dieses Beweisthema[744] gar nicht erst zu initiieren ist, ist das *revocari* bis zur Quart, wie sie auch fortgesetzt vorkommt mit der schon bald folgenden Konstitution Philipps C. 3.29.1 (245)[745].

D. 31.87.4 zeigt schon strukturell den Fall der Quart: Das Geldfideikommiss schlösse eine *q.i.t.* aus, die verlangte Kürzung würde aber den *q.i.t.*-Ausschluss zerstören. Durch *revocari* aller Schenkungen zeigt sich, dass das, was dem Fideikommissbeschwerten *in hereditate remanet* (aus der Erbschaft verbleibt), wenn er die Fideikommisse erfüllt, immer noch soviel ist, dass er nicht kürzen kann. So hat die Maevia das ungekürzte Geldfideikommiss, das sie von einer *q.i.t.* ausschließt. Das ist genau das Ergebnis, das der Vater wollte: *tot aurei* für die Maevia und den anderen Sohn und dem Gaius Seius soll das Geschenkte bleiben.

Zu „*revocari* in den Nachlass" bei Alexander ist somit folgende Übersicht über die Tendenzen zu geben:

D. 31.87.3: Das *revocari* in den Nachlass geschieht gegen den Willen der Großmutter (eine rechtliche Umkehrbewegung zu ihrem „Leer-Machen" des Nachlasses). Die *avia* bleibt *testata* (sie wird nicht *intestata*). In den von Kind und Enkel angetretenen leeren Nachlass wird das, was geschenkt worden ist, zur Hälfte zurückgerufen. So hat das Kind die Quart vom Vermögen seiner Mutter aus der Sukzession *ex testamento*.

D. 31.87.4: Das ganze verschenkte Vermögen wird in den Nachlass „zurückgerufen", aber nur, um falzidisch zu rechnen. Nach dem wieder vergrößerten Nachlass

742 Angelehnt an die Interpretatio in CTh. 2.19.2, um die Schwierigkeit dieses Beweisthemas bewusst zu machen.

743 So nimmt es die Literatur an.

744 Kurz gesagt, dass der Enkel nicht *ingratus* war gegenüber der Großmutter.

745 Ob es eine echte Querel des streitigen Verfahrens wegen maßloser Schenkungen mit nachgeformtem Beweisverfahren gegeben hat, wissen wir nicht. Bei Constantius C. 3.29.9 (a. 361), wo erstmals von einer *immodicarum donationum … querella ad similitudinem inofficiosi testamenti* die Rede ist, ist ein streitiges Verfahren über eine solche *querella* zwar nicht belegt, aber für möglich zu halten.

ergibt sich, dass die Geldfideikommisse nicht zu kürzen sind, durch das ungekürzte Geldfideikommiss hat die *Maevia* die querelausschließende Quart und diese schließt es aus, dass der Beschenkte von den Schenkungen etwas abgibt. Diese Folgen des rechnerischen *revocari* in den Nachlass sind im Sinne des Vaters.

IV. Alex. C. 6.50.5 (a. 223): ein Vorläufer für D. 31.87.3?

Fing die Analogie etwa mit einer *donatio mortis causa* an?

> C. 6.50.5 (18. Oktober 223/Honoré 610/7[746])
> *Imp. Alexander Severus A. Samosatae*
> *Si mortis causa immodicas donationes in sororem tuam matrem contulisse probare potes, legis Falcidiae ratione secundum constitutionem divi Severi avi mei uti potes.*

Alexander reskribiert: wenn du beweisen kannst, dass die maßlose Schenkung an deine Schwester eine Schenkung von Todes wegen war[747], so kannst du dich der falzidischen Rechnung (des Abzugs des Viertels) bedienen[748] nach der Konstitution meines Großvaters.

Die Entscheidung knüpft an eine von Septimius Severus[749], dem Großvater des Alexander[750], bereits vollzogene Angleichung der *donatio mortis causa* (*d.m.c.*) an die Vermächtnisse an; danach unterlag auch die Todesschenkung der falzidischen Kürzung[751].

Die Rekonstruktion, dass die Samostata Testamentserbin nach ihrer Mutter war und die *d.m.c.* sie mit mehr als drei Viertel der Erbschaft beschwerte, ist klar, weil sie sonst nicht zum falzidischen Abzug berechtigt wäre. Nicht so eindeutig sagt der Text jedoch, ob der Samostata durch die *immodicae donationes* auch das Viertel ihres Intestatteils entzogen wäre[752]. Man kann diese Konsequenz aber auch nicht leugnen.

---

746 Wie oben bereits erwähnt, steht die erste Zahl für die Nummer in der Palingenesia of Latin Private Rescripts von Honoré, die Zahl nach dem Schrägstrich für die Nummer des Sekretärs.

747 Ist hinzuzudenken: Und nicht eine *donatio inter vivos*?

748 Als Subtext kann mitzulesen sein: Dann ist es gleichsam einfach, zieh das Viertel ab.

749 193–211 n. Chr.

750 222–235 n. Chr.

751 Man vermutet die Konstitution zur Angleichung zwischen 193 und 197 n. Chr.: HRP/*Rüger* § 99 Rn. 9; HRP/*Schanbacher* § 100 Rn. 12 Fn. 71.

752 So etwa nicht, wenn sie als Alleinerbin eingesetzt wäre und durch *d.m.c.* über das Maß der Falcidia weniger als das Viertel, aber noch mehr als ein Achtel hätte. Ist auch ihre Schwester eingesetzt, hieße *immodicas* (im Sinn von „über das Maß der Falcidia“) bereits, dass sie die Quart nicht hat, und es böte sich das Bild analog einer *q.i.t.*, wenn man die Schwester als eigentlich auch auf die *d.m.c.* eingesetzte Testamentserbin sähe.

So ist anzunehmen, dass die Mutter durch maßlose *d.m.c.* an die Schwester versucht hatte, der von ihr eingesetzten Samostata weniger als die Quart zu hinterlassen. Der für die *q.i.t.* ausgebildete Satz *...non potest dicere inofficiosum (sc. testamentum), quia habet Falcidiam ...* (D. 5.2.8.9) war damit die Brücke, um nicht nur die Verringerung des Nachlasses, sondern auch die Bitte um Rechtsschutz gegen ihre Schwester (Bitte um ein Reskript auf *revocare*?) durch den Hinweis *legis Falcidiae ratione ... uti potes* (du kannst dich der Falzidischen Rechnung bedienen) kalt abzuschneiden.

Die Worte *immodicas donationes* sind bei Alexander bereits vorgeprägt; sie stehen für Schenkungen „über das Maß der *lex Falcidia* hinaus“[753]. Es ist möglich, dass das Reskript nur eine ererbte Anwendung der *constitutio Severi* (*Septimii*) *avi mei* wiederholt[754], wie sie bei *mortis causa donationes immodicae* bereits vorlag, wenn auch dort noch für unterschiedlich motivierte Fälle der Erbeinsetzung unter Verringerung des Nachlasses durch übermäßige *d.m.c.*[755]. Eine schon geübte Umgehungspraxis zur *q.i.t.*[756] schlösse dies nicht aus, gegen die schon *Septimius Severus* vorgegangen wäre (jedoch unsicher). Die *d.m.c.* als Mittel der Umgehung an den Anfang einer solchen Praxis zu stellen, hat einiges für sich, wenn der Erblasser den Donatar dem Erben vorziehen, sein Vermögen aber auch noch nicht endgültig aus der Hand geben will.

Marcian D. 39.6.1pr. charakterisierte die *d.m.c.* so: „Wer will, dass eher er (der Schenker) das Geschenk haben soll als der, dem er schenkt, und eher der, dem er schenkt, als sein Erbe[757]“. Die *d.m.c.* entzieht (*auferre*) aus dem eigenen *patrimonium* zum Nachteil des Erben, aber erst mit Tod des Schenkers hörte die geschenkte Sache auf, ein Bestandteil des Vermögens des Schenkers zu sein[758]. Das vorsichtigere Mittel also gegenüber einem *auferre* durch *donatio inter vivos*[759].

Die kritische Frage ist, ob sich im Reskript hinzudenken lässt: erst wenn dein Beweis nicht gelänge, wäre Raum für ein Reskript auf *revocare* bis zur Quart. Oder

---

753 *supra modum legis Falcidiae* (Gai. D. 4.3.23) und andere; vgl. HRP/*Schanbacher* § 100 Rn 1 Fn 7.

754 Und keine neuschöpferische Anwendung auf Fälle, wie den vorliegenden, war.

755 Ist ein *extraneus* eingesetzt, ginge es nur darum, ihm das Viertel durch den Abzug zu geben. Bei einer *instituta*, die zur *q.i.t.* zuzulassen wäre, ginge es jedoch darum, dass sie das volle Viertel nicht hat, aber auch nicht querelieren kann.

756 Da der Donatar *mortis causa* nicht passivlegitimiert zur *q.i.t.* war.

757 *Mortis causa donatio est, cum quis habere se vult quam eum cui donat magisque eum cui donat quam herdem suum*, übernommen in Inst. 2.7.1.

758 *Kleňová*, Schenkung 194f. zu Pap. D. 39.6.42.1: *...morte insecuta quodammodo bonis auferrentur spe retinendi perempta: ...* .

759 Gekennzeichnet durch *qui donat sic dat, ne recipiat* (Ulp. D. 43.26.1) „wer schenkt, gibt so, dass er nicht zurückempfängt“ und *...nec ullo casu ad se revertit* (Jul. D. 39.5.1pr.); dazu *Kleňová*, Schenkung 32–37.

stand die Frage nach einem solchen Reskript, wenn der Beweis misslänge, noch gar nicht zur Debatte?

Immerhin kommt eine zweite Deutungsmöglichkeit in Frage: Alex. C. 6.50.5 lässt sich auch so verstehen, dass es nur um die Konvergenz zweier Analogien ging.

Als Texte des Alexander aus dem Jahr 223 lassen sich aufweisen: Sicher ist der Ausschluss der *q.i.t.* durch das Viertel:

> C. Greg. 2.IIII.2 Imp. Alexander A. Valeriae Rufinae. (a. 223)
> *Si … quarta ad te sine ulla diminutione pervenire non potuit, inofficiosi testamenti accusationem instituere non prohiberis.*

C. 6.50.5 (a. 223) passt dazu, wenn es darum ging, dass die Samostata nun durch den falzidischen Abzug von den *donationes* die querelausschließende Quart hat und somit keinen Anlass mehr, gegen ihre Schwester vorzugehen. Im zeitlichen Umkreis dazu ist das Reskript aus D. 31.87.3 zu suchen. Die in C. 6.50.5 genannte Konstitution des *Septimius* ist eine gesicherte Vorlage nur dafür, dass auch überschwerende Schenkungen auf den Todesfall falzidisch gekürzt werden (*ipso iure minuuntur*, von Gesetzes wegen)[760]. Ob auch schon die Konstitution des *Septimius* davon motiviert war, ein *exinanire patrimonium* durch *d.m.c.* als einen krassen Fall eines *mortis causa donare supra modum Falcidiae* zur Umgehung der *q.i.t.* in den Griff zu bekommen, wissen wir nicht. Ging es im Reskript des Alexander in C. 6.50.5 um diesen Fall, so antwortete er dort: *si* (*donationes m.c.*) *probare potes*: wenn du sie [die *donationes mortis causa*] beweise kannst[761] (so beweise sie); du kannst dich des falzidischen Abzugs bedienen, der dir das Viertel gibt (das auch eine *q.i.t.* ausschlösse). Wenn du sie nicht beweisen kannst: – läge dann eine Schutzlücke vor? Eine nicht geschlossene Lücke scheint wenig plausibel, weil das Reskript in D. 31.87.3 entweder schon vorher oder kurz nachher da war; zumindest ist von einer Regelungsbereitschaft auszugehen. Fälle des *exinanire patrimonium donationibus inter vivos* (das Vermögen leer machen durch Schenkungen unter Lebenden), um die *q.i.t.* auszutricksen, werden sich eigenständig gebildet haben, so dass eher eine durchmischte Umgehungspraxis anzunehmen ist, die sich irgendwann herausgebildet hatte und auf die die Kaiser reagieren mussten. Demnach stünden zwei eigenständige Analogien nebeneinander. Bei der *d.m.c.* kommt die Analogie aus der Anlehnung an die Vermächtnisse, während bei Schenkungen *inter vivos*, die der *q.i.t.* spotten, die Analogie eigenständig aus der Reaktion auf das *intervertere* der *q.i.t.* herkommt; da entspricht das *revocari* bis zum Viertel

---

760 HRP/*Schanbacher* § 100 Rn. 5–6.

761 Noch lag der Beweis nicht vor.

der querelausschließenden Quart[762], da man so nicht mehr sagen könne, dass auch ein Testament inoffiziös wäre, wenn *Qit*-Berechtigte das Viertel haben. Zwei voneinander unabhängige Analogien[763] also, die im Ergebnis konvergieren[764].

762 Von den Schenkungen ist soviel zurückzurufen (bei D. 31.87.3 war das *pro parte dimidia*), dass der, der zur Quote *institutus* ist, die Quart von seinem Intestatteil hat.

763 Man kann es auch so sagen: *mortis causa donatarius est legatarii instar; donatio non retenta quarta est inofficiosi testamenti instar* (*nam donatione retenta quarta inofficiosum dicere testamentum non potest*).

764 Die bekannten Abgrenzungsschwierigkeiten zwischen *d.m.c.* und *donatio inter vivos* wirken sich für unsere Fälle nicht aus: ob so oder so, wird auf das Viertel entweder zurückgeführt oder gekürzt. Zu den Schwankungen in den Einordnungen s. HRP/*Rüger* § 99 Rn. 7 und 8. Schenkung *mortis causa* ohne Rückforderungsrecht stellt *Marcian* der Schenkung *inter vivos* gleich, so dass kein Raum ist für die *Falcidia* (Marcian D. 39.6.27: *Ubi ita donatur mortis causa, ut nullo casu revocetur, causa donandi magis est, quam mortis causa donatio:...ideo nec Falcidia locum habet...*).

B. Fortsetzungen nach Alexander

§ 16 Vordiokletianische Reskripte

C.3.29.1 (19. August 245/Honoré 1251/13)
Imp. Philippus[765] *A. Nicanori et Papinianae.*
Si, ut adlegatis, mater vestra ad deludendam inofficiosi querellam paene universas facultates suas, dum ageret in rebus humanis, factis donationibus sive in quosdam liberos sive in extraneos exhausit ac postea vos ex duabus unciis fecit heredes easque legatis et fideicommissis exinanire gestivit, non iniuria iuxta formam super inofficioso testamento constitutorum subveniri vobis utpote quartam partem non habentibus desideratis.
Wenn, wie ihr vorbringt, eure Mutter, um der Inoffiziositätsquerel zu spotten, fast ihr gesamtes Vermögen durch Schenkungen, die sie, sei es an bestimmte Kinder, sei es an *extranei*, machte, als sie am Leben war, erschöpft hat und euch dann zu zwei Zwölfteln zu Erben gemacht hat, und diese (die zwei Zwölftel) durch Vermächtnisse und Fideikommisse leer machen wollte, so verlangt ihr nicht zu Unrecht, dass euch nach der Bestimmung über das pflichtwidrige Testament der Konstitutionen geholfen wird, da ihr ja den vierten Teil nicht habt.

Kommentar zum Übersetzungsvorschlag des Hintersatzes *non iniuria iuxta formam* – fine: syntaktisch ist zu gliedern: *non inuria* (Litotes in der Geltung von *iure*, ganz zu Recht) *desideratis* (verlangt ihr: Nicanor und Papiniana). Zu *forma* weisen Stimmen der Literatur[766] auf die Verwendung in der Kanzleisprache des 3. Jhdt. hin. Die Bedeutung im engeren Sinn von „Regel, Bestimmung, Vorschrift" ist kritisiert, *Schmidlin*[767] versteht darunter auch „besondere Erlasse"; zu *forma* ist der Genitiv explicativ, eigentlich müsste es *constitutionum* heißen; *super inofficioso testamento* ist zum Genitiv attributiv, also: nach der „Gestalt" dem „Vorbild" der Konstitutionen über das pflichtwidrige Testament; *super inofficioso testamento* ist also adnominal nicht zu *forma* zu ziehen, sondern besser zu <constitutionum>; *forma* ist wohl Anklang an *ad instar q.i.t.*; *iuxta formam* gehört mit *subveniri* zusammen, „dicht an", „dicht neben" der *forma* der Konstitutionen über das *pietas*-pflichtwidrige Testament wird euch geholfen; *utpote* steht dazu in kausaler Geltung und begründet das *subveniri* durch das Reskript; hätten sie das Viertel, so bestünde kein Anlass für ein *subveniri*; denn dann wäre nichts Inoffiziöses mehr zu finden.

---

765 Philippus Arabs 244–249 n. Chr.
766 *Honoré*, SD 28 (1962) 196f.; *Schnebelt*, Reskripte 89 Fn. 10 m.w.N.
767 Rechtsregeln 50, mit ihm *Schnebelt*, Reskripte 89 Fn. 10.

Die Anfrage der Supplikanten ist bereits inhaltlich bestimmt ausgeführt: sie erbitten Rechtsschutz *iuxta formam* der Konstitutionen zur *q.i.t.* (so der Inhalt ihres Bittbriefes[768]) und knüpfen damit an die Vorläuferkonstitutionen des Alexander Severus[769] an. Philipp reskribiert bestätigend, dass ihnen zu Recht nach dem von ihnen eingenommenen Rechtsstandpunkt zu helfen sei, da sie ja die Quart nicht haben.

Mit der von Philipp bestätigten Fortgeltung der Reskripte des Alexander haben sich die Supplikanten in eine ausgezeichnete Verhandlungsposition gebracht, da nun gegen jeden einzelnen Beschenkten ein Reskript auf *revocari* ausgespielt werden könnte, so dass jeder Beschenkte damit rechnen muss, vom Geschenk bis zur Quart der Supplikanten zurückgeben zu müssen. Damit entsteht durch die Reskriptsautorität ein solidarisch verteilter Druck auf *revocari*. Dies mag erklären, warum hier eine konkrete Lösung fehlt und warum mit *sive – sive* der Kreis der Beschenkten unbestimmt bleiben konnte.

Rekurriert Philipp C. 3.29.1 bestätigend auf die Vorläuferkonstitutionen *ad instar q.i.t.* des Alexander, so ist mit *subveniri vobis utpote quartam partem non habentibus* der Anwendungsbereich der Reskripte auf *revocari* nicht geneuert, sondern schlicht fortgesetzt, was bei Alexander mit *ratio deposcit … pro dimidia parte revocari*[770] genannt ist (Inoffiziosität so zu beseitigen, wie sie auch bei der *q.i.t.* durch die Quart beseitigt ist. So half dort schon das Reskript direkt und abschließend, ohne das *revocari* an einen Prozessgegenstand wie bei der *q.i.t.* zu knüpfen[771]). Der *q.i.t.* wäre nicht gespottet, hätte die Mutter dem Nicanor und der Papiniana die Quart belassen.

Ein Teil der Literatur vertritt eine Interpolation der Schlussworte[772].

---

768 Immerhin waren die Konstitutionen Alexanders eine Neuerung. Ob sie für den vorgetragenen Fall fortgelten, fragten Nicanor und Papiniana an.

769 Jener in D. 31.87.3 und 4 überlieferten.

770 D. 31.87.3

771 Ein solcher passt nicht und soll auch vermieden werden. Für das *revocari* genügt schon das *intervertere* einer *q.i.t.*; so steht es in D. 31.87.3: Wenn dir klar (also bewiesen ist) ist, Iulian, dass die Großmutter, um die *q.i.t.* auszuhebeln, verschenkt hat usw. … so verlangt die *ratio* usw.

772 *Schnebelt*, Reskripte 97 „höchst wahrscheinlich" interpoliert. Fehlerhaft meint *Zoz de Biasio*, Rimedi 93 (Texterörterung 92–95), die eingesetzten Kinder hätten das Viertel mit der Annahme: zumindest 4 Kinder („i figli almeno quattro"), „la quota di riserva" also $^1/_{16}$, 2 von ihnen (die *vos*) sind gesamt auf $^2/_{12}$ eingesetzt (also jeder auf $^1/_{12}$), und nun mit der Folge: „I due riccorrenti, con i $^2/_{12}$ hanno perciò ottenuto per testamento più di quanto fosse necessario per escludere la *q.i.t.*" Das übersieht den Text *paene universas facultates suas, … factis donationibus … exhausit* (fast alles verschenkt, fast nichts hinterlassen): $^1/_{12}$ von fast nichts ist zwar ein wenig mehr als $^1/_{16}$ von fast nichts, aber immer noch viel weniger als ¼ vom Intestatteil (!). Die entziehenden Schenkungen *ad deludendam q.i.t.* sind dazuzurechnen, um den Intestatteil zu bilden. $^1/_{16}$ von fast nichts ist also nicht die Quart (und $^1/_{12}$ vom verbliebenen Rest auch nicht). Die Konstitution sagt auch ausdrücklich, dass die *vos* das Viertel nicht haben. *Zoz de Biasio* setzt noch fort: „è vero che le loro due quote ereditarie

Auch die Konstitution C. 3.29.2 spricht von der Quart des Intestatteils:

C.3.29.2 (27. Juli/13. Jänner 256/Honoré 1324/14)
Impp. Valerianus et Gallienus[773] *A.A. Aetiae*
Pater si omne patrimonium suum impetu quodam immensae liberalitatis in filium effudit, aut in potestate is permansit, et arbitri familiae erciscundae officio congruit, ut tibi quartam debitae ab intestato portionis praestet incolumen, aut emancipatus fuerit, et, quia donatio non indiget alieno adminiculo, sed suis viribus nititur, iuxta constitutiones is qui provinciam regit ad similitudinem inofficiosi querellae auxilium tibi aequitatis impertiet.
Wenn der Vater sein ganzes Vermögen in einem gewissen Anflug von grenzenloser Freigebigkeit an den Sohn ausgeschüttet hat; entweder, dieser blieb in der Hausgewalt, dann stimmt es auch mit der Aufgabe des Teilungsrichters überein, dass er dir die Quart vom geschuldeten Intestatteil vollständig leistet, oder er war emanzipiert, dann wird auch, weil die Schenkung keiner fremden Stütze bedarf, sondern sich auf eigene Bestandskraft stützt, der Provinzstatthalter[774] dir nach der Ähnlichkeit mit der Inoffiziositätsquerel im Sinne der Konstitutionen[775] die Hilfe der Gerechtigkeit zu Teil werden lassen.

Der Vater schenkte „in einem Anflug unermesslicher Freigebigkeit“ sein gesamtes Vermögen seinem Haussohn. Der Aetia – offenbar der Tochter und gesetzlichen Erbin – ist nach dem Tod ihres Vaters reskribiert:
1) Entweder der Sohn blieb in der Hausgewalt, so ist Rechtens:

Die Schenkung an den Haussohn ist unwirksam, gehört also zum Nachlass, kann aber confirmieren (wirksam werden). Und zwar entweder durch Fideikommiß (Fr. Vat. 294 Pap. 12 resp.)[776], Intestatkodizill (wie in C. 3.36.16 [a. 293]) oder nach

---

vengono per giunta gravate con fedecommessi; ma questi sarebbero stati validi solo per quanto attiene l’aggravato a carico di ognuno della differenza tra 1/12 e 1/16; per il resto sarebbero nulli, perchè gravanti sulla quota di riserva.“ (93). Weitere Stimmen der These, die *q.i.d.* gehe auf den Intestatteil (*Tellegen-Couperus*, *Bauer-Gerland*), gehen auf den Text nicht weiter ein. Für Echtheit der Schlussworte: *Mühlenbruch*, Commentar, 36. Theil 100.

773 Valerian 253–260; Gallienus 260–268.

774 Im Text: „der, der die Provinz lenkt“.

775 *Iuxta* im Bedeutungsfeld von „gemäß“, „zufolge“.

776 Fr. Vat. 295 Impp. Severus et Antoninus: *Si frater tuus in potestate patris in diem mortis perseveraverit, donationes, quas a patre in eum conlatas adfirmas, nullius esse momenti dubitare non debes. De patris igitur bonis dividundis cum fratre tuo apud eum, de quo meres, consiste* (a. 210); ferner Fr. Vat. 294, Papinian 12 resp. *Quod pater filiae, quam habuit ac retinuit in potestate, donavit, cum eam donationem testamento non confirmasset, filiae non esse respondi; ... .*

einer zwischen 210 und 260 vermuteten Konstitution (Fr. Vat. 295; C. Greg. 3.8.2), wenn der Schenkungswille des Vaters bis zu seinem Tod fortdauerte[777].

Der *arbiter* im Erbteilungsverfahren hat demnach die Rechtslage nach der Konstitution C. Greg. 3.8.2[778] Impp. Val/Gall. zu berücksichtigen:

> *Si domum cuius meministi pater tuus, cum in potestate eius ageres, nomine tuo donandi animo comparavit, iure quidem non subsistere donationem scire debuisti: verum si in extremum fati diem pater eadem animi destinatione duravit, iudicium eius iuxta formam constitutam esse servandum indubitati iuris est. (a. 260).*
> Wenn dein Vater das Haus, das du erwähnt hast, deinetwegen mit dem Willen [es dir] zu schenken gekauft hat, weil du in seiner *potestas* [Hausgewalt] dein Leben verbrachtest[779], so musstest du wissen, dass die Schenkung von Rechts wegen freilich nicht standhalten kann; aber wenn der Schenkungswille des Vaters bis zu seinem Tod andauerte[780], so ist es unzweifelhaften Rechts, dass sein letzter Wille zu wahren ist im Sinne der festgesetzten Bestimmung.

Interpretatio zu C. Greg. 3.8.2[781]:

> *In hac lege similis erit et de donatione condicio, quam filius familias a quocumque perceperit. Sed hoc amplius habet, quod si maior fuerit ista donatio, quae nomine filii familias facta est, ut omnis facultas patris quartam eius rei quam filius donatam acceperit implere non possit, reliquis filiis de hac ipsa donatione Falcidia suppleatur.*

Der Interpret ergänzt den Fall um den Fall, dass ein Dritter dem Haussohn schenkte (*a quocumque*); der Fall stehe gleich. Für beide Fälle deutet er so: „…Wenn es aber eine größere Schenkung war, die des Haussohns wegen gemacht wurde[782], so dass das ganze Vermögen des Vaters die Quart von dieser Sache, die der Sohn als geschenkte angenommen hat, nicht ergänzen kann, soll die Falcidia (= das Viertel)

777 Vgl. *Voci*, DER II 475; *Siber*, SZ 53 (1933) 130; das „fremde Hilfsmittel“ (wirksam werden *alieno adminiculo*) meine die fideikommissarische Bestätigung oder die Konstitution (*Siber*, 131). Vgl. ferner Fr. Vat. 277 und 278. Schol. Εἰ ὑπεξούσιπς des Theodorus ad B. 41.4.3.3 (Sch. B VI 2467 Nr.3; Hb. IV 156) spricht davon, dass dem Sohn das Geschenkte von neuem erworben wird; nötig dafür sei das Schweigen des Vaters (dass er nichts gegen die Schenkung unternimmt), bis er stirbt: Εἰ ὑπεξούσιπς ἦν ὁ σὸς ἀδελφός, καὶ ἐξρὲ τοῦ πατρὸς οὖσα δωρεὰ πάλιν αὐτῷ προσεπορίσθη, καὶ ἐδεῖτο καὶ τοῦ ἐφησυχάσαι αὐτὸν ἕως τελευτήσει.

778 *De familiae herciscundae et communi dividundo.*

779 Ellipse von <*vitam*> *agere.*

780 Bis zum letzten Tag seines Schicksals in derselben Bestimmung seines Willens verharrte.

781 FIRA II 661f.

782 Die Schenkung belohnt seine Treue, dass er im Hausverband blieb und dem Vater erwarb.

den übrigen Kindern von dieser Schenkung ergänzt werden." Das heißt, dass dann erst der Haussohn vom Geschenk an seine Geschwister abgeben muss (ihm das Geschenk im Teilungsverfahren nicht so zu adjudizieren ist, dass er es alleine hat), wenn die Quart nicht aus dem väterlichen Vermögen unter Hinzurechnung des Geschenks[783] gebildet werden kann[784].

Zugleich hat das *officium* des Teilungsrichters aber auch die Konstitutionen von Alexander Severus und Valer./Gallien. C. 3.29.3 (a. 257), nämlich die Reskripte auf *revocari* gegen das „Leer-Machen" des Nachlasses zum Nachteil der übrigen Kinder, die Valerian und Gallienus dort auf die Intestatsukzession ausdehnten, zu berücksichtigen. Demnach heißt *officio congruit*, dass der *arbiter hereditatis dividundae* übereinstimmend mit den vorangegangenen Konstitutionen dafür zu sorgen hat, dass der Tochter die Quart ihres Intestatteils als Quart *incolumem*, das heißt frei von Schulden, verbleibt, wenn er dem Sohn das Geschenkte nach diesem Reskript[785] adiudiziert.

Die Deutung von *incolumem* ist im Schrifttum strittig: *Siber* bezieht *incolumem* auf den „vollen Intestatteil", streicht [*quartam debitae*] und liest <*ab intestato portionem*>[786]. Dieselbe Textveränderung vertritt auch *Voci*[787], der den Satz so liest: … *officio congruit, ut tibi [quartam debitae] ab intestato [portionis] <portionem> praestet incolumem*[788]. Doch ist ohne Texteingriff das Wort *incolumem* auf die Quart zu beziehen: Nur ein ungeschmälertes Viertel schaltet die Inoffiziosität der Schenkung aus. So erst kann das Geschenkte adjudiziert werden und bei der Aufteilung der Schulden muss der Teilungsrichter auch darauf achten, dass der Sohn der Tochter das volle Viertel leistet, wenn er an den Sohn zu adjudizieren hat.

2) Oder der Sohn wurde emanzipiert[789]:

---

783 Da der Haussohn seinem Vater erwirbt.

784 Vom Wert des Geschenks profitieren im Teilungsverfahren auch die anderen Kinder, weil das Geschenk das aufzuteilende väterliche Vermögen erhöhte, aber die geschenkte Sache selbst ist privilegiert dem Haussohn in das Alleineigentum zu adjudizieren.

785 C. 3.29.2 ist bereits im Sinne der nach Fr. Vat. 295; C. Greg. 3.8.2 Impp. Val/Gall. vermuteten Konstitution.

786 SZ 53 (1933) 131: „Dadurch erhielt aber die Tochter nicht, wie es in der überlieferten Fassung heißt, nur den Pflichtteil, sondern den vollen Intestaterbteil; daß dies ursprünglich gesagt war, ergibt das Wort „incolumem", das für den bloßen Pflichtteil sinnlos ist und nur für den Intestaterbteil paßt".

787 DER II 729.

788 Ebenso griff *Krüger*, SZ 60 (1940) 90 das Viertel als justinianisch interpoliert (vom Exzerptor verändert) an.

789 *Siber*, SZ 53 (1933) 130 meinte „nach der Schenkung". Anders *Krüger*, SZ 60 (1940) 90: „Der Sohn war, als er die Schenkung erhielt, emanzipiert gewesen", womit die Schenkung von Anfang an gültig war. So auch *Zoz de Biasio*, Rimedi 97: „le donazioni sarebbero state fatte a Primo, quando questi era stato già emancipato: pertanto esse restano definitivamente valide".

Dann hat die Tochter das Reskript auf *revocari*. Das *iuxta constitutiones … ad similitudinem inofficiosi querellae auxilium* ist mit den Konstitutionen von Alexander Severus und Valer./Gallien. C. 3.29.3 (a. 257) zu identifizieren.

Die beiden Fälle zusammengenommen zeigen das Schema:

1) Schenkung an den Haussohn: Hier ist der Nachlass nicht leer; durch die Schenkung ist noch kein *exinanire* des väterlichen Vermögens geschehen und die *Aetia* somit nicht (*pro parte*) auf einen leeren Nachlass eingesetzt. Zwar ist die Schenkung an den Haussohn unwirksam, konfirmierte sie aber, so ist sie im Teilungsverfahren zu beachten. Bei bis zum Tod fortdauerndem Schenkungswillen des Vaters ist klar, dass er alles dem Sohn hinterlassen wollte, doch wäre sein Wille inoffiziös, wenn der *Aetia* nicht das Viertel, das ihr eine *q.i.t.* nähme, bliebe. Daher begrenzt die Quart die *adjudicatio* an den Sohn[790]; ein Viertel *debitae ab intestato portionis* (vom Intestatteil) ist der *Aetia*, das restliche Vermögen dem Sohn zu adjudizieren. Das zeigt, dass die Wertung der querelausschließenden Quart hier schon im Teilungsverfahren über die *actio familiae erciscundae* eingeschlossen ist.
2) Schenkung an den emanzipierten Sohn: Hier ist der Nachlass leer und die *Aetia* (*pro parte*) auf einen leeren Nachlass berufen (eine *actio familiae erciscundae* ginge ins Leere). Dann hat sie das Reskript auf *revocari* der vollen Quart. (Die Beachtung einer privilegierten Teilung für den Sohn, wie es später die Interpretatio zu C. Greg. 3.8.2 meinte, ist im Fall, wo das gesamte Vermögen verschenkt ist, weder im Fall 1) noch in der Alternative 2) denkbar).

Deckt sich das Ergebnis der ersten Alternative mit der zweiten, so passt *ut tibi quartam debitae ab intestato portionis praestet*[791] im Erbteilungsverfahren zur Annahme, dass die Reskripte auf *revocari* auch nach der Konstitution von Valerian und Gallienus auf das Viertel gingen[792].

So ist es auch im Schol. Τὰ δωρηθέντα ad B. 41.4.3 (Sch. B VI 2467; Hb. IV 156) zu lesen: … Εἰ δὲ αὐτεξούσιος εἴη, συνίσταται μὲν εὐθέως ἡ δωρεά, τὸ δὲ δ'.

---

790 Ungenau wäre es zu sagen, dass die Schenkung nur in den Grenzen der Quart konfirmieren kann.

791 Die Kritik an *quartam debitae ab intestato portionis* ist nicht zu teilen: *Voci* DER II 730 Fn. 12, im Anschluss an den Interpolationsverdacht von *Siber*, SZ 53 (1933) 131 („ma con motivazione inesatta") sieht den Textteil als ungewöhnlich an, weil genau die Quart und nicht die Intestatquote geschuldet wird. *Zoz de Biasio*, Rimedi 97 Fn 32 hält die Beobachtung von *Voci* für zutreffend, wenn auch nicht ausreichend für eine substantielle Interpolation. Gegen *Voci* ist schon D. 5.2.8.8 (oben S. 17 Fn. 21) einzuwenden: ein Viertel der *ab intestato* geschuldeten Portion heißt es auch dort. Die „Quart von der *ab intestato* geschuldeten Portion" ist nicht zu beanstanden, indem mit *portio ab intestato debita* schlicht der Erbteil „so wie er nach der Intestaterbfolge sein soll" gemeint und in diesem Sinn *debita* zu verstehen ist.

792 Eine abweichende Deutungsannahme von einer „*q.i.d.* auf den Intestatteil" ist hier nicht haltbar; mit *aut – aut* ist gesagt, dass in beiden Fällen das Ergebnis gleichförmig ist.

δίδοται τοῖς ἄλλοις υἱοῖς διὰ τῆς δεινοφφικίοσο donationíbus. ... (Wenn er aber sein eigener Herr [= emanzipiert] sei, so ist zwar die Schenkung sofort wirksam, aber das Viertel [δ'.] soll den anderen Kindern gegeben werden mit der *q.i.d.*[793]).

Die Literatur will hier oft, teils vom Text, teils von der Quart, abweichen[794]. *Voci*[795] deutet so: Wenn die Schenkungen konfirmieren, muss sie der Teilungsrichter berücksichtigen („l'*arbiter* dell'*actio familiae erc.* deve tener conto, per assegnare le cose al figlio donatario, come anteparte."). Aber wenn die Schenkungen „il diritto degli eredi necessari" verletzen, darf sie der Teilungsrichter nicht berücksichtigen. Das Original sollte sagen, dass die Aetia dann ihren ganzen Intestatteil bekommt[796]; „*quartam debitae* non è usuale, perche *debita* è appunto la *quarta*." Dagegen ist oben schon, bei D. 5.2.8.8, bemerkt, dass *debita* nicht die Quart meint, sondern das, was der Tochter eigentlich *ab intestato* hinterlassen sein sollte (= der Intestatteil; vgl. Paul D. 48.20.7pr.); davon die Quart. *Krüger*[797] gibt die Folge des Textes, dass bei konfirmierter Schenkung an den Haussohn die Tochter „ein Viertel der Schenkung" erhielt, zum justinianischen Recht: „der Excerptor hatte also die Stelle abgeändert; anders kann ich sie mir nicht erklären."[798] *Bauer-Gerland*[799] will auf den Fall der konfirmierten Schenkung an den Haussohn „die *lex Falcidia* in ihrer Severischen Ausweitung auf Schenkungen auf den Todesfall" angewendet sehen[800]. Auch *Kreuter*[801] sieht einen Anschluss an die Konstitution Gordians für die *d.m.c.*, C. 8.56.2 (a. 139), „der Beschenkte [habe] der Intestaterbin den Pflichtteil ergänzen müssen" und „spätestens Valerian" habe „diese Behandlung...auch der *mortis causa capio* des beschenkten Hauskindes zuteil werden [lassen]." „Die Pflichtteile der Erben werden im Erbteilungsverfahren ergänzt, CJ 3,29,2 (256)"[802]. Abrückungen von der querelausschließenden Quart also, die aber mit *quartam debitae ab intestato portionis* im ersten Fall da steht[803] und im zweiten mit *ad similitudinem inofficiosi querellae auxilium* gemeint ist.

---

793 Da nach der Novelle 18.1 nicht ein Viertel sondern ein Drittel zu hinterlassen war, finden wir mit δ'. (*q.i.d.* auf ¼) einen Bericht des Theodorus vor, wie er den zweiten Fall von C. 3.29.2 (a. 256) auffasste.

794 Dunkel bleibt *Zoz de Biasio*, Rimedi 97.

795 DER II 729f.

796 DER II 730 Fn. 14: „L'originale doveva dire che spetta tutta la quota *ab intestato*".

797 SZ 60 (1940) 90.

798 Im zweiten Fall, der Schenkung an den emanzipierten Sohn, sei die Schenkung aber dem „Recht der unmäßigen Schenkung nach dem Vorbild des test. inoff." unterlegen gewesen (90).

799 Erbrecht 122.

800 Auf den zweiten Fall (der für ihre These aber kritisch ist) geht sie hier nicht ein.

801 Privatrecht im 5. Jh. n. Chr. 133f.

802 Privatrecht im 5. Jh. n. Chr. 133f.

803 Sinn- und wortgleich heißt es *quarta debitae portionis* in D. 5.2.8.8.

I. Resümee eines Motivs

Die Literatur[804] geht bei D. 31.87.3 von zwei unsicheren Rekonstruktionsannahmen aus. Die erste legt die Interpretation vorweggenommen so fest, dass sie *pro dimidia parte* mit dem Intestatteil identifiziert, die zweite rekonstruiert daher einen zweiten Enkel. Dies stört die Übereinstimmung mit späteren Texten nach Alexander und der diokletianischen Konstitutionen[805]. Bei *Voci*[806] ist der Bruch mit Interpolationsannahme zu lesen: „... la donazione viene revocata: non per intero, ma quanto basti per la ricostruzione della *quarta*" bei Diokletian, Val./Gall. C. 3. 29. 2 (a. 256) „è itpl". Die Interpolationsannahme müsste dann auch bereits C. 3.29.1 (a. 245) treffen. Für D. 31.87.3 lässt sich aber eine verbesserte Rekonstruktion erörtern: testamentarische Einsetzungen, sehr wahrscheinlich von Anfragendem und Enkel, sind anzunehmen, weil diese Fälle in frühen Texten der Reskripte vorkommen[807]. Die Sachverhaltslücke „avia/X/Enkel" ist durch „Großmutter/Kind/Enkel" zu schließen (Plausibilitätsannahme); *revocari pro parte dimidia* in den Nachlass zu den testamentarischen Einsetzungsquoten beider (auf je die Hälfte) gibt dem Kind aus der testamentarischen Sukzession das Viertel nach seiner Mutter. Mit dem Gedanken der querelausschließenden Quart stimmt ferner D. 31.87.4 überein. Das Reskript schließt eine falzidische Kürzung aus und stabilisiert den Querelausschluss durch das ungekürzte Geldfideikommiss, ergänzt aber nicht die *portio donationibus minuta* der Fideikommissare auf den Intestatteil. Beides hängt innerlich zusammen: So wie auch die Quart die *q.i.t.* nimmt, bleibt es durch das ungekürzte Fideikommiss bei der *portio donationibus minuta*. Philipp. C. 3.29.1 (a. 245) folgt mit *utpote quartam partem non habentibus* nach: haben sie das Viertel nicht, greift das Reskript ein; gegen Schenkungen, wonach die Quart verbliebe, wäre dagegen nicht vorzugehen. Diese Konstitution ist also keine Neuerung zu Alexander[808]. Noch lange nicht sind die Reskripte des *revocari* eine *q.i.d.* eines streitigen Verfahrens, sondern stellen den Benachteiligten ohne einen Inoffiziositätsbeweis, wie ihn die *q.i.t.* verlangte, so wie einen *exclusus*, der die Quart hat. Das verpönte *intervertere* einer *q.i.t.* ist damit korrigiert, der Benachteiligte hat durch die Quart genug und

804 Soweit ich sehe, die gesamte.

805 Richtiger scheint methodisch: Zunächst ist aus C. 3.29.3 die Testamentserbfolge, aus D. 31.87.4 und C. 3.29.1 die *institutio heredis* (sehr wahrscheinlich) beider, anzunehmen; dann erst lässt sich fragen, was *id, quo donatum est pro dimidia parte revocari* in der Konsequenz bedeutet.

806 DER II 728 und Fn. 10.

807 Erweiterte Quellengrundlage D. 31.87.4; C. 3.29.1.

808 *Vangerow*, Pandekten, 2. Bd. 282 vermutet den Umbruch vom Intestatteil auf das Viertel nach der Konstitution in D. 31.87.3: „Aber man muß bedenken, daß wir ... das Reszissionsrecht ... in seinem ersten Anfang erblicken, und daß ein späterer Wechsel der Theorie bei völliger Ausbildung der querela inoff. donationis leicht erklärlich ist."

genau so wäre er rechtmäßig auszuschließen gewesen. Das Reskript gibt ihm das Viertel unmittelbar, ohne ein Verfahren der *q.i.t.* nachzubilden, weil die Kaiser wussten, wie lange Querelprozesse dauern[809], zu welchen Urteilsrückständen sie führten[810] und wie zerstörerisch sie für die Familien waren. Das riskante Alles oder Nichts einer *q.i.t.* ist vermieden. Für ein Reskript des *revocari ad instar inofficiosi testamenti* ist dies die genauere Analogie, die mit D. 31.87.3 anfängt.

Auch Diokletian spricht noch so wie Alexander in D. 31.87.3 *quod donatum est, pro dimidia parte revocari*; *quod immoderate gestum est revocabitur* heißt es bei Diocl./Max. C. 3.29.7. Und so wie bei Alexander für das *revocari* genügte, *si liquet tibi ... aviam intervertendae inofficiosi querellam patrimonium suum donationibus ... exinanisse*[811], genügt auch bei Diokletian ein *si liqueat matrem tuam intervertendae quaestionis inofficiosi causa patrimonium suum donationibus ... exhausisse*[812] für die Folge *quod donatum est pro ratione quartae ad instar inofficiosi testamenti convicti deminuetur* (Diocl./Max. C. 3.29.8). Noch spricht man nicht von einer Klage oder *querella*.

§ 17 Die Konstitutionen Diokletians (C. 3.29. 4–8; Fr. Vat. 271, 270)

Nur zurückgedrängt zeigt sich das Reskript auf *revocari* in C. 3.29.4, wo es hinter eine *restitutio in integrum* des Schenkers zurücktritt.

> C.3.29.4 (10/8/13 Februar 286/Honoré 1467*) = Fr. Vat. 282
> *Impp. Diocletianus*[813] *et Maximianus AA. Calpurniae Aristaenetae*
> *Si filius tuus immoderatae liberalitatis effusione patrimonium suum exhausit, praesidis provinciae auxilio uteris, qui discussa fide veri, si in integrum restitutionem ex filii persona competere tibi ob improbabilem donationis enormitatem animadverterit, in removendis his quae perperam gesta sunt tibi subveniet. ideoque non est tibi necessarium adversus immodicas donationes auxilium ad instar inofficiosi testamenti.*

---

809 *Gagliardi*, Decemviri 518 zusammenfassend zur Intention der *querelae extra ordinem* im Lauf des ersten Jahrhunderts (n. Chr.): „...di ovviare ai lunghi tempi processuali che le cause gestite dai *centumviri* comportevano".

810 Große Urteilsrückstände unter Vespasian: Suet. Vita divi Vespasiani 10: *Litium series ubique maiorem in modum excreverant ... accedentibus novis ex condicione tumultuque temporum*; *Wlassak*, RE, VI Centumviri 1942; *Woeß*, Erbrecht 245 m.w.N.; *di Lella*, Querela 147 Fn. 46.

811 „Wenn dir bewiesen ist, dass die Großmutter, um die *q.i.t.* zu umgehen, ihr Vermögen durch Schenkungen ... leer machte."

812 „Wenn bewiesen ist, dass deine Mutter, um die *q.i.t.* zu umgehen, ihr Vermögen durch Schenkungen leer gemacht hat."

813 284–305 n. Chr.

Wenn dein Sohn durch Verschleudern aus maßloser Freigebigkeit[814] sein Vermögen erschöpft hat, wirst du dich der Hilfe des Provinzstatthalters bedienen, der, nachdem die Wahrheit untersucht worden ist, dir bei der Rückführung dessen, was ungerecht geschehen ist, helfen wird, wenn er den Rechtsschutz gewährt, dass dir die *in integrum restitutio* aus der Person des Sohns zusteht wegen des zu missbilligenden Ausmaßes der Schenkung; und daher ist dir die Hilfe gegen unmäßige Schenkungen nach dem Beispiel des pflichtwidrigen Testaments nicht nötig.

Die Mutter beerbte[815] ihren Sohn, der sein Vermögen als *minor* verschenkt hatte[816]. Sie erbat Rechtshilfe nach den Reskripten auf *revocari ad instar* des pflichtwidrigen Testaments. Das Reskript verweist sie auf den Rechtsschutz[817] durch den *praeses provinciae*: wenn schon dem Sohn eine *in integrum restitutio* (*i.i.r.*) zu geben gewesen wäre, dann hat sie nun auch die Mutter aus der Person des Sohns, so dass sich die erbetene Rechtshilfe nach dem Muster des inoffiziösen Testaments erübrigt. Die Rekonstruktion aus einer *i.i.r. minorum* des Sohns (*si minorem quinque et viginti annis fuisse, cum donaret*) ist glaubhaft, indem der objektive Nachteil durch *effusio liberalitatis* für eine *i.i.r.* genügte[818]. Die *i.i.r.* rescindiert die Schenkungen und leitet sie in den Nachlass zurück[819], sie ist hier aus dem Minderjährigenschutz begründet und nicht aus pflichtwidrigem Handeln des Sohns gegenüber der Mutter. Dies erklärt, warum die *i.i.r. ex filii persona* einem Rescript auf *revocari ad instar q.i.t.* vorgeht. Mit der *i.i.r. ex persona filii* kann sie mehr als die Quart bekommen, die das von ihr erbetene Reskript *ad instar q.i.t.* ausschlösse.

---

814 Ich verstehe den Genitiv explikativ oder kausal zu *effusione*.

815 Ob testamentarisch oder aus *SC.* ist ungewiss (beides ist denkbar); die von der Mutter erbetene Hilfe *ad instar inofficiosi testamenti* ist nach der Ausdehnung auf die Intestatsukzession nach C. 3.29.3 noch kein sicheres Indiz dafür, dass sie der Sohn auf den leeren Nachlass eingesetzt hat.

816 In der Reihenfolge der Ereignisse: *donationes* noch als *minor*; der Sohn selbst hätte später die *i.i.r.*, vgl. Impp- Diocl. et Max. C. 2.21.4 (a. 293); dann setzte er seine Mutter auf den leeren Nachlass ein oder verstarb intestat. Die Interpretation überwiegt mit *Carrelli*, SD 4 (1938) 40; *Archi*, Donatione 159. Anders trat *Krüger*, SZ 60 (1940) 80f. für eine *i.i.r.* aus der *lex Cincia* ein, indem er von einem übersehenen Restitutionsgrund *ob inprobabilem donationis enormitatem* sprach (83). Dagegen *Archi*, Donazione 158–160.

817 *Animadvertit* ist eine Rechtsschutzverheißung; *discussa fide veri* und die Reszission der Schenkungen gehören zur Kognition des *praeses provinciae*.

818 Es auf *dolus* oder *circumscribere* nicht ankommt, vgl. Diocl. et Max. C. 2.21.5 (a. 293).

819 Angelehnt an *Kupisch*, In integrum restitutio 120, der zum *rescindere venditionem* durch *i.i.r.* ausführt: „Es läßt sich hier von Aufhebung oder Anfechtung (schlichter Nichtigkeit) nur insoweit sprechen, als durch Setzung einer neuen Rechtsfolge die Wirkungen des Geschäfts überholt und auf den Restitutionsberechtigten zurückgeleitet werden". Die Worte, *rescindere*, *revocari*, zurückholen der Schenkungen in den Nachlass, sind nahe beieinander.

Auf einige offene Deutungs- aber auch Echtheitsfragen der Literatur ist einzugehen. *Krüger*[820] fragte, ob die *restitutio* die ganze Schenkung erfasse oder sie nur gemindert werde, und vertrat die Minderung wegen der einschränkenden Worte *in removendis his, quae perperam gesta sunt*[821]. Die zu klärenden Streitpunkte, worauf die Worte *discussa fide veri* und eine Einschränkung (*quae perperam gesta*) hinweisen, lassen sich aus der Doppelüberlieferung Fr. Vat. 282 erschließen. Die verschenkten Sachen standen im Miteigentum, das in Fr. Vat. 282 bezeugte Reskript sagt dazu, dass *communes res in solidum* nicht verschenkt werden können, sondern nur die *portiones*. Ferner aber, dass auch *donationes inter absentes* gültig seien. Calpurnia Aristaeneta hatte vor diesem Reskript schon einmal angefragt und war damit nicht zufrieden gewesen; nach *iterum supplicare* steht der Entscheidungsteil, wie er in der Konstitution 4 steht, nach *restat ut* (es ist noch übrig/es bleibt noch, dass) in der überlieferten Fassung von Fr. Vat. 282:

> Divi Diocletianus et Constantius Calpurniae Aristaenetae (a. 286)
> *Quoniam non contenta rescripto, quod ad primas preces acceperas, iterato supplicare voluisti, ex iure rescriptum reportabis. Communes res in solidum donari nequeunt, sed portiones eorum qui donant ad eos qui dono accipiunt transitum faciunt. Nec ambigi oportet donationes etiam inter absentes, si ex voluntate donantium possessionem ii quibus donatum est nanciscantur, validas esse. Restat ut, si filius tuus inmoderatae liberalitatis effusione patrimonium suum exhausit, iuxta legum placita praesidis provinciae auxilio utaris, qui discussa fide veri, si integri restitutionem ex filii persona competere tibi ob inprobabilem donationis enormitatem animadvertit, in removendis his quae perperam gesta sunt tibi subveniet. Proposita IIII id. Feb. Mediolani Maximo et Aquilino conss.*

Das Textstück *donationes etiam inter absentes … validas esse* muss einen Anwendungsfall gehabt haben, der von der *i.i.r. minorum* nicht betroffen war; zwei Fälle sind somit aufgrund gegenteiliger Folgen zu scheiden: *donationes inter absentes validae* (gültige Schenkungen unter Abwesenden) und Schenkungen, *quae perperam gesta sunt* (die unwirksam sind). Es ist also denkbar, dass der Sohn als *minor* maßlos schenkte und später auch noch *inter absentes*, als er nicht mehr *minor* war, so dass Calpurnia Aristaeneta meinte, sie könne auch davon noch Schenkungen zurückhaben nach dem Reskript *ad instar inofficiosi testamenti*. In einem vereinten Gesamtbild der beiden Fassungen kann das abschlägige *ideoque non est tibi necessarium* der Konstitution 4 noch Redaktion der diokletianischen Kanzlei sein.

---

820 SZ 60 (1940) 80f.: der Sohn habe die Schenkung „mit einem Antrag auf restitutio anfechten können: Das wird in der lex Cincia gestanden haben." (80).

821 *Krüger*, SZ 60 (1940) 81 fügt an: „Aber der Sinn der Worte bleibt zweifelhaft".

Dennoch hielt *Donatuti*[822] den Textteil ab *ideoque non est tibi necessarium – ad instar inofficiosi testamenti* eher („piu") für eine angefügte Glosse, wie der Vergleich mit Fr. Vat. 282 zeige.

Wo die Voraussetzung für eine *i.i.r.* des Schenkers nicht vorliegt, gibt Diokletian das Reskript auf ein *revertetur*[823] der Quart noch dem Schenker selbst.

> C.3.29.5 (28. Februar 286/Honoré 1471/17)
> *Impp. Diocletianus et Maximianus AA. Cottabeo*
> *Si totas facultates tuas per donationes vacuefecisti, quas in emancipatos filios contulisti, id, quod ad submovendas inofficiosi testamenti querellas non ingratis liberis relinqui necesse est, ex factis donationibus detractum, ut filii vel nepotes, qui postea ex quocumque legitimo matrimonio nati sunt, debitum bonorum subsidium consequantur, ad patrimonium tuum revertetur.*
> Wenn du dein ganzes Vermögen durch Schenkungen leer gemacht hast, das du an emanzipierte Kinder übertragen hast, so wird das, was nicht undankbaren Kindern zu hinterlassen nötig ist, um [sie] von der Querel gegen das pflichtwidrige Testament fernzuhalten, als von den gemachten Schenkungen abgezogen zu deinem Vermögen zurückkehren, damit Kinder oder Enkel, die später aus welcher legitimen Ehe auch immer geboren worden sind, die geschuldete Unterstützung vom Vermögen[824] erlangen.

Cottabeus hatte sein ganzes Vermögen an seine emanzipierten Söhne verschenkt, danach wurden ihm aus späteren Ehen noch Kinder geboren[825]. Was Cottabeus beunruhigt haben mag und die Konstitution 5 „singulär" macht, wird sich am besten noch mit den Worten des Thalelaios[826] sagen lassen: die Konstitution sei „eigenständig", „da sich ja erwarten lässt, dass den Kindern[827] durchaus Unrecht widerfährt, indem sie überhaupt kein Vermögen haben"[828]. Wonach Cottabeus aber fragte, wissen wir nicht[829]; das Reskript enthält nur die Rechtsgrundlage, dass, so wie auch sonst eine *q.i.t.* zu vermeiden ist, soviel von den Schenkungen in das

---

822 St. Riccobono 3 (1936), Nachdruck 1974, 432.

823 Wohlgemerkt Futur, bezogen auf den Tod des Schenkers, falls er dann nichts hinterließe.

824 *Heumann/Seckel* führen an: „subsid. zur Bezeichnung des Pflichtteils (l 5 C. 3,29)". Das wird es bei Diokletian noch nicht heißen.

825 So wegen *qui postea … nati sunt*. Wo andere ihren Nachlass „leer machten", um die *q.i.t.* „auszutricksen", ist dies dem Cottabeus durch *postea nati* gleichsam nur „widerfahren".

826 Bei Heimbach IV 157 ist es Kalokyros: Αὐθέντησεν ἡ διάταξις, ἐπειδὴ ἤμελλον οἱ παῖδες παντελῶς ἀδικεῖσθαι, μηδεμίαν ἔχοντες βοήθειαν; Scholientext unten, S. 223.

827 Gemeint sind die *postea nati*.

828 Sch. B VI 2469 Nr. 3; der griechische Wortlaut im Zusammenhang unten, S. 223–224.

829 *Glück*, Commentar 7. Theil, 1. Abth. 168 Fn. 34 vermutet, dass die Anfrage dahin gegangen sei, „ob seine nachhergeborenen Kinder eine Schenkung anfechten könnten, die noch vor ihrer Existenz geschehen sey. Vielleicht dachte der Vater: nondum natorum nulla sunt iura."

Vermögen zurückkehren wird, dass die *postea nati* die Quart von den Schenkungen haben werden. Das gleiche Muster also wie auch beim *intervertere* der *q.i.t.* durch Schenkungen, nur ist es hier noch ungewiss, ob eine – vielleicht nur von Cottabeus selbst so empfundene – Inoffiziosität der Schenkungen bei Tod des Cottabeus letztlich da sein wird, indem der Nachlass leer bleibt. Erwirbt Cottabeus noch so viel Vermögen, dass er seinen *postea nati* die Quart von den Schenkungen hinterlassen kann, so ist das Reskript gegenstandslos. Bliebe sein Nachlass leer, so kann er ebenso beruhigt sein. Kraft dieses Reskripts wird er die querelausschließende Quart aus den Schenkungen hinterlassen. Der Kaiser sagt ihm (sinngemäß ausgedeutet): Dein *patrimonium*, das du deinen späteren Kindern hinterlässt, wird nicht leer sein, aus meiner Reskriptsautorität wird das Viertel als *detractum* (als von den Schenkungen abgezogen) „in dein Vermögen zurückkehren". Nach dieser Rechtsfolge ist durch das Reskript das *detractum* in deinem *patrimonium*. So ist es noch Cottabeus selbst, der seinen *postea nati* die querelausschließende Quart hinterlassen wird. Gaben die Kaiser vor ihm und Diokletian selbst bisher das Reskript auf *revocari* der Quart den Erben, so gibt es Diokletian hier auch dem, der die Inoffiziosität[830] des leeren Nachlasses vermeiden will, damit er sie vermieden haben wird[831].

C. 3.29.5 steht gleichsam in der Mitte zwischen einer *i.i.r.* des Schenkers (wofür in der Konstitution 5 kein Raum ist) und einem Reskript auf *revocari* der Quart, das die Kaiser bisher nur den Erben gaben. In der Konstitution 5 ist es noch der Schenker, der mithilfe dieses Reskripts das geschehene *vacuefecisti* korrigieren und die Inoffiziosität des leeren Nachlasses vermieden haben wird. Bedienen sich die *postea nati* des Cottabeus des an ihn ergangenen Reskripts, so haben sie das Reskript auf *revocari* des *detractum*, des bis zur Quart von den Schenkungen Abgezogenen, das ein Bestandteil des Nachlasses ist, fast so, wie in Konstitution 4 die Mutter dort die *i.i.r.* aus der Person des Sohns hatte, hier nämlich aus der Person des Cottabeus. Er erbat und erlangte schon das Reskript, so dass seine späteren Kinder und Enkel nicht mehr ein Reskript auf *revocari* der querelausschließenden Quart erbitten müssen.

Auf einige schematische Gleichklänge ist zu sehen. Strukturell kommt fast überall die Furturwendung vor als Instruktion an den *praeses provinciae*, wobei der Rechtssatz des Reskripts die unmittelbare Rechtsfolge vorgibt.

---

830 Es scheint, dass Cottabeus es als eine Verletzung seiner Pflichttreue gegenüber seinen Kindern empfand, den späteren Kindern nun nichts mehr zu hinterlassen, während seine früheren alles haben. Er will es nach seinem Tod nicht so aussehen lassen, als wären die *postea nati* nicht auch seine *grati* gewesen (sondern *ingrati*, denen man nichts hinterlässt). Die kritische Frage, ob nicht auch den *postea nati* das Reskript auf *revocari* der Quart zu geben wäre, wenn nicht schon ihr Vater um das Reskript gebeten hätte, kann hier dahinstehen (aus der Konstitution 5 lässt sich die Frage nicht beantworten).

831 Nicht: damit er noch die Hilfe des Stadthalters in Anspruch nimmt.

Bei den Vorläuferreskripten:

Alexander in D. 31.87.3 ist direkt an den *praefectus urbi* gerichtet; da ist, was dieser zu tun hat, so gesagt: *quod donatum est, pro dimidia revocari*; das ist die Hilfe, die das Reskript mit dem unmittelbar geltenden Rechtssatz anordnet.

Val./Gall. C. 3.29.2 an den Reskriptsempfänger: *auxilium impertiet*, und zwar *is, qui provinciam regit*; durch das Reskript determiniert ist: der Provinzstatthalter wird dir als *arbiter* helfen, damit du das Viertel frei von Schulden hast.

Nicht anders in den Reskripten Diokletians, die an die Vorläuferreskripte anschließen (Fr. Vat. 270: *has rescindi ad instar inofficiosi testamentis sacris constitutionibus parentum nostrorum*):

C. 3.29.4 zur *i.i.r.*, die hier einem Reskript auf *revocari* der Quart vorgeht: *auxilio uteris/in removendis tibi subveniet*; das soll der *praeses provinciae*; schon determiniert ist *in removendis his quae perperam gesta sunt*.

C. 3.29.6: der *praeses provinciae* kraft seiner Jurisdiktion (*iuris dictionis suae*) wird vom Geschenkten Teile heraustrennen (*partes exhibebit*); in welchem Wertausmaß, ist im Reskript schon determiniert: soviel, um die *q.i.t.* auszuschließen.

C. 3.29.7: *revocabitur*: was? *quod immoderate gestum est*; = Fr. Vat. 280: *praeses provinciae, quod immoderate gestum est, revocabitur*: dieser Rahmen ist schon determiniert im Reskript zu einer Schenkung, die nicht so viel übrigließ, wieviel dir genügte, um auch eine *q.i.t.* auszuschließen.

In C. 3.29.5 taucht nun die Perfektwendung *ex factis donationibus detractum* (!) auf, korreliert mit *ad patrimonium tuum*: soviel nötig ist, um eine *q.i.t.* der späteren Kinder auszuschließen wird als von den gemachten Schenkungen abgezogen – das ist hier schon vorausbestimmt – noch in dein (!) Vermögen zurückkehren. Zwar immer noch Futur, also wieder eine Instruktion an den *praeses provinciae*, aber aus Rechtssatz des Reskripts gilt die Quart als abgezogen und als noch in dein Vermögen zurückgekehrt. Es ist also nicht erst der *praeses provinciae*, der die Quart dann erst abziehen wird, wenn die *postea nati* ihn aus dem an Cottabeus ergangenen Reskript darum bitten, sondern der Provinzstatthalter wird den Abzug nur noch gegenständlich und ziffernmäßig zu konkretisieren haben.

Die Reskriptsantwort, „wieviel für die Quart nötig ist, wird *ex factis donationibus detractum* (als von den Schenkungen abgezogen) in das väterliche Vermögen zurückkehren (*ad patrimonium tuum revertetur*)“ ist als bedingter Abzug und *revocari* kraft Reskriptsrechtssatzes zu sehen, abhängig vom künftigen, noch ungewissen Ereignis, dass das väterliche *patrimonium* bei seinem Tod nicht ausgereicht hat, um das Viertel zu hinterlassen. Tritt der *detractum*-Fall ein, verlieren die Beschenkten soviel, wieviel nötig ist, damit die später Geborenen die Quart aus dem väterlichen Vermögen erbten.

Zum Meinungsstand umstrittener Fragen sind folgende Kernpunkte der Deutung hervorzuheben:

ad patrimonium tuum revertetur: wie? Die Frage harrt einer konkreten Lösung[832]. Sie dürfte aus der Deutung zu erschließen sein, wann es überhaupt zu einem *reverti* kommt (str.). *Vacuefecisti*, du hast den Nachlass späteren Kindern „leer gemacht", motiviert auch hier den überkommenen Gedanken: Wäre den Emanzipierten das Vermögen nicht geschenkt, sondern testamentarisch hinterlassen[833], so hätten die leer ausgegangenen *postea nati* gegen sie die *q.i.t.*, die Quart schlösse aber ihre *q.i.t.* aus. So wie man von Testamenten sagt, sie seien inoffiziös, wenn einige Kinder auf mehr als drei Viertel eingesetzt sind und andere *non ingrati* auf weniger als ein Viertel, so wären hier die Schenkungen an die Emanzipierten inoffiziös, wenn *postea nati* weniger als ein Viertel vom verschenkten Vermögen bliebe. In der Literatur ist die Frage nach der Inoffiziosität auf das Problem einer so genannten „objektiven Inoffiziosität" zugespitzt[834]. Aus dem Denken der Antike spricht immerhin Kalokyros[835] von einem ἀδικεῖσθαι (Unrecht tun), μηδεμίαν ἔχοντες βοήθειαν (indem die späteren Kinder dann überhaupt kein Vermögen haben). Wenn dies auch bereits von der veränderten Auffassung einer Pflicht, den Pflichtteil zu hinterlassen, gesagt ist, scheint doch die Anschauung, die Relation „ein Viertel/drei Viertel" schließt ein *inofficiosum dicere* aus und jede Störung dieser Relation[836] begründet ein *inofficiosum dicere*, maßgeblich gewesen zu sein. Wieviel von den Schenkungen zurückkehrt, ist nach dem Reskriptswortlaut elastisch gelöst: *id quod … necesse est*: das, was nötig ist, um auch *grati* von der *q.i.t.* auszuschließen. Später erworbenes Vermögen[837] kann also hinreichen, wenn es (zumindest) die Quart von den Schenkungen erreicht, um nicht mehr in die Schenkungen einzugreifen[838]. Die Lösung unterscheidet sich scharf von C. 3.28.3[839], wo die Mutter zweier Kinder, die sie in ihrem Testament eingesetzt hatte, nicht mehr dazu kam, nach Geburt

---

832 Vgl. *Archi*, St. Solazzi 746: „Anzitutto non sappiamo a quale concreto mezzo processuale gli imperatori pensassero."; *O. E. Tellegen-Couperus*, RIDA 26 (1979) 404: „This text, however, does not say anything about the manner in which this was to occur."

833 Die Schenkungen also noch Nachlassbestand wären; dann wäre es eindeutig, dass Inoffiziosität vorliegt.

834 Vgl. *Cusmà Piccione*, SD 84 (2018) 284 Fn. 78; *Zoz de Biasio*, Rimedi 124: „Non è necessario che il donante sussista una particulare intenzione fraudolenta." *Voci*, DER II 728: „L'estremo della inofficiosità risulta dalla situazione oggettiva di lesione della *quarta*."

835 Hb. IV 157; der Scholientext unten, S. 223–224.

836 Den einen Kindern mehr als drei Viertel zu geben und anderen *grati* weniger als ein Viertel.

837 An dem wiederum die Emanzipierten nicht partizipieren, wenn sie nicht eingesetzt sind. Später erwerben könnte Cottabeus auch noch im letzten Lebensaugenblick. Mit etlichen Stimmen der Literatur spricht dies dagegen, dass er selbst (klageweise?) das Viertel zurückverlangte.

838 Das hat mit „Pflichtteilsergänzung" nichts zu tun, die Konstitution 5 schaltet nur die Inoffiziosität der Schenkung genau so aus, wie auch ein *inofficiosum dicere* der *q.i.t.* von *non ingrati* auszuschalten ist.

839 Dazu mit dem vollständigen Text noch näher unten (gegen *Zoz de Biasio*).

ihres dritten Kindes ihr Testament zu ändern, und aus vermutetem letzten Willen (*per coniecturam maternae pietatis*) auch ihr drittes Kind als auf eine Kopfquote eingesetzt anzusehen ist, so als hätte sie alle Kinder eingesetzt (*...perinde virilem portionem tribuendam esse ... ac si omnes filios heredes instituisset*). In C. 3.29.5 geht es nicht darum, die ganzen Schenkungen zurückzurufen, damit Cottabeus sie neu verteilen kann[840].

Die byzantinische Literatur kehrt eine Sonderstellung der Konstitution 5 hervor und erörtert: Die Schenkungen waren damals, als sie gemacht wurden, nicht inoffiziös. Wohl bereits über die Überlieferung der Konstitution 5 hinaus ausgedeutet sagt der Basilikentext, dass Cottabeus das ganze Vermögen zurück haben wollte[841] und dass die Konstitution 5 das *revertetur* auf den Pflichtteil beschränkte.

Der Text der Basiliken B. 41.4.5 (Sch. A V 1870; Hb. IV 156) lautet:

> *Δύο τις ἔχων παῖδας αὐτεξουσίους πᾶσαν αὐτοῖς ἐδωρήσατο τήν οὐσίαν. μετὰ ταῦτα ἕτερον ἔσχε παῖδα και ἐτελεύτησε. και δέεται αὐτὸς ὁ πατὴρ ἀνατραπῆναι πάσας τὰς δωρεάς, διὰ τὸ τοὺς μετὰ ταῦτα τεχθέντας παῖδας ἤ ἐγγόνους ἀποστερηθῆναι τῆς αὐτοῦ περιουσίας. ἡ τοίνυν διάταξις, ἐπειδὴ καὶ τὰς δωρεὰς ἐρρωμένας εὗρε, καὶ οὐδὲ ἐπὶ περιγραφῇ τοῦ παιδὸς γενομένας εὗρεν˙ οὐδὲ γὰρ ἦν τότε ἐν φύσει˙ κελεύει τὰς μὲν δωρεᾶς ἐρρῶσθαι, μέρος δὲ ἀποσπᾶσθαι ἐξ αὐτῶν τὸ ὀφειλόμενον καταλειφθῆναι τῷ παιδί, καὶ ποιῆσαι αὐτῷ τὸ τρίτον τῶν ἐξ ἀδιαθέτου.*
>
> Jemand, der zwei emanzipierte Kinder hatte, schenkte diesen das ganze Vermögen. Danach hatte er ein anderes Kind und starb. [Es folgt ein Bruch in der Zeitfolge] Und der Vater selbst bittet [δέεται: Präsens], aufzuheben (zu zerstören) die ganzen Geschenke [es ist möglich, dass der Byzantiner mit πάσας hier schon verfremdet], wodurch den danach gezeugten Kindern oder Enkeln weggenommen (entzogen) wurde ihr Vermögen (eigentlich: die Fülle des Vermögens). Die Konstitution also (oder: die deshalb ergangene Konstitution), da sie ja auch die Geschenke als rechtsbeständig fand, und nichts zur Benachteiligung des Kindes Geschehenes fand, denn das Kind war damals noch nicht auf der Welt, befiehlt, dass die Geschenke zwar bestandskräftig sind, aber der davon dem Kind zu hinterlassen geschuldete Teil entrissen und ihm das Drittel seines Intestatteils verschafft (zu eigen gemacht) wird.

Die Scholien ad B. 41.4.5 (Sch. B VI 2468; Hb. IV 157) lauten:

---

840 In der Literatur ist überwiegend klar, dass es nicht um den Schenkungswiderruf wegen nachgeborener Kinder geht. Selbst in dem Fall, dass sich ein Beschenkter als *parum gratus* erwiese, wäre ein Schenkungswiderruf wegen Sinnesänderung ausgeschlossen nach Fr. Vat. 275: Divi Diocletianus et Constantius ... *Perfectam donationem mutata voluntate donatoris, etsi parum gratus existet, cui dono res data est, minime rescindi posse saepe rescriptum est.*

841 Im Text der Konstitution 5 zeigt sich kein Indiz dafür.

Θεοδώρου. Ὁ δωρησάμενος πάντα αὐτοῦ τὰ πράγματα τοῖς οὖσιν οἰκείοις παισίν, ἐαν σχῇ ἄλλον υἱὸν νόμιμον, ἀναγκάζεται περιποιεῖν αὐτῷ τὸ δ'. ἀφαιρούμενος ἐκ τῶν λαβόντων παίδων ὅλα τὰ αὐτοῦ. ἀνάγνωθι τὴν ζβ'.νεαρὰν λέγουσαν, ὅτι ὀφείλει ἕκαστος τῶν γονέων ἐᾶσαι τὸ νόμιμον μέρος ἑκάστῳ τῶν παίδων, πρὸς ὅ ἔχει κατὰ τὸν καιρὸν τῶν δωρεῶν. νόει δὲ μὴ τὸ δ'. διδόμενον, ἀλλὰ τὸ γ'. ἢ τὸ ἥμισυ κατὰ τὴν ιη'. νεαράν.
Theodoros: Wenn der, der sein ganzes Vermögen den Haussöhnen verschenkte, einen anderen legitimen Sohn hat, so ist er gezwungen, ihm das Viertel übrig zu lassen (zu erhalten)[842], indem er von dem Ganzen, was die Kinder genommen haben, wegnimmt (entzieht), „das seiner ist" (das dem anderen legitimen Sohn gebührt [= den Pflichtteil]). Lies die Novelle 92. [Das Folgende führt die Nov. 92 aus] Wisse, dass nicht ein Viertel zu geben ist, sondern ein Drittel oder die Hälfte nach der Novelle 18).

Θαλελαίου. Ἡ διάταξις αὐθεντία ἐστίν, ἤ παρά τοὺς κανόνας.
Paragraphe des Thalelaios: Die Anordnung (Konstitution) ist αὐθεντία (Hinweis auf die Sonderstellung, etwa: selbständig, eigenständig) oder nahe den Gesetzen (gemeint ist, nahe den sonstigen Konstitutionen C. 3.29). Die Authentica[843] übersetzt ἤ παρὰ τοὺς κανόνας mit *sive contra iuris regulas*[844]. Ich bin mir nicht sicher, ob dies den Sinn trifft; zwar kann παρὰ auch den Abstand, die Differenz von etwas ausdrücken, aber meist meint es doch das, was „neben", „in der Nähe" ist, bisweilen auch zur Angabe der Abhängigkeit von etwas; besser wäre wohl *sive iuxta iuris regulas* zu verstehen.

Καλοκύρου δουκ. Αὐθέντησεν ἡ διάταξις, ἐπειδὴ ἤμελλον οἱ παῖδες παντελῶς ἀδικεῖσθαι, μηδεμίαν ἔχοντες βοήθειαν.[845] *ἐζήτησε δὲ ὁ ἥρως Πατρίκιος, εἰ ἄρα δύναταί τις ἐκ τῆς διαιρέσεως ταύτης τῆς διατάξεως ἑλκύσαι νόμιμον τοιοῦντον [punkt oben] εἴγε ἐπὶ πάσης δωρεᾶς μὴ ἐπὶ περιγραφῇ τῶν παίδων γενομένης, κατά τινα περίστασιν αὐτοὺς βλαψάσης, χώρα τῷ νομίμῳ τῆς διατάξεως, ἵνα ἀποσπασθῇ τὸ γ'. καὶ οὐδὲν ἐπέκρινεν εἰπών,*

842 Das ist schon das φυλάττειν der Nov. 92 cap.1.

843 Heimbach, Bd. 4, 157.

844 So versteht es auch Simon, SZ 87 (1970) 363: Thalelaios habe bemerkt, „daß es sich hier um *ius singulare* handele …, das gegen die κάνονες ergangen sei …".

845 Bei Scheltema B VI 2469 bis hierher Nr. 3; angereiht ist dort als Nr. 4 bis vor ἐζήτησε δὲ ὁ ἥρως Πατρίκιος die Textfortsetzung (weiterer Unterrichtsstoff): Βλέπε, πῶς οὐκ ἐπέτρεψε τῷ πατρὶ εἰς τοῦτο τὸ ἀποσπώμενον μέρος διατίθεσθαι, ἀλλ'ἠβουλήθη πάντως τοῖς παισὶν αὐτοῖς παρασχεθῆναι. Οὗτος γάρ ἐστιν ὁ σκοπὸς τῆς διατάξεως. Κἀν γὰρ ἀδιάθετος τελευτήσῃ, εἰ καταδέξονται τὸν κλῆρον αὐτοῦ, καὶ οἱ ἐμαγκίπατοι ἀναγκάζονται συνεισενεγκεῖν τὰς δωρεάς, ἃς ἔλαβον, ἢ <εἰ> παραιτοῦνται, καὶ εἰς ἐκείνους μόνους περιίσταται τὸ δ'. Ἐζήτησε δὲ ὁ ἥρως Πατρίκιος rell. Beachte, wie es dem Vater nicht überlassen (nicht gestattet) ist, in den ganzen getrennten Teil zu testieren, aber er wollte sicher auf alle seine Kinder (zugunsten aller seiner Kinder) aufgeteilt haben. Denn diese ist die Absicht (das Ziel) der Verordnung. Denn auch wenn er intestat stürbe, wenn sie um sein Erbe fürchteten, sind auch die Emanzipierten gezwungen, die Geschenke, die sie nahmen, hineinzugeben oder auch das Viertel hinzustellen zu jenen allein.

> *ὅτι κατὰ καινοτομίαν εἰςηνέχθη ἡ παροῦσα διάταξις. δωρεῖται δὲ τις οὐκ ἐπὶ περιγραφῇ, ὅτε πολλάκις κατέσχε τὸ δ'. καὶ ὕστερον ἄπορος ἐγένετο, ἢ ἐλπίζων ἐπικτήσασθαι ἐδωρήσατο τῷ ἑνὶ παιδί, καὶ οὐκ ἐπεκτήσατο.*
> Kalokyros: die Konstitution ist „eigenständig" (singulär?), da sich ja erwarten lässt, dass den Kindern durchaus Unrecht widerfährt, indem sie überhaupt kein Vermögen haben. Es fragte (untersuchte) der Heros Patrikios, ob wer aus dieser Unterscheidung dieser Anordnung folgendes Gesetz „herausziehen" (ableiten) könne: Ob bei jeder Schenkung, die nicht zur Benachteiligung der anderen Kinder gemacht worden ist, die sie zufolge irgendeiner Not schädigen wird[846], hier Raum sei für das Gesetz dieser Konstitution, damit das Drittel entrissen werde. Und nichts antwortete er, indem er sagte, dass nach der Neuerung (im Sinne einer Neuerung) die gegenwärtige (vorliegende) Konstitution eingeführt wurde. Es schenkt aber nicht jemand zur Benachteiligung, sooft er das Viertel übriglässt [gemeint ist: jedesmal, da er schenkt, das Viertel übriglässt] und später mittellos wurde oder hoffte, er werde erwerben das Verschenkte dem einen Kind, und es (doch) nicht erwarb.

Es fällt sofort auf: Die Byzantiner sprechen nicht mehr von der querelausschließenden Quart. Das Textstück *id, quod ad submovendas inofficiosi testamenti querellas non ingratis liberis relinqui necesse est* kommt nicht mehr vor, sondern nur noch μέρος δὲ ἀποσπᾶσθαι ἐξ αὐτῶν τὸ ὀφειλόμενον καταλειφθῆναι τῷ παιδί (entrissen aber wird der davon dem Kind zu hinterlassen geschuldete Teil). Das *quod ad submovendas inofficiosi testamenti querellas* (was nötig ist, um die *q.i.t.* auszuschalten) ist bereits als unnötig weggefallen. So redet auch Theodorus nur noch von der Pflicht, den Pflichtteil zu hinterlassen: ἀναγκάζεται περιποιεῖν αὐτῷ τὸ δ' (ist er gezwungen, ihm das Viertel übrig zu lassen). Während in der Konstitution 5 das *revertetur* von der querelausschließenden Quart her gedacht ist, wird es bei den Byzantinern nur noch vom Pflichtteil und der Nov. 92 cap. 1 her gesehen. Bei Kalokyros begegnet dann die byzantinische Konstruktion, wie die Pflicht, den Pflichtteil zu hinterlassen, nicht verletzt wird: δωρεῖται δὲ τις οὐκ ἐπὶ περιγραφῇ, ὅτε πολλάκις κατέσχε τὸ δ', sooft er jedesmal das Viertel übrig lässt, auch wenn er später mittellos wird.

Die Stimmen der Literatur gehen in vielen Punkten auseinander. *Krüger*[847] schrieb die Paraphrase der Gedanken: Der Schenker habe angefragt, „ob und wie diese Tatsache [dass ihm noch Kinder geboren wurden] auf die Schenkungen einwirkt". Der Kaiser habe ihm geantwortet: „Wenn du sterben wirst, sind die späteren Abkömmlinge pflichtteilsberechtigt. Sie werden aber in deinem Nachlaß nichts finden, weil du alles verschenkt hast; sie können sich daher an die Beschenkten

---

846 Gemeint ist offenbar, dass der Schenker dann kein Vermögen mehr erwerben kann.
847 SZ 60 (1940) 81.

halten (nach dem Reskript Alexanders ...).... Infolgedessen rate ich dir: Berechne den Pflichtteil der Abkömmlinge nach der Gesamthöhe der Schenkungen und ziehe von dieser Summe den Betrag der Pflichtteile ab. Das Abgezogene kehrt alsdann in dein Vermögen zurück. Wende es den späteren Abkömmlingen zu! Denn wenn du nachher stirbst, erhalten diese aus deinem Nachlaß gerade ihren Pflichtteil." Wichtig sei hier, „daß der Schenker selbst die den Kindern später zustehende Quart von den vollzogenen Schenkungen abziehen und die abgezogenen Gegenstände erwerben soll." Dies könne nur „mittels der restitutio in integrum erreicht werden"; es sei dies die *i.i.r.* wegen unmäßiger Schenkungen, wie sie in C. 3.29.4 (= Fr. Vat. 282) vorkam[848]. Die Paraphrase der Erzählung ist wohl zu nuancieren und die Begründung zu ändern. Die Bitte oder Frage des Cottabeus ist nicht überliefert und in der Deutung strittig. Der Scholiast sah sie in δέεται αὐτὸς ὁ πατὴρ ἀνατραπῆναι πάσας τὰς δωρεάς (der Vater selbst bittet, aufzuheben die ganzen Geschenke). Wir rekonstruieren paraphrasierend aus der Antwort zurück: Der Kaiser sagt ihm: sei unbesorgt; das, was du auch *grati* hinterlassen musst, damit sie sich wegen Inoffiziosität nicht beschweren können, wird in dein Vermögen zurückkehren. Wir erschließen eine Sorge des Cottabeus, die entstand, als ihm noch Kinder geboren wurden. War er es doch, der den späteren Kindern den Nachlass leer machte und sie dadurch in die Lage brachte, dass sie nun nach seinem Tod das Reskript Alexanders gegen die Emanzipierten erbitten müssten. Aber würden sie das auch tun? Und können sie es auch? Oder würde er nach seinem Tod letztlich doch eine Pflichtwidrigkeit unter seinen Kindern hinterlassen? Diese Sorge nimmt ihm der Kaiser ab mit den Worten *id, quod ad submovendas inofficiosi testamenti querellas non ingratis liberis relinqui necesse est, ex factis donationibus detractum, ... ad patrimonium tuum revertetur*: (das, was [auch] nicht undankbaren Kindern zu hinterlassen nötig ist, um eine *q.i.t.* auszuschalten, wird als von den gemachten Schenkungen abgezogen[849] in dein Vermögen zurückkehren). Wenn dein Nachlass leer bleibt, so hinterlässt du ihnen doch dieses Reskript. So hast du auch für sie gesorgt und schon erbeten, worum sie nun nicht mehr bitten müssen.

Daraus ist erhellt: das Reskript ist nicht zu identifizieren mit der *i.i.r.* der Konstitution 4. *Krüger* steht in der Gruppe der Meinungen, die annehmen, dass der Schenker selbst berechtigt sei, einen Teil der Schenkungen zurückzufordern. So sagte auch *Vangerow*[850], indem er aber den neuen Streitpunkt einführte, dass die Konstitution 5 „...offenbar dem Schenker selbst ein Rückforderungsrecht bis zum Belauf des Pflichttheils der nachgeborenen Kinder einräumt („ad patrimonium *tuum* revertetur"), aber gewiß nicht die *querela inoff. donationis*, deren Voraussetzungen hier

848 So alles bis hierher Zitierte: *Krüger*, SZ 60 (1940) 81.

849 Ich fasse den Textteil *ex factis donationibus detractum* prädikativ auf.

850 Pandekten, 2. Bd. 280.

offenbar nicht vorhanden sind, sondern eine s.g. condictio ex lege, …[851]“. Hier bricht die neue Mißdeutung auf, dass eine „…Schenkung nur dann als pflichtwidrig angesehen werden kann, wenn sie schon im Augenblick der Schenkung eine Pflichttheilsverletzung enthält“[852]. Doch so scheint dies in der Konstitution 5 nicht thematisch gewesen zu sein, sondern das Reskript erklärt sich aus der Fortsetzung des gleich gebliebenen Rechtsgedankens *quod ad submovendas inofficiosi testamenti querellas non ingratis liberis relinqui necesse est*. Alexander hatte auf das *donationibus factis exinanisse*[853] (durch gemachte Schenkungen den Nachlass leer gemacht zu haben) in einem Fall des *intervertendae inofficiosi querellae* (um die *q.i.t.* „auszutricksen“) zu reagieren, nach ihm Philipp[854] auf das *exhaurire ad deludendam inofficiosi querellam* (um der *q.i.t.* zu spotten). Aber die Kaiser kannten diese Fälle des Lebens sehr gut und verstanden, dass dahinter verschiedene Motive stecken konnten. Sowohl dieses, die einen Kinder mit Schenkungen zu überhäufen und die anderen, obgleich auch sie *grati* sind, leer ausgehen zu lassen, als auch jenes, den *grati* schon jetzt alles zu geben, weil man von den streitsüchtigen anderen *ingrati* wusste, dass sie jedenfalls querelieren werden, wenn sie leer ausgehen, und dies nun nicht mehr können. Den Kaisern war klar: die entscheidende Frage, ob *grati* zu Unrecht und *ingrati* zu Recht leer ausgingen, ist mit einer *q.i.t.* nicht mehr zu klären, für einen Inoffiziositätsbeweis, der sonst mit der *q.i.t.* anzutreten wäre, existiert kein Verfahren, daher ist das *intervertere* der *q.i.t.* durch Schenkungen nur noch mit der querelausschließenden Quart zu neutralisieren. Denen der Nachlass leer gemacht wurde, ist so viel zu geben, dass sie sich auch über eine ausgeschaltete *q.i.t.* nicht beklagen können. Es ist immer noch dieser Gedanke, der auch in der Konstitution 5 mit den Worten *quod ad submovendas inofficiosi testamenti querellas non ingratis liberis relinqui necesse est … revertetur* zur Sprache kommt. Dass Cottabeus, als er schenkte, nicht pflichtwidrig verschenkte, versteht sich von selbst. Entscheidend ist, ob sich der Fall, von dem Kalokyros so treffend sagte „da sich ja erwarten lässt, dass den Kindern durchaus Unrecht widerfährt, indem sie überhaupt kein Vermögen haben“ (ἀδικεῖσθαι, μηδεμίαν ἔχοντες βοήθειαν), letztlich doch bildet.

Auch *Francke*[855] ist im Kreis derer, die Cottabeus für rückforderungsberechtigt ansehen, begründet durch den Textteil *ad patrimonium tuum revertetur*. Und es sei „Willkür, wenn man diesen Satz [daß der Schenker selbst soviel zurückfordern darf] durch die Behauptung bestreitet, es habe der Kaiser nur sagen wollen, der Pflichttheil werde „post mortem tuam“ ad patrimonium tuum reverti“[856]. *Francke*

851 *Archi*, St. Solazzi 746 ist ihm darin gefolgt.

852 *Vangerow*, Pandekten, 2. Bd. 280.

853 D. 31.87.3, oben S. 191.

854 C. 3.29.1, oben S. 207–208.

855 Notherben 518.

856 Notherben 518.

hielt freilich für möglich, das Reskript könne auch davon motiviert gewesen sein, „daß es dem Vater, welcher sein Vermögen durch jene Schenkung erschöpft hatte, selbst an hinreichenden Mittel zur Erziehung des postumus fehlen möchte“[857] und somit die Rückforderung jederzeit geltend gemacht werden könne; und *Francke* geht noch weiter, indem er sagt, dass, „wenn der Vater nicht klagte, dem postumus selbst die Querel gestattet werden“ [muß][858].

Gegen die Ansicht von *Francke* „es könne der Geber selbst, wenn ihm nachher Kinder geboren werden, einen Theil des Geschenks zurück fordern, um der Verletzung des Pflichtheils schon jetzt vorzubeugen“[859] wandte *Savigny* ein, dass „es ja bis zu des Gebers Tod ganz ungewiß [bleibe], ob ihn Kinder überleben werden, denen durch die Schenkung Etwas entzogen wird“[860]. Die Worte *ad patrimonium tuum revertetur* hießen so viel wie *ad hereditatem tuam*; sie „können auch von der künftig, nach dem Tod des Gebers, eintretenden Klage der nachgeborenen Kinder verstanden werden …“[861]. *Glück*[862] schrieb, *ad patrimonium tuum revertetur* könne „keineswegs so verstanden werden, daß dieser [der Donator] selbst die Schenkung revociren könne[863]. Wollte er sie in seinem Namen widerrufen, so würde ihm mit Recht die Einrede entgegen gesetzt werden können, daß die Schenkung in Ansehung seiner nicht für lieblos zu halten sey. Er kann sie aber auch nicht einmal im Namen seiner Notherben widerrufen. Denn nur sie sind dadurch verletzt, und nur ihnen kommt daher zu, das ihnen dadurch zugefügte Unrecht gerichtlich zu ahnden“[864]. Daher sei der Sinn der Worte, „daß nach dem Tode des Donators desselben Kinder, von den verschenkten Gütern, soviel als ihr Pflichttheil beträgt, mit der querela inofficiosae donationis werden zurückfordern können, wie besonders Hugo Donellus ganz überzeugend dargethan hat“[865].

Die jüngste Deutung zu *revertetur* von *Cusmà Piccione*[866] pendelt sich auf den Standpunkt von *Savigny* und *Glück* ein, die „*reversio* nel patrimonio di Cottabeus“

857 Notherben 518. Dagegen brachte *Savigny*, System, 4. Bd. 227 Anm. c) vor, man gehe dadurch „aus dem Begriff der Inofficiosität ganz heraus, und verirrt sich in den Widerruf wegen nachgeborener Kinder, der ganz andere Bedingungen und Gründe hat“.

858 Notherben 519 mit der Begründung: Da der Vater „wegen des postumus und zu dessen Besten“ anfechten könne, damit der *postumus* den Pflichtteil bekomme, „so ist dadurch anerkannt, daß dieser postumus noch aus den Schenkungen seinen Pflichttheil zu fordern hat“.

859 So die Wiedergabe der Ansicht Franckes bei *Savigny*, System, 4. Bd. 226 Anm. c).

860 System, 4. Bd. 226 Anm. c).

861 System, 4. Bd. 227 Anm. c).

862 Commentar 7. Theil, 1. Abth. 168.

863 Commentar 7. Theil, 1. Abth. 167 gegen die gegenteilige Ansicht der dort genannten Cujaz, Rittershusen, Wißenbach „und andere mehr“.

864 Commentar 7. Theil, 1. Abth. 168.

865 Commentar 7. Theil, 1. Abth. 168.

866 SD 84 (2018) 263–286.

realisiere sich erst nach dessen Tod („solo dopo la morte di costui … e non durante la sua vita“[867]).

Möglicherweise ist die Ausführung von *Cusmà Piccone* unserer Auffassung schon sehr nahe, wenn er schreibt[868]: „…il contenuto della *responsio* imperiale dovrebbe essere inteso nel senso che, aprendosi la successione del donatore (ma non prima), i di lui discendenti (e non pertanto lo stesso *Cottabeus*) potranno, come legittimari sopravvenuti, ripetere dalle *donationes immodicae* quanto basterebbe a coprire quella *portio* il cui conseguimento li vedrebbe essere respinti in una ipotetica *q.i.test.* La tesi, beninteso, non è nuova;“ mit Zitationskette, die auf *Savigny*, *Glück* und weiter auf *Baldus* und *Donellus* zurückreicht. Wie ist das „potranno, come legittimari sopravvenuti, ripetere“ aber zu verstehen? Wir denken es uns anders als *Savigny* (der an eine „nach dem Tod des Gebers eintretende Klage der nachgeborenen Kinder“ dachte) und anders als *Glück* („mit der querela inofficiosae donationis“) so: Das Reskript reskribiert eine Rechtsfolge. Ein *revertere ad patrimonium tuum* tritt nur in dem Fall ein, dass der Nachlass andernfalls leer bliebe oder nicht ausreichend wäre[869]. Dann ist die Quart *detractum* und *reversum* noch in das *patrimonium* des Cottabeus (eine aus Reskriptsautorität d a n n eingetretene Rechtsfolge). Sie entfiele, wenn die späteren Kinder gar nicht sukzedierten, weil die Folge nur für sie eintreten soll. Sukzedieren sie aber und beantragten sie ein Reskript auf *revocari* der Quart – die Literatur würde sagen, eine *q.i.d.* –, so wäre diese bereits verdrängt. Der Kaiser würde ihnen sagen: Ihr habt schon das *detractum* im ererbten *patrimonium*, ihr müsst nur noch den *praeses provinciae*, der mein Reskript zu befolgen hat, um Hilfe bitten, das *id quod necesse est*, wie ich es schon mit allgemeinen Worten sagte, genau zu bestimmen, wieviel als von den Schenkungen schon abgezogen in eurem Erbteil ist.

Im Punkt, dass es die Reskriptsautorität ist, die die Rechtsgrundlage für das *revertetur* bildet, zutreffend, doch dann lavierend schreibt *Sanguinetti*[870]: „L’espressione „id, quod …revertetur“ va a mio parere interpretata nel senso che, ove Cottabeo avesse deciso di avvalersi dell’autorità del rescritto[871] – qualunque fosse in concreto il mezzo concessogli – l’esito sarebbe stato quello di far ricadere nel suo patrimonio *id, quod ad submovendas inofficiosi testamenti querellas necesse est.*“ Wenn *Sanguinetti* hier das Viertel als echt zugibt, so ist auffällig, dass er dann schreibt: „D’altra parte, anche ammettendo che C. 3,29,5 faccia riferimento ad un mezzo di

867 SD 84 (2018) 279.

868 SD 84 (2018) 279.

869 Zu wenig, um auch eine gedachte *q.i.t.* der späteren Kinder auszuschalten, wenn man sich das Geschenkte noch im Nachlass denkt und die Emanzipierten darauf eingesetzt.

870 Dalla querela 21.

871 Ich frage hier zurück: hätte denn Cottabeus selber noch rückfordern können aufgrund des Reskripts?

diritto singolare non si vede perché con la concessione di questo l'erede necessario avrebbe dovuto ottenere solo la *portio debita* ed invece con l'esperimento della *querela inofficiosae donationis* tutta quanta la quota *ab intestato*“[872].

Gegen die sachliche Nähe und Richtigkeit der Einordnung unter den Titel *de inofficiosis donationibus* tauchen auch im jüngeren Schrifttum Bedenken auf (wie schon bei den Scholiasten auf die Sonderstellung aufmerksam gemacht ist). *Cusmà Piccione*: „a rendere C.I. 3.29.5 differente dalle altre costituzioni era che non vi ricorrevano i consueti presupposti della *q.i.don.* (e la *fraus liberorum* in specie) …“[873]. *Zoz de Biasio*[874] stellt die Konstitution 5 in einen engeren Zusammenhang mit C. 3.28.3; durch die Schenkungen habe der Vater sein *officium pietatis* nicht verletzt. Dennoch erlaube ihm der Kaiser, einen Teil des Geschenks zurückzufordern, „per potere così reintegrare la quota di riserva del nuovo nato commisurata al patrimonio originario“[875].

Doch zeigt C. 3.28.3 einen ganz anderen Gedanken mit folgendem Aufbau: pr.: Vernachlässigte es die Mutter, nachdem sie den dritten Sohn geboren hatte, ihr Testament zu ändern, so hat der dritte Sohn die *q.i.t.* gegen die eingesetzten Brüder[876]. §1: kam die Mutter jedoch aus plötzlichem Unglück nicht mehr dazu, ihr Testament zu ändern, so ist auch ihr dritter Sohn aus ihrem vermuteten letzten Willen als auf die Kopfquote eingesetzt anzusehen, da sie ja ihre Kinder einsetzen wollte. Hier stellt sich kein Fall der *q.i.t.* §2: Hatte sie dagegen *extranei* eingesetzt, dann lässt sich nicht mehr vermuten, dass sie ihren dritten Sohn einsetzen wollte. Dann hat der dritte Sohn die *q.i.t.* gegen die *extranei instituti*:

C.3.28.3pr. (Jänner pp. 24. Juni 197/Honoré 45/1)
Impp. Severus et Antoninus AA. Ianuario
Si mater filiis duobus institutis tertio post testamentum suscepto, cum mutare idem testamentum potuisset, hoc facere neglexisset, merito utpote non iustis rationibus neglectus de inofficioso querellam instituere poterat.
§1 Sed cum eam in puerperio vita cessisse proponas, repentini casus iniquitas per coniecturam maternae pietatis emendanda est. quare filio tuo, cui nihil praeter maternum fatum imputari potest, perinde virilem portionem tribuendam esse censemus, ac si omnes filios heredes instituisset.

---

872 Dalla querela 22.

873 SD 84 (2018) 286.

874 Rimedi 131–135, dort unter dem Gesichtspunkt des Teilwiderrufs der Schenkung „revoca … in caso di sopravvenienza di figli“ (wegen nachgeborener Kinder).

875 Rimedi 134; dazu 135: „Le norme di cui a C. 3, 29, 5 hanno probabilmente natura singolare …“ mit Hinweis auf Taleleo, B. 41. 4. 5.

876 Vgl. auch Paul. sent. 4.5.2: der nach Testamentserrichtung geborene Sohn, wenn seine Mutter ihr Testament ändern hätte können, hat die *q.i.t.*

§2 Sin autem heredes scripti extranei erant, tunc de inofficioso testamento actionem instituere non prohibetur.

In C. 3.28.3 ist die *q.i.t.* also gar nicht ausgeschaltet, in C. 3.29.5 ist sie es aber durch *totas facultates vacuefecisti factis donationibus* (des durch gemachte Schenkungen leer gemachten Nachlasses). Es ist also n u r die Nähe zu den vorgefundenen Reskripten (der Konstitutionen 3.29), die den Fall löst. Sollte sich durch das *vacuefecisti* eine Inoffiziosität der Schenkungen deswegen ergeben haben, weil der Nachlass leer blieb, so ist die Inoffiziosität mit der Quart, die auch *grati* genügen muss, um sie von einer *q.i.t.* (einem *inofficiosum dicere*) auszuschließen, neutralisiert. Der Nachlass wird nicht leer bleiben, in ihm ist das Reskript und durch es schon die Rechtsfolge des *detractum revertetur* mitgegeben, die nur noch zu konkretisieren sein wird.

Singulär[877] scheint die Deutungsmeinung von *O. E. Tellegen-Couperus*[878], die wie *Zoz de Biasio*[879] die Auffassung vertritt, die *q.i.d.* gehe auf den Intestatteil. Wenn die später geborenen Kinder nach Tod des Schenkers die *q.i.d.* gegen die Emanzipierten geltend machten, würden sie ihre Intestatportion erhalten (str.). So habe Cottabeus ein starkes Argument („one very strong argument") gehabt: Wenn die Emanzipierten freiwillig das Viertel zurückgäben, hätten die später Geborenen nicht mehr die *q.i.d.*, und dann bliebe den Beschenkten mehr; „in this way the donor might make it attractive für his emancipated sons to comply with his wishes."

Hier ist der Ort, die in der Pandektenliteratur sehr umstrittene Frage einzuschieben, ob bei der *querela inofficiosae donationis* eine nur „objektive Pflichtteilsverkürzung" zu beweisen sei, so dass es auf eine Absicht des Schenkers, Pflichtteilsberechtigte zu verkürzen, nicht ankomme[880]. Darauf zielt auch die Frage, „ob nachgeborene Noterben ein Anfechtungsrecht haben"[881]. Nach *Windscheid-Kipp* spricht „wohl in entscheidender Weise l. 5 C. 3, 29" für ein Anfechtungsrecht der Nachgeborenen. „Denn wenn auch diese Stelle zunächst nur von einem Rückfor-

877 Doch folgte ihr *Bauer-Gerland*, Erbrecht 121.

878 RIDA 26 (1979) 405. Zuzustimmen ist allerdings ihrer Meinung „id quod ... necesse est ... revertetur do not refer to a legal action."

879 Rimedi 125: „L'oggetto della *q.i.dn.* è la quota virile della donazione, indipendente dalla quota ereditaria ottenuta dal legittimario."

880 Gegen die Voraussetzung einer Benachteiligungsabsicht *Vangerow*, Pandekten, 2. Bd. 279 m.w.N. zum Streitstand; ebenso *Unger*, Erbrecht 364 m.w.N. und schon *Glück*, Commentar, 7. Theil, 1. Abth. 167: „Auch die Praxis nimmt auf die Absicht des Donators keine Rücksicht". Dagegen *Brinz*, Pandekten, 3. Bd. 266: „Voraussetzung ist die schon erwähnte Absichtlichkeit", wobei er dort, bei Fn. 45 einräumt „Allerdings sagen manche Stellen von dieser Absicht nichts (l. 2 l. 3 l.6. l. 7 C. inoff. don. 3, 29)".

881 *Windscheid/Kipp*, Pandekten, 3. Bd. 395 Fn. 3.

derungsr. des Erblassers zu verstehen ist“[882], sei doch nicht anzunehmen, „daß sie die Versorgung der nachgeborenen Kinder … von der Willkür des Erblassers habe abhängig machen wollen“[883]. Stimmen der Pandektenliteratur, die für die *q.i.d.* eine Absicht des Schenkers, den Pflichtteil zu verkürzen, verlangten, beriefen sich auf die Wendungen der Texte C. 3.29.1 *ad deludendam inofficiosi querellam*, C. 3.29.8pr. *intervertendae quaestionis inofficiosi causa*, Fr. Vat. 270 *in fraudem ceterorum filiorum*, und diese Sicht ist auch im späteren Deutungsbemühen wieder aufgenommen bei *Simon*, der meinte, dass schon im Reskript Alexanders, D. 31.87.3, und in den Folgekonstitutionen immer wieder der Gedanke auftauche, „daß der Grund für die Zulassung der Schenkungsquerel in der Tatsache liege, daß die Schenkung gemacht sei, um das Vermögen auszuschöpfen (*exinanire, exhaurire*) und zwar *intervertendae inofficiosi querellae causa*“[884]. Aber die Fälle des *intervertendae inofficiosi querellae causa* sind nicht nur die Fälle, in denen man *grati*[885] die *q.i.t.* nimmt. Schon dem Reskript Alexanders lag der Fall zugrunde, dass die Großmutter ihrem Enkel schenkte, um ihr Vermögen der *q.i.t.* ihres Kindes, mit dem sie vielleicht zerstritten war, und wusste, es werde jedenfalls querelieren, zu entziehen. Den beschenkten Enkel hielt sie zweifellos für *gratus*. Ob aber ihr Kind, das sie offenbar für *ingratus* hielt, indem sie es zusammen mit dem Enkel auf den leeren Nachlass einsetzte, *gratus* oder *ingratus* war, ließ sich mit einer *q.i.t.* nicht mehr klären; das hat die *avia* selbst vereitelt. So meinen auch die späteren Worte *intervertendae quaestionis inofficiosi causa* (C. 3.29.8pr.): um die *quaestio inofficiosi*[886] der *q.i.t.* nicht zur Sprache zu bringen. Alexander reskribierte: Da das Testament der Großmutter, mit dem sie beide einsetzte, nicht umzustoßen ist, sondern gilt, soll das Geschenkte *pro parte dimidia* in den Nachlass zurückkehren. So hat die Großmutter ihrem Kind doch noch das Viertel hinterlassen, das auch einem *gratus* genügen muss, um nicht zu querelieren. So kann sich ihr Kind nicht beklagen, dass es keine *q.i.t.* hat. Die Auffassung, dass die Konstitution 5 gegen die Kanones, die dem Reskript Alexanders nachfolgten, ergangen sei, trifft teilweise zu: in der Konstitution 5 geht es nur noch darum, wie weit nachträglich in die gemachten Schenkungen einge-

---

882 Gerade dies wiederum bestritt *Glück*, Commentar, 7. Theil, 1. Abth. 167: „Das hingegen läßt sich aus diesem Gesetz nicht erweisen …daß auch der Donator selbst die von ihm geschehene lieblose Schenkung revociren könne.“ Vgl. oben S. 227.

883 *Windscheid/Kipp*, Pandekten, 3. Bd. 396 Fn. 3.

884 SZ 87 (1970) 364 mit Zitat der oben genannten weiteren Quellen und der Aussage: „Die Tatsache, daß nicht an allen Stellen jene Benachteiligungsabsicht erwähnt wird, ist kaum geeignet, ihre Belanglosigkeit zu beweisen.“

885 Das heißt Fälle, in denen man für bewiesen nehmen muss, dass sie *non ingrati* sind.

886 Verdienten es die Kinder, leer auszugehen, oder verdienten sie es nicht; die Kernthematik von D. 5.2.3.

griffen werden könne. Nur soweit, dass für *postea nati* noch so viel, wieviel auch *grati* genügen muss, übrig bleibt vom väterlichen Vermögen.

Die in der Pandektenliteratur auch aus dem Umkreis der Konstitution 5 entwickelten Kernsätze der *q.i.d.* lauten: 1) Lässt die Schenkung den Pflichtteil übrig, so sei sie nicht inoffiziös (nicht übermäßig). Das deckt sich mit dem Recht der Konstitutionen insgesamt (3.29). 2) Eine nicht übermäßige Schenkung werde auch durch eine spätere Wertminderung des übrig gelassenen Vermögens nicht nachträglich pflichtwidrig[887]. So sagte es auch Kalokyros: „Es schenkt aber nicht jemand zur Benachteiligung, sooft er das Viertel übriglässt und später mittellos wurde" (ὅτε πολλάκις κατέσχε τὸ δ'. καὶ ὕστερον ἄπορος ἐγένετο)[888]. Für die Frage, ob „nachgeborene Noterben" anfechtungsberechtigt seien, spricht dieses Argument nach *Windscheid-Kipp*[889] für die Verneinung; für die Bejahung spreche aber „entschieden" C. 3.29.5. 3) Weitere Schenkungen, die das Übriggelassene mindern, machten nur diese anfechtbar. Auch das deckt sich noch mit der Ansicht des Kalokyros, wenn man „es schenkt aber nicht jemand zur Benachteiligung, sooft er das Viertel übrig lässt" (ὅτε πολλάκις κατέσχε τὸ δ') umkehrt. *Windscheid-Kipp*[890] begründeten es so: die „spätere Handlung ist nicht eine Fortsetzung der früheren, mit dieser eine Einheit bildend, sondern sie ist eine neue Handlung." Deswegen sei die Ansicht falsch, „daß die Anfechtung nicht gegen die letzte Schenkung, sondern verhältnismäßig gegen alle Schenkungen zu richten sei." Dies wies auch *Glück* zurück mit den Worten: „…so kann nur der Donatar geklagt werden, mit dessen Beschenkung die Verletzung des Pflichttheils begann. Es ist daher unrichtig, wenn Anton Faber, Perez, Voet und Wissenbach behaupten, daß alle diese Schenkungen, die ersten, wie die letzteren, pro rata revocirt werden können …". „Es kommt auch darauf nichts an, ob die mehreren Schenkungen in kurzer oder geraumer Zeit nach einander geschehen sind"[891]. *Voet*[892] zitiert „ad l. si totas 5. C. de inoff. donat." für seine Ansicht: „Quod si diversis temporibus donationes factae sint, quarum priores non laedebant legitimam, sed solae posteriores, singulae pro rata, non solae posteriores, reverti debent …". Das Hauptargument dafür kommt bei *Voet* aber von der *actio Faviana vel Calvisiana* her; freilich ist in der Konstitution 5 auch eine nicht pflichtwidrige Schenkung teilweise revociert. Die Thematik „qui donationis tempore liberos non habebat" ist bei *Voet* ausführlich nach den Meinungen

887 Umgekehrt höre eine übermäßige Schenkung auf, pflichtwidrig gewesen zu sein, wenn der Schenker später noch so viel erwirbt, um den Pflichtteil von den Schenkungen zu hinterlassen.

888 Oben, S. 223–224.

889 Pandekten, 3. Bd. 395 Fn. 3.

890 Pandekten, 3. Bd. 396 Fn. 6.

891 Commentar, 7. Theil, 1. Abth. 174 f.

892 Commentar, 3. Bd. (§38) 407.

auseinandergesetzt[893], ob der Schenker daran denken musste, später noch Kinder zu haben („cogitaverit aut non cogitaverit")[894]. In C. 3.29.5 finden wir eine solche Unterscheidung nicht thematisiert, sie spielt dort keine Rolle.

Vor dem Spiegel der Literatur ist das Fazit zu ziehen: Das *vacuefecisti* wird durch den Abzug der querelausschließenden Quart korrigiert, wenn das *patrimonium* sonst leer bliebe. Im den späteren Kindern hinterlassenen *patrimonium* ist dann die querelausschließende Quart schon enthalten. Cottabeus klagt hier nicht[895]; weder will er das, noch könnte er es[896]. Dass er das Reskript hinterlässt, zerstreut seine Sorge, weil er es nun ist, der die Quart hinterlassen wird[897]; seine späteren Kinder werden ein Reskript[898] nicht erst erstreiten müssen[899]. Gleichgültig, ob er dann intestat oder testat sterben und auch seine Emanzipierten einsetzen wird: die Verpflichtung der Beschenkten zur Rückgabe des *id quod necesse est* ist in der Erbauseinandersetzung zu beachten. Wie in allen diokletianischen Reskripten ist auch in der Konstitution 5 die querelausschließende Quart der tragende Gedanke, was darauf schließen lässt, dass die Beurteilung eines pflichtwidrigen Übermaßes der Schenkung nur vom prinzipiellen Muster der *q.i.t.* abhing: Kinder, die das Viertel haben, können nicht querelieren, Kinder, die weniger als das Viertel haben, haben die *q.i.t.* Das Kriterium dafür, ob etwas von den Schenkungen zurückkehrt, richtet sich nur nach der Frage: Wäre das Verschenkte noch im Nachlass und die Beschenkten im Ausmaß des Geschenks eingesetzt, wäre es dann ein Fall der

893 Commentar, 3. Bd. (§38) 403: „…traditum, ita demum ei, qui donationis tempore liberos non habebat, revocationem donatorum permittendam esse si donationis tempore non esset probabile, eum liberos suscepturum; alioquin credibile non esse, quod donationis tempore de liberis haud cogitaverit; qui verbi gratia, ipse in flore aetatis juvenculam uxorem habet."

894 Dort taucht die Konstruktion einer der Schenkung innewohnenden stillschweigenden Bedingung „si donanti nulli liberi postea nati fuerint" auf, und zwar als Wirksamkeitsvoraussetzung: „praesumptam hanc conditionem tacitam …velut tacita quadam lege (403 Spalte 2).

895 Gegen die Gruppe der Meinungen von *Francke*, *Vangerow*, *Krüger*, *Archi*.

896 Die Meinung von *O. E. Tellegen-Couperus*, RIDA 26 (1979) 405, „id quod …necesse est …revertetur" do not refer to a legal action" halte ich in diesem Punkt für richtig; es ist der Wortlaut der reskribierten Rechtsfolge.

897 Insofern nuanciert auch gegen die Meinung von *Savigny* (*ad patrimonium tuum revertetur* lasse sich „auch von der künftig, nach dem Tod des Gebers, eintretenden Klage der nachgeborenen Kinder" verstehen. Hier meinen wir anders: Sie müssen nur noch die Hilfe des *praeses provinciae* bei der Konkretisierung der Reskriptsfolge oder des *arbiter* im Erbteilungsverfahren in Anspruch nehmen). Und abweichend von *Glück* (dass die späteren Kinder „mit der querela inofficiosae donationis werden zurückfordern können") meinen wir anders: Gerade diese benötigen sie nicht mehr; das Reskript an Cottabeus hat diese sogar verdrängt.

898 Ein Reskript auf *revocari* der Quart, wie man es bei einem Leer-Machen des Nachlasses den Erben gab.

899 Folgen sie ihm nach, wäre dieses bereits verdrängt; oben S. 228.

q.i.t.?[900] Wäre es das, dann ist soviel zurückzugeben, wieviel nötig ist, um eine gedachte *q.i.t.* auszuschließen. Wo die Reskripte das *vacuefecisse* so korrigierten, dass sich die anderen Kinder über die Schenkungen nicht beschweren können (da sie sich auch nach dem Vorbild der *q.i.t.* nicht beschweren könnten, wenn sie das Viertel haben), so korrigiert der Kaiser in der Konstitution 5 im Sinne des Vaters auch so, dass sich die *postea nati* über ein *vacuefecisti per donationes* nicht beschweren können und bei Tod des Vaters wie *grati* stehen.

Deutlich greift Fr. Vat. 271 auf die Vorlage der *quarta ad exludendam querellam*, wie sie in D. 5.2.8.8 heißt[901], zurück.

Fr. Vat. 271 Diocletianus et Maximianus Boncio Secundo (a. 286)
Praeses provinciae amicus noster notionem suam inpertiet, non ignorans pro sua auctoritate atque experientia, si docebitur inmoderatis donationibus non retenta quarta ad excludendam inofficiosi querellam nepotis ex filio nati patrimonium suum avum exhausisse, plerisque constitutionibus huiusmodi commentis ad exemplum inofficiosi querellae esse occursum.
Der Praeses provinciae, unser Freund, wird dir seine richterliche Untersuchung zuteil werden lassen, nach seiner Amtsautorität und Erfahrung weiß er sehr gut: wenn bewiesen wird, dass der Großvater sein Vermögen durch unmäßige Schenkungen *non retenta quarta*[902], ohne das Viertel zurückzubehalten, um die Inoffiziositätsquerel des vom Sohn gezeugten Enkels auszuschließen, erschöpft hat, so ist [dies] durch sehr viele nach dem Beispiel einer Querel über das pflichtwidrige <Testament> ersonnene Konstitutionen dieser Art verhindert.

Notiz zur Syntax: *non retenta quarta* scheint syntaktisch beweglich: gehört es adnominal gestellt zu *inmoderatis donationibus* (und ist dazu Epexegese)? Oder ist zu gliedern *non retenta quarta ad excludendam inofficiosi querellam nepotis ex filio nati* als Abl. abs. (des begleitenden oder konsekutiv begleitenden Umstandes)? In der Sache macht es wenig Unterschied. Fraglich ist nur, ob wir vor einer geschlossenen Wendung stehen, in der *non retenta*

900 Oder nicht als Frage, sondern als Urteil gesagt: Hätten die Beschenkten das Geschenk als *instituti ex testamento*, so wäre es ein Fall der *q.i.t.*, da sie gleichsam *instituti* auf alles sind und den *postea nati* nichts hinterlassen wäre. Das Bild *ad instar q.i.t.* kommt vom *vacuefacere* (vom Leer-Machen des Nachlasses) her und passt am besten zu den die anderen Kinder benachteiligenden Schenkungen. Hier kommt umgekehrt hinzu: Der Vater wollte nicht, dass seine *postea nati* sagen müssten, sie seien Kinder eines armen Vaters gewesen, während ihre beschenkten Brüder Kinder eines reichen waren. Entscheidend scheint der Wille des Vaters, auch seine späteren Kinder als *grati* zu sehen. Aber auch der Versorgungsgedanke mag eine Rolle gespielt haben.

901 Eine Wendung der Funktion: *q.i.t.*-Ausschluss, da die Inoffiziosität durch das Viertel verneint ist: oben S. 17; 29.

902 Ich gebe es zusätzlich unübersetzt an mit der obigen Anmerkung zur Syntax: ist es eine abgeschlossene Formel der Sinneinheit *inmoderatae donationibus non retenta quarta*?

quarta das *inmoderatis* erklärt. In Fr. Vat. 270 kommt *non retenta quarta* bei *donationibus* allein vor und ist auch dort als Abl. abs. beweglich.

Noch einmal ist auf das Herkommen der *quarta ad excludendam inofficiosi*[903] *querellam* zu sehen, die hier *non retenta* ist. In D. 5.2.8.8 sicherte die Quart das Testament im Umfang des ganzen Intestatteils (ein Achtel sicherte dort die *dimidia*) und genauso würde sie hier die Schenkungen sichern. Mit der Quart des Intestatteils seines verstorbenen Sohns hätte der Großvater eine *q.i.t.* seines Enkels ausgeschlossen[904]. Nach diesem Vorbild wären *retenta quarta* die Schenkungen nicht *inmoderatae* und gesichert. So aber sind die Konstitutionen *huiusmodi commentis ad exemplum inofficiosi querellae* (die nach dem Beispiel einer Querel über das pflichtwidrige Testament ersonnen sind) anzuwenden[905].

Die Gleichsetzungen sind klar: *retenta quarta* = querelausschließende Quart = verneinte Inoffiziosität. Sie schlösse Konstitutionen *ad exemplum q.i.t.* aus. Und *inmoderatae donationes non retenta quarta ad excludendam q.i.t.* ziehen diese Konstitutionen nach sich. Von *plerisque constitutionibus* spricht Diokletian schon im Jahr 286, und Fr. Vat. 270 (a. 294) nennt sie in der Überlieferungskette – *sacris constitutionibus parentum nostrorum* – noch einmal in ihrer Funktion eines *rescindi ad instar inofficiosi testamenti*[906]. Diese Wendung bietet Anhalt zu einer Ergänzung:

rescindi ad instar inofficiosi testamenti – vermutlich eine offene Formel

Es ist denkbar: Je nachdem, welche Überzeugung der *praeses provinciae* von der Sachlage gewinnen musste, konnte er *ad instar inofficiosi testamenti* die maßlose Schenkung reszindieren. Die Konstitutionen vermieden, dass *vitia ac peccata filii*[907], die *offensiones* etc. hervorgeholt, bestritten, und zum Gegenstand eines oft langen Beweisverfahrens gemacht wurden. Von strittigen Beweisthemen von der Art, wie sie zur Zeit Diokletians bei der *q.i.t.* bezeugt sind (beispielsweise C. 3.28.18 [a. 286] *Cum te pietatis religionem non violasse … ac propterea offensum atque iratum patrem ad exheredationis notam prolapsum esse dicas …*) war das *rescindere* einer maßlosen Schenkung nicht abhängig. So musste es in der Masse der Fälle beim Argument bleiben, dass der Schenker, der ein Kind (oder auch einen *extraneus*[908])

903 Scil. *testamenti*.

904 So das fortgesetzte Muster in D. 5.2.8.8; *proinde si sint ex duobus filiis nepotes* rell.; hatte der Sohn nur diesen einen Sohn, wäre die Quart das Viertel des Intestatteils des *filius avi*. Oben S. 33.

905 Ich kann nicht sehen, wie hier zu schreiben ist: „La revoca qui è totale“: so *Zoz de Biasio*, Rimedi 112; in D. 5.2.8.8 (von *Zoz de Biasio* nicht berücksichtigt) reszindierte die *q.i.t.* infolge der Sicherung im Umfang des halben Nachlasses auch nur zur Hälfte und nicht gesamt.

906 Zum Sinn von *rescindi* dort aber noch näher unten, S. 257–258.

907 Im vorliegenden Fall, scil. *nepotis*.

908 C. 3.29.1: …*sive in extraneos*; dort auch nur mit der Begründung *utpote quartam partem non habentibus*.

mit Schenkungen überhäuft hatte, seine anderen Kinder durch das Viertel auch ausschließen hätte können, so dass die Reszission auf die Quart hinausläuft[909]. Aber in raren Sonderfällen mag der *praeses provinciae* nicht gehindert gewesen sein, eine Schenkung, etwa an einen *extraneus*[910], auch ganz zu reszindieren (wenn das, was des *q.i.t.*-Beweises bedürfte, vielleicht schon zugegeben war)[911].

Nach Konstellationen, wo die Reszission zum Intestatteil im gegebenen Fall richtiger scheint als die Reszission im Umfang der Quart, wird man länger suchen müssen; es müssten Fälle sein, wo das Argument, der Schenker hätte auch durch das Viertel zum *exclusus* von der *q.i.t.* machen können, ganz offenkundig falsch ist. Fälle der bereuten Schenkung mögen hier ein Ansatz sein[912]. Aber diese sind gerade nicht solche, die *intervertendae inofficiosi querellae* (D. 31.87.3) oder *ad deludendum inofficiosi querellam* (C. 3.29.1) gemacht werden. Das Grundproblem solcher Fälle lautete: es kann nichts ausgesagt werden, was nur mit einer *q.i.t.* im Fall eines *optinuerit* festgestanden wäre. Davon hinge aber eine Reszission zum Intestatteil ab. Für diese Fälle so viel von der Schenkung zu revozieren, um das Viertel zu geben, ist nicht nur noch die richtigere Ausfüllung der Analogie einer freien Formel, sondern schon systematische Klärung *plerisque constitutionibus huiusmodi*. Dies dürfte erklären, warum die Konstitutionen so selbstverständlich vom Viertel reden.

Fr. Vat. 280 Diocl. et Maxim. Aur. Anniano[913]
In dubium non venit adversus enormes donationes, quae tantummodo in quosdam liberos, vacuefactis facultatibus reliquorum pernicie, conferuntur, iam dudum divorum principum statutis esse provisum. Si igitur mater tua ita patrimonium suum, profundis liberalitate in fratrem tuum eviscerates opibus suis, exhausit, ut quartae partis dimidiam, quam ad excludendum inofficiosi querellam adversum testamentum sufficere constat, his donatis datisque haud relictam tibi habeas, praeses provinciae, quod immoderate gestum est, revocabit. Sane aeris alieni solutionem, si ab intestato cum fratre tuo matri heres exstitisti, renovare non

---

909 Und damit eigentlich ein *rescindi ad instar non inofficiosi testamenti* ist; aber bei einem *non inofficiosum testamentum* gibt es kein *rescindere*, so dass es sich nur so sagen lässt, wie es oben gesagt ist. Leitgedanke der Reskripte ist: Vom Geschenk soll soviel zurückgeholt werden, dass auch ein Testament bei dieser Verteilung des Geschenkten nicht inoffiziös wäre (D. 31.87.3).

910 An eine vielleicht *turpis persona*.

911 Weil er wusste, dass nur dies das eindeutige Ergebnis sein konnte, das zu *rescindi ad instar inofficiosi testamenti* passte. Etwa bei offenkundig die Kinder, deren *pietas*-Treue bekannt ist, verspottenden Schenkungen an einen Dritten, den der Schenker damit gar nicht honorieren wollte, oder (sehr selten) Ähnlichem.

912 *Palam ingratus* (ein tiefgreifendes Zerwürfnis zwischen Beschenktem und Schenker) nach der Schenkung etwa müsste daran zweifeln lassen, ob der Schenker dann offenkundig *grati* immer noch lieber leer ausgehen ließe.

913 So in FIRA II 524.

potest.
Es unterliegt keinem Zweifel, dass gegen enorme Schenkungen, die sich nur auf bestimmte Kinder konzentrieren, indem das Vermögen leer gemacht wurde zum Schaden der anderen [Kinder], vorhin schon Vorsorge getroffen ist durch die Konstitutionen der Kaiser. Wenn daher deine Mutter ihr Vermögen ausgeschöpft hat, indem sie in bodenloser Freigebigkeit an deinen Bruder ihre Mittel ausgeweidet hat, so dass die Hälfte des vierten Teils[914], von der[915] feststeht, dass sie genügt, um die Inoffiziositätsquerel gegen das Testament auszuschließen, und du durch dieses Geschenkte und Gegebene [die *quartae partis dimidia*] als dir nicht hinterlassen hast[916], wird der Praeses Provinciae, was unmäßig vorgenommen worden ist, zurückrufen. Allerdings, die Zahlung der Schulden kann er[917] nicht hinzurechnen, wenn du mit deinem Bruder die Mutter *ab intestato* beerbt hast.

Die Konstitutionenfassung lautet:

C.3.29.7 (11. Mai 286/3. März 287 Nicomeda/Honoré 1491/17)
Impp. Diocletianus et Maximianus AA. Aurelio Ammiano
Si mater tua ita patrimonium suum profunda liberalitate in fratrem tuum evisceratis opibus suis exhausit, ut quartae partis dimidium, quod ad excludendam inofficiosi testamenti querellam adversus te sufficeret, in his donationibus quas tibi largita est non habeas, quod immoderate gestum est revocabitur.

Gegenüber der Fassung in Fr. Vat. 280 ist der Text der Konstitution 7 schlecht überarbeitet. Sicher verdorben ist er an der Stelle *adversus te* (sachlich richtig müsste *tu* die *q.i.t.* gegen seinen Bruder haben). Die richtigere Wiedergabe an dieser Stelle hat Fr. Vat. 280 mit *adversum testamentum*; corr. also [*adversus te*] <*adversus testamentum*>; auch dies ist etwas ungelenk; klarer wäre <*tibi*> *sufficeret*. Ferner: der eingeschobene Relativsatz *quas tibi largita est*: wenn *largiri* hier die Bedeutung „schenken"[918] hat und mit *exhaurire* zu korrelieren ist, dann ist es falsch, weil die

914 Hier ist der Rechenschritt durchsichtig: man nimmt das Viertel und teilt es durch die Köpfe (Zahl der Erben).

915 *Quam* steht in relativer Verschränkung und kann sich auf *quartae partis* beziehen, also auf das Viertel; dann wäre zu übersetzen „von dem feststeht, dass es genügt" rell.; oder hier konkret gerechnet auf die *dimidia* (die Hälfte) davon (so oben übersetzt).

916 Gemeint ist: du hast zwar etwas [durch dieses Geschenkte und Gegebene], aber es reicht nicht aus zum Viertel. Ich lasse die etwas hölzerne Textstruktur des Übersetzungsvorschlags (*habeas* ist noch vom konsekutiven *ut* abhängig und das *haud relictam*, prädikativ verstanden, sagt: du hast das Viertel von der Hälfte als dir nicht hinterlassen bekommen, also, du hast das Viertel nicht), um klar zu machen, dass ein Fall von *minus quarta*, nun aber durch Schenkungen, vorliegt.

917 Scil. der Bruder

918 Reichlich geben/spenden.

Mutter nicht dem *tu*, sondern seinem Bruder (maßlos) schenkte; nimmt man die zweite Bedeutung von *largiri*, „die dir zusteht", so passt *quas* nicht auf *donationes*: nicht die Schenkungen, sondern das Viertel [*in his*] steht dem Ammianus zu. Möglich wäre, dass die Mutter nicht nur dem Bruder zu viel, sondern auch dem *tu* zu wenig schenkte. Klarer ist auch hier das Textstück *his donatis datisque haud relictam tibi habeas* aus Fr. Vat. 280 heranzuziehen. In den Folgen aber stimmen beide Fassungen überein:

Wenn deine Mutter ihr Vermögen durch bodenlose Freigebigkeit (die keine Grenzen kannte) an deinen Bruder erschöpft hat, indem sie ihre Mittel ausschlachtete, so dass du die Hälfte des vierten Teils, das zum Ausschluss der *q.i.t.* <gegen das Testament>? genügte, an diesen Schenkungen[919], die sie dir geschenkt hat, nicht hast, wird, was unmäßig geschehen (geschenkt) ist, zurückgerufen werden.

Der Schlussteil in Fr. Vat. 280, *Sane aeris alieni solutionem* rell. sagt: der Bruder kann jetzt nicht die Rechnung aufmachen und sagen, aber ich habe Schulden der Mutter beglichen (zieh das vom Geschenkten ab, oder rechne das von mir für die Mutter Bezahlte als Passivposten dazu: *renovare*). Das ist ihm verwehrt, denn dies war Motiv der Mutter[920], ihn deswegen auch für *gratus* zu halten und ihn [später] dafür reich zu beschenken. Auch dem *tu* schenkte die Mutter, aber weniger als das Viertel seines Intestatteils[921]. Der Text zeigt nochmals, dass die Reskripte auf *revocare quod immoderate gestum est* anders reden als die Texte der *q.i.t.*: Dort finden sich auch Wendungen wie *si non optinuisset in accusando* (Tryph. D. 5.2.22,1), *nec optinuero* (D. 5.2.22.3), *petiit nec optinuit* (Paul. D. 44.2.30pr.) und umgekehrt *et optinuit* (Paul. D. 5.2.19), Texte des Durchdringens oder Scheiterns des Inoffiziositätsbeweises. Davon findet sich in den Texten der Reskripte, die gegen das *intervertere* der *q.i.t.* vorgehen, nichts. In Fr. Vat. 280 kann der Bruder nicht sagen: „ich zahlte die Schulden der Mutter, du aber hast sie im Stich gelassen; so ist es nur gerecht, dass sie mir zuviel und dir zu wenig schenkte, in einem *q.i.t.*-Prozess würdest du leer ausgehen, weil du *ingratus* gegenüber der Mutter gewesen bist." Der in Fr. Vat. 280 dem Konkreten vorangestellte Einleitungssatz ist allgemeiner Natur.

Ist das Vermögen allmählich durch mehrere Schenkungen dem Nachlass entzogen worden, so kann dies einer *fraus*, die *q.i.t.* bewusst auszuschalten, ferner sein (Schenkungen aus einem Hang zur *liberalitas*) als die Fälle, in denen die *fraus* auf der Hand liegt und von denen der Einleitungssatz in Fr. Vat. 270 spricht. Die Konstitution C. 3.29.7 redet von verschwenderischer *liberalitas* der Mutter, die ihre Güter „ausgeweidet", durch Schenkungen an den Bruder so erschöpft hat,

---

919 Und hier ist das Prädikat *non habeas* (nicht hast) zu verstehen.

920 Oder konnte es zumindest gewesen sein.

921 Beide beerbten die Mutter *ab intestato* in einen leeren Nachlass.

dass dem Aurelius Ammianus nicht ein Viertel seines Intestatteils blieb. *Revocabitur*[922] von *quod immoderate gestum est*, von so viel, dass Aurelius Ammianus das Viertel hat, stellt das Ergebnis der querelausschließenden Quart her; von einem Inoffiziositätsbeweis, den Ammianus hierfür anzutreten hätte, ist nichts zu finden.

Kritik an der Literatur:

Zoz de Biasio[923] denkt sich den Text so: Da die Mutter das Viertel nicht zurückhielt, hat *tu* die *q.i.d.* auf den Intestatteil und der Bruder könne dann auch nicht auf die Quart ergänzen: „Una volta che il donante … non abbia provveduto … il valore della quota di riserva, … le eventuali donazioni restano attaccabili con la *q.i.dn.*; non è possibile al donatario evitarla offerendo di reintegrare la quota di riserva …“[924]. Die Ansicht einer „*q.i.d.* auf den Intestatteil“ steht im Widerspruch zur begrenzten Rückforderung im Textteil *quod immoderate gestum est revocabitur*.

Auch *O. E. Tellegen-Couperus*[925] hat Mühe mit dem Text: *quod immoderate gestum est* nennt sie „a somewhat vague phrase“. Aber genau das ist die Aufgabe des Praeses Provinciae, nun konkret auszumitteln, wieviel das Viertel ist. Dass *tu* die Quart haben muss, gibt Diokletian im Reskript vor mit den Worten *quod ad excludendam inofficiosi testamenti querellam adversus te sufficeret*. In der Textpassage *sane aeris alieni solutionem, …, renovare non potest* (Frag Vat. 280), will *Tellegen-Couperus* statt *renovare solutionem <revocare>* lesen[926]. Aber die Lesart *renovare* in der Bedeutung „hinzurechnen“ lässt sich verteidigen. Schließlich, meint sie, könne der Ausdruck *quartae partis dimidiae* als eine Verschmelzung von *quarta Falcidia* mit der *portio debita* im Sinne von *Samper* zu interpretieren sein, wonach die *q.i.t.* nur noch auf das Viertel gegangen sei, die Kompilatoren also keinen Anlass gehabt hätten, dies zu ändern[927].

C.3.29.6 (26. April/1. Mai 286/Honoré 1485/17)

Impp. Diocletianus et Maximianus AA. Demetrianae

Cum donationibus in fratrem tuum collatis facultates patris tui exhaustas esse eundemque patrem vestrum ea quae superfuerant codicillis inter vos divisisse proponas, si voluntatem eius non agnovisti nec beneficio aetatis adversus haec iuvari poteris nec tantum dos a patre data et fideicommissum continent, quantum ad submovendam querellam sufficiat, de

---

922 Teilaufhebung der Schenkung und Rückleistung des *immoderate gestum*.

923 Rimedi 109–112.

924 Rimedi 111.

925 RIDA 26 (1979) 409.

926 RIDA 26 (1979) 408: „renovare solutionem“ doesn't seem to make sense.“

927 RIDA 26 (1979) 409f.; dort auch: „rather surprised to find the words „the half of a quarter“ instead of „the quarter oft he half“. Dazu schon oben zum Abbild des Rechenschritts: man nimmt das Viertel (die *quarta ad excludendam inofficiosi testamenti querellam* als feststehenden Begriff) und teilt es durch die Köpfe (Zahl der Erben).

> *enormitate donationum ad exemplum inofficiosi testamenti praeses provinciae iurisdictionis suae partes exhibebit.*
> Wenn du vorbringst, dass das Vermögen deines Vaters durch an deinen Bruder zugewandte Schenkungen erschöpft ist und euer Vater das, was übrig war, durch Kodizille unter euch aufgeteilt hat, so wird, wenn du seinen Willen nicht anerkannt hast und du dir dagegen auch nicht mit dem *beneficium aetatis*[928] helfen kannst und auch nicht nur die vom Vater bestellte Mitgift und das Fideikommiss enthalten sind, der Provinzstatthalter [in Ausübung] seiner Rechtsprechung von der Größe der Geschenke nach dem Beispiel des pflichtwidrigen Testaments Teile heraustrennen, wieviel genügt, um die Querel auszuschließen.

Demetriana bringt vor, dass die Schenkungen ihres Vaters an ihren Bruder das väterliche Vermögen erschöpft haben, die kodizillarische Teilungsanordnung des Vaters hinsichtlich des Restes anerkennt sie nicht (ein *agnoscere* schlösse auch eine *q.i.t.* und hier ein Reskript auf *revocari* aus[929]). Nach der Konstitution ist zunächst zu prüfen, ob Demetriana nach der Teilungsanordnung des Vaters mit der vom Vater bestellten *dos* und dem ihr hinterlassenen Fideikommiss das Viertel hat[930]. Hat sie nicht so viel, wieviel zum Ausschluss der Querel genügt (*quantum ad submovendam querellam sufficiat*), wird der Provinzstatthalter Teile aus den Schenkungen „heraustrennen" (*partes exhibebit*), die die Demetriana in Anspruch nehmen kann. Das heißt, die Schenkungen werden in den Nachlass hineingezogen und der Provinzstatthalter hat als *arbiter dividundae hereditatis* daraus die Teile herauszulösen, die zur Teilungsanordnung und zu den der Tochter im Kodizill zugewandten Sachen passen[931], so dass sie *quantum ad submovendam querellam sufficiat* (also die querelausschließende Quart) hat. Wieder bleibt die Konstitution dem väterlichen Willen möglichst nahe, hier, indem die Teilungsanordnung aus den Schenkungen durch *adiudicatio* passender Teile ergänzt wird.

C. 3.29.6 (a. 286) dürfte sich an das Muster von C. 3.28.8pr.–1 (a. 223) anlehnen[932]. Eine letztwillige Teilungsanordnung ist nicht pflichtwidrig, sofern durch sie ein Viertel des Intestatteils zugewandt ist. Im Fall von *minus quarta relictum* wäre

---

928 Vgl. D. 4.4.29.2; D. 4.4.7.5.

929 Zu *agnoscere iudicium defuncti* auch unten zu C. 3.28.8.1.

930 Zur *dos* vgl. D. 10.2.39.1 (Scaev. 1 resp.): Die *filia* benachteiligendes Intestatkodizill (*longe amplius filio quam filiae relinqueret*) des gesamten Vermögens: *si nihil indivisum reliquisset, rectius dici ex voluntate defuncti collationem dotis cessare.*

931 Zur Teilungsanordnung als solcher sagt *Voci*, DER II 476 sehr schön: der Vater kenne am besten „… le attitudini dei vari figli, i bisogni di ciascuno di essi." Sie ist also der Maßstab, an den der Teilungsrichter das Fehlende anzupassen hat.

932 Dort wie da sind die drei Punkte thematisiert: 1) Teilungsanordnung, 2) *qui agnovit/non agnovisti*, 3) *si maior viginti quinque annis/nec beneficium aetatis.*

die *divisio* durch die *q.i.t.* umzustoßen[933], die Anerkennung des letzten Willens durch Zahlung der erblasserischen Schulden entsprechend der Erbquote schließt dies aber aus:

C.3.28.8pr (7/8 Februar 223/Honoré 541/7)
Imp. Antoninus A. Florentino/Florentino militi
Parentibus arbitrium dividendae hereditatis inter liberos adimendum non est, dum non minus, qui pietatis sibi conscius est, partis quae intestato defuncto potuit ad eum pertinere quarta ex iudicio parentis obtineat.

Die Eltern müssen die Teilungsanordnung nicht zurücknehmen, sofern nur, wer sich seiner *pietas* bewusst ist, nicht weniger als das Viertel seines Intestatteils erhält.

§1 schließt an die Thematik des *q.i.t.*-Ausschlusses durch die Quart den *q.i.t.*-Ausschluss durch Anerkennung des erblasserischen Willens (Zahlung der väterlichen Schulden im Umfang der Erbquote) auch bei *minus quarta relictum* an:

§1 Qui autem agnovit iudicium defuncti eo, quod debitum paternum pro hereditaria parte persolvit vel alio legitimo modo, etiamsi minus quam ei debebatur relictum est, si is maior viginti quinque annis est, accusare ut inofficiosam voluntatem patris quam probavit non potest.

Eine besondere Fallkonstellation ergab sich in C. 4.38.4 = Fr. Vat. 293.2

Die Textfassung von Fr. Vat. 293.2 lautet:

Quod autem res tibi ab herede donatricis distractas esse proponis, duplicari tibi titulum possessionis non potuisse constat, sed ex perfecta donatione dominum factum frustra emisse, cum rei propriae emptio non possit consistere ac tum demum tibi profuerit, si ex donatione te non fuisse dominum monstretur. Sane quoniam omnia bona vobis ab ea donata et tradita dicitis, ad hoc a filio facta venditio rerum maternarum adferre perfecta etiam donatione poterit defensionem, ne exemplo inofficiosi testamenti possit haec avocare. Quibus omnibus praeses provinciae suam notionem praebebit.

In der Fassung der Fragmenta Vaticana ist der §2 sachlich fremd dem §1 mit der Thematik *In donatione rei tributariae circa exceptam et non exceptam personam legis Cinciae nulla differentia* angehängt, vermutlich motiviert durch das Textstück *avocari non possunt*. Eine inhaltliche Verschränkung oder Weiterführung zur *lex Cincia* ist aber nicht ersichtlich. Das von C. 4.38.4 abweichende *vobis* im Textteil

933 Objekt des *adimere* ist nur die Teilungsanordnung, nicht das Testament als Ganzes.

Sane quoniam omnia bona vobis ab ea donata et tradita dicitis stört[934]; es ginge von Schenkung an beide aus.

Die Fassung in den Konstitutionen lautet:

C.4.38.4 (29. Mai 293/Honoré 1899/20)
Impp. Diocletianus et Maximianus et CC. Aurelio Luciano
Cum res tibi donatas ab herede donatricis distractas esse proponas, intellegere debueras duplicari tibi titulum possessionis non potuisse, sed ex donatione et traditione dominum factum frustra emisse, cum rei propriae emptio non possit consistere, ac tunc demum tibi profuit, si ex donatione te non fuisse dominum demonstretur. sane quoniam omnia bona tibi ab ea donata et tradita dicis, ad hoc a filio facta venditio rerum maternarum adferre perfecta etiam donatione poterit defensionem, ne vel exemplo inofficiosi testamenti possit haec avocare.
Wenn du vorbringst, dass die dir geschenkten Sachen vom Erben der Schenkerin verkauft worden sind, so musstest du wissen, dass dir der Besitztitel nicht verdoppelt werden konnte, sondern du das durch Schenkung und Übergabe zu Eigentum Erworbene unwirksam gekauft hast, da der Kauf der eigenen Sache nicht bestehen kann; aber dann erst wird [der Kauf] dir nützen, wenn gezeigt (bewiesen) wird, dass du aus Schenkung nicht Eigentümer gewesen bist. Freilich, da du ja behauptest, dass dir das ganze Vermögen von ihr geschenkt und übergeben worden ist, kann der vom Sohn gemachte Verkauf des mütterlichen Vermögens insoweit auch bei vollzogener Schenkung die Verteidigung bringen, dass er dieses [Vermögen] nicht etwa nach dem Beispiel des pflichtwidrigen Testaments entziehen kann.

Vorbemerkung: Nur eine Abwandlung zu einer gedachten Fallfigur der *q.i.t.* scheint in C. 4.38.4 thematisch. Böte ein leer ausgegangener *q.i.t.*-Berechtigter dem *extraneus institutus* den Nachlass zum Kauf an und kaufte ihn dieser, dem die Erbschaft *ex testamento* bereits gehört, so hat der Testamentserbe als Käufer damit aber auch einbekannt, dass eine *q.i.t.* zur Gänze durchdränge. Das Testament ist durch die ungültige *emptio rei suae* stillschweigend als inoffiziös zugegeben, aber der Nachlass soll dem Erben *ex testamento* verbleiben. Mit dem ungültigen Kauf der eigenen Sache ist hier eine Form gefunden, die sich nur wenig von einer *transactio* unterschiede, gleichsam ein stiller Inoffiziositätsbeweis[935].

C. 4.38.4 schildert den Fall: Die Mutter hatte ihr gesamtes Vermögen (ihre *omnia bona*) dem Aurelius Lucianus, dem Reskriptsempfänger (im Text mit *tu* angere-

---

934 *Russo Ruggeri*, Scr. Guarino 6 (1984) 2827 Fn. 45 hält in Fr. Vat. 293.2 eine „avvenuta abbreviazione" gegenüber dem Konstitutionentext für möglich.

935 Zahlt der Erbe den Preis, so kann er ihn nicht kondizieren (vgl. D. 18.1.16pr.). So ist es ein Streit, der still blieb. Bei einem Vergleich dagegen hätte man die Sache streitig (und vielleicht auch öffentlich) werden lassen, um den Streit dann beizulegen.

det), geschenkt. Ihren Sohn hatte sie zum Erben des leeren Nachlasses eingesetzt. Daraufhin verkaufte der Sohn das mütterliche Vermögen dem A. L. (dem *tu*). Der Text sagt oben *ab herede donatricis distractas* und unten *a filio facta venditio*; der Erbe, der an A. L. verkaufte, ist also der Sohn.

Die Schenkung der Mutter an A. L. war maßlos (*omnia bona* sagt zugleich *non retenta quarta*). Für Diokletian ist anzunehmen, dass dies ein Reskript auf *revocare* von einem Viertel der verschenkten *bona* nach sich zöge. In der *a filio facta venditio* der *omnia bona* an *tu* liegt eine ungültige *emptio rei suae*, wenn die *omnia bona* von der Mutter dem *tu donata et tradita* waren. Dass sie ihm geschenkt und übergeben waren, hat A. L. selbst vorgebracht: *sane quoniam omnia bona tibi ab ea donata et tradita dicis*.

Nun der Kern der Sache, der die Motive zeigt: Der *filius* wollte das mütterliche Vermögen haben. Im Normalfall eines Reskripts auf *revocare* bekäme er ein Viertel, da damit offen bleiben kann, ob auch eine *q.i.t.* durchgedrungen wäre. Da aber A. L. das mütterliche Vermögen von ihm gekauft hat, hat dieser dadurch zugleich zugegeben, dass die *omnia bona* eigentlich dem Sohn zustünden. Der Inoffiziositätsbeweis, wie ihn eine *q.i.t.* verlangte, ist hier als erbracht anzusehen: *exemplo inofficiosi testamenti* ist der Fall nicht anders zu beurteilen, als wäre auch eine *q.i.t.* des Sohns durchgedrungen.

Die Folgen daraus scheinen perplex: Zwar ist die *emptio rei suae* unwirksam (*frustra emisse*), in ihr liegt aber dennoch der Beweiswert, A. L. habe einbekannt, dass das mütterliche Vermögen dem Sohn zugestanden wäre. Zugleich hat aber auch der Sohn durch den Verkauf klargestellt, dass A. L. vom mütterlichen Vermögen nichts herausgeben müsse. In der *a filio facta venditio* ist somit auch die *defensio* gegen ein *avocare* des geschenkten Vermögens zu finden.

Motive und Reskriptsantwort sind demnach so zu paraphrasieren: Der Sohn, der die *venditio rerum maternarum* dazu verwendete, den vollen *q.i.t.*-Beweis zu schaffen, scheint den Standpunkt eingenommen zu haben: Meine Mutter hat dir pflichtwidrig ihr ganzes Vermögen geschenkt. Mit dem Verkauf an dich hast du zugegeben, dass das mütterliche Vermögen mir zustünde; so gibt es mir nun heraus. L. A. fragte an, ob er nun alles herausgeben müsse; vielleicht sagte er auch, ich wusste ja nicht, dass der Kauf nicht gilt[936]. Der Kaiser reskribiert ihm: das musstest

936 Man mag sich die Motive in etwa so vorstellen und erzählen: Der Sohn dachte sich: Aurelius soll das ganze mütterliche Vermögen von mir kaufen, ich werde es ihm billig anbieten, dass er kaufen wird, denn er weiß, er wird einen Teil davon abgeben müssen; am Verkauf liegt mir nichts (ich weiß auch, dass dieser gar nicht gilt). So hat A. L. dann zugegeben, dass mir das g a n z e mütterliche Vermögen gehört, wenn er das ganze von mir gekauft hat, und so werde ich dann auch alles, da er die ganze Schenkung als pflichtwidrig einbekannte, von ihm herausverlangen. Und Aurelius, der wusste, dass er von einer so großen Schenkung, die dem Sohn nichts übrigließ, etwas abgeben muss, kaufte, weil er alles behalten wollte. Dann verlangte der Sohn alles von ihm heraus und

du wissen (*intellegere debueras duplicari tibi titulum possessionis non potuisse*), aufgrund der Schenkung und Übergabe an dich bist du Eigentümer geworden und hast vergeblich gekauft (*ex donatione et traditione dominum factum frustra emisse*). Und dann erst hat dir der Kauf genützt, wenn bewiesen würde, dass du aus der Schenkung nicht Eigentümer geworden bist[937]. Das ist ein knapper Hinweis, den ihm das Reskript zunächst gibt: dies wäre eine Möglichkeit, die Sachen wirksam gekauft zu haben. (Sinngemäß ist hier zu verstehen: sonst aber kannst du dich nicht auf einen gültigen Kauf stützen, sondern es bleibt bei der Schenkung). Darauf folgt die eigentliche Antwort, die ihn am eigenen Vorbringen festhält: *sane quoniam omnia bona tibi ab ea donata et tradita dicis, ad hoc a filio facta venditio rerum maternarum adferre perfecta etiam donatione poterit defensionem, ne vel exemplo inofficiosi testamenti possit haec avocare* (gewiss, da du ja behauptest, dass das ganze Vermögen von ihr geschenkt und übergeben worden ist, kann der vom Sohn vorgenommene Verkauf der mütterlichen Sachen, auch bei vollzogener Schenkung, die Verteidigung bewirken, dass er diese nicht, etwa nach dem Beispiel des pflichtwidrigen Testaments, entziehen kann). Aus dem ungültigen Kauf ist auch die *defensio* herauszuholen, dass der Sohn das geschenkte Vermögen nicht – nach dem Beispiel einer *q.i.t.* – entziehen kann (*ne … possit … avocare*)[938].

Gegen die Meinung, die *q.i.d.* gehe generell auf den Intestatteil, spricht das Reskript: Sieht man Aurelius Lucianus als *extraneus* und den Sohn als einzigen Erben der Mutter, so ginge nach dieser Meinung seine *q.i.d.* ohnedies auf *revocare* des ganzen mütterlichen Vermögens. Warum sollte dann der Sohn verkaufen, wenn er eigentlich das mütterliche Vermögen heraus haben wollte?[939] Hier bliebe eine Deutungslücke[940].

Vangerow[941], der die Meinung vertrat, die *q.i.d.* gehe auf das Viertel, schrieb: „Gegen die hier vertheidigte Meinung beruft man sich aber vorzüglich auf l. 87. § 3. de legat. II und auf l. 4. C. de contr. emt (4, 38)“. Dem entgegnete er, dass C. 4.38.4

Aurelius erwiderte ihm, du hast es an mich verkauft, und der Sohn sagte ihm: der Kauf gilt nicht. So wendet sich Aurelius an den Kaiser.

937 Vgl. Fr. Vat. 263: *Eam quae bona sua filiis per epistulam citra stipulationem donavit, si neque possessionem rerum singularum tradidit neque per mancipationem praediorum dominium transtulit nec interpositis delegationibus aut inchoatis litibus actiones novavit, nihil egisse placuit.* Das passt am besten zum Duktus, so dass hier gemeint sein könnte: etwa, wenn nicht übergeben worden wäre; darauf folgt: aber weil du ja selbst sagst, es sei übergeben worden rell.

938 Mehr ist hier nicht entschieden.

939 Er verkaufte eben nicht, um den Preis zu bekommen und das Vermögen dem Beschenken zu belassen. Dagegen spricht die *defensio* gegen das *avocare*, das der Sohn versuchte.

940 Dagegen scheint die Pointe (in der Diktion der Literatur) eher zu sein: der Sohn wollte aus einer *q.i.d.* auf das Viertel eine *q.i.d.* auf das Ganze machen.

941 Pandekten, 2. Bd. 282.

aber nur dann für die gegnerische Meinung[942] spräche, „wenn hier gesagt wäre, daß der Kauf über alles Geschenkte abgeschlossen, und daß der Preis dem Werthe des ganzen angemessen gewesen sei. Aber keins von Beidem geht aus der Stelle hervor ...". Das kommt von *Francke*[943] her. Der Einwand verfängt nicht; *omnia bona, venditio rerum maternarum* sagt deutlich genug, dass das ganze Vermögen geschenkt und dann vom Erben dem Schenker verkauft ist (*res tibi donatas ab herede donatricis distractas esse proponas*). Der These, dass die *q.i.d.* nur auf das Viertel gehe, steht C. 4.38.4 gar nicht entgegen, wie die Meinung glaubt, gegen die sich *Vangerow* wendet. In C. 4.38.4 hätte der Sohn ohne die *facta venditio rerum maternarum* ein Reskript auf *revocare* des Viertels erbitten können, aber das war ihm zu wenig; indem er das von der Mutter Verschenkte dem Beschenkten verkaufte, wollte er den Beweis erzwingen, dass ihm alles zustehe, und C. 4.38.4 reskribiert die *defensio* gegen die Herausgabe des ganzen Geschenks. Ein „rechtliches Patt" also: zwar hat der Sohn den Beweis, aber das, was er damit anfangen wollte, kann er nicht durchsetzen[944].

M. Zimmermann[945] interpretiert den Schlussteil so: Seit Alexander Severus (Paul D. 31.87.3–4) sei analog zur *q.i.t.* „auch bei Schenkungen unter Lebenden eine Anfechtungsklage gegen den Beschenkten zugelassen, die zur Unwirksamkeit der Schenkung führte ...; das unwirksam zugewandte Geschenk wurde zum Nachlass gezogen. In einem solchen Fall soll der Kauf ... wirksam sein." Dies sei „einleuchtend, da ein solcher Kauf den Zweck erfüllt, das sozusagen durch die Anfechtungsmöglichkeit „belastete" Eigentum zu einem „unbelasteten" zu machen." Der Käufer erhalte „auf diese Weise etwas, was ihm bislang nicht zustand." (133). Dem ist einzuwenden: Wenn A. L. aus Schenkung „durch die Anfechtungsmöglichkeit belastetes Eigentum" erwarb, das sich durch den Kauf in unbelastetes wandelte[946],

---

942 Die annimmt, die *q.i.d.* gehe auf den Intestatteil.

943 Notherben 529: „Ausdrücklich gesagt ist hier gar nicht, daß der Kauf ebenfalls über alles Geschenkte abgeschlossen, und daß der Preis dem Werthe des Ganzen angemessen festgesetzt war."

944 Die kaiserliche Kanzlei durchschaute das Spiel: letztlich muss es beim ausgemachten Preis bleiben. Hat A. L. diesen bereits gezahlt, so hat es damit sein Bewenden. Hat er noch nicht gezahlt, so wäre es – hier nicht gegenständlich – Sache des Sohns, sich an den Kaiser zu wenden. Ihm wird – konsequent zur *defensio* gegen ein *avocare* nach diesem Reskript – zu sagen sein: zwar ist bewiesen, dass dir das mütterliche Vermögen zustünde, doch hast du selbst schon so, als wäre dir die Schenkung revoziert worden, sie dem A. L. um den Preis belassen. So wirst du, zwar nicht aus Kauf, aber aus Reskript auch nur diesen bekommen.

945 Rechtserwerb 132f.

946 In diesem Sinne offenbar: Rechtserwerb 137: „...C. 4. 38. 4, wo die *emptio rei suae* einerseits – sozusagen für den Normalfall – für unwirksam erklärt und andererseits in einer Situation, in der der Kaufvertrag seinen Zweck erfüllen kann, gegenteilig, nämlich für die Wirksamkeit entschieden wird." Ist der Kauf hier wirklich wirksam?

ist kein Hindernis da für den Kauf. Wie passt dann *frustra emisse* des Textes? Die Ansicht scheint den letzten Halbsatz *ad hoc a filio facta venditio rerum maternarum adferre perfecta etiam donatione poterit defensionem, ne vel exemplo inofficiosi testamenti possit haec avocare* dafür heranzuziehen. Aber auch dieses Textstück spricht noch von *perfecta etiam donatione*[947]. Der Aufbau des Textes ist so: a) ungültiger Kauf wegen *ex donatione et traditione dominum factum* (so bringst du es vor); b) Ausnahme: nur dann könnte der Kauf dir nützen, *si ex donatione te non fuisse dominum*; da ist ein Hinweis[948] mitzuhören: aber ist wirklich übergeben worden? Wenn nicht, wäre der Kauf gültig. c) Der Schlussteil mit *sane quoniam* rell. kehrt wieder zum eigenen Vorbringen zurück: da du aber behauptest *bona tibi ab ea donata et tradita*, ist von einem ungültigen Kauf auszugehen. Aber dennoch ist in der *a filio facta venditio* die *defensio* gegen ein *avocare* zu sehen (trotz perfekter Schenkung und daher ungültigem Kauf)[949].

Bei der Literatur zur *emptio rei suae*[950] fällt auf, dass sie die entscheidende Frage zur *q.i.d.* nicht stellt: geht die *q.i.d.* auf das Viertel oder auf den Intestatteil (hier: auf das Ganze)? Erst die *a filio facta venditio*[951] *rerum maternarum* hat hier die Lage so verändert, dass ein Reskript auf *revocari* nicht mehr bloß auf das Viertel zu geben wäre.

Fercia[952] und *Wacke* folgen der Auffassung von *M. Zimmermann*. *Wacke*[953] schreibt: „Der Kauf sei ihm allerdings dann von Nutzen, wenn er durch die Schenkung nachweislich (*si demonstretur*) nicht Eigentümer geworden sei[954]. Vorteilhaft sei der Kauf insbesondere, falls die Schenkung mit der *querela inofficiosae donationis* angefochten werden könne. Den Kauf als zweiten Besitztitel kann der Beschenkte als Einrede gegen die Querel vorschützen." Man sieht: Die Literaturstimmen nehmen

947 *Perfecta* gehört zu *donatione* (Abl. abs.), nicht zu *facta venditio*.

948 Wie oben schon gesagt, etwa in Fr. Vat. 263: *Eam quae bona sua filiis per epistulam citra stipulationem donavit, si neque possessionem rerum singularum tradidit* rell.

949 Der Text sagt gar nicht so klar: dein Kauf ist gültig; die Antwort *frustra emisse* ist einschränkend nur insofern zurückgenommen, als in der *a filio facta venditio* doch ein *adferre* einer *defensio* gegen ein *avocare* zu erblicken ist (der Kauf ist zwar ungültig, aber dennoch nützlich *ad hoc* rell.). Die Textinterpretation, dass der ungültige Kauf in einen gültigen umschlägt, scheint sehr unsicher.

950 Das sonstige Schrifttum – außer den oben Genannten – streift den Text nur; *Cuena Boy*, imposibilidad 109, spricht noch vom Schutz gegen eine „eventuelle Klage" nach dem Beispiel des pflichtwidrigen Testaments („con su compra posterior al heredero de la donante, queda protegido frente a una eventual acción -*ad exemplum inofficiosi testamenti*- con la que éste podría intentar la revocación de la liberalidad materna").

951 Zweimal ist gesagt, dass die Initiative zum Verkauf offenbar vom Sohn ausging: oben mit *ab herede donatricis distractas* und hier nun noch einmal mit *a filio facta venditio*.

952 IURA 68 (2020) 327f.

953 IURA 70 (2022) 399.

954 Doch nach dem Duktus scheint dies der einzige Fall, von dem die kaiserliche Kanzlei meinte, dann erst sei der Kauf gültig.

offenbar eine Verzweigung des Sachverhalts in zwei Teilstücke an (am deutlichsten zu lesen bei *Wacke* mit „insbesondere, falls"): einen Fall, wo der Beschenkte vom Erben[955] der Schenkerin kaufte mit der Folge *frustra emisse* (ungültiger Kauf), und einen von *si demonstretur* abhängigen gegenteiligen zweiten Fall mit der Folge, dass der Kauf gültig sei, insbesondere dann, wenn der Sohn die *q.i.d.* habe. Aber es ist nur ein einziger Sachverhalt, den Aurelius Lucianus vortrug[956].

Besonders umstritten ist die Konstitution 8.

> C.3.29.8pr. (11. September 294/Honoré 2366/20)
> *Impp. Diocletianus et Maximianus AA. Auxanoni*
> *Si liqueat matrem tuam intervertendae quaestionis inofficiosi causa patrimonium suum donationibus in unum filium collatis exhausisse, cum adversus eorum cogitationes, qui consiliis supremum iudicium anticipare contendunt et actiones filiorum exhauriunt, aditum querellae ratio deposcat, quod donatum est pro ratione quartae ad instar inofficiosi testamenti convicti deminuetur*[957].
> Wenn klar (= bewiesen) ist, dass deine Mutter, um die Inoffiziositätsklage zu entziehen, ihr Vermögen, das sie durch Schenkungen auf einen Sohn übertrug („weggeleitet hat" von den anderen), erschöpft hat, zumal gegen die Absichten derer, die mit Vorsatz ihren letzten Willen vorwegnehmen wollen und die Klagen der Kinder erschöpfen (ihren Klagen nichts übrig lassen), verlangt die *ratio* der Querel die Möglichkeit, was geschenkt worden ist entsprechend der Rechnung der Quart nach dem Vorbild des bewiesenen pflichtwidrigen[958] Testaments zu mindern.

Kommentar zum Übersetzungsvorschlag: Zu konstruieren ist: *Si liqueat* … (Vordersatz), *aditum quarellae ratio deposcat* (übergeordneter Nachsatz); *querellae* ist zu *ratio* zu ziehen,

---

955 Der offenbar keine *q.i.d.* habe.

956 Der Text zerfällt n i c h t in die zwei verschiedenen Sachverhalte: a) kaufte A. L. vom Erben, der nicht der Sohn war, so sei der Kauf ungültig; b) kaufte er vom Sohn, so sei der Kauf gültig, weil die Schenkung mit der *q.i.d.* anfechtbar sei.

957 §1 in C. 3.29.8 (a. 294) setzt fort: Nam quod uxor a marito in se matrimonii tempore donationis causa collatum emancipato filio communi consentiente domino donavit, velut ex bonis patris, de cuius substantia prohibente matrimonio non potuit exire, datum accipi rationis est: in cuius bonis si idem consilium et eventus comprehendatur, lex, quam patrimonio matris ediximus, observabitur.

958 Man kann auch prädikativ gliedern: des als pflichtwidrig bewiesenen Testaments. Es soll als bereits bewiesen gelten, dass nichts hinterlassen zu haben pflichtwidrig ist. Dass der Sohn das Viertel haben soll, so wie ein *gratus* das Viertel haben muss, damit das Testament nicht pflichtwidrig ist, soll hier keines Beweises mehr bedürfen.

nicht zu *aditum*[959] [= die Möglichkeit; das Recht[960]]; *aditum* ist Objekt zu *deposcat*: Verlangt die *ratio* [die Idee der *q.i.t.*, ihre Folgerichtigkeit] die Möglichkeit: Was geschenkt worden ist, wird *pro ratione quartae* vermindert werden (Futur); so ist es üblicherweise in den Konstitutionen gesagt (*revocabitur*) (Futur); *ad instar inofficiosi testamenti convicti*: nach dem Vorbild des als pflichtwidrig bewiesenen Testaments (Syntax: *inofficiosi* [prädikativ] *convicti testamenti* = des als pflichtwidrig [überführten, erkannten =] bewiesenen Testaments). Und mit *quarta non retenta* (vgl. Fr. Vat. 270) ist auch die Pflichtwidrigkeit der Schenkung bewiesen (Der Querelbeweis einer *q.i.t.* spielt hier keine Rolle). Der *cum*-Satz ist nicht ganz eben einzufügen, auffällig ist der (scheinbar unpassend zu *matrem tuam*) mehrfach verwendete Plural (*cogitationes, contendunt, exhauriunt*); der Satz wirkt wie ein sämtlich solche Fälle rechtfertigender Einschub, ist aber Material der Konstitution: Wohl ist *cum* wie ein *quippe cum* oder *cum praesertim*, „zumal gegen die Absichten derer, die" zu empfinden: *cum* und dann Plural und Präsens im Relativsatz mag andeuten, dass, sooft solche Fälle vorkommen, die *ratio* der Querel die Zulassung (den Zugang zu dieser Möglichkeit, eben das Recht) verlangt, das Geschenkte nach Quartberechnung zu verringern.

Ich paraphrasiere demnach die Textstücke, wie ich sie auffasse:

Si liqueat matrem tuam ... patrimonium suum donationibus in unum filium collatis exhausisse (wenn bewiesen ist, dass deine Mutter ihr Vermögen durch Schenkungen, an einen Sohn „zusammengetragen"/auf ihn konzentriert, erschöpft hatte): Das *exhausisse*, „Leer-gemacht-Haben" durch Schenkungen muss bewiesen sein, damit die Folge *quod donatum est pro ratione quartae deminuetur* eintritt.

intervertendae quaestionis inofficiosi causa: um die *quaestio* einer *q.i.t.*, den Streitgegenstand der Inoffiziositätsquerel auszuschalten. Eine *q.i.t.* mit dem Beweisverfahren über *offensiones* der Kinder gegenüber ihrer Mutter, aber auch über *nullum suum vitium factum* eines Kindes gegenüber seiner Mutter, über ein Verhalten der leer ausgegangenen Kinder gegenüber ihrer Mutter, wie sie die *religio naturae* verlangte, ist nun nicht mehr möglich und sie soll auch nach der Absicht der Mutter nicht mehr möglich sein.

cum adversus eorum cogitationes, qui consiliis supremum iudicium anticipare contendunt et actiones filiorum exhauriunt, (zumal gegen die Absichten derer, die planartig [durch geplante Entschlüsse] ihren letzten Willen vorwegnehmen wollen und die Klagen der Kinder leer machen): Ein allgemeiner Einschub der Kanzlei: es geht um die Fälle, in denen durch Schenkungen das *supremum iudicium* vorweggenommen und dadurch die Querelen der Kinder düpiert werden.

---

959 Wohl ist nicht zu konstruieren: *actiones filiorum exhauriunt, aditum querellae* [als erläuternde Apposition]: erschöpft, leer gemacht, nämlich die Möglichkeit zur Querel, so dass dann erst die Überordnung folgt: *ratio deposcat* [so verlangt es die *ratio*].

960 Vgl. mit diesem Sinn auch D. 28.2.28.3.

aditum querellae ratio deposcat: da verlangt die *ratio* der Querel[961] die Berechtigung (den „rechtlichen Zugang"/die Gelegenheit) [das Geschenkte zu verringern]; die *querellae ratio*, den Rechtsgedanken der *q.i.t.*, charakterisiert die Frage, wann ein Testament inoffiziös ist und wann es das nicht ist. Die ganze Systematik von *inofficiosum testamentum dicere* und ausgeschaltetem *inofficiosum dicere* gehört zur *ratio* der *q.i.t.*, die querelausschließende Quart ist Bestandteil dieser Systematik. Diese erfordert *quod donatum est pro ratione quartae ad instar inofficiosi testamenti convicti deminuetur*.

quod donatum est pro ratione quartae … deminuetur: was geschenkt worden ist, wird *pro ratione quartae* verringert (verliert der Beschenkte); jetzt spricht das Reskript nicht mehr von *revocari* in den Nachlass, sondern davon, dass der Beschenkte vom Geschenkten direkt an die anderen *filii* abgibt. *Pro ratione quartae*: nach der Rechnung der Quart (im Sinne der Quartberechnung) kann technisch sein und mitmeinen, dass das Viertel frei von Schulden und Belastungen sein muss. Die Sinnrichtung, damit die anderen Kinder die Quart haben, die sie von einer *q.i.t.* ausschließt, wie bei Diokletian in der Konstitution 7, kann man mitverstehen.

ad instar inofficiosi testamenti convicti: nach dem Muster („nach dem Aussehen") eines als pflichtwidrig bewiesenen („als inoffiziös überführten") Testaments; nach dem „Aussehen" ist das Testament ganz offenkundig pflichtwidrig, weil der eine Sohn alles hat und die anderen nichts (die Überzeugung von einem analogen Bild zur *q.i.t.* bildet sich unmittelbar: wäre der Beschenkte Testamentserbe des Geschenkten, hätten die anderen Kinder die *q.i.t.* gegen ihn). Ein gedanklich so gebildetes Testament[962] wäre pflichtwidrig, ob es auch inhaltlich pflichtwidrig ist[963], lässt sich nicht feststellen (dazu müsste ein Verfahren, wie bei der *q.i.t.*, durchgeführt werden, das aber vereitelt ist).

Hier zeigt sich die Richtigkeit, die Fälle des *intervertere* der *quaestio inofficiosi* mit der querelausschließenden Quart in den Griff zu bekommen, in ihrer klarsten Form, indem die kaiserliche Kanzlei gerade das Motiv derer, *qui consiliis supremum iudicium anticipare contendunt et actiones filiorum exhauriunt* beachtet. Passt man das *deminuere* der Schenkungen dem an, wie die Mutter auch testiert hätte, wenn sie nicht schon vorweg geschenkt hätte, so ist hier durch die *in unum filium collatae donationes* klar: diesen Sohn hielt sie zweifellos für besonders *gratus*, ihre anderen *filii* offenbar für *ingrati*. Es ist nicht auszuschließen, dass eine *q.i.t.* auch tatsächlich so ausgegangen wäre und der Beschenkte als *institutus* gegen alle obsiegt hätte, wie

961 Syntaktisch ließe sich *querellae* zwar auch zu *aditum* ziehen (die *ratio* verlangt den Zugang zu einer Querel), womit erstmals und singulär bei Diokletian von einer *q.i.d.* die Rede wäre. *Querellae* zu *ratio* zu ziehen ergibt indes einen pointierteren Sinn.

962 Wäre das Verschenkte noch im Nachlass und wäre der beschenkte *filius* der *institutus*, so wären die andere *filii*, die leer ausgingen, eigentlich *omissi*.

963 Das heißt, ob es *grati* waren, die leer ausgingen, oder doch *ingrati*.

umgekehrt auch ganz andere Prozessergebnisse möglich sind, die Frage ist hier eben nicht mehr zu klären. Daher ist eine Lösung zu suchen, die a) dem Willen der Mutter, soweit es ihr *supremum iudicium anticipare* betrifft, zwar möglichst nahe bleibt, zugleich aber b) gegen das zu missbilligende *intervertere* einer *q.i.t.* vorgeht, und zwar c) so, dass sich die anderen *filii*, auch wenn das Verschenkte noch im Nachlass wäre, nicht mit einer *q.i.t.* beklagen könnten. Dem *intervertere* der *q.i.t.* durch die Mutter ist damit ausreichend entgegengewirkt, dass Auxanon *ad instar inofficiosi testamenti convicti* das Viertel seines Intestatteils bekommt, somit die Genugtuung hat, dass die Schenkungen an seinen Bruder als pflichtwidrig (als übermäßig) gebrandmarkt sind, er den Inoffiziositätsbeweis einer *q.i.t.* nicht antreten musste und nun nicht anders steht wie auch sonst ein *gratus*, den seine Mutter durch die Quart von der *q.i.t.* ausschließen hätte können.

So wie die vorangegangenen Konstitutionen (schon seit der Anfangskonstitution Alexander Severus D. 31.87.3) geht auch diese Konstitution in erster Linie gegen das *intervertere* der *q.i.t.* vor, dagegen, dass die Mutter durch die Schenkungen ihr Vermögen der *quaestio inofficiosi* entziehen wollte (und dann *ab intestato* nichts hinterließ). Will auch die Konstitution (a. 294) die (rechtspolitisch verhasste) *quaestio inofficiosi* nach dem Vorbild der ganzen Systematik zur *q.i.t.* ausschalten, so ist das Geschenkte zu einem Viertel zu revozieren (*revocabitur* wie in der Konstitution C. 3.29.7 [a. 286]), *deminuetur* sagt nur genauer, dass die Schenkungen bloß vermindert, also teilweise ungültig werden.

Die Meinungen der Literatur:

Die Konstitution 8 steht im Zentrum von Interpolationsannahmen. Der Gang der Literatur ist daher nach den dort übernommenen Argumenten genauer nachzuzeichnen.

Umstritten in den Meinungen ist der Sinn von *pro ratione quartae*. Für echt hielt die Wendung *Francke*[964]: „Der natürliche Sinn dieses pro ratione quartae diminui ist ein Vermindern der Schenkung nach Verhältniß der Quart, oder für Berechnung der Quart, damit man sie vollständig habe. Und die Quart kann nur aufgefaßt werden, als die Quart des Erbtheils, welche gerade den Pflichttheil bildet." *Francke* wandte sich dort gegen *Faber*, von dem er sagte, er behaupte „daß quarta so für sich niemals den Pflichttheil in den Quellen bedeute, sondern nur durch quarta pars legitimae portionis und auf ähnliche Weise bezeichnet werde." Hier zeigt sich deutlich, wie sehr die Verwendung des Begriffs „Pflichtteil" für die querelausschließende Quart die Interpretation der Konstitutionen zu C. 3.29 insgesamt erschwert hat. *Francke* wandte sich dort[965] ferner gegen *Zimmern*, von dem er schrieb, dieser wolle „gar nicht angegeben finden, in wie weit rescindirt

964 Notherben 526.

965 Notherben 527.

werde, sondern pro ratione quartae soll nur den Grund, weshalb rescindirt werde, aussprechen." Die gleiche Interpretation taucht später bei *Glück* auf, wo zu lesen ist[966]: „Die Aehnlichkeit, welche hier zwischen der Querel des lieblosen Testaments und der der lieblosen Schenkung angenommen wird, betrifft also nicht den Gegenstand oder die Quantität, sondern nur das Recht zu klagen." Unmittelbar vor diesem Satz schrieb *Glück*[967]: „...weil es der Vernunft gemäß sey, daß in einem solchen Falle, wie bey Testamenten, welche der Inofficiosität überwiesen sind, eine Querel gestattet werde."[968] Hier fällt auf: *Glück* übersetzt *ratio* mit Vernunft und scheint *querelae* nicht zu *ratio* zu stellen, sondern zu *aditum* (die Vernunft verlange das Recht zu klagen = den Zugang, das Recht zu einer Querel). Es beginnt hier also eine Linie gewisser Ähnlichkeiten der Deutungen, zunächst von *Zimmern* zu *Glück*.

Krüger[969] schrieb knapp: „Die Worte pro ratione quartae und deminuetur müssen itp. sein. Denn sie widersprechen nicht nur dem behaupteten Vorbild „des als pflichtwidrig bewiesenen Testaments" ... sondern auch den ... genannten Diokletianstellen...". Man sieht: *Krüger* setzt *inofficiosi testamenti convicti* gleich mit einem gesamt reszindierten Testament und beendet hier die Erwägungen, während sie in der kaiserlichen Kanzlei hier offenbar erst begonnen haben. Der Sinn der Worte *inofficiosi testamenti convicti* ist abhängig von *si liqueat matrem ... patrimonium suum donationibus ... exhausisse*. Ein *exhausisse*, wenn es denn bewiesen ist, erweckte, *ad instar testamenti* gedacht, die Überzeugung, es sehe so aus, als wäre der eine Sohn auf alles eingesetzt und die anderen *filii omissi*. Das wäre dann eindeutig ein *testamentum inofficiosum*. Solange ein *exhausisse* nicht bewiesen ist, lässt sich noch nicht davon sprechen, dass die Schenkungen inoffiziös (maßlos) wären nach dem gleichen Bild, wie man auch bei einem Testament sagte, es sei pflichtwidrig, weil es den anderen *filii* nicht das Viertel hinterließ. *Convicti* heißt also, dass analog der Typ eines Testaments bewiesen ist, bei dem der Beschenkte Testamentserbe des ganzen Vermögens der Mutter und die anderen *filii* leer ausgegangene *omissi* wären. Dazu passen die ganzen Worte *pro ratione quartae ad instar inofficiosi testamenti convicti deminuetur*, weil sie im begrifflichen Gegensatz eines *inofficiosum testamentum dicere*, mit dem nichts hinterlassen ist, gegenüber

966 Commentar, 7. Theil, 1. Abth. 172.

967 Der die Auffassung vertrat, dass die Schenkung nur insoweit reszindiert werde, als der Pflichtteil dadurch verletzt wurde (Commentar, 7. Theil, 1. Abth. 172): „Hier wird nun ganz ausdrücklich gesagt, daß wenn Jemand, um die Querel des lieblosen Testaments zu umgehen, sein Vermögen durch Schenkungen unter den Lebendigen erschöpft, und durch diese Cautel seinen Notherben, was er im Testament nicht thun durfte, den Pflichttheil zu entziehen gesucht hätte, eine solche lieblose Schenkung bis auf den Pflichttheil aufgehoben werden solle".

968 Commentar, 7. Theil, 1. Abth. 172.

969 SZ 60 (1940) 89.

einem verneinten *inofficiosum* eines Testaments, mit dem die Quart hinterlassen ist, zu erklären sind. *Krüger* las (offenbar) *ad instar inofficiosi testamenti convicti* im Sinn eines *ad instar inofficiosi testamenti rescissi*. Dies ist aber schon eine ganz andere Sichtweise, in der sich erhebliche Wertungsprobleme verbergen. Ich ziehe daher der Interpolationsannahme von *Krüger* die vorgeschlagene Deutung vor, weil sie sich besser in die sonstigen diokletianischen, wie auch vordiokletianischen Texte[970] einfügt, die der Systematik folgen: Schenkungen, die Querelberechtigten das Viertel nicht übriglassen, sind pflichtwidrig, Schenkungen *retenta quarta parte* sind es nicht.

Zoz de Biasio[971] meint, analog zur *q.i.t.* bezeichne *pro ratione quartae* „la *causa petendi* e non *il petitum*." Bei der *q.i.t.* sei das *petitum* „la invalidazione del testamento" und als Konsequenz erlange der Berechtigte den ganzen Intestatteil: „altrettanto[972] per la *q.i.dn.* il *petitum* è l'intera donazione, nella quale ogni legittimario viene anche qui ad acquistare il diritto sempre ad una quota virile." Es scheint so, als sei mit „il *pro ratione quartae* indica la *causa petendi*" das Gleiche gesagt, wie es *Francke* von *Zimmern* berichtete, „pro ratione quartae soll nur den Grund, weshalb rescindirt werde, aussprechen"[973]. Nun also eine Deutungslinie von *Zimmern* zu *Glück* und weiter zu *Zoz de Biasio*[974], in der gegenteilige Konsequenzen zu finden sind: *Glück* (die Ähnlichkeit betreffe nur das Recht zu klagen, nicht aber den Gegenstand oder die Quantität) meinte, dass die Schenkung „bis auf den Pflichttheil aufgehoben werden soll", während *Zoz de Biasio* glaubt, die *q.i.d.* gehe auf den Intestatteil.

O. E. Tellegen-Couperus greift (mit *Krüger*) *pro ratione quartae* als interpoliert an, nicht aber *deminuetur*; dieses passe besser zu den Texten des 3. Jahrhunderts als in die Zeit Justinians. Sei es möglich, fragt sie, „that at the time of Diocletian a qid. led to the reduction of excessive gifts to the same amount as the share to which the legitimate heir was entitled on intestacy? This is in fact possible if it is true that the words „*pro ratione quartae*" were not in the original text"[975]. Die Deutungstendenz von *O. E. Tellegen-Couperus* geht demnach in zwei Richtungen: a) *pro ratione quartae* sei justinianisch interpoliert, weil C. 3.29.8 „in complete agreement" sei mit der von Justinian eingeführten *actio ad supplendam legitimam*[976]. Und b), mit der Meinung, *deminuetur* sei nicht interpoliert, folgt *Tellegen-Couperus*

---

970 Ich verweise nur auf Philipp. C. 3.29.1: *utpote quartam partem non habentibus.*

971 Rimedi 115.

972 Gleichfalls.

973 So die Worte *Franckes* zu *Zimmern*, oben S. 250–251.

974 Die Vorlagen der Gedanken sind dort nicht zitiert.

975 RIDA 26 (1979) 413.

976 RIDA 26 (1979) 411: „The ruling of C.3.29.8 is in complete agreement with that of Justinian when he introduced the *actio ad supplendam legitimam*. One wonders whether the words „*pro ratione quartae*" are not simply another example of interpolation."

den Forschungen von *Samper*, der meinte, dass am Ende des dritten Jahrhunderts unsicher gewesen sei, welches Ergebnis eine Querel haben konnte[977]. Das Interpolationsmotiv zu *pro ratione quartae* kann hier kaum stimmen, wenn man den Text so liest, dass Auxanon gar nichts hinterlassen war – und das nimmt *Tellegen-Couperus* auch so an („there was nothing left for him as heir") –, weil Justinian bei *nihil relictum* die *q.i.t.* beließ (C. 3.28.30.1). Ein justinianischer Interpolator hätte bei *exinanisse* nicht auf das Viertel ergänzt[978]. *O. E. Tellegen-Couperus* fügt noch „a more general argument" aus den Ergänzungsklauseln der Fassung von CTh. 2.19.4 hinzu: „Not until the constitution of Constanc was an exception to the rules allowed: a *testator* could appoint in his will a *bonus vir* to see to it that the children received one quarter of their intestate portion; if they did not, they could get a supplement up to the amount of one quarter of their intestate portion. If in Diocletian's time a supplement to a quarter oft the intestate portion had been generally accepted, then such a complicated juridical procedure would not have been necessary"[979]. Sohin: Wenn schon zuvor Diokletian (vor Constantius CTh. 2.19.4 [361]) das Viertel gab, wieso sollte dann ein Testator überhaupt noch die Ergänzung anordnen (wie er das in CTh. 2.19.4 tat)? Dagegen ist einzuwenden: CTh. 2.19.4 ist so aufzufassen, dass dem Schenker und Testator klar war, es werde nach den Schenkungen möglicherweise nicht mehr so viel da sein, dass seine *filii* das Viertel haben werden. Aber er wusste, der Erbe werde Geld genug haben, um auf das Viertel zu ergänzen. So ordnete er im Testament an *ab herede iisdem [filiis] in pecunia conpleatur*. In CTh. 2.19.4 stellt sich zwischen der Ergänzungsklausel und der *q.i.d.* des *Contantius* keine Rechtsgrundlagenkonkurrenz, wie die Konstitution auch ausdrücklich sagt, beide Querelen (*q.i.t.* und *q.i.d.*) werden durch die Ergänzung völlig verdrängt (*nullam … querellam remanere, …eandem repellat et reprimat …iusta taxatio*). In den davor überlieferten Fällen eines *exinanisse donationibus*, um eine *q.i.t.* auszuschalten, wird der Fall einer angeordneten Ergänzungsklausel kaum vorgekommen sein, weil es widersinnig wäre, nichts zu hinterlassen, aber

---

977 RIDA 26 (1979) 402.

978 Sondern nur bei *quantacumque pars relicta*; oben S. 166; 170; 182. Folgte man *Samper*, passte es besser, wenn *pro ratione quartae ad instar inofficiosi testamenti convicti deminuetur* (wonach die *q.i.t.* nur noch auf das Viertel ging) im Text stand und Justinian dies übernommen hat. Fehlte *pro ratione quartae* und vertritt man eine justinianische Einfügung, so könnte sie nur den Sinn haben, dass bei maßlosen Schenkungen generell das Viertel gelten sollte.

979 RIDA 26 (1979) 413f mit Beifall von *Wesener*, FS Kränzlein (1986) 151f: „daß das Gesetz von Constantius vom Jahre 361 (Cod. Theod. 2.19.4 u. 2.20.1) hinsichtlich der suppletorischen Klausel überflüssig gewesen wäre, wenn schon Diokletian generell eine bloße Ergänzung des Pflichtteils vorgesehen hätte. Dieses Argument scheint gewichtig."

die Ergänzung anzuordnen[980]. Zwischen den Reskripten Diokletians und einer angeordneten Ergänzungsklausel bestand ein wesentlicher Unterschied. Aus einem im Testament angeordneten *conpleatur* erlangt ein *q.i.t.*-Berechtigter, dem *minus quarta relictum* ist, die Ergänzung *ex iudicio defuncti*, worin auch das letztwillige Urteil ausgedrückt zu finden ist, der Testator habe ihn als *gratus* gesehen, während in den Fällen eines nach Schenkungen leer hinterlassenen Nachlasses gegenteilig die Meinung hervorgeht, die *instituti* seien *ingrati*. Ob sie dies auch tatsächlich sind, ließe sich nur mit einer *quaestio inofficiosi* nach Art einer *q.i.t.* feststellen. Davon haben aber die in der Tradition von *Alexander* herkommenden Reskripte auf *revocari* abgesehen und unmittelbar mit *revocari* soweit, dass *q.i.t.*-Berechtigte das Viertel haben, oder, wie in der Konstitution 8, mit *deminuetur* reagiert. Die Ergänzungsklauseln haben daneben ihren Sinn beibehalten, das gilt auch noch für *Constantius*. Wollte ein Testator sein Testament gegen eine *q.i.t.* absichern, so hinterließ er die Quart, und für den Fall, dass er sie verfehlt haben sollte, sicherte er die Quart durch die Ergänzung.

Wesener[981] meint, bei der Wendung *pro ratione quartae* handle es sich „nicht um eine justinianische Interpolation, sondern eher um ein nachklassisches Glossem aus dem 4. oder 5. Jahrhundert (jedenfalls nach 361), das sich in Einklang mit der Paulussentenz 4, 5, 7 ...befindet"[982]. Das ruft Fragen auf: In der Sentenz hatte der Sohn *minus quarta* erlangt (*iudicio patris*[983]) und die Ergänzung auf das Viertel (*impleatur*) ist dort die Lösung *citra inofficiosi querellam*, also gerade nicht das Ergebnis einer *q.i.t.* Was inspiriert dann, aus der Sentenz in die Konstitution 8 die als Glossem vermuteten Worte *pro ratione quartae* zu *ad instar inofficiosi testamenti convicti* hinzuzusetzen? Und wie musste der Glossator dann *convicti* verstanden haben? Im Sinne von *convicti* = *rescissi*? Also ein Viertel ähnlich einem als pflichtwidrig reszindierten Testament? Das liefe auf die (umstrittene) These von *Samper*

---

980 Denkt man sich einen solchen Fall dennoch aus, so wird auch die kaiserliche Kanzlei Diokletians keinen Anlass für ein Reskript gesehen und gesagt haben, dir ist ein Reskript nicht nötig, schon das angeordnete *impleatur* gibt dir das Viertel. Also wieder keine Rechtsgrundlagenkonkurrenz.

981 FS Kränzlein (1986) 152, dort mit dem Verweis: „vgl Samper".

982 *Wesener* schließt hier an das Gesamtbild einer Entwicklung an, die *Samper* gezeigt hat. *Samper* machte darauf aufmerksam, dass die Quellen eine lange Periode der Schwankungen zeigten, ungefähr in der Zeit Diokletians und der Paulus Sentenzen bis in die Mitte des vierten Jahrhunderts: *Samper*, SD 37 (1971) 77: Präterition und Enterbung kennten keine festen Formen mehr, die Sanktion dagegen habe nicht mehr in der Gesamtzerstörung des Testaments bestanden, sondern einfach darin, die *pars debita* zu verteidigen. SD 37 (1971) 102: „...en el derecho vulgar la preterición o exheredatio consiste en cualquier lesión injustficada a la legítima ... su sanción no consiste ya en la caída total del testamento, ... sino simplemente en defender la *pars debita* hasta sus límites exactos."

983 Unsicher, wohin es zu ziehen ist: oben S. 154.

hinaus, dass die nachklassische *q.i.t.* nur noch auf die Quart ging. Sollte der Glossator eine solche Vorstellung von einer „*q.i.t.* nur noch auf die Quart" gehabt haben, so steht dies jedenfalls nicht in Einklang mit der Sentenz, weil Paul. sent. 4.5.7 noch zwischen einem *impleatur* auf das Viertel *citra querellam* und der *q.i.t.* auf den Intestatteil schied. Zur Sentenz sagt *Samper*[984], sie setze ein inoffiziöses Testament voraus („supone un testamento en verdad inoficioso"), in der die „cuotas legitimas" direkt durch richterliche Intervention ergänzt werden („se completan directamente mediante intervención del juez"). Also schon eine gewisse Abkoppelung von einem *iudicium patris*, der vielleicht die Quart hinterlassen wollte, sie aber verfehlte, und eine Ergänzung nicht angeordnet hatte. Die Konstitution 8 unterscheidet sich von der Sentenz auch darin, dass die Mutter eben nichts hinterlassen wollte; *exinanisse* ist ein *nihil relictum* für die anderen *filii*. So wäre man wieder bei der These von *Samper*: eine nachklassische *q.i.t.* bei *nihil relictum* ginge auf die Quart[985]. Aber eine solche singuläre Auffassung hat weder in der Sentenz eine Stütze noch beim westgotischen Interpreten ad §7, der ebenso als Folge der Ergänzung sagte *quia in tali casu inofficiosi actio removetur.*

Kreuter hält *pro ratione quartae* für echt[986], die Worte besagten, „daß der Querelkläger nur seinen Pflichtteil einklagen kann"[987]. Nicht aber folgt *Kreuter* der Ansicht von *Samper*, die nachklassische *q.i.t.* habe nur noch die Quart gewährt, unter anderem mit dem zutreffenden Hinweis, dass derselbe Libellsekretär aus C. 3.29.8pr. (a. 294) kurz davor in C. 3.28.22 (a. 294) entschieden habe, die Haustochter könne „mit der *querella inofficiosi testamenti* zu Recht die ganze Erbschaft erhalten"[988]. Das Argument ist zu vertiefen[989], da *Kreuter* zu den Texten zur *querella inofficiosi dotis*, die *ad exemplum inofficiosi testamenti* auch nur die Quart gibt, CTh. 2.21.1 (a.

---

984 SD 37 (1971) 100.

985 Einem justinianischen Interpolator wäre ein solcher Satz fremd und auch einem spätklassischen Juristen. Und für einen Glossator dazwischen, im Vulgarrecht, sind keine Texte überliefert, die eine „*q.i.t.* nur noch auf die Quart" belegen würden. Zu den Schwächen der These *Sampers* unten S. 299–301 zu den von der Literatur vermuteten Entwicklungslinien.

986 Privatrecht im 5. Jh. n. Chr. 132f.

987 Privatrecht im 5. Jh. n. Chr. 133 und dort gegen *Zoz de Biasio* mit Kritik am verwendeten Ausdruck *causa petendi*: „Anlaß der Klage ist nicht die Quart als solche, sondern die ungerechtfertigte Vorenthaltung der Quart." Gegen die Diktion ist zu sagen: Auf einen „Pflichtteil" hat der Berechtigte einen Anspruch und er muss gegeben werden, auf die querelausschließende Quart trifft weder das eine noch das andere zu. Der Testator kann *ad excludendam querellam* die Quart hinterlassen, wenn er sein Testament gegen die *q.i.t.* sichern will, aber er muss es nicht. Das zeigt, dass bei *Kreuter* das Viertel gar nicht als querelausschließende Quart im überlieferten Sinn aufgefasst ist.

988 Privatrecht im 5. Jh. n. Chr. 136.

989 *Kreuter*, 136 sieht den Unterschied (Totalreszission des Testaments bei der *q.i.t.*, aber *deminuetur pro ratione quartae ad instar inofficiosi testamenti* in der Konstitution 8) und sagt: „Der stereotypen Beteuerung *ad instar inofficiosi testamenti* u.s.w. kommt…keine Bedeutung für die Rechtsfolge im einzelnen zu."

358), und zur *querella inofficiosae donationis*, die nach CTh. 2.20.1 (a. 361) ebenso *ad similitudinem inofficiosi testamenti legibus* eingeführt wurde, sagt, „die beiden Gesetzestexte dürfen nicht überbeansprucht werden. Ähnlich, wenn man es ganz genau nähme, widersprüchlich drückte sich schon Hermogenian aus, CJ 3,29,8 pr (a. 294) *pro ratione quartae ad instar inofficiosi testamenti convicti deminuetur.*"

Doch hat, „wenn man es ganz genau nähme", der Sekretär Nr. 20[990] (Hermogenian) dies eben nicht widersprüchlich ausgedrückt. Der Unterschied, was bei der *q.i.t.* das Testament als inoffiziös beweist und was eine Schenkung maßlos (inoffiziös) macht, ähnlich einem „als pflichtwidrig bewiesenen Testament", geht aus C. 3.28.22pr. hervor, indem dort der *q.i.t.*-Beweis bei *convincatur* mit den Worten *neque iustas causas offensae praestitisse* umrissen ist:

> C.3.28.22pr. (13. Februar 294/Honoré 2198/20)
> *Impp. Diocletianus et Maximianus. AA. et CC. Statillae*
> *Si maritus tuus facto testamento te quidem ex asse scripsit heredem, filia autem quam habuit in potestate exheredata facta minime probetur nihilque ei relictum est neque iustas causas offensae praestitisse convincatur, eam de inofficioso testamento patris querentem totam hereditatem obtinere posse non ambigitur.*

Der Vater hatte seine Haustochter enterbt, ihr nichts hinterlassen und seine Frau, Statilla, zur Alleinerbin eingesetzt. Wenn bewiesen ist, *neque iustas causas offensae praestitisse*, dass die Tochter kein beleidigendes[991] Verhalten gegenüber ihrem Vater setzte – dies ist das Thema eines Inoffiziositätsbeweises einer *q.i.t.* – so kann sie mit der *q.i.t.* die gesamte Erbschaft erlangen. Dagegen sind Schenkungen inoffiziös (maßlos), wenn der Schenker so viel verschenkte, dass *q.i.t.*-Berechtigten nicht ein Viertel ihres Intestatteils aus seinem Vermögen verbliebe. Inoffiziös *ad instar inofficiosi testamenti convicti*, ähnlich dem offensichtlichen Bild eines *pietas*-verletzenden Testaments, heißt, so wie auch ein Testament pflichtwidrig wäre, das auf so viel einsetzte, dass *q.i.t.*-Berechtigte weniger als das Viertel hätten. Die Inoffiziosität ist hier aus der Ähnlichkeit zum typischen Bild einer *q.i.t.* begründet: Enterbte/Übergangene, denen *minus quarta relictum* oder überhaupt *nihil relictum* ist, haben die *q.i.t.* Dass diese behaupten können *testamentum inofficiosum* [*esse*] liegt auf der Hand. Daher kann der Libellsekretär im Reskript C. 3.29.8pr. bei einem *exinanisse* durch die Mutter ohne weiteres von einem *ad instar inofficiosi testamenti convicti* sprechen. Es ist hier das *exinanisse*, das auch ein Testament als inoffiziös „überführt" (beweist) und nicht irgendein Inoffiziositätsbeweis nach Art einer *q.i.t.* Dieser ist gegen maßlose Schenkungen durch die Quart ausgeschaltet, so wie die

---

990 C. 3.28.22 (Honoré 2198/20) und C. 3.29.8 (Honoré 2366/20).

991 Oder ähnlich gesagt: anstößiges/kränkendes/feindseliges Verhalten von erheblicher Art.

Quart zu einem *exclusus* von der *q.i.t.* macht[992]. Sonst müsste man auch hier ein der *quaestio inofficiosi* einer *q.i.t.* nachgebildetes Verfahren gegen den Beschenkten einführen, das genauso schwankend ausgehen kann wie eine *q.i.t.* (ein Verfahren, aus dem der Kläger seinen ganzen Intestatteil ersiegen könnte, oder aber auch nichts davon).

Bauer-Gerland[993] schreibt zur Konstitution 8: „Das entscheidende *pro ratione quartae* wird justinianisch interpoliert sein" (mit erstem Verweis auf Fr. Vat. 270). Sie übernimmt auch das weitere Argument von *O. E. Tellegen-Couperus*, wonach „die Möglichkeit, den Pflichtteil zu ergänzen, nicht eingeführt worden wäre, wenn über die *querela inofficiosae donationis* ohnehin nur der Pflichtteil erzielt werden konnte"[994].

Sanguinetti[995] meint, der Ausdruck *ad instar inofficiosi testamenti convicti* sei nicht auf *pro ratione quartae* zu beziehen („... l'espressione *ad instar inofficiosi testamenti convicti* non deve essere riferita alle parole *pro ratione quartae*"), weil die *q.i.t.* nie auf das Viertel ging, auch unter Justinian nicht. *Ad instar* rell. sei auf etwas anderes zu beziehen, nämlich einerseits auf *ratio quae aditum querellae deposcit* in dem Sinn, dass die Schenkungen insoweit inoffiziös seien, soweit sie andere *filii*, die durch die *q.i.t.* geschützt sind, verletzten („...da un lato alla *ratio quae aditum querellae deposcit*, nel senso che gli imperatori intendevano in sostanza dire che le donazioni erano colpite in quanto inofficiose, cioè lesive delle aspettative di quei prossimi congiunti che, nei confronti del testamento, erano tutelati con la *querela inofficiosi testamenti*"[996]); andererseits auf die *ratio* „che fissava nel quarto di quanto spettava per successione legittima ciò che doveva essere tolto all'istante." (das Viertel, das bei Intestatsukzession abgezogen werden müsse)[997].

Dass von einem *exhaurire* erst bei *quarta non retenta* zu sprechen ist, sagt Fr. Vat. 270.

Fr. Vat. 270 Divi Diocletianus et Constantius Caeciliae Anagrianae (a. 294)
Si donationibus in unam filiam conlatis quarta non retenta patrimonium exhaustum in fraudem ceterorum filiorum probetur, has rescindi ad instar inofficiosi testamenti sacris

992 Dies ist gerade der Kern der Sache: die Reskripte geben die querelausschließende Quart (und nicht einen „Pflichtteil"), weil die Schenkerin einen *q.i.t.*-Prozess unmöglich machte und man nun nicht mehr wissen wird, wie ein Inoffiziositätsbeweis einer *q.i.t.*, hätte sie so testiert, wie sie verschenkt hatte, ausgegangen wäre.

993 Erbrecht 120.

994 Erbrecht 120. Einwände dagegen oben zu *Tellegen-Couperus*.

995 Dalla querela 30f.

996 Die Nächsten, die gegen das Testament mit der *q.i.t.* geschützt waren. Wieder eine Nuance und ein Anklang an die Idee, die Ähnlichkeit betreffe nur das Recht zu klagen (*Glück*)?

997 Die Meinung blieb mir dunkel.

> *constitutionibus parentum nostrorum evidenter continetur. Matre quoque filiae res venum dante nihil ei auferri posse non ambigitur. Subscripta V kal. Mai. Sirmi Caesaribus conss.*
> Wenn bewiesen wird, dass das Vermögen durch auf eine Tochter konzentrierte Schenkungen, ohne die Quart zurückzubehalten, zum Nachteil der übrigen Kinder erschöpft ist, so ist augenscheinlich in den unverbrüchlichen Konstitutionen unserer Väter enthalten, dass diese [Schenkungen] nach dem Vorbild des pflichtwidrigen Testaments aufgehoben werden. Wenn die Mutter der Tochter Sachen auch zum Verkauf gibt, so unterliegt es keinem Zweifel, dass ihr [der Tochter] nichts entzogen werden kann.

Hat die Mutter durch mehrere Schenkungen an eine Tochter ihr Vermögen erschöpft, sind ihre anderen Kinder berechtigt, alle Schenkungen, die *quarta non retenta*[998] maßlos waren, zu reszindieren. Schenkungen, nach denen der Mutter ein Viertel ihres Vermögens verblieb, sind nicht reszissibel, aber alle Schenkungen darüber hinaus sind es. Auf diese bezieht sich *has rescindi.*

Kritisch ist ein Gesamtakt mehrerer Schenkungsgegenstände: Die Mutter schenkte ihrer Tochter den *fundus* A, ferner den *fundus* B, beide zusammen erreichen bereits drei Viertel ihres Vermögens, dazu noch den *fundus* C und noch weitere Sachen; sind nur *fundus* C und die weiteren Sachen ganz reszissibel[999]? Zeitlich gestreckt scheint es klarer: die Mutter schenkte das Anwesen A (Wert drei Viertel ihres Vermögens), später noch den *fundus* B und dann auch noch den *fundus* C; die *fundi* B und C sind zur Gänze reszissibel. Mit Schenkung A lag noch *quarta retenta* vor, dann, bei den Schenkungen B und C, schenkte die Mutter bereits *quarta non retenta*. Pflichtwidrig *ad instar inofficiosi testamenti* sind diese Schenkungen, weil die Mutter durch sie den *ceteri* die Quart nicht mehr hinterließ und damit der Fall eintrat, dass die beschenkte Tochter mehr als drei Viertel aus dem Vermögen hat und die *ceteri* weniger als ein Viertel nach der Mutter erbten. Wäre die beschenkte Tochter Testamentserbin des Geschenkten, so läge ein typischer Fall der *q.i.t.* vor, *quarta retenta* für die *ceteri* hätte ihn ausgeschlossen.

Meinungen der Literatur ziehen Fr. Vat. 270 für die Behauptung heran, die *q.i.d.* gehe auf Gesamtreszission[1000]. So schreibt etwa *Zoz de Biaso*[1001]: „Anche qui si agisce per l'intero e non limitamente alla reintegra della quota." Kritisch ist dann die Interpretation des Kriteriums *quarta non retenta/quarta retenta*, wonach eine *quarta non retenta donatio* reszissibel, aber eine *quarta retenta donatio* nicht *in fraudem ceterorum filiorum* gemacht ist. Folgende Fälle sind zu diskutieren: *Zoz*

---

998 So kommt es überall in den Konstitutionen Diokletians vor, vgl. auch Fr. Vat. 271.

999 Zum Problem eingehender unten bei der Nov. 92 cap.1.

1000 *Krüger*, SZ 60 (1940) 88: „...wie das Testament, so auch die Schenkung ... ganz hinfielen" mit Zitat „Vat. fr. 270: has (donationes) rescindi ad instar inofficiosi testamenti." Ferner *Bauer-Gerland*, Erbrecht 120.

1001 Rimedi 113.

de Biasio geht offenbar nur von dem Fall aus, dass alle Schenkungen drei Viertel überstiegen und interpretiert das *has rescindi* im Sinne einer Gesamtreszission aller Schenkungen, so dass der Tochter gar nichts aus den Schenkungen bliebe. Damit gerät man in einen Wertungswiderspruch zur Fallvorstellung, dass sich mehrere Schenkungen letztlich über die Grenze von drei Viertel des Vermögens der Mutter summierten. In den zwei Fallkonstellationen, a) schon die erste Schenkung überstieg drei Viertel des Vermögens der Mutter und alle weiteren (wenn die Mutter kein weiteres Vermögen erwarb) somit ebenso[1002] und b) mehrere Schenkungen an ihre Tochter, die die Mutter etwa nach und nach machte, erschöpften zusammengenommen das Vermögen der Mutter, scheint nach dem Kriterium *quarta non retenta donatio in fraudem ceterorum filiorum* Rechtens: im Fall a) unterliegen zwar alle Schenkungen der Reszission, aber nicht der Gesamtreszission, sondern der Teilreszission so, dass die *ceteri* das Viertel haben; so wäre auch von einer *fraus* nicht zu sprechen gewesen. Und im Fall b) sind *donationes retenta quarta* bestandskräftig, und bei allen *donationes retenta non quarta* kann sich der Fall ergeben, dass alle der Gesamtreszission unterliegen[1003].

Das Responsum setzt mit dem Fall fort, dass unter den Schenkungen[1004] auch Sachen sind, die die Mutter der Tochter zum Verkauf gab: *Matre quoque filiae res venum dante*[1005] *nihil ei auferri posse non ambigitur* (wenn die Mutter der Tochter Sachen auch zum Verkauf gibt, so unterliegt es keinem Zweifel, dass ihr nichts entzogen werden kann).

Ist statt einer Schenkung ein Verkauf bewiesen, kann dies die Gesamtsituation so ändern, dass nun eine Reszission auch der übrigen Schenkungen ausgeschlossen ist. Dabei zeigt sich ein Zusammenhang der Folgen, der auch das Problem eines bloß simulierten Verkaufs in den Griff bekommt. Gibt etwa die Mutter mit der Schenkung A drei Viertel ihres Vermögens an die Tochter ab, so wäre eine weitere Schenkung B reszissibel. Beweist die Tochter für A einen Kauf, entfiele auch die Reszission der Schenkung B. Ist für A in Wahrheit ein Kauf bloß simuliert, ist B reszissibel. Ist A

1002 Davon scheint *Zoz de Biasio* auszugehen, so dass auf die These zurückzuschließen sei: gibt es nur eine maßlose Schenkung über drei Viertel, so ist sie gesamt zu reszindieren.

1003 In einem Fall, wo die Mutter immer wieder der Tochter schenkte und irgendwann die Grenze zu drei Viertel überschritten war, ist es leichter, die reszissiblen Schenkungen zu identifizieren: die erstmals überschreitende Schenkung kann auch noch teilweise reszissibel sein, alle späteren dann gesamt. Zur Beurteilung der Inoffiziosität bei jedem einzelnen Schenkungsakt vgl. oben die Meinung von Kalokyros: δωρεῖται δὲ τις οὐκ ἐπὶ περιγραφῇ, ὅτε πολλάκις κατέσχε τὸ δ'.: Es schenkt aber nicht jemand zur Benachteiligung, sooft er jedesmal das Viertel übriglässt.

1004 Immer noch ist von *donationibus* des Textanfangs, von einer Mehrheit von Schenkungen, auszugehen.

1005 Gebräuchlicher ist zusammengeschriebenes *venumdare* = verkaufen (wohl als Supinum zu erklären zur Bezeichnung des Zwecks; vgl. *Kühner*, Lateinische Grammatik 2. Teil, 1. Bd. 487 Anm. 9: „Akkusativ des Ziels sind auch die Supina auf um" mit Angabe von *venum dare*).

zu billig verkauft, kann dies für B auf eine Teilreszission hinauslaufen. Es hinge dann von der bewiesenen Preiszahlung ab, ob dadurch nun weitere Schenkungen nicht mehr reszissibel sind oder am Ende gar keine Schenkung mehr reszissibel ist, tendenziell: je mehr Geld (also reale Preiszahlung) ins mütterliche Vermögen zurückfloss, desto eher sind weitere Schenkungen bestandskräftig. Es ist nun aber durchaus denkbar, das Textstück *Matre quoque filiae res venum dante* – wegen des Präsenspartizips[1006] – auch als Teil einer Testamentsbestimmung zu sehen, um zu dokumentieren, die Mutter habe die Preiszahlung gestundet und wolle, dass die Tochter den Preis in den Nachlass zahle. Dem Problem eines simulierten Kaufes wäre so die Spitze genommen. Dass unbekannte Interpreten des Usus modernus dies möglicherweise so verstanden haben, ließe sich daraus erschließen, dass aus Fr. Vat. 270 eine Vorlage für die Praxis des Usus modernus hervorgegangen sein könnte, auf die sich eine Testamentspraxis dieser Zeit zurückführen ließe. *Leyser*[1007] überliefert den Fall: „Hat…in seinem letzten Willen verordnet/daß seine Töchter ein mehres nicht/als ihre Legitimam, von seiner Verlassenschafft an Erbe bekommen sollen/und nach bereits verfertigten letzten Willen sein Guth…/welches alle Stunden über 40000.fl. werth/an den einen Sohn vor 30000. fl. verkauffet/auch ihm dabey/daß er die Kauff-Gelder allererst binnen Jahr und Tag nach des Testatoris Tode in die Erbschafft werffen möge/nachgelassen".

Nihil in Fr. Vat. 270 ist auf *res venum dante* zu beziehen, also *nihil <eorum> ei* (scil. *filiae*) *auferri posse* zu lesen. Von den verkauften *res* unterliegt keine der Reszission, von den anderen *res* aber alle (*has rescindi* ist auch hier mitzudenken)[1008]. Diese Schenkungsgegenstände sind nach den überkommenen Konstitutionen reszissibel, wobei *ad instar inofficiosi testamenti* „nach dem Maß der querelausschließenden Quart" meint, weil nur insoweit, als die *ceteri* das Viertel ihrer Intestatportion nicht haben, auch ein Testament, wäre die *filia instituta* des Geschenkten, inoffiziös wäre. Das Kriterium *quarta non retenta* ist hier sprechend.

§ 18 Die Texte des Constantius

Drei Texte sind hier zusammenzustellen, die zusammengenommen das Reskript an Olybrius bilden. Sie stehen unter der thematischen Klammer von *q.i.t.*, *q.i.d.* und *repleatur*-Klausel.

1006 *Dante* im Wechsel zu *donationibus conlatis* der Vergangenheit.

1007 Meditationes, Vol. II 279.

1008 Wenn man an eine Umgehungspraxis denkt und den Fall so auffasste, dass unter den Schenkungen *res* sind, die geschenkt und (dann?) von der Mutter der Tochter verkauft sind (um nachträglich das *non retenta quarta* durch die Entgeltlichkeit auszuschalten?), so kaufte die Tochter die eigene Sache von der Mutter.

CTh. 2.19.4, CTh. 2.20.1 = C. 3.29.9: *minus quarta relictum* durch übermäßige *donatio* an den Testamentserben, korrigiert durch Ergänzungsklausel:

Ein *minus quarta relictum* berechtigt zur *q.i.t.*, eine suppletorische Klausel schlösse sie aus. Ist deswegen *minus quarta relictum*, weil der Erblasser den Testamentserben übermäßig beschenkt hatte, so ist gegen die Schenkungen auch eine *q.i.d.* thematisch.

CTh 2.19.4 Imp. Constantius Olybrio[1009] (19. Mai 361)
Cum scribit moriens, ut arbitratu boni viri, si quid minus sit relictum quam modus quartae, qui per successionem bonis tantum liberis debetur, efflagitat, id ipsum ab herede iisdem in pecunia conpleatur, manifestum est nullam iam prorsus nec super testamento nec super donationibus querellam remanere, praesertim cum universam eandem repellat et reprimat, quae ad pecuniam redigit, iusta taxatio.

Das Reskript ist fortgesetzt mit

CTh. 2.20.1 Constantius Olybrio (19. Mai 361)
Illud omnino dubitari non convenit, quod inmodicarum donationum omnis querella ad similitudinem inofficiosi testamenti legibus fuerit inducta et sit in hoc actionis utriusque vel una causa vel similis aestimanda, vel idem et temporibus et moribus.

C.3.29.9: Imperator Constantius (a. 361)
Non convenit dubitari, quod immodicarum donationum omnis querella ad similitudinem inofficiosi testamenti legibus fuerit introducta et sit in hoc actionis utriusque vel una causa vel similis aestimanda vel idem et temporibus et moribus.

Die Ergänzungsklausel der in CTh. 2.19.4 mitgeteilten Fassung dürfte von einer längeren Praxis zum *q.i.t.*-Ausschluss herkommen (arg.: *manifestum est*); dass sie auf die *q.i.t.* zugeschnitten ist, zeigt *ab herede conpleatur*. Eine entsprechende Klauselfassung zum *q.i.d.*-Ausschluss, die sinngemäß *ab donatore conpleatur* zu lauten hätte, ist nicht überliefert. Die überkommene Fassung zur *q.i.t.* wirkt allerdings ohnedies gegen beide Querelen ausschließend. Möglicherweise wollte Olybrius mit seiner Anfrage nur wissen, ob die Klauselfassung auch die Schenkung stabilisiert, so dass aus dem Geschenkten nichts zurückgerufen wird, sondern nur der Erbe in Geld ergänzen muss (das heißt, wenn der Erbe zugleich der Beschenkte ist, er vom Geschenk selbst nichts abgeben muss). Das Reskript trennt nicht mehr in zwei Querelen, sondern vereinheitlicht sie. Allgemein gesagt, beklagen sich *q.i.t.*-Berechtigte über eine Schenkung, mit der mehr als drei Viertel verschenkt sind, und über das

1009 Zu diesem Textteil bereits oben S. 152.

Testament, das ihnen weniger als ein Viertel hinterlässt. In CTh. 2.20.1 ist der Gedanke einer einheitlichen Sicht auf die beiden Beschwerden mit *omnis querella ad similitudinem testamenti*, auf die Pflichtwidrigkeit des Testaments zurückgeführt. Der Sinn ist so zu erfassen: hätte der Beschenkte das Geschenk als Testamentserbe, so wäre das Testament gegenüber *q.i.t.*-Berechtigten inoffiziös[1010].

Motiv der Anfrage kann gewesen sein, dass die Söhne immer schon meinten, ihr Vater habe zu viel verschenkt und der Beschenkte vielleicht meinte, die Söhne seien ohnehin *ingrati* gegenüber ihrem Vater. Mit der *conpleatur*-Klausel sagte der Vater stillschweigend, dass er seine Söhne für *grati* hielt, indem sie nicht weniger als das Viertel haben sollen. So ist ein Indiz für die Absicht der Streitschlichtung durch die beabsichtigte Klausel im *efflagitat* zu sehen.

Die folgenden Erwägungen sind nur noch von theoretischer Bedeutung, im Reskript spielen sie keine Rolle. Der Sachverhalt ist in zwei Versionen zu bilden. Auszugehen ist von mehreren Söhnen, etwa f1 und f2, denen weniger als das Viertel hinterlassen ist (durch Fideikommiss oder Vermächtnis), einem Testamentserben, der auf die Quart der Söhne in Geld ergänzen soll (*in pecunia conpleatur*), ferner von einem vom Erblasser unter Lebenden Beschenkten.

1.) Möglicherweise textnäher ist die Version, dass der Testamentserbe auch der Beschenkte ist.

Unter der Annahme, dass das Geschenkte noch im Nachlass wäre, betrage dieses beispielsweise 200, die Quart für f1 und f2 wäre somit je 25, beiden ist *minus quarta relictum*, etwa jeweils 20 (vermacht oder fideikommissarisch hinterlassen). Angenommen, die ganzen 200 wären dem Erben geschenkt, der Nachlass somit Null. Die grundlegende Ausgangsfrage lautet: wäre das Geschenkte noch im Nachlass, läge dann ein Fall der *q.i.t.* vor, wenn man den Beschenkten so ansähe, als wäre er ein Testamentserbe des Geschenkten? Hier hätten f1 und f2 gegen den Erben und zugleich Beschenkten die *q.i.t.* oder die *q.i.d.*, das *conpleatur* auf die Quart schließt aber beide aus. *Conpleatur*-Klausel, *q.i.d.* auf das Viertel und *q.i.t.*-Ausschluss durch die Quart decken sich; f1 und f2 bekommen im Beispiel je 5, was ihnen die *q.i.t.* und *q.i.d.* nimmt.

2) Testamentserbe und Beschenkter sind nicht ident.

a) Wäre auch der Testamentserbe ein *q.i.t.*-Berechtigter, so hätte er die *q.i.d.* gegen den Beschenkten und die Pointe wäre, dass von der Schenkung so viel in den Nachlass zurückkehren muss, dass der Erbe die Ergänzung in Geld erfüllen kann und ihm dann noch das Viertel verbleibt. Eine Vermächtnis- oder Fideikommisskürzung für f1 und f2 wäre vermieden, weil der Erbe die *q.i.d.* hat, die seinen Nachlass auffüllt.

b) Wäre der Erbe eine *extraneus*, so hätte er keine *q.i.d.* gegen den Beschenkten. Da er ein *minus relictum* in Geld ergänzen soll (und nicht unbedingt aus dem Nachlass), so wäre es

---

1010 Nach dem einfachen Vorbild der Fallfigur: *q.i.t.*-Berechtigte, denen weniger als das Viertel hinterlassen ist, haben die *q.i.t.* gegen den Testamentserben.

nun seine Sache, ob er antritt oder ausschlägt. Tritt er an, so muss er ergänzen und eine *q.i.d.* von f1 und f2 gegen den Beschenkten ist damit ausgeschlossen. Schlägt er aus, so haben f1 und f2 als Intestaterben eines leeren Nachlasses die *q.i.d.* gegen den Beschenkten.

I. Parallelisierungen: omnis querella ad similitudinem inofficiosi testamenti

Zwei Mal taucht nun die Bezeichnung *actio* auf, zuerst im Jahr 358 bei der neu eingeführten Klage wegen übermäßiger Mitgift (*adversus dotem immodicam*, CTh. 2.21.1 = C. 3.30) und wenig später auch bei der Querel wegen übermäßiger Schenkungen (CTh. 2.20.1 = C. 3.29.9 [a. 361]).

Die *una causa*, das, was Anlass zur Klage gibt, der gleiche oder ähnliche Klagegrund jeglicher Querel *ad similitudinem inofficiosi testamenti*, von der die beiden Texte CTh. 2.20.1 = C. 3.29.9 sprechen, ist nach der Wortwendung in der Inoffiziosität zu sehen, wie sie daraus hervorgegangen ist, ein Testament als inoffiziös oder als nicht inoffiziös zu nennen[1011].

Non potest dicere inofficiosum [scil. *testamentum*], *quia habet Falcidiam* sagte Ulpian in D. 5.2.8.9, wie es zuvor schon im Plinius-Brief argumentiert ist[1012]. Nach dem Muster des Maßes der querelausschließenden Quart ist diese innere Rechtfertigung aus einem bloßen Argument, wie sie bei der *q.i.t.* gebildet wurde, auch bei der *q.i.d.* nachgebildet.

So wie ein Testator nicht inoffiziös testiert, wenn er einem *q.i.t.*-Berechtigten das Viertel hinterlässt, so schenkt er auch nicht inoffiziös, wenn *q.i.t.*-Berechtigten das Viertel verbleibt. Fr. Vat. 270 nannte dies auch als ein Kriterium. So beginnen die Reskriptstexte zum Titel *de inofficiosis donationibus* schon bei C. 3.29.1 mit *utpote quartam partem non habentibus*; so viel verschenken, dass *q.i.t.*-Berechtigten nicht einmal ein Viertel verbleibt, macht die Schenkung inoffiziös (richtiger scheint: maßlos)[1013] und so spricht auch C. 3.29.9 von *immodicarum donationum omnis querella ad similitudinem inofficiosi testamenti*.

Ob die Worte der *una causa ad similitudinem inofficiosi testamenti* meinen, es sei nun auch eine *quaestio inofficiosi* nach Art einer *q.i.t.* eingeführt, lässt sich nicht nachweisen.

Zum *exinanire*/*exhaurire* (C. 3.29.8), wie es bei den Reskripten auf *revocare* maßloser Schenkungen vorkommt, kommt 358 die Konstitution zur *dos inofficiosa*

1011 Oben, Paul. sent. 4.5.5; Ulp. D. 5.2.8.9.

1012 Oben schon vielfach erwähnt: Deine Mutter hätte auch so testieren können, dass sie dich mit Vermächtnissen überschwerte; dann hättest du auch nur das Viertel. Kannst du dich also beschweren?

1013 C. 3.29.7: *…ita patrimonium suum…exhausit, ut quartae partis dimidium, quod ad excludendam inofficiosi testamenti querellam … sufficeret …* .

(CTh. 2.21.1; C. 3.30) mit ...*omnia bona...dote...exhausta* hinzu, aber schon mit der „Konkordanz", *ad exemplum inofficiosi testamenti adversus dotem immodicam exercendae actionis copia tribuatur...*, dass nach dem Beispiel des pflichtwidrigen Testaments die Möglichkeit zu einer Klage gegen eine maßlose Mitgift gewährt wird:

> CTh.2.21.1 [= brev.2.21.1]
> *Imp. Constantius A. ad Maximum praesidem Ciliciae.*
> *quum omnis hereditas dote dicatur exhausta, concordare legibus promptum est, ut ad exemplum inofficiosi testamenti adversus dotem immodicam exercendae actionis copia tribuatur, et filiis conquerentibus emolumenta debita deferantur.*
> *interpretatio. quoties per dotem ita omnis hereditas evacuata probatur, ut quarta hereditatis ipsius non fuerit reservata, liceat filiis ad similitudinem inofficiosi testamenti contra dotem agere et debitam sibi portionem ex lege repetere*

> C.3.30.1: Imperator Constantius A. ad Maximum praes. Ciliciae (a. 358)
> *Cum omnia bona a matre tua dote dicantur exhausta, concordare legibus promptum est, ut ad exemplum inofficiosi testamenti adversus dotem immodicam exercendae actionis copia tribuatur et filiis conquerentibus emolumenta debita deferantur.*

Dass die so genannte *querela inofficiosae dotis* – richtiger ist *actio* – auf das Viertel geht, ist unstrittig. Die Interpretatio erläutert *immodicam* mit dem von den Reskripten her bekannten *ut quarta hereditatis ipsius non fuerit reservata* (in den Reskripten heißt es *non retenta quarta*). Während die Reskripte zu den maßlosen Schenkungen zunächst noch von *revocari* (D. 31.87.3), *revocabitur* (C. 3.29.7), unmittelbar vom „Zurückrufen in den Nachlass", sprachen, ist mit Constantius nun bei den *inofficiosis donationibus* eine *querella* als *actio* da.

§ 19 Häufung einer Teil-*q.i.d.* mit einer Teil-*q.i.t.* in der *relatio* 19 (= lib. X. epist. 39) des *Symmachus* (a. 384–385)?

Die Relation 19 beginnt mit der Schilderung von Streitpunkten zur Prozessvertretung[1014], die hier weggeblendet sind. Dort ist die Klägerin genannt (in §§1 und 2), die *femina senior Martiana*[1015]; sie verklagte die minderjährige *Martiana iunior*, die Tochter ihres verstorbenen Bruders *Placidianus*. Die Mutter der Klägerin und

1014 *Giglio*, RIDA 41 (1994) 207ff. befasst sich nur mit diesem Problem.
1015 Auch sie ist mittlerweile verstorben, ihre Erben setzten die Klagen fort.

ihres Bruders, die *Prisca*, hatte den *Placidianus*, als er noch lebte, übermäßig beschenkt. *Placidianus* starb noch vor seiner Mutter. In ihrem Testament setzte die Mutter (*Prisca*) dann Kinder des *Placidianus* ein, §6 *Priscae matris suae testamento neptes eius ex Placidiano genitas hereditatem cepisse dixisset* (*dixisset*: das brachte der Prozessvertreter vor), unter ihnen aber nicht die Beklagte *Martiana iunior*. Diese war von ihrer Großmutter *Prisca* weder beschenkt noch von ihr testamentarisch eingesetzt. Sie hatte aber ihre Schwester, die von der Großmutter eingesetzt war, beerbt, §7 *cui soror Martiana successit*. Bedeutsam für die Rekonstruktion des Erbrechtsstreits sind die Textausschnitte aus §6 und §7 der Relatio 19, eine Berichtszusammenfassung der Wechselrede der Prozessvertreter:

> *§6: Facto igitur aditu de precibus disputandi defensor clarissimae feminae Martianae notare sibi visus est mendacium supplicantis, quod, cum Priscae matris suae testamento neptes eius ex Placidiano genitas hereditatem cepisse dixisset, non omnes neptes ab ea scriptas probaret heredes. Responsum est, de his tantum, quas avia heredes instituit, supplicatum, nec unquam factam omnium mentionem, sed earum, quibus fuerat delata successio.*
> *§7: His deiectum curatoris patrocinium coepit exigere, ut petitor ediceret, ex quibus nominibus propositae descenderent actiones. Tunc e diverso veniens, ex Placidiani clarissimi viri nomine, qui pater adultae fuit, immodicarum donationum causa manasse respondit; supplementum vero unciarum ab herede Placidiae, cui soror Martiana successit, asseruit postulari. Haec adversarius eatenus refellebat, ut diceret, clarissimam feminam iuniorem Martianam non Placidiani tantum patris successionem, sed etiam Placidiae germanae suae pro certis unciis consecutam, nec tamen ullam Placidiae mentionem precum serie contineri. (§8…).*

In §6 sind die Personen der Vorgeschichte genannt, sachlich interessiert §7 mit den Prozessstandpunkten. Der Prozessvertreter der Beklagten (das war hier der *curator* der minderjährigen *Martiana iun.*) …*coepit exigere*[1016]

> …begann zu verlangen, dass der Kläger darlege, aus wessen Person („aus welchen Namen") die vorgebrachten Klagen herrühren. Darauf antwortete (erwiderte) [der Klagevertreter], sie komme aus verschiedenen; [eine] aus der Person des dem Namen nach sehr bekannten *Placidianus*, der der Vater der Minderjährigen ist, wegen der unmäßigen Schenkungen hervorgegangen, die Ergänzung aber auf die *unciae* werde von der Erbin der *Placidia*[1017], der ihre Schwester *Martiana* nachgefolgt ist, verlangt, behauptete er. Dies versuchte der Prozessgegner insoweit zu widerlegen[1018], als er sagte, dass die sehr bekannte Frau,

1016 Ich übersetze im Folgenden ab diesen Worten.
1017 So wäre gemeint: Erbin nach der *Placidia* (Gen. objectivus).
1018 *Refellebat* ist offensichtlich ein Imperfectum de conatu (er versuchte es).

Martiana, die jüngere, nicht nur die Nachfolge nach ihrem Vater *Placidianus*, sondern auch nach ihrer leiblichen Schwester zu bestimmten Erbteilen angetreten habe, und dennoch nicht irgendeine Erwähnung der *Placidiana* in der Vorgängerreihe des Klageersuchens enthalten sei[1019].

In der Abfolge der Erbgänge lassen sich die Konsequenzen so gliedern:

1) Der übermäßig beschenkte *Placidianus* starb; seine Tochter *Martiana iun.* beerbte ihn; ob auch seine andere Tochter *Placidia* steht nicht im Text, ist aber möglich. Ob noch andere ihn beerbten, wissen wir nicht. Mit der Sukzession der *Martiana iun.* nach ihrem Vater ist die *q.i.d.* noch nicht entstanden, da die Großmutter (*Prisca*) da noch lebte[1020].
2) Die Großmutter (*Prisca*) starb; *neptes eius* (ihre Enkel) *ex Placidiano* beerbten sie aus Testament – wieviele wissen wir nicht – darunter (vermutlich) die *Placidia*, nicht aber die *Martiana iun.* Die *Martiana sen.* ging nach ihrer Mutter *Prisca* leer aus.
   a) Jetzt ist die *q.i.d.* entstanden, geteilt gegen die Teilerben nach dem Vater; möglich ist also, dass die *Martiana sen.* nun eine Teil-*q.i.d.* gegen die *Placidia* geltend machte (der Text schweigt dazu). Ob da auch schon, oder erst später, gegen die *Martiana iun.*, ist fraglich.
   b) Und jetzt wäre auch eine *q.i.t.* der *Martiana sen.* gegen die von ihrer Mutter eingesetzten Teilerben da; erhob die *Martiana sen.* eine Teil-*q.i.t.* unter anderem gegen die von ihrer Großmutter eingesetzte *Placidia*? (Der Text schweigt auch hier)[1021].
3) Die *Placidia* starb und ihre Schwester *Martiana iun.* beerbte sie zu *certis unciis* (als Teilerbin). Damit sukzediert die *Martiana iun.* auf Beklagtenseite im Umfang ihrer Erbquote in die gegen ihre Schwester erhobenen Klagen, also (möglicherweise) in die Teil-*q.i.t.* und (möglich) in die Teil-*q.i.d.* (das ist nicht sicher belegt, aber denkbar). Dazu kommt nun die Teil-*q.i.d.* der *Marciana sen.* gegen sie als Erbin (Teilerbin) ihres beschenkten Vaters. So entstünde eine Häufung von Teil-*q.i.t.* und Teil-*q.i.d.*, und zwar möglicherweise schon eine zweite nach einer ersten Häufung gegen ihre Schwester (in die sie geteilt im Umfang ihrer Erbquote, *pro certis unciis*, sukzedierte). Nun der Textteil: Der Kurator begann zu verlangen, dass der Kläger darlege, aus wessen Person („aus welchen Namen") die vorgebrachten Klagen erfließen. Darauf die zu interpretierende

1019 Der Kurator wendet damit fehlende Schlüssigkeit der Passivlegitimation ein, eine lückenhafte Kette im Vorbringen der Kläger.

1020 Eine *q.i.d.* konnte noch nicht entstehen, solange sich nicht herausstellte, dass *Martiana sen.* das Viertel nach ihrer Mutter nicht haben wird.

1021 Nimmt man eine (fortgesetzte) Teil-*q.i.t.* gegen die *Marciana iun.* an, so muss man die Teil-*q.i.t.* (*praeparata* oder *instituta*) gegen ihre Schwester bejahen.

Antwort: *e diverso … ex Placidiani … nomine, … immodicarum donationum causa manasse …, supplementum vero unciarum ab herede Placidiae, cui soror Martiana successit.*

Die Auffassung von *supplementum vero unciarum* ist umstritten. Wenn *unciarum* auf den späteren Textteil *Placidiae germanae suae pro certis unciis consecutam* zu beziehen und zu lesen ist *supplementum vero <pro parte> unciarum* (die Ergänzung aber im Umfang der Erbquote nach ihrer Schwester), so ist dies die von *Bethmann-Hollweg* in seiner Anmerkung 24)[1022] vorgeschlagene Interpretation, mit der er sich gegen *Gothofredus* wandte und schrieb: „Die Worte des §7., supplementum vero unciarum ab herede Placidiae, cui soror Martiana successit, asseruit postulari, heißen: das Uebrige aber werde von der Erbin der Placidia, d. i. von ihrer Schwester Martiana, welche sie beerbt habe, gefordert, und zwar im Verhältnis der unciae, des Theils, zu welchem diese ihre Schwester beerbt habe. Vgl das folgende successionem – Placidiae germanae pro certis unciis consecutam. *Gothofr. ad L. un. C.Th. de inoff. don* (2.20) versteht das supplementum unciarum von der Ergänzung des Pflichttheils der Klägerin, und beweist daraus, daß die querela inoff. donationis gegen Descendenten nur eine actio suppletoria gewesen."

Die Lesart von *Bethmann-Hollweg* mag noch durch die Textpassage, in der der Klagevertreter erwiderte, unterstützt sein; dieser sagte, die Klage sei ausreichend bestimmt, die Beklagte besitze zu einem bestimmten Erbteil die in Streit gezogenen Sachen: *…rem se obnoxiam persequi designatis titulis actionum, et id quod in litem venit pro certa parte Martianam clarissimam feminam possidere, eiusque nomen cum designatione causarum doceret precibus comprehensum …* . Auch hier kommt *pro certa parte possidere* vor, wenn auch nicht das Wort *unciarum*. Noch andere Lesarten von *supplementum vero unciarum* rell. sind auszuloten, der kritische Textteil lässt sich auf verschiedene Weise übersetzen. a) Die Ergänzung aber auf die Unzen[1023] von der Erbin, *Placidia*. Dann sind es die Unzen, die die *Martiana sen.* ergänzend zur Teil-*q.i.d.* noch haben will. Sie verklagte die *Martiana iun.* als Teilerbin ihres beschenkten Vaters *immodicarum donationum causa*, wegen der unmäßigen Schenkungen, die Ergänzung aber (scil. auf die *q.i.d.*) verlange sie von allem, was die *Martiana iun.* aus dem großmütterlichen Vermögen hat, und zwar als Teilerbin nach ihrer Schwester. b) Die Ergänzung aber von den *ab herede*-Unzen der *Placidia* = von den Unzen, die die *Placidia* von der *Prisca* erbte. Dann sind es die Unzen, die die *Placidia* von der Großmutter *ab herede* besaß; syntaktisch ist dies so zu begründen: *unciarum ab herede* gehört zusammen[1024] mit dem Sinn:

1022 Civilprozeß, 3. Bd. 360.

1023 *Unciarum* als Gen. objectivus.

1024 *Ab herede* also adnominal zu *unciarum* gestellt: von den Erbteilszwölfteln der *Placidia*.

die Unzen aus dem Erbrechtstitel (*ex testamento* der Großmutter), die die *Placidia* hatte (*Placidiae* als Gen. possessivus zu *unciarum*[1025]), und *unciarum* ist Gen. partitivus[1026] zu *supplementum* (Ergänzung von den Unzen). Der Sinn des Satzes ist dann die Präzisierung: die Ergänzung von den Unzen, die die Placidia von der Großmutter erbte und nicht von ihrem anderen Vermögen. Oder c) der Vorschlag von *Bethmann-Hollweg*, auf den die weitere Literatur verengt ist. Da sind die Unzen die Erbteile, zu denen die *Marciana iun.* die *Placidia* beerbte; der *cui soror Martiana successit*-Nebensatz wiederholte dies dann nur, während in der Version b) nacheinander die zweifache Teilung ausgedrückt ist: Unzen (Erbteile) der *Placidia* aus dem großmütterlichen Testament, in die die *Martiana iun. pro certis unciis* nachgefolgt ist. Nach den Übersetzungsversionen ist möglich, dass der Klagevertreter meinte, alles, was die *Martiana iun.* an großmütterlichem Vermögen besitze, sei der *q.i.d.* unterworfen. Dann wäre möglicherweise gar keine Häufung einer Teil-*q.i.d.* mit einer fortgesetzten Teil-*q.i.t.* gegen die verstorbene Schwester anzunehmen[1027]. Der Plural der Klagen erklärte sich aus der Mehrheit der Nachfolgen, der Beklagtenvertreter fragte nur nach den „Namen", aus denen sich die Klagen ergeben (*ex quibus nominibus propositae descenderent actiones*); der Plural *actiones* ist also noch nicht zwingend auf die Klagenart zu beziehen. Nimmt man – ebenso gut haltbar – eine Teil-*q.i.t.* gegen die *Placidia* an, in die die *Martiana iun.* auf Beklagtenseite nachfolgte, steht der Gedanke, dass die Quart die *q.i.t.* verhinderte, nicht entgegen. Der *Martiana sen.* verblieb nach den Schenkungen nicht das Viertel. Mit der Teil-*q.i.t.* soll nur die Teil-*q.i.d.* auf das Viertel ergänzt werden (*supplementum vero*). *Unciarum* kann also ohne weiteres ebenso meinen, a) die Ergänzung aber auf die 1½ Unzen[1028] (= $^1/_8$[1029]) verlangten die Kläger (nach der mittlerweile verstorbenen *Martiana sen.*) auch von dem, was die *Martiana iun.* nach ihrer Schwester besitzt. Oder, b) die Ergänzung von den Unzen, die die *Placidia* als Erbin hatte, der die *Martiana iun.* nachgefolgt ist. Gegenüber der kritischen Frage, ob die *q.i.d.* auf das Viertel gehe oder auf den Intestatteil, ist die Relation 19 deutungsoffen: eine *q.i.d.* auf die Quart zu sehen bleibt möglich, und eine *q.i.d.* auf den Intestatteil ist zumindest nicht direkt widerlegt.

1025 Oder allenfalls auch als Gen. subjectivus zu *ab herede*: als Trägerin des Erbrechtstitels nach der Großmutter.

1026 Oder präzisierender explicativus.

1027 So aber *Steinwenter*, SZ 74 (1957) 23: es liege eine „ziemlich unklar formulierte *querela inofficiosae donationis* … und zugleich eine *querela inofficiosi testamenti* der im Testament ihrer Mutter übergangenen Marciana sen. zugrunde." Wortgleich *Wesener*, FS Kränzlein (1986) 153: „eine ziemlich unklar formulierte *querela inofficiosae donationis* … und zugleich eine *querela inofficiosi testamenti*."

1028 Der Plural *unciarum* ergäbe auch so noch einen Sinn.

1029 Wenn man davon ausgeht, dass *Placidianus* und *Martiana sen.* die einzigen Kinder der *Prisca* waren, die Quart also $^1/_8$ sei (in Zwölfteilen ausgedrückt: 1½ Zwölftel).

Die Literatur[1030] schließt an die Sachverhaltsrekonstruktion von *Bethmann-Hollweg* an[1031] und übernimmt auch überwiegend dessen Lesart „und zwar im Verhältnis der unciae" (*supplementum vero <pro parte>*[1032] *unciarum*). Für die in der Literatur umstrittene Frage, *q.i.d.* auf den „Pflichtteil" oder *q.i.d.* auf den Intestatteil, entscheidet dies nicht. Erst die Literatur presst die Interpretation in die Diktion vom „Pflichtteil"; bei *Gothofredus* ist es eine mit der Redeweise von der *actio suppletoria* hier auf das Wort *supplementum* herübergezogene Infiltration, die den Eindruck hinterlässt, als hätte es bei Symmachus eine *q.i.d.* auf den Pflichtteil gegeben. Und die ablehnende Literatur sagt dann, etwa bei *Wesener*: „Die Wendung *supplementum unciarum* stellt somit keinen Beweis dar für eine Pflichtteilsergänzungsklage gegen den übermäßig Beschenkten."[1033] Eine *q.i.d.* auf die Quart dagegen ist etwas anderes, die querelausschließende Quart ist kein Pflichtteil, sondern ein Instrument des letzten Willens; der Testator ist frei darin, sie zu geben oder nicht zu geben[1034]. Als *suppletoria* in justinianischer Diktion für den Bereich der unmäßigen Schenkungen kommt hier die Nov. 92 cap. 1 in Frage, wo sich von einem „gesetzlichen Teil" und von einem „zu ergänzenden Teil" reden lässt. Dort fällt aber eine Konstante der Begründung auf, die aus der querelausschließenden Quart hervorgegangen ist: „Denn so werden sie den Schenkungen nichts vorwerfen", wenn sie das Viertel (die *legitima*) haben: Gibt man die innere Konsistenz

---

1030 Sie führt über *Bethmann-Hollweg* nicht hinaus: *Wesener*, FS Kränzlein (1986) 152f.; *Sanguinetti*, Dalla querela 92 f.; *Hecht*, Symmachus 348 und die dort Fn. 607 Genannten.

1031 Civilprozeß, 3. Bd. 352–362; sie ist daher wörtlich wiederzugeben, S. 356: „Die Prisca hatte ihre Tochter Martiana senior im Pflichttheil verletzt und ihr Vermögen größtentheils ihrem Sohne Placidian und dessen Stamme zugewendet, theils durch übermäßige Schenkungen an ihn selbst, theils indem sie nach seinem Tode einige seiner Töchter, darunter wahrscheinlich auch die Placidia, zu Erben einsetzte: nicht auch die Martiana junior; diese aber war dennoch, indem sie als Erbin ihres Vaters jene Schenkungen ganz oder theilweis übernommen und ihre Schwester Placidia zu einer gewissen Quote beerbt hatte, in den Besitz eines bedeutenden Theils des großmütterlichen Vermögens gelangt. So wenigstens stellt die Klägerin die Sache dar."

1032 Der Einschub <scil. pro parte> steht nicht bei *Bethmann-Hollweg*; ich verdeutliche nur dessen (gut haltbare) Lesart.

1033 *Wesener*, FS Kränzlein (1986) 153. Dennoch werde man annehmen dürfen, setzt *Wesener*, 153 fort, „daß sich das Institut einer Pflichtteilsergänzungsklage schon im vorjustinianischen Recht ausgebildet hat."

1034 Im Gegensatz zum Pflichtteilsrecht kommt sie nur aus dem *iudicium defuncti*. Wie oben zu sehen war, beeinflusste die querelausschließende Quart die *actio suppletoria* der Reformkonstitution C. 3.28.30 so, dass für die Fälle eines *minus quarta relictum* auch schon bei einer *quantacunque pars relicta* (ein wie geringer Teil auch immer hinterlassen sein mochte) nun zu ergänzen war, um die *q.i.t.* auszuschalten. Hier erst ließe sich für den Ergänzungsteil allenfalls von einer „Pflichtteilsergänzung" reden, aber vermischt mit einem letztwillig hinterlassenen Teil, mit einer *quantacunque pars relicta*, ohne die eine *suppletoria* nicht gegeben wird, und nur das auf das Viertel dann Fehlende gibt das Gesetz dazu, wenn keine nachteilige *mentio testatoris* da ist.

dieser Begründung, von den Anfängen der *q.i.d.* über die Folgekonstitutionen bis hin zur Nov. 92 cap. 1, zu, so wäre für den Symmachus-Text die Abweichung, die *q.i.d.* ginge auf den Intestatteil, auffällig.

C. Nov. 92 cap. 1 = B. 41.5.1 (Sch. A V 1872; Hb. IV 159)

Θεσπίζομεν, ὥςτε εἴ τις δωρεὰν ἄμετρον εἴς τινα ἤ τινας τῶν παίδων ποιήσαιτο, ἀνάγκην ἔχειν ἐν τῇ διανομῇ τοῦ κλήρου τοσοῦτον ἑκάστῳ τῶν παίδων φυλάττειν τὸ ἐκ τοῦ νόμου μέρος, ὅσον ἦν πρὶν τὴν δωρεὰν ὁ πατὴρ εἰς τὸν παῖδα, ἤ τοὺς παῖδας τοὺς ταύτῃ τετιμημένους ποιήσαιτο. οὕτω γὰρ οὐδὲν ἐπὶ ταῖς δωρεαῖς ἐγκαλέσουσιν, ἔχοντες μὲν ἐπὶ πάσῃ τῇ οὐσίᾳ τοῦ πατρὸς τὸ ἀπὸ τῶν νόμων, κατὰ τοσοῦτον δὲ αὐξομένου τούτου τοῦ μέρους, καθ' ὅσον καὶ τὰ πράγματα εἶχε τοῦ πατρός, πρὶν ταῖς δωρεαὶς ἐξαντληθείη. οὐ δυναμένων τῶν ταῖς δωρεαῖς τετιμημένων παίδων φάσκειν, ἀρκεῖσθαι μὲν ταῖς ἀμέτροις ταύταις δωρεαῖς, δοκεῖν δὲ ἀφίστασθαι τοῦ πατρῴου κλήρου' ἀλλ' οὐκ ἀναγκαζομένων μέν, εἰ ἀρκοῦνται ταῖς δωρεαῖς, καταδέχεσθαι τὸν κλῆρον, ἀνάγκην δὲ ἐχόντων πᾶσι τρόποις ἐπανισοῦν τοῖς ἀδελφοῖς τὸ ἐντεῦθεν διαφέρον, καθ' ὅσον εἰρήκαμεν μέτρον, ὥστε μὴ ἔλαττον αὐτοὺς ἔχειν τὸ ἐκ τῶν νόμων αὐτοῖς ὀφειλόμενον διὰ τὴν γενομένην ἐπὶ ταῖς δωρεαῖς ἀμετρίαν, ὅπου γε ἔξεστι τῷ πατρὶ μέτρια φρονήσαντι περὶ τὴν πᾶσαν γονήν, καὶ τοῖς παρ' αὐτοῦ μᾶλλον ἀγαπωμένοις χαρίσασθαί τι πλέον, καὶ μὴ τοὺς λοιποὺς παῖδας διὰ τῆς εἰς ἐκείνους γενομένης ἀμετρίας βλάψαι, καὶ τὸν ἡμέτερον παραβῆναι σκοπόν. καὶ τοῦτο ἐγένετο μὲν ἡμῖν ἐξ ἀρχῆς ἐνθύμιον. ἀναβαλλόμενοι δὲ αὐτὸ πρώην καὶ τῶν ἀνθρωπίνων πειρώμενοι ψυχῶν, ἐπειδήπερ ἑωρῶμεω αὐτοὺς εἰς τὰς τοιαύτας προςπαθείας ἐξολισθαίνοντάς τε καὶ καταφερομένους, διὰ τοῦτο νῦν προςθήκην ἐκείνῳ τῷ νόμῳ ταύτην ποιούμεθα. ταῦτα μέντοι φαμὲν περὶ παίδων κεχαρισμένων ὄντων αὐτοῖς, οὐ μὴν περὶ τῶν ἀγνωμόνων καὶ οἷς ὁ πατὴρ δικαίαν τε καὶ νόμιμον ἀχαριστίαν ἐπάγει. εἰ γὰρ τοῦτο οὕτως ἔχον φανείη, καὶ ἀποδειχθείησαν αἱ τῆς ἀχαριστίας αἰτίαι, ἔστω τὰ τῶν νόμων τῶν ἐπὶ τοῖς ἀχαρίστοις κειμένων κύρια, οὐδὲν ἐκ τῆς ἡμῶν νομοθεσίας ἐλαττούμενα.

Wir bestimmen, dass, wenn jemand an einen oder an einige seiner Kinder eine unmäßige Schenkung machte, er [dann] die Einschränkung (die gesetzliche Pflicht) hat in der Verteilung des Erbes, ebensoviel vom gesetzlichen Teil einem jeden der Kinder zu bewahren[1035], wieviel dieser war, bevor der Vater das Geschenk an den Sohn oder an die Söhne, die damit honoriert wurden, machte. Denn so werden sie den Schenkungen nichts vorwerfen, wenn sie vom ganzen Vermögen des Vaters entsprechend so viel des aufgrund der Gesetze zu ergänzenden Teils haben, wieviel auch das Vermögen des Vaters ausmachte, bevor er es durch die Schenkungen ausschöpfte. Nicht können die durch die Gesetze honorierten Kinder behaupten, sie begnügten sich mit diesen maßlosen Geschenken, um zu zeigen, dass sie vom väterlichen Erbe abstünden. Indes, zwar sind sie nicht gezwungen,

---

1035 „Im Auge zu behalten" ist vielleicht die treffendste Übersetzung von φυλάττειν und passte gut sowohl zum noch verbliebenen, als auch zum wechselnden Bestand des Vermögens.

die Erbschaft anzunehmen, wenn sie sich mit den Geschenken zufrieden geben, aber sie haben die Einschränkung (die Notwendigkeit = sie sind gezwungen) auf jede Weise auszugleichen den Brüdern „das davon Verschiedene" (gemeint ist die Differenz zum Drittel oder der Hälfte), nämlich ein so großes, wie wir gesagt haben, Maß, dass sie nicht zurückgesetzt wurden (nicht zu kurz kommen) und sie das ihnen aus den Gesetzen wegen der durch die Geschenke geschehenen Maßlosigkeit Geschuldete haben; da es dem Vater, der gegenüber der ganzen Familie maßhaltend gesinnt ist, frei steht (erlaubt ist), auch denen, die von ihm mehr geliebt werden, weit mehr (den größeren Teil) zu schenken, nicht aber die übrigen (die anderen) Kinder durch jene geschehenen Maßlosigkeiten zu schädigen und unsere Absicht (Gesetzesabsicht) zu übertreten. Und dies hatten wir von Anfang an (anfangs) im Sinn. Vor kurzem aber haben wir dies aufgeschoben, indem wir die Absichten der Menschen erforscht haben, da wir gesehen haben, dass sie in solche verderbliche und auch zugrunderichtende Leidenschaftlichkeit geraten. Deswegen machen wir nun diesen Zusatz zu jenem Gesetz: Dies freilich sagen wir von den Kindern (was die Kinder anlangt/in betreff der Kinder), die ihnen dankbar gewesen sind, nicht aber von den (in betreff der) Unverständigen (die ohne Einsicht handeln, hart handeln) und denen der Vater die „gerechte und gesetzliche Undankbarkeit" [gemeint ist die in den Gesetzen umschriebene] vorwirft. Denn wenn sich zeigen sollte, dass es sich so verhält und die Beschuldigungen der Undankbarkeit aufgezeigt werden, so gelten (so sollen sein) die Bestimmungen der den Undankbarkeiten zugrundeliegenden Gesetze, die aufgrund unserer Rechtsetzung unbeschadet gelten (nicht „kleiner gemacht" werden).

Aufbau, Anschluss an Vorlagen und Neuerung lassen sich so illustrieren:

a) εἴ τις δωρεὰν ἄμετρον … ποιήσαιτο (wenn jemand eine unmäßige Schenkung machte): die Störung der Relation (vormals: mehr als drei Viertel verschenkt, weniger als ein Viertel zurückbehalten, nun: mehr als zwei Drittel oder mehr als die Hälfte verschenkt und weniger als ein Drittel oder weniger als die Hälfte zurückbehalten[1036]) machte die Schenkung inoffiziös. Dies begründet die ἀνάγκη (die Notwendigkeit/die gesetzliche Verpflichtung) ἐν τῇ διανομῇ τοῦ κλήρου ([später] bei der Verteilung des Nachlasses) τοσοῦτον φυλάττειν (so viel zu bewahren/zu reservieren),

b) τὸ ἐκ τοῦ νόμου μέρος, (dafür sagt der Scholiast auch τὸ νόμιμον μέρος, „den gesetzlichen Teil"), den Pflichtteil, ὅσον ἦν (wie groß oder wieviel er war) πρὶν τὴν δωρεὰν ὁ πατὴρ … ποιήσαιτο (bevor der Vater die Schenkung machte); damit später eine *q.i.d.* nicht entsteht, soll der Vater φυλάττειν (vom Vermögen einem jeden der Kinder den Pflichtteil, wie groß dieser vor der Schenkung war, bewahren) und ἐν τῇ διανομῇ τοῦ κλήρου durch einen größeren Erbteil

1036 Der Pflichtteil im Osten beträgt nach der Novelle 18 (a. 536) bei bis zu vier Kindern ein Drittel, ab fünf Kindern die Hälfte vom Intestatteil (im Westen blieb es beim Viertel).

ausgleichen[1037]. Von dieser Pflicht (ἀνάγκη, bei Theodorus: ἀναγκάζεται) redete oben zu C. 3.29.5 Theodorus so: Θεοδώρου. Ὁ δωρησάμενος πάντα αὐτοῦ τὰ πράγματα τοῖς οὖσιν οἰκείοις παισίν, ἐαν σχῇ ἄλλον υἱὸν νόμιμον, ἀναγκάζεται περιποιεῖν αὐτῷ τὸ δ'. ἀφαιρούμενος ἐκ τῶν λαβόντων παίδων ὅλα τὰ αὐτοῦ. ἀνάγνωθι τὴν zβ'.νεαρὰν λέγουσαν, ὅτι ὀφείλει ἕκαστος τῶν γονέων ἐᾶσαι τὸ νόμιμον μέρος ἑκάστῳ τῶν παίδων, πρὸς ὅ ἔχει κατὰ τὸν καιρὸν τῶν δωρεῶν. νόει δὲ μὴ τὸ δ'. διδόμενον, ἀλλὰ τὸ γ'. ἡ τὸ ἥμισυ κατὰ τὴν ιη'. νεαράν.

Theodoros: Wenn der, der sein ganzes Vermögen den Haussöhnen verschenkte, einen anderen legitimen Sohn hat, so ist er gezwungen, ihm das Viertel übrig zu lassen (zu erhalten), indem er von dem Ganzen, was die Kinder genommen haben, wegnimmt (entzieht), „das seiner ist" (das dem anderen legitimen Sohn gebührt [= den Pflichtteil]). Lies die Novelle 92. [... wisse, dass nicht ein Viertel zu geben ist, sondern ein Drittel oder die Hälfte nach der Novelle 18].

Im Scholion des Theodorus zu C. 3.29.5 ist es noch ein „Wegnehmen" vom Geschenkten. Und Kalokyros sagte dort zur Pflicht, den Pflichtteil zu hinterlassen: δωρεῖται δὲ τις οὐκ ἐπὶ περιγραφῇ, ὅτε πολλάκις κατέσχε τὸ δ': Es schenkt aber nicht jemand zur Benachteiligung, sooft er jedesmal das Viertel übriglässt. So ist durchsichtig, woher φυλάττειν τὸ ἐκ τοῦ νόμου μέρος, ὅσον ἦν πρὶν τὴν δωρεὰν ὁ πατὴρ ... ποιήσαιτο der Novelle 92 cap. 1 kommt. *Exinanire donationibus*, durch Schenkungen den Nachlass leer machen, waren anfangs die Fälle der Reskripte auf *revocari* bis zum Querelausschluss. Die *q.i.d.*-Vermeidung durch den Vater selbst lag in der diokletianischen Konstitution aus 286 (C. 3.29.5) vor (*Si totas facultates tuas per donationes vacuefecisti, quas in emancipatos filios contulisti, id, quod ad submovendas inofficiosi testamenti querellas non ingratis liberis relinqui necesse est, ex factis donationibus detractum ... ad patrimonium tuum revertetur*). Und die Novelle 92 macht nun die *q.i.d.*-Vermeidung dem Vater zur Pflicht[1038]. Die geschehene Maßlosigkeit der Schenkung soll, freilich verzögert auf den Erbfall, später auf das reduziert sein, was damals das rechte Maß gewesen wäre, als er schenkte, so dass sich die anderen Kinder über die Schenkung nicht beschweren können (οὕτω γὰρ οὐδὲν ἐπὶ ταῖς δωρεαῖς

1037 *Mühlenbruch*, Commentar, 36. Theil 115: Nov. 92 „bestimmt, ...daß wenn ein Vater die an eins oder einige seiner Kinder gemachten unverhältnißmäßigen Schenkungen nicht durch eine angemessene Vertheilung der Erbschaft, also dadurch, daß er den beeinträchtigten Kindern einen größeren Erbtheil zuwendet, wieder ausgleiche, die Begünstigten ihnen das an dem Pflichttheil Fehlende ersetzen sollen." Ferner 119 Fn. 46: „Nov. 92, welche indessen von einer Vermehrung des Vermögens gar nicht handelt."

1038 Neuerung der Novelle; eine solche Pflicht gab es vorher nicht.

ἐγκαλέσουσιν). Die *q.i.d.*-vermeidende Ausgleichspflicht aus dem Erbe trifft zunächst den Vater

c) dann aber den Beschenkten selbst, der sich durch Ausschlagung des Erbes dieser Pflicht nicht entziehen kann.

d) Im Zusatz ταῦτα μέντοι φαμὲν ist zur ursprünglichen Absicht hinzugesetzt, dass die Ausgleichspflicht des Vaters, und damit auch die von ihm abhängige Pflicht des Beschenkten, nur gegenüber *grati* gilt, nicht aber gegenüber *ingrati*, wenn der Vater einen in der Novelle 115 angeführten Enterbungsgrund nennen konnte[1039]. Das setzt das schon in C. 3.28.30pr. begonnene System der nachteiligen *mentio*, in der Novelle nun gesetzlich konkretisiert, fort.

Das Scholion θεσπίζομεν ad B. 41.5.1 (= Sch. B VI 2471; Hb. IV 160) erklärt[1040]:

> *Οὐδὲν τῆς γινομένης*[1041] *εἴς τινα τῶν παίδων ἀμέτρου δωρεᾶς παρὰ τοῦ γονέως αὐτῶν μειοῦται ὁ φαλκίδιος τοῖς λοιποῖς παισίν, εἰ μὴ ἄρα ἀχάριστοί εἰσιν, ὀφείλει γὰρ ἐαθῆναι αὐτοῖς τὸ νόμιμον μέρος πρὸς τὴν οὖσαν ὑπόστασιν τῷ τελευτῶντι γονεῖ κατὰ τὸν καιρὸν τοῦ θανάτου αὐτοῦ. ἀνάγνωθι γὰρ τὴν ιη'. καὶ τὴν ριη'. νεαράν, καὶ γνώσῃ τὰ περὶ τοῦ νομίμου μέρους. περὶ γὰρ τῶν ἀμέτρων δωρεῶν ἀνάγνωθι βιβλίον γ'. τοῦ κώδικος τιτ. κθ'. διατ. α'. καὶ ς'. περὶ δὲ τῶν μειούντων τὸν φαλκίδιον ἀνάγνωθι βιβ. ς'. τοῦ κώδικος τίτλῳ μθ'. διατ. θ'. ια'. ιη'. καὶ βιβ. η'. τοῦ κώδικος τιτ. νζ'. διατ. β'.*
> In nichts wird die Falzidia[1042] den übrigen Kindern verkleinert, wenn vom Vater eine maßlose Schenkung an eines der Kinder geschehen ist, außer etwa wenn sie undankbar sind. Denn er schuldet ihnen den gesetzlichen Teil nach der Vermögenssubstanz, die dem Sterbenden gehörte zur Zeit seines Todes. Denn lies 18. und 118.[1043] und erkenne das über den gesetzlichen Teil [Bestimmte]. Denn zu den maßlosen Schenkungen lies das Buch 3 des Codex, Titel 29, const. 1 und 6. Über das die Falzidia Verkleinern lies Buch 6 des Codex, tit. 29 const. 9. 11. 18 und Buch 8 des Codex, tit. 57 const. 2.

Aus der Konstitutionenmasse C. 3.29 ist die Nov. 92 cap. 1 also am stärksten der Konstitution 5 angehängt. Das beweist die Konsistenz des griechischen Kommentars des Theodorus, der C. 3.29.5 aus der Perspektive der Nov. 92 sah und erläuterte (ἀναγκάζεται περιποιεῖν αὐτῷ τὸ δ': so ist er gezwungen, ihm das Viertel übrig zu lassen (zu erhalten), Theodorus). Zur Drehung der Interpretation von der querelaus-

---

1039 Wieder gilt: nur der Vater soll den Enterbungsgrund nennen, die Beschenkten sollen einen solchen nicht hervorholen können, wenn der Vater schwieg. Vgl. oben S. 168–169.

1040 Zu B. 41.5, *Heimbach*, 160.

1041 Scheltema B VI 2471 emendiert Οὐ<δὲ> διὰ τῆς γινομένης rell.

1042 Der Pflichtteil.

1043 Jeweils: Novelle.

schließenden Quart auf den Pflichtteil hatten wir oben[1044] schon bemerkt: Aus der Konstitution 5 entfiel das Textstück *id, quod ad submovendas inofficiosi testamenti querellas non ingratis liberis relinqui necesse est* und wurde in der Interpretation ersetzt durch μέρος δὲ ἀποσπᾶσθαι ἐξ αὐτῶν τὸ ὀφειλόμενον καταλειφθῆναι τῷ παιδί (entrissen aber wird der davon dem Kind zu hinterlassen geschuldete Teil). Zu dieser Entreißung (= zum *revertetur* der Quart aus dem Geschenkten) käme es nicht, wenn der Vater selbst noch die Quart aus dem Nachlass den *postea nati* hinterließe. In der Konstitution 5 wäre das – nach einem *totas facultates vacuefecisse* – nur mit künftig erworbenem Vermögen denkbar, die Novelle 92 verpflichtet schlicht zum ἐν τῇ διανομῇ τοῦ κλήρου … φυλάττειν, dazu, den nicht Beschenkten nun mehr aus dem Nachlass zu geben, damit jedes Kind den Pflichtteil hat. Es ist aber dieselbe Abstufung: In der Konstitution 5, erst wenn der Vater nicht das *id, quod ad submovendas inofficiosi testamenti querellas non ingratis liberis relinqui necesse est* hinterlassen kann, müssen die Beschenkten vom Geschenk abgeben, damit die *postea nati* die Quart haben. Und in der Nov. 92: Zuerst muss der Vater die Erbteile so portionieren, dass ein jeder den Pflichtteil so hat, dass den Schenkungen nichts mehr vorzuwerfen ist, und erst dann, wenn der Vater diese Pflicht nicht erfüllte, müssen die Beschenkten vom Geschenk abgeben.

So sind zwei Konstanten der Überlieferung zu sehen:

Die erste Konstante geht vom Satz πρὶν τὴν δωρεὰν … ποιήσαιτο (bevor der Vater das Geschenk… machte) zurück auf die Quart vom Intestatteil des väterlichen Vermögens vor der Schenkung. So haben es die Konstitutionen immer schon gesehen: die Schenkungen sind zum Nachlass zu ziehen. Eine Fortsetzung bereits aus den Anfängen der Reskripte auf *revocari* der Quart, die aus der Anschauung des *vacuefacere*, oder sinngleich *exhaurire* (des Leer-machens des Nachlasses durch Schenkungen) hervorging: denn dann sah es so aus, als hätte der Beschenkte das dem Nachlass entzogene Geschenk so, als ob er der eigentliche *institutus ex testamento* wäre, und dies wäre ein Fall der *q.i.t.* (gleichsam strukturell ein Fall der *q.i.t.* gegen einen *institutus*, der mehr als drei Viertel hat, während den anderen Kindern *minus quarta relictum* oder gar nichts hinterlassen ist), *ad instar q.i.t.* also ein Fall der Reskripte.

Die zweite Konstante der Überlieferung liegt im Satz „denn so werden sie den Schenkungen nichts vorwerfen“[1045]: οὕτω γὰρ οὐδὲν ἐπὶ ταῖς δωρεαῖς ἐγκαλέσου-

---

1044 S. 224.

1045 Vgl. auch die lateinischen Worte der Übersetzung von *Hombergt*, die *Glück*, Commentar, 7. Theil, 1. Abth. 98 verwendet: „*Sic enim donationes illas non amplius accusabunt…*“. Vgl. auch das Authenticum (die lateinische Übersetzung des Novellentextes, die nicht von Justinian stammt) der Worte: „*Sic enim nihil ulterius in donationibus querebuntur…*“. Es ist das einer *q.i.t.* gleichgeartete *accusare* oder *queri*, das hier weggenommen ist und das auf das prinzipielle Argument der verneinten Pflichtwidrigkeit zurückgeht: wenn du das Viertel hast, *num queri potes*?

σιν[1046]. Das sind gleichgestaltete Worte, so wie sich auch ein durch die Quart *exclusus* nicht über das Testament beklagen konnte. Wer den Pflichtteil vom auch die Schenkungen enthaltenden Vermögen hat, kann sich nicht über die Schenkungen des Vaters an die, die er mehr liebte, beschweren.

So ist insgesamt zu sehen: Die mit der maßlosen Schenkung beginnende Pflicht, den Pflichtteil zu wahren, zügelt auch allfällige weitere Schenkungen aus später erworbenem Vermögen (τοσοῦτον φυλάττειν: der Vater muss den Ausgleich im Auge behalten). Das ἀνάγκην ἔχειν zeigt nun deutlich, dass aus der alten unverpflichtenden querelausschließenden Quart ein Pflichtteil[1047] geworden ist. Eng an die Anfänge angeschlossen ist dieser Wandel abzulesen im Satz ἑκάστῳ τῶν παίδων φυλάττειν τὸ ἐκ τοῦ νόμου μέρος, ὅσον ἦν πρὶν τὴν δωρεὰν ὁ πατὴρ … ποιήσαιτο (einem jeden der Kinder den aus dem Gesetz [geschuldeten] Teil zu wahren, wie groß dieser war, bevor der Vater das Geschenk … machte). Nach der Anfangskonstitution war – wie es in D. 31.87.3 mit *quod donatum est, pro dimidia parte revocari* hieß – vom Geschenk, das den Nachlass leer machte, in einer Konträrbewegung so viel wieder zum Nachlass zu geben, dass nach den aufrechten Testamentseinsetzungen die Quart hinterlassen und so eine Inoffiziosität vermieden war. Kannten die Reskripte nur das *revertere* vom Geschenkten[1048], so gibt es nun, in der Nov. 92, schon ab der ersten entziehenden Schenkung eine Ausgleichspflicht des Schenkers und späteren Erblassers zur Inoffiziositätsvermeidung bei der Portionierung der Erbteile.

§ 20 Literatur

I. Pandekten

Gut zeigt das Beispiel von *Francke*, wie nahe die Novelle 92 dem anfänglichen Denken in den Reskripten noch ist. *Francke*[1049]: „Z. B. wer 2 Söhne und 12000 im Vermögen hat, und dem einen Sohn 9000 schenkt, der hat inofficiös geschenkt. Denn der Pflichttheil eines jeden Sohns beträgt 2000; stirbt der Vater nun ohne Testament, oder setzt er die Söhne zu gleichen Theilen ein, so erhält aus dem Nachlaß jeder nur 1500, es fehlen also dem nicht Beschenkten noch 500. Nun verfügt Justinian nur, daß keine Querel Statt finden soll, wenn diese Schmälerung des

---

1046 Scil. „wenn sie vom ganzen Vermögen des Vaters entsprechend so viel des aufgrund der Gesetze zu ergänzenden Teils haben, wieviel auch das Vermögen des Vaters ausmachte, bevor er es durch die Schenkungen ausschöpfte."

1047 Ein im Osten erhöhter.

1048 Eine Reskriptswirkung nur gegen die Beschenkten.

1049 Notherben 510.

Pflichttheils letztwillig wieder gutgemacht ist, und macht dieses eigentlich dem Vater im Testamente zur Pflicht. Er soll, wie Justinian sagt, in distributione hereditatis tantam unicuique filiorum servare ex lege partem, quanta fuit, *prius quam donationem pater in filium aut filios – faceret*. Justinian erkennt es also ausdrücklich an, daß bei der Bestimmung der Größe auf die Zeit der Schenkung selbst gesehen wird. Er will nur, daß der Vater diese Läsion bei der Vertheilung der Erbschaft, wo möglich wieder ausgleiche, und daß dann, weil dadurch jeder seinen vollen Pflichttheil hat, die Querel cessirt."

Den Ausführungen ist anzufügen: Bei gleichteiliger Einsetzung ließe sich direkt nach dem Muster von D. 31.87.3 sagen, dass ein Fall der *q.i.t.* vorläge, wenn man den Beschenkten wie einen auf die 9000 eingesetzten Erben sähe und sich so einem das Bild einer *q.i.t.* des Bruders böte, dem 1500 hinterlassen war, gegen den Beschenkten, der insgesamt auf 10500 der „eigentliche Institut" ist. *Q.i.t.*-vermeidend wäre, soviel in den Nachlass zurückzugeben, dass der Bruder den Pflichtteil hat (in der Größe der Novelle, dass er 2000 hat). So auch bei Intestaterbfolge (nach C. 3.29.3). Wendete man noch die Reskripte an, so müsste vom Geschenk 500 an ihn zurückkehren. Die Pflicht des Vaters aus der Nov. 92, dies bei der Erbteilung auszugleichen, deckt sich mit dem Reskript auf *revertere* im Gedanken: Soviel, dass auch ein *inofficiosum dicere testamentum* ausgeschlossen wäre, muss nach den Reskripten zurückkehren, und einen umso größeren Erbteil dem Bruder zu hinterlassen, schuldet der Vater (Nov. 92).

Späteres Denken verlor diese Deutung[1050], indem es bei der Pflichtteilsberechnung auf die zwei Momente blickte: nicht nur auf die Zeit des Todes sei zu sehen, sondern auch auf die Zeit der Schenkung[1051]. Hierher gehöre als Schlüsselstelle – und als einziger Text – die Nov. 92 cap. 1[1052]. Der Pflichtteil ist als *portio portionis ab intestato debitae* gesehen, und so stimme es mit diesem Begriff des Pflichtteils nicht überein, wenn man „die gemachten Schenkungen wieder zu dem Vermögen des Erblassers hinzurechnet, und danach den Pflichttheil berechnet…"[1053], „…da

1050 Die in den Reskripten als Folge des *exhaurire, vacuefacere, patrimonium eviscerare* u. ä. noch zu spüren ist: eigentlich ist er es ja, der beschenkt wurde, der nun den (ganzen) Nachlass hat. Wäre es also nicht eigentlich ein Fall der *q.i.t.*, wenn man ihn nun auch als einen auf das Geschenkte eingesetzten Testamentserben sähe? Auch der Byzantiner (Kalokyros), der zu C. 3.29.5 schrieb, ist dem noch nahe, wenn er sagt „δωρεῖται δὲ τις οὐκ ἐπί περιγραφῇ, ὅτε πολλάκις κατέσχε τὸ δ': Es schenkt aber nicht jemand zur Benachteiligung, sooft er jedesmal das Viertel übriglässt.

1051 *Glück*, Commentar, 7. Theil, 1. Abth. 97.

1052 *Glück*, Commentar, 7. Theil, 1. Abth. 96 Fn. 43 nennt als Quelle nur „Nov. XCII. Cap.1".

1053 *Glück*, Commentar, 7. Theil, 1. Abth. 96. Dazu illustriert das Rechenbeispiel von *Glück*, 99: Schenkt der Vater einem Kind, so ist die Schenkung zum Vermögen hinzuzurechnen und davon der Pflichtteil zu errechnen: 2 Kinder (der Pflichtteil beträgt somit ein Drittel), das Vermögen des Vaters betrage 15000. Schenkt er davon einem Kind 3000 (und verbleiben 12000 im Nachlass), so

sich die Erbschaft eines noch Lebenden nicht denken läßt“[1054]. Bei *Glück*[1055] liest man hier eine gewisse Ratlosigkeit: „Dem sey nun indessen, wie ihm wolle, so ist das Gesetz klar …“ mit Ausführung der Worte der Nov. 92.

I.1 Interpretationen der Nov. 92 aus den Rechnungen der Pandektenliteratur

Die Rechnung von *Glück*:

Dessen (in ihrer Fortsetzung kritisierte) Rechnung nimmt an: Ein Vater von fünf Kindern – deren Pflichtteilsquote sohin die Hälfte vom Intestatteil ist – hat ein Vermögen von 8000, davon verschenkt er 5000 (an einen Dritten).

Rechnerische Konsequenzen mit Übereinstimmungen der Reskripte sind einzuschieben: Der Pflichtteil eines jeden Kindes (Vermögen geteilt durch 5 [Kinder], geteilt durch 2 [Pflichtteilsquote], errechnet für jedes Kind den Pflichtteil mit 800. Nicht inoffiziös wäre die Schenkung daher, wenn 5 x 800, also 4000 im Vermögen des Vaters zurückgeblieben wäre. So aber blieb nur 3000 zurück, die Schenkung ist daher inoffiziös. Mit den Worten von C. 3.29.1 *utpote quartam partem non habentibus* ist nun entsprechend der Novelle zu sagen: da sie ja die Hälfte vom Intestatteil nicht haben.

Hier sagt *Glück* (mit Zustimmung aller Stimmen), dass der Pflichtteil um 1000 verkürzt sei, „diese können sie [die Kinder] also vom Donatar zurück fordern“[1056].

Dann setzt *Glück* mit dem Problem des Wegfalls der *q.i.d.* durch Vermögenserwerb nach Schenkung fort: „Hätte hingegen der Vater nach der Schenkung wieder soviel Vermögen erworben, daß er seinen 5 Kindern wenigstens 4000 …hinterläßt, so haben die Kinder gegen den Donatar keine Klage“. Harsch ist hier die Kritik von *Francke* und *Mühlenbruch* an *Glück* (*Francke*[1057]: *Glück* habe sich verrechnet; *Mühlenbruch*: „die Berechnung bei Glück [ist] zu berichtigen“[1058]), weil ja auch von den hinzuerworbenen 1000 der Pflichtteil zustehe.

Die Kritik ist zu teilen. Am fluiden Vermögen nehmen die Kinder mit ihren Pflichtteilsansprüchen teil. Der Hinzuerwerb hat nicht die Funktion, pflichtteilsfrei

---

ist der Pflichtteil von 15000 zu berechnen (und nicht von 12000), beträgt also 2500 (und nicht 2000). Dies drückt nur aus, dass der Pflichtteil durch Liberalität nicht gemindert wird.

1054 *Glück*, Commentar, 7. Theil, 1. Abth. 97: „so wird ja der Pflichttheil aus dem Vermögen eines noch Lebenden computirt, daher man denn freylich dem gelehrten Hommel eben nicht Unrecht geben kann…“; dieser (*Hommel*) machte auf den wechselnden Bestand des Vermögens aufmerksam: „…quia patrimonium, quod est augmenti et decrementi capax, adeoque valde instabile, stabile supponit, atque insuper legitimam viventis computat…“ (bei *Glück*, 97 abgedruckt).

1055 Commentar, 7. Theil, 1. Abth. 97.

1056 Commentar, 7. Theil, 1. Abth. 98.

1057 Notherben 511: „Nur ist notwendig, daß man sich nicht, mit Glück, bei dieser Berechnung verrechne.“

1058 Commentar, 36. Theil 119.

nur eine Pflichtteilsverletzung auszugleichen. Ein Hinzuerwerb von 1000 wäre zu wenig, um die *q.i.d.* entfallen zu lassen, denn dann wäre das Gesamtvermögen des Vaters 9000 gewesen (anfänglich 8000 + später hinzuerworbene 1000), davon errechnet sich ein Pflichtteil für jeden mit 900, gesamt für die fünf Kinder müssten 4500 im Nachlass sein, damit die *q.i.d.* entfiele. Dass die Pflichtteile von 9000 zu berechnen sind, folgt dem völlig einhellig vertretenen Prinzip, dass der Pflichtteil weder durch Schenkungen unter Lebenden noch durch letztwillige Verfügungen, allgemein gesagt nicht durch Liberalität geschmälert werden darf[1059]. Richtig und vollständig gerechnet müsste der Vater 2000 hinzuerwerben; dann wäre das Gesamtvermögen, von dem die Pflichtteile zu berechnen sind, 10000, für jedes Kind also 1000, so dass 5000 im Nachlass sind (3000 restliches Vermögen nach der Schenkung + hinzuerworbene 2000); erst dies schlösse die *q.i.d.* aus[1060].

Die Rechnung von *Seuffert*[1061]:

Dessen Annahme lautet: Jemand hat ein einziges Kind, A, (sein Pflichtteil beträgt somit ein Drittel) und ein Vermögen von 3000; er verschenkt davon an B 2400. (Anmerkung: Es blieben also 600, der Pflichtteil beträgt 1000, die Schenkung ist also pflichtwidrig im Ausmaß von 400). Dann erwirbt er 2400 hinzu und schenkt 1200 an C. (Kommentar: Der Hinzuerwerb von 2400 hat nicht die Funktion, die Pflichtteilsverletzung in Höhe von 400 auszugleichen, sondern ist schlicht als neu hinzukommendes fluides Vermögen zu sehen: er hatte 3000, das Wegschenken minderte nicht den Pflichtteil des A von diesem Betrag, es kommen 2400 hinzu, der Pflichtteil gebührt dem A von 5400; die Schenkung der 1200 an C ändert daran nichts). Dann büßt er durch Spekulation 600 ein. (Kontrollrechnung: Das fluide Vermögen von 5400 minderte sich um 600 – eine Konsequenz der fluiden Einbuße, die der A so hinzunehmen hat, wie sie sein Erblasser hinzunehmen hatte – auf 4800. Davon ein Drittel errechnet den Pflichtteil mit 1600. Im Nachlass findet A nur 1200 vor [3000 - 2400 + 2400 - 1200 - 600]; A hat gegen B, und nur gegen ihn, die *q.i.d.* auf 400). Hier sagt *Seuffert* zu Recht: „Nach seinem Tode hat A. die quer. inoff. gegen B. auf 400; die Schenkung an C. ist unanfechtbar, denn sie war keine pflichtwidrige“[1062].

Das Beispiel illustriert die strittige Frage bei Vermögenserwerb nach mehreren Schenkungen: fällt eine *q.i.d.* weg und wenn ja, wodurch? Es ist wert, hier die Anmerkung 11 von *Seuffert* zu Nov. 92 cap. 1 abzudrucken:

1059 Vgl. *Unger*, Erbrecht 365; *Francke*, Notherben 512: „Der Pflichttheil soll so wenig durch Liberalitäten unter Lebenden, als durch letztwillige Freigebigkeit entzogen werden.“

1060 Übrigens rechneten (in der berechtigten Kritik an *Glück*) auch *Francke* und *Mühlenbruch* nicht aus, wieviel nun im Nachlass sein müsste.

1061 Pandekten, 3. Bd. 435 Fn. 11.

1062 Pandekten, 3. Bd. 435 Fn. 11.

„Nur muß hier bei Berechnung des Vermögens auch der spätere Zuwachs desselben mit in Anschlag gebracht werden; es genügt nicht, daß nun gerade die durch die Schenkung bewirkte Verkürzung des Pflichttheiles, nach dem Vermögen zur Zeit der Schenkung berechnet, durch die spätere Vermögensvermehrung ausgeglichen werde. Arndts S. 167, welcher noch bemerkt: „Die Konsequenz aber erfordert weiter anzunehmen, daß, wenn einmal durch Vermögensvermehrung die Verletzung des Pflichttheiles wieder vollständig aufgewogen war, dann aber durch andere Umstände dieser Vermögenszuwachs wieder consumirt wird und daher bei Tode des Schenkers die Notherben wirklich nicht mehr so viel vorfinden, als ihr Pflichttheil zur Zeit jener älteren Schenkung betragen hätte, nun dennoch diese nicht mehr angefochten werden könne; denn der Grund der Verkleinerung des Pflichttheiles liegt nun nicht mehr in der ursprünglich pflichtwidrigen Schenkung, deren pflichtwidriger Charakter durch die spätere Vermögensvermehrung beseitigt war, sondern in der noch später eingetretenen zufälligen Vermögensminderung, welche nicht das Recht gibt, eine frühere Schenkung anzufechten" – (Uebereinstimmend Unger §. 86 Note 9). Indessen kommt in Betracht, daß durch die nachherige Mehrung die Thatsache, daß pflichtwidrig geschenkt worden, nicht ungeschehen gemacht, sondern so lange sie anhält, der nachtheilige Erfolg der pflichtwidrigen Schenkung ganz oder theilweise ausgeschlossen wird. Hiernach dürfte die Ansicht den Vorzug verdienen, daß es auf die Zwischenzeit zwischen der Schenkung und dem Tode des Schenkers nicht ankomme. Eine Consequenz dieser Ansicht ist, daß möglicherweise die jüngere Schenkung unanfechtbar, die ältere anfechtbar ist."[1063]

Der oft zitierte Satz von *Arndts*[1064] „…deren pflichtwidriger Charakter durch die spätere Vermögensvermehrung beseitigt war" ist gegen den Geist der Konstitutionen und gegen den Geist der Novelle 92 cap. 1. Die Vermögensvermehrung als solche deckt die Pflichtwidrigkeit zu, tilgt sie aber nicht. Erst der Akt des Vaters, einen höheren Erbteil zu hinterlassen, tilgte sie, nicht aber schon die Vermögensvermehrung für sich allein, wie die Nov. 92 zeigt, wenn der Vater die Pflichtwidrigkeit nicht ausgliche. Und die Konstitutionen sahen Schenkungen, die ein Viertel des Intestatteils im Vermögen zurückließen, als nicht inoffiziös und Schenkungen, die dies nicht übrigließen, als pflichtwidrig gemacht. Pflichtwidrig verschenkt wird im Ausschnitt aus dem Kreis des Vermögens zur Zeit der jeweiligen Schenkung[1065]. So, wie *Seuffert* sie segmentiert.

1063 Es folgt dazu das obige Beispiel.

1064 *Unger*, Erbrecht 366, Anm. 9 mit Wiedergabe der Sätze von *Arndts*.

1065 So sah es auch, wie schon mehrfach erwähnt, Kalokyros: Es schenkt aber nicht jemand zur Benachteiligung, sooft er jedesmal das Viertel übriglässt.

Zieht man die Prinzipien heran, aus denen die Rechnung von *Seuffert* begründet ist, zeigt sich ein Gleichklang mit einem pflichtwidrigen *patrimonium exinanire*[1066].

1) Von 3000 (Pflichtteil ein Drittel, also 1000) sind 2400 verschenkt; Prinzip: Liberalität unter Lebenden mindert nicht den Pflichtteil, so wenig wie auch letztwillige Verfügungen ihn mindern; es bleibt beim Pflichtteil von 1000, die Schenkung ist im Ausmaß von 400 pflichtwidrig. Aus der Vorlage der Quellen gedacht: Wäre es ein Fall der *q.i.t.*[1067]? Also *ad instar inofficiosi testamenti* ein Fall der *q.i.d.*
2) Dann der Hinzuerwerb der 2400. Prinzip: So wie der Pflichtteilsanspruch des B am fließenden Vermögen mit seinen wechselnden Gewinnen und Verlusten teilnimmt – nur eben nicht an Verlusten durch Liberalität –, nimmt er an den hinzugewonnenen 2400 teil. Der Pflichtteil des B errechnet sich aus 3000 + 2400 = 5400, davon ein Drittel = 1800. Daraus folgt ferner: die hinzuerworbenen 2400 sind nur als Teil des fluiden Vermögens zu sehen. Sie sind nicht so zu werten, dass davon die Pflichtwidrigkeit der ersten Schenkung im Ausmaß von 400 getilgt würde[1068] (gegen *Arndts* und *Unger*).
3) Dann die zweite Schenkung von 1200 an C. Der Vermögensstand vor der zweiten Schenkung war (3000 – 2400 + 2400) 3000, der Pflichtteilsanspruch des A ist 1800. Von den 3000 kann als nicht inoffiziös soviel verschenkt werden, dass dem A 1800 verbliebe. Nach der zweiten Schenkung (3000 – 1200) verblieben ihm 1800, die zweite Schenkung war also nicht pflichtwidrig. Das wäre entsprechend etwa nach C. 3.29.1 (wenn man den Gegenfall zu *utpote quartam partem non habentibus* bildet), oder nach Kalokyros, auch so zu sehen.
4) Schließlich der Spekulationsverlust von 600. An diesem nimmt A, so wie er überhaupt am zufälligen Fluss des Vermögens[1069] seines Erblassers teilnimmt, wieder teil, sein Pflichtteilsanspruch berechnet sich nun (3000 + 2400 – 600) vermindert von 4800. Davon ein Drittel errechnet den Pflichtteil mit 1600. Im Nachlass findet A nur 1200 vor. Er hat die *q.i.d.* gegen B auf 400. Die Vermögensvermehrung um 2400 nach der Schenkung an B gäbe im Sinne der Nov. 92 – die nicht von einer Vermögensvermehrung nach Schenkung spricht, diesen

---

1066 Oder, wenn auch nicht vollständig erschöpfend, so doch so: lässt der Schenker die Quart zurück oder nicht (vgl. C. 3.29.1)?

1067 Schenkung der 2400 ist *exhaurire, vacuefacere* aus dem *patrimonium*, an dem die Kinder schon teilhaben. So haben es die Quellen gesehen: *patrimonium suum … exinanisse* (D. 31.87.3). Darin ganz ähnlich ist das obige Prinzip des Pandektenrechts: die Schenkung vermindert nicht das Vermögen, aus dem der Pflichtteil zu berechnen ist. Muss man nun B, der vom Nachlass ausgeschöpftes Vermögen hat, so sehen, als wäre er der eigentliche Institut auf die 2400, so hat A zu wenig; es wäre, wenn man B als *institutus* des Geschenkten sähe, ein Fall der *q.i.t*

1068 Mit welcher Begründung und aus welchem Prinzip sollte sich dies auch ergeben?

1069 Auch an allen willkürlichen Transaktionen; nur ein freigebiges Weggeben schadet ihm nicht, indem die *q.i.d.* ihn gerade dagegen schützt.

Fall aber auch nicht ausschließt – dem Vater nur die Möglichkeit, von den 5400 nun dem A sein ganzes Drittel von 1800 zu hinterlassen, nicht aber ist die Pflichtwidrigkeit durch den Vermögenszufluss per se getilgt. Nicht ganz genau – zweifellos aber richtig gemeint – ist daher der Satz von *Seuffert* „…sondern so lange sie anhält, der nachtheilige Erfolg der pflichtwidrigen Schenkung ganz oder theilweise ausgeschlossen wird.“ Allein dadurch, dass die Mehrung (des Vermögens) anhält, entfällt noch nicht die Pflichtwidrigkeit, erst der Rechtsakt der Zuwendung beseitigt sie, wie es die Nov. 92 auch sagt.

I.2 Geklärte Ansichten

Gegenüber früheren Meinungen mehrten sich Übereinstimmungen in der Frage, welche Schenkungen anfechtbar sind. *Francke*[1070]: „…die Querel ist begründet, sobald überhaupt durch Schenkungen so viel weggegeben ist, daß nicht der Pflichttheil im Vermögen zurückblieb.“ Daher mache es keinen Unterschied, ob durch eine Schenkung oder durch mehrere an verschiedene Personen der Pflichtteil entzogen werde[1071]. Bei mehreren Schenkungen hintereinander sagte *Francke*, es müsse gegen die spätere allein geklagt werden „durch deren Hinzukommen der Pflichttheil erst angegriffen wurde“[1072]. Dieser Auffassung war auch *Glück*[1073] gegen frühere Meinungen[1074], wonach alle Schenkungen „die erstern, wie die letztern, pro rata revocirt werden könnten“. Nur gegen den Donatar könne geklagt werden „mit dessen Beschenkung die Verletzung des Pflichttheils begann“[1075]. So meinte es auch *Mühlenbruch*[1076] und fügte hinzu: „Von selbst versteht sich …, daß bei gleichzeitig an mehrere gemachten Schenkungen das Gegentheil eintritt“[1077]. Gegen die Auffassung, bei mehreren hintereinander gemachten Schenkungen seien alle *pro rata* anzufechten, so wie auch bei mehreren Vermächtnissen alle *pro rata* gekürzt

---

1070 Notherben 512.

1071 *Francke*, Notherben 512 mit Hinweis, dass „bald von mehreren Schenkungen an dieselbe Person, bald von Schenkungen an verschiedene Personen“ die Rede sei; so in C. 3.29.1 *sive in quosdam liberos, sive in extraneos*, an mehrere Söhne auch in den Konstitutionen (C. 3.29) 5, 6 und 8 und ebenso in der Nov. 92.

1072 Notherben 513.

1073 Commentar, 7. Theil, 1. Abth. 174: und es komme auch nicht darauf an, „ob die mehreren Schenkungen in kurzer oder geraumer Zeit nach einander geschehen sind“ (174f.)

1074 Zu *Voet* ausführlicher unten.

1075 *Glück*, Commentar, 7. Theil, 1. Abth. 174.

1076 Commentar, Bd. 36, 120: „es sind mehrere Schenkungen hinter einander gemacht, aber nur die letztern enthalten eine Pflichtheilsverletzung. Alsdann können auch lediglich diese angefochten werden, indem ja der Schenker über das durch die ersteren Weggegebene völlig unbeschränkt verfügen durfte“.

1077 Commentar, 36. Theil 121 mit Hinweis auf *Francke*, 512.

würden, folgte *Mühlenbruch* den Sätzen von *Francke*[1078] und wandte ein, dass beide Fälle verschieden seien: „Mehrere Vermächtnisse erhalten stets zu derselben Zeit ihre Gültigkeit ... wogegen eine Schenkung mit dem Moment existirt, wo sie gemacht wird“[1079].

II. *Voet*

Quod si diversis temporibus donationes factae sint, quarum priores non laedebant legitimam, sed solae posteriores, singulae pro rata, non solae posteriores, reverti debent: nam &, si pluribus in fraudem patroni libertus donaverit, aequaliter patronus adversus omnes in partem sibi debitam Faviana vel Calvisiana experiebatur, *l.* I §. *si pluribus* I. *ff. si quid in fraudem patroni*, Ant. Faber *Cod. lib. 3 tit. 20. defin.* 7. Ant. Matthaeus *select. disput.* 2. Ad *l. si totas* 5. C. *de inoff. donat. thes.* 12. Wissenbach *ad tit. C. de inoff. donat. vers. quid si plures.* Adde *tit. si quid in fraudem patroni n.* 3.[1080] ...

Qua ratione, si quis unicum habens filium, decem milia donaverit, sex millibus & amplius sibi adhuc donationis tempore servatis, deinceps vero usque adeo decreverit ejus substantia, ut nihil praeter millia duo supersit, illa duo millia, juncta decem millibus donatis, efficient, ut legitima unius filii quatuor millia comprehendat, velut tertia duodecim millium pars; cui consequens, donatarium duo millia filio isti, ex asse heredi sui patris donantis, reddere oportere, quo dici possit, legitimam filio illaesam esse. Rursus, si eundem decem millia donantem, nihil praeterea

---

1078 Notherben 514: „Denn die Vermächtnisse erlangen alle zu einer und derselben Zeit ihre Gültigkeit, nämlich beim Tode des Erblassers; dagegen die Schenkungen wurden zu verschiedenen Zeiten perfect. Auch wird das Gegentheil nicht durch die l. 1. §11. D. Si quid in fraud. patr. (38. 5.) bewiesen, nach welcher Stelle der Patron gleichmäßig gegen alle Schenkungen die Faviana oder Calvisiana actio erhebt. Denn dieses ist nothwendige Folge der ganz verschiedenen Basis, auf welcher diese Klagen beruhen. Sie sind nämlich begründet, durch j e d e, auch die geringste, zum Nachtheil des Patrons vollzogene Schenkung, so daß also schon die erste, an sich betrachtet, der Anfechtung unterworfen war.“

1079 Commentar, 36. Theil, 120, Anm. 50 m.w.N. der Glosse, *Bartolus* ad L. 1. C. h.t. Nr. 5, *Donellus* 1.1. §7; *Francke*, 514.

1080 Die Auffassung *singulae pro rata, non solae posteriores, reverti debent* ist in der Zitationskette nicht mit den Quellen zur *q.i.d.* begründet. Gegen die dort herangezogene *actio Fabiana* und *Calvisiana*, den Klagen des Patrons gegen fraudulöse Verringerung des Vermögens seines Freigelassenen, der seinem Patron die *dimidia pars* schuldete, hat schon *Francke*, Notherben 514 das Wesentliche vorgebracht. Diese Klagen sind auch nicht aus einer Analogie zur *q.i.t.* hervorgegangen. Folgt man *Knütel*, SZ 134 (2017) 281 in der „inneren Rechtfertigung“ des patronatischen Erbrechts aus der Übung, als Gesellschafter am Vermögen des Freigelassenen beteiligt zu sein, so zeigt sich ein ganz anderes Herkommen des patronatischen Pflichtteils. Zur weiteren Entwicklung nach der abgeschafften *societas Rutiliana* und doppelten Begründung der *bonorum possessio dimidiae partis* des Patrons Lit. in HRP/*Masi Doria* § 37 Rn. 42; HRP/*Wimmer* § 54 Rn. 24 m.w.N.

reliqui, donationis tempore, sibi reservasse proponas, deinde vero industria, labore, aliisque modis conquisivisse de novo eam patrimonii quantitatem, quae mortis tempore sex millia superat, atque ita donans eam filio relinquat ex testamento vel ab intestato portionem, quae junctis donatis cum postea quaesitis tertiam aut majorem coadunatae substantiae partem faciat, nihil per donatarium filio, legitimam jam salvam habenti, restituendum foret, *novell.* 92. *cap.* 1. …

Die Rechnung von *Voet* (Textteil ab Qua ratione rell.)[1081]:

Jemand, der einen Sohn hat, verschenkt 10000 und behält 6000 (sein Vermögen war also 16000). Dann verliert er Vermögen bis auf 2000. So bewirken die 2000 zusammen mit den verschenkten 10000, dass die *legitima* 4000 umfasse (ein Drittel des As). Die *legitima* des Sohns ist also verletzt. Andererseits (*rursus*): Wenn er durch Fleiß etc. 6000 hinzuerworben hat und diese 6000 dem Sohn hinterlässt, so hat dieser die *legitima* und der Beschenkte muss nichts zurückgeben. Mit Zitat Nov. 92 cap. 1.

Beachtung in der Interpretation der Nov. 92 verdient der Zwischenschritt. Im Moment des Vermögensverlustes bis auf 2000 macht die *legitima* 4000 aus (duo millia, juncta decem millibus donatis, efficient, ut legitima unius filii quatuor millia comprehendat). Zu sehen ist, dass die Schenkung, als sie gemacht wurde, nicht pflichtwidrig war (ein Drittel von 16 000 = $5333^1/_3$, im Vermögen blieben noch 6000, der Pflichtteil war also noch gedeckt). Hier lautet die Berechnung des Pflichtteils nach Vermögensverlust von 4000 auf restlich 2000: Die gemachte Schenkung von 10000 ist hinzuzurechnen. Daher ergibt sich der Rechenansatz von 12000 (Vermögen, von dem der Pflichtteil zu berechnen ist), davon ein Drittel ergibt 4000 als Pflichtteil. Das zeigt: j e d e Schenkung ist mit ihrem g a n z e n Betrag, gleichgültig, ob sie inoffiziös war oder nicht, zum Vermögen hinzuzurechnen[1082]. Dieser Punkt interpretiert das „τὸ ἐκ τοῦ νόμου μέρος, ὅσον ἦν πρὶν τὴν δωρεὰν ὁ πατὴρ … ποιήσαιτο“ der Nov. 92 (den aus dem Gesetz [geschuldeten] Teil, wie groß dieser war, bevor der Vater das Geschenk … machte).

Wie machten es die Konstitutionen? Die Fälle lagen nur in vereinfachter Form vor. D. 31.87.3: *…intervertendae inofficiosi querellae*[1083] *patrimonium suum donationibus … exinanisse … quod donatum est, pro dimidia parte revocari.* Vom Geschenkten wird soviel in das Vermögen (in den Nachlass) zurückgerufen, dass das Kind davon die Quart hat (Rekonstruktionsannahme[1084]). Die Entscheidung ist vom Ergebnis her gedacht. Die Quart vom *patrimonium* muss das Kind haben, und das heißt hier, vom *patrimonium*, bevor die *avia* schenkte – auch hier ist die Schenkung

---

1081 Tom. V. lib. XXXIX, n.38 (S. 407).

1082 Falsch wäre es also, nicht pflichtwidrige Schenkungen nicht hinzuzurechnen.

1083 Ein Genitivus causae, wie es später Philipp (C. 3.29.1) mit *ad deludendam inofficiosi querellam* sagt, und in der Konstitution 8 mit *intervertendae quaestionis inofficiosi causa* zu lesen ist.

1084 Oben S. 191–192.

hinzuzurechnen, um vom *patrimonium*, wie es zuvor war, die Quart zu bilden. Die Reihenfolge der Denkschritte ist also so: 1) zu sehen ist auf das *patrimonium* vor der Schenkung; 2) nun ist es durch Schenkungen leer gemacht; wieviel vom Geschenkten muss zurückkehren, damit das Kind vom Nachlass (auf den es zur Hälfte mit dem Beschenkten eingesetzt ist [Rekonstruktionsannahme[1085]]), das Viertel hat, das auch eine *q.i.t.* ausschlösse? Vom Geschenkten muss die Hälfte in den Nachlass zurückkehren; so hat das Kind die querelausschließende Quart vom vollen Vermögen.

War dies die selbstverständliche Vorlage, fortgesetzt durch die Folgekonstitutionen, an die die Nov. 92 anschloss, so erklärt sich „... εἴ τις δωρεὰν ἄμετρον εἴς τινα ἤ τινας τῶν παίδων ποιήσαιτο, ἀνάγκην ἔχειν ἐν τῇ διανομῇ τοῦ κλήρου τοσοῦτον ἑκάστῳ τῶν παίδων φυλάττειν τὸ ἐκ τοῦ νόμου μέρος, ὅσον ἦν πρὶν τὴν δωρεὰν ὁ πατὴρ ... ποιήσαιτο. (wenn jemand an einen oder an einige seiner Kinder eine unmäßige Schenkung machte, hat er die gesetzliche Pflicht, in der Verteilung des Erbes, ebensoviel vom gesetzlichen Teil einem jeden der Kinder zu bewahren, wieviel dieser war, bevor der Vater das Geschenk ... machte.)

So wie schon Alexander bei *patrimonium suum donationibus exinanisse*, um gegen das *donationibus exinanire* vorzugehen, auf das *patrimonium suum* sah, bevor es durch Schenkungen leer wurde, um davon die Quart zu bestimmen, so sieht auch Justinian auf das τὸ ἐκ τοῦ νόμου μέρος, ὅσον ἦν πρὶν τὴν δωρεὰν ὁ πατὴρ ... ποιήσαιτο, auf den Pflichtteil vom Vermögen, bevor der Vater die Schenkung machte.

Zu Regelungsgegenstand und Lücken der Nov. 92 zeichnet sich damit das Bild: Nur εἴ τις δωρεὰν ἄμετρον εἴς τινα ἤ τινας τῶν παίδων ποιήσαιτο (die maßlose Schenkung) ist thematisch. Das ist fortgesetzt und eng bei den Fällen *vacuefacere*, *patrimonium exinanire* etc. der Konstitutionen geblieben mit der Neuerung einer Ausgleichspflicht im Testament. Der G r u n d für die *q.i.d.* liegt in der Vergangenheit, zu der Zeit, da die maßlose Schenkung gemacht ist, e n t s t e h e n kann die *q.i.d.* aber erst mit Tod des Erblassers, da erst da offenbar wird, ob der Pflichtteil hinterlassen wurde oder nicht. Diese zeitliche Streckung[1086] gibt die Möglichkeit, dass der Erblasser selber noch den Grund für die *q.i.d.* vernichtet, und das soll er auch nach der Nov. 92 cap.1. Lücken: Die δωρεά μέτρια (die nicht unmäßige Schenkung) taucht nicht auf. Ungeregelt scheint, wie bei mehreren δωρέαι μετρίαι nacheinander zu verfahren ist. Vermutlich sind summierte, für sich allein nicht maßlose Schenkungen nur ein zerlegter Fall der δωρεά ἄμετρος. Wie bei nicht maßloser Schenkung und späterer Vermögensminderung? Auch dazu schweigt die

---

1085 Oben S. 191–192.

1086 Früher Grund und späteres Entstehen der Klage.

Nov. 92. Daraus ist aber gewiß nicht zu schließen, dass das Wort δωρεὰν (die Schenkung) in ὅσον ἦν πρὶν τὴν δωρεὰν ὁ πατὴρ … ποιήσαιτο (wieviel der gesetzliche Teil war, ehe der Vater die Schenkung machte) nur von der maßlosen Schenkung zu verstehen wäre, weil die Novelle nur von δωρεὰν ἄμετρον redet, mit dem Sinn, dass nur maßlose Schenkungen dem Vermögen hinzuzurechnen seien, nicht aber nicht unmäßige. Der Fall ist erst im Interpretationsbemühen (*Voet*) erfasst.

III. Neuere Literatur

Kritische Notiz verlangt die Meinung von *Zoz de Biasio*[1087], die eine Verschiebung der *q.i.d.* vom Intestatteil[1088] nun reduziert auf den Pflichtteil vertritt, allerdings mit einigen Einschränkungen[1089]. Die wahre Neuerung sei eine Klage der Kinder gegen die anderen beschenkten Kinder[1090] mit dem Gegenstand bloßer Ergänzung des Pflichtteils; die Klage sei daher verschieden von der überkommenen *q.i.d.* (die auf den Intestatteil gegangen sei): „…la vera innovazione della Novella, che attiene ad un'azione esperibile d a i f i g l i sacrificati c o n t r o g l i a l t r i f i g l i beneficati, avente per oggetto la mera reintegra della quota di riserva, e perciò diversa dalla

---

1087 Rimedi 161–166.

1088 Eine bestrittene Deutungsannahme.

1089 Die zweite Behauptung sieht in der Novelle eine Erstreckung auf die *donatio mortis causa*, zu der bisher fraglich gewesen sei, ob sie von der *q.i.d.* erfasst war. (Rimedi 128: „…mancano le fonti in materia. Tale lacuna si potrebbe spiegare ricordando come la *q.i.dn.*, a parte D. 31, 87, 3.4 di Paolo, …"). *Zoz de Biasio* problematisierte dies in einem eigenen Abschnitt (Rimedi 127–130: „Resta aperto il problema se con la *q.i.dn.* potessero essere impugnate anche le *donationes mortis causa*." (127). Zur Nov. 92 sagt sie: „La nuova azione di riduzione delle donazioni, in analogia alle regole in tema di *q.i.dn.* doveva però trovare luogo anche quando queste fossero state disposte *mortis causa*." Der in der Pandektenliteratur schon oft vorgebrachte Hinweis, dass die übermäßige *donatio mortis causa* nach Alex. C. 6.50.5 der falzidischen Kürzung unterlag und daher eine *q.i.d.* nicht nötig war, findet sich nicht erwähnt. Dazu *Glück*, Commentar 7. Theil, 1. Abth. 179f. mit Streitstand; *Mühlenbruch*, Commentar, 36. Theil 138; *Vangerow*, Pandekten, 2. Bd. 277: „…und demnach, so weit sie den Pflichttheil verletzen, von selbst ungültig sind" mit Hinweis auf D. 39.6.17 (*quia legatorum instar optinent*), C. 6.50.5 (C. 7.50 ist Schreibfehler); *Francke*, Notherben 535f. mit Streitstand: „Hiernach [gemeint ist C. 6.50.5] aber ist die mortis causa donatio, gleich wie Vermächtnisse, ipso jure um so viel geringer, wie dies nothwendig ist zur Ergänzung der Quart." Der Novellentext selbst spricht schlicht von δωρεὰν ἄμετρον und der ganze Textkörper wechselt fortgesetzt mehrfach nur in die Mehrzahl ab, ταῖς ἀμέτροις ταύταις δωρεαῖς, aber ohne eine Distinktion zwischen *donatio inter vivos* und *donatio mortis causa* erkennen zu lassen. Das Problem entstand mit der Erhöhung des Pflichtteils auf ein Drittel (bis zu 4 Kindern) bzw auf die Hälfte (ab 5 Kindern), was von der Quart abwich. *Voet*, Commentar, V, Lib. 39 Tit 5 n.40 (= S. 409 [linke Spalte]) schrieb hier: „verum ex quo legitima portio aucta trientem aut semissem continere debuit, adeoque ex Falcidiae legis beneficio legitima tota liberis haud separabatur, non potest non justum videri, si & ad mortis causa donationes querela haec jure novo porrigatur."

1090 Mit einschränkender Hervorhebung im Text, wie oben zitiert.

tradizionale *q.i.dn.*“[1091]. *Zoz de Biaso* kann hier ein Thesengebäude vorweisen: Die Novelle betreffe nur die Fälle, wo ein Teil des Vermögens verschenkt sei; die Schenkungen mögen immens sein, dürfen aber nicht das gesamte Vermögen umfassen, um ein Gegenstand der Klage aus der Novelle 92 zu sein[1092]. Diese neue Klage der Nov. 92 ersetze die *q.i.d.*[1093]. Ist dagegen das gesamte Vermögen verschenkt, seien die Schenkungen „inofficiose in senso stretto“ und zur Gänze rückforderbar nach den Bestimmungen der Konstitutionen[1094] („Quando invece il patrimonio … sia stato completamente esaurito … le donazioni sarebbero inofficiose in senso stretto e quindi revocabili per l'intero, secondo le regole esposte nel codice“[1095]). *Zoz de Biasio* will so das Schema der Reformkonstitution C. 3.28.30 – die Autorin spricht irrtümlich von der „Nov. 115, 5 pr. del 542, con la quale viene introdotta l'actio ad supplendam legitimam“[1096] – nachzeichnen und spricht von einem gewissen Parallelismus. Die *actio ad supplendam legitimam* habe „in certi casi“ die *q.i.t.* ersetzt. So seien die Fälle, die *Zoz de Biasio* zur Nov. 92 gibt (nur teilweise, wenn auch immenses verschenktes Vermögen) so erfasst, wie die Reformkonstitution in den Fällen von *quantacumque pars relicta* die alte *q.i.t.* dort auf die Ergänzungsklage reduziert hat. Die Fälle der *q.i.d.*, wo nur ein Teil des Vermögens verschenkt war, seien nun in der Nov. 92 vom Intestatteil reduziert auf den Pflichtteil.

III.1 Kritik

So ist nur ein Schema von *nihil* und *minus* nachgeformt, aber nicht inhaltlich begründet: Die Fälle von *minus quarta relictum* sind in der Reformkonstitution Fälle der Ergänzung auf den Pflichtteil, bei *nihil relictum* blieb die *q.i.t.*; auch für diesen Fall sind nun offenbar die Worte „inofficioso in senso stretto“ gefunden. Parallel dazu sei nach der Nov. 92, wenn nicht alles verschenkt war, die neue Klage auf den Pflichtteil gerichtet, war dagegen alles verschenkt („donazioni inofficiose in senso stretto“), sei es bei der alten *q.i.d.* auf den Intestatteil geblieben. Ein paralleles Muster der Reduktion vom Intestatteil auf den Pflichtteil also nach der Vorgabe der

---

1091 Rimedi 162.

1092 Rimedi 162: „Si direbbe che le donazioni …possano essere anche immense; ma, perché la querela sia applicabile, esse forse non devono aver coinvolto l'intero patrimonio.“

1093 Rimedi 164: „Nell'ipotesi di donazione …di parte del patrimonio, la sostituzione della *q.i.dn.* con la nuova azione prevista dalla Nov. 92, …“.

1094 Beispielsweise C. 3.29.2, die *Zoz de Biasio* dafür auch zitiert (S. 162). Doch zeigt die Konstitution gut, dass eine „*q.i.d.* auf den Intestatteil“ nicht haltbar ist; oben S. 209–212.

1095 Rimedi 162.

1096 Rimedi 164. Auf den Irrtum wies schon *Wesener*, FS Kränzlein (1986) 154 Anm. 2 hin: „Die *actio ad supplendam legitimam* wurde nicht erst, wie M. G. ZOZ DE BIASO, I rimedi …164 u. 172 A. 15 anzunehmen scheint, durch die Nov. 115, 5 pr. (a. 542) eingeführt, sondern bereits durch die const. vom J. 528 (Cod. Iust. 3, 28, 30)“.

Reformkonstitution „wie wenig auch immer hinterlassen“ (*ad supplendam*)/nichts hinterlassen (*q.i.t.*)“[1097]. Doch sagt die Nov. 92 etwas Anderes und Konkretes: der Vater selbst soll eine *q.i.d.* der Kinder vermeiden, indem er mit höherem Erbteil ausgleicht. Parallel mit der Reformkonstitution ist vielmehr die Klagenvermeidung, soweit dies möglich ist: In der Reformkonstitution war es in den Fällen eines *minus quarta relictum* möglich, die zerstörerische *q.i.t.* durch die Ergänzungsklage zu ersetzen (mit feiner innerer Begründung[1098]), die *q.i.t.* also zu vermeiden, soweit es nur ging, und in der Nov. 92 soll der Vater im Testament noch dafür sorgen, dass die *q.i.d.* vermieden wird. Ganz ausschalten lässt sie sich nicht. Von einer Reduktion der *q.i.d.* vom Intestatteil[1099] auf den Pflichtteil ist im Text der Novelle nichts zu finden.

Sanguinetti: Die von *Zoz de Biasio* vertretene Meinung ist dort bestritten[1100]. *Sanguinetti* blickt auf die Nov. 18; dort sei der Pflichtteil sozusagen in einer Art „kollektiven“ Sicht bestimmt („... la legittima in modo per così dire „collettivo“, vale a dire tenendo conto di tutti i potenziali aventi diritto“)[1101]. Justinian habe in der Nov. 92 nur die Bestimmungen über die pflichtwidrigen Schenkungen mit der Novelle 18.1 (mit nun erhöhten Pflichtteilen) koordiniert. Es sei daher beim Testieren auf a l l e Pflichtteilsberechtigten, so wie es die Nov. 18 bestimmte, Bedacht zu nehmen. Dies sei im Grunde die *ratio* der Nov. 92 („... Nov. 18, 1 ... secondo cui la legittima era considerata collettivamente, cioè tenendo conto di tutti i legittimati ...“. „Questa pare essere la *ratio* di fondo di Nov. 92“)[1102].

§ 21 Entwicklungslinien – Fortschreibungen der Quart

Zum Absichtssatz *ut quartae partis dimidiam, quam ad excludend[u]<a>m inofficiosi querellam adversum testamentum sufficere constat, ... habeas...* des Fr. Vat. 280 sagt *O. E. Tellegen-Couperus*[1103], der Ausdruck *quartae partis dimidiae* „...may also be explained as an indication of confusion between the *Falcidia* and the *portio debita*, that has been described by Samper!“. Doch zeigt der Gang der Entwicklung

1097 Entsprechend zur *q.i.d.* gesagt: Wie enorm viel auch immer verschenkt und wie wenig übrig gelassen, zieht die reduzierte *q.i.d.* nach sich, dagegen alles verschenkt und nichts übrig gelassen, die alte *q.i.d.* auf den Intestatteil.

1098 Oben S. 168–170.

1099 Wer dies bestreitet stürzt die These, noch ehe sie anfängt.

1100 Dalla querela 135 Fn. 68. Konsequent, da er für die Konstitutionen die *q.i.d.* auf das Viertel annimmt.

1101 Dalla querela 121.

1102 Dalla querela 126.

1103 RIDA 26 (1979) 410.

hier genauer, dass der Anstoß für die querelausschließende Quart war, die Falzidia als ein bloßes Argument zu verwenden, so wie Plinius es tat, über das Testament könne sich nicht beschweren, wer das Viertel hat. So bildeten sich Fälle heraus, ein *inofficiosum testamentum dicere* zu verneinen. Der vermischende Wortgebrauch mit der *Falcidia* in D. 5.2.8.9 oder D. 5.2.8.11 (dort vermengt auch mit *portio debita*) soll nicht darüber hinwegtäuschen, dass die querelausschließende Quart aus einem bloßen Argumentieren mit der Falzidischen Quart hervorgegangen ist. Suchte man davor von Fall zu Fall nach einer Antwort auf die Frage, wieviel zu geben genug sei, um die geschuldete *pietas* nicht zu verletzen, so bot sich nach dem Aufkommen der *lex Falcidia* ein durchargumentierter Fall, der allgemeine Anerkennung fand, durch die *quarta ex bonis relicta* Inoffiziosität und damit die *q.i.t.* vermieden zu haben. Die Suche stabilisierte sich mit den Leitworten der querelausschließenden Quart: C. Greg. 2.IIII.1 … *quartam, quam habere ex bonis patris debet, ne inofficiosum testamentum possit accusare*; D. 5.2.8.8 (Ulpianus 14 ad ed.) … *quarta debitae portionis sufficit ad excludendam querellam*; Paul. sent. 4.5.5: *cum apud eum quarta sit remansura*; Ulp. D. 5.2.8.9: *ideo non potest dicere inofficiosum, quia habet Falcidiam.* Justinian spricht im Institutionentext 2.18.6. noch von dieser Vorlage der querelausschließenden Quart: *quartam quis debet habere, ut de inofficioso testamento agere non possit*, in den Konstitutionentexten dann von der *legitima portio, pars legitima* oder *portia debita.* Diese *portio debita* Justinians ist aus der querelausschließenden Quart und den Klauseln der Ergänzung auf die Quart hervorgegangen, wie die Reformkonstitution C. 3.28.30pr. zeigt. Und in den Texten zu den enormen Schenkungen kommen gerade die Worte der querelausschließenden Quart wieder, also nur die Vorläuferwendung, niemals aber *legitima portio, pars legitima* oder *portia debita*, wie deutlich zu sehen ist in Fr. Vat. 271: … *inmoderatis donationibus non retenta quarta ad excludendam inofficiosi querellam*, oder in Fr. Vat. 280: …, *ut quartae partis dimidiam, quam ad excludendum inofficiosi querellam adversum testamentum sufficere constat*, oder in C. 3.29.6: … *quantum ad submovendam querellam sufficiat.* Die Kompilatoren mussten diese Worte dort nicht ändern, weil sie sich sachlich mit der Ergänzung eines *minus quarta relictum* ohne nachteilige *mentio* deckten.

Für die Behauptung einer justinianischen Interpolation hätte man also eine Aufschwellung des Begriffs der *portio/pars legitima/debita*, zurück auf den längeren, überkommenen Begriff anzunehmen. Gerade in späteren Deutungen, wie etwa in der Interpretatio zu CTh. 2.21.1 zur *dos inofficiosa*, liest man nur noch das kürzere *debitam … portionem*[1104]. Eine verändernde Einfügung mit den langen erklärenden Wendungen (wie *quam ad excludendum inofficiosi querellam adversum testamentum*

1104 Interpretatio zu CTh. 2.21.1: …*ut quarta hereditatis ipsius non fuerit reservata, liceat filiis ad similitudinem inofficiosi testamenti contra dotem agere et debitam sibi portionem ex lege repetere.* Dies geht auf CTh. 2.21.2 (a. 357): will sich die Frau wiederverheiraten und aus ihrem Vermögen

sufficere constat) wäre also auffällig, wenn man die kürzere schon kannte. Und für eine vorjustinianische Interpolation ist kaum ein Interpolationsmotiv zu sehen, außer man ginge mit *Samper* von einer Periode der Schwankungen bei der *q.i.t.* aus und unterstellte, dass (bisweilen?) auch die *q.i.t.* nur noch auf das Viertel gegangen sei. Doch fehlt dafür ein zwingender Nachweis.

So sind keine planmäßigen kompilatorischen Eingriffe des Viertels in diese Texte aufzuweisen, sondern Fortschreibungen der querelausschließenden Quart, wie sie Alexander Severus auf den Fall *intervertendae inofficiosi querelae…donationibus* anwandte. Die inneren Gründe des Anfangs (D. 31.87.3) bei Alexander Severus sind zu verstehen, um die Interpolationsannahmen auch in Folgekonstitutionen ausschließen zu können. Die Frage der *q.i.t.* drehte sich darum: War das *exheredare* oder *omittere pietas*-pfichtwidrig? Niemand, der bei Sinnen ist, testiert so, dass er einen *gratus* leer ausgehen lässt. Ist ein *immerentem se et indigne praeteritum*[1105] (unverdient und ungerecht übergangen) bewiesen, so bliebe nichts anderes, als das *supremum iudicium* zu zerstören. War aber nach dem Verfahrensergebnis des *q.i.t.*-Prozesses zu verstehen, dass nach all dem, was im Leben zwischen Erblasser und Kläger vorgefallen ist, der Testator zu Recht über einen *ingratus* lieber schwieg oder mit einer *nota exheredationis* noch einmal deutlich wurde, so musste der Querelkläger leer ausgehen. Der zur *q.i.t. admissus* (Zugelassene) kann gegen das letzte Urteil seine Intestatstellung erstreiten, ob sie ihm aber auch zukommen wird, hängt davon ab, ob die *Centumviri* das Testament (die *institutio heredis*) aufheben und den Kläger, *qui optinuit*, nun zum Erben machen *ex auctoritate Centumvirorum*. Diese Möglichkeit hatte die *avia* in D. 31.87.3 ihrem Kind[1106] genommen, indem sie ihr Vermögen durch Schenkungen an ihren Enkel leer machte und dann beide auf einen leeren Nachlass einsetzte. Durch das *intervertere* der *q.i.t.*[1107] wird nun *apud Centumviros* nicht mehr hervorkommen: wäre das Verschenkte noch Nachlassvermögen, der Enkel eingesetzt und das Kind übergangen, so dass es querelieren könnte, hätte dann das Kind (der Sohn oder die Tochter der *avia*) obsiegt oder wäre es, nach dem, was zwischen Kind und Großmutter vorgefallen ist, unterlegen? Sogar das *intervertere* (Vereiteln) der *q.i.t.* durch Schenkungen konnte den Grund haben, den Enkel davor zu schützen, ihn in einen (absehbaren) *q.i.t.*-Prozess zu ziehen, etwa gegen seine streitsüchtige Mutter, die die Großmutter leer ausgehen lassen wollte. Aber hatte es denn schwere Verfehlungen der Tochter gegen die Großmutter

---

die *dos* bestellen, muss sie ein Viertel aus ihrem Vermögen den Kindern aus erster Ehe einbehalten: *Kaser*, RP II 522 Fn. 61 m.w.N.

1105 Marcell. D. 5.2.5.

1106 Die Literatur würde sagen: dem anderen Enkel.

1107 Und die *q.i.t.* ist hier nicht nur wegen des *patrimonium exinanisse* illusorisch, sondern schon deswegen nicht mehr möglich, weil die Großmutter beide (gleichteilig) testamentarisch berufen hatte.

überhaupt gegeben? Oder war ganz umgekehrt die Tochter *grata*? Gegen das *intervertere* der *q.i.t.* war jedenfalls vorzugehen, um solche Fälle zurückzudrängen, und die Lösung in der *ratio* der *q.i.t.* zu suchen. Indem die *avia* die *q.i.t.* ausmanövrierte, hat sie selbst die *quaestio inofficiosi*, die so oder so ausgehen hätte können, nicht aufkommen lassen. So ist es sachgerecht: wenn ihr Kind *gratum* war, hätte sie es auch durch die Quart von der *q.i.t.* ausschließen können, wie sie es ja offenbar wollte, indem sie den Enkel ihrem Kind vorzog durch die Schenkungen. Und wenn es *ingratum* war, so durfte sie dennoch nicht dem Kind die Möglichkeit zur *q.i.t.* nehmen. Und da nicht gegen das Kind entschieden ist, kann es nicht so aussehen, als hätte das Kind auch eine *q.i.t.* verlieren müssen. Daher ist, ob so oder so, die querelausschließende Quart zu geben, denn so wäre es nun auch kein Fall einer *q.i.t.* mehr. Daraus erklärt sich das *revocari*, Zurückrufen von der Schenkung, weil dies das Wegleiten aus dem Nachlass nun umkehrt in ein Zurückrufen in den Nachlass. Und zwar genau die Hälfte in den Nachlass, auf den beide eingesetzt sind (eine gestützte Annahme). So hat das Kind *ex testamento* das Viertel. So verlangt es der Grundgedanke der *q.i.t.*, wenn die *quaestio inofficiosi* einer *q.i.t.* ausgeschaltet ist.

§ 22 Panorama der Reskripte

Als Texte der querelausschließenden Quart sind damit aufzuweisen: Paul. D. 31.87.3: *ratio* (scil. der *q.i.t.*) *deposcit id, quod donatum est, pro dimidia parte revocari* (das Geschenkte wird zur Hälfte zurückgerufen in die testamentarische Sukzession).

Der Kontrast der Deutung dazu liest sich bei *Tellegen-Couperus*[1108] so: „From D. 31.87.3 it can be deduced that at the time of Alexander Severus a legitimate heir who had been deprived of his fair share of an inheritance could obtain his full intestate portion by means of the *querela inofficiosi*". Ein Manko der Deutung liegt in der Verkürzung von Annahmen. Von woher kommen die Fälle des *intervertere* der *q.i.t.*? Von daher, einen *gratus*, dem der Testator nichts hinterlassen wollte, auch noch um seine Möglichkeit zur *q.i.t.* zu prellen? Oder von daher, dass der Testator eine schon absehbare *q.i.t.* eines *ingratus*, der auf gar keinen Fall etwas bekommen darf, kalt aushebeln wollte, um den, den er mehr liebte, vor einem solchen Prozess zu schützen? Beide (!) Fälle sind zugleich in Betracht zu ziehen, wenn die *quaestio inofficiosi apud Centumviros* (oder für die Reskriptstexte gesagt, vor dem *praeses provinciae*), die sonst die *gratus*/*ingratus*-Frage klärte, vereitelt und eine Lösung zu finden ist, die den offenkundigen (durch die Schenkung vorweggenommenen[1109])

1108 RIDA 26 (1979) 414.

1109 So ist es allgemein in C.3.29.8pr. auch umschrieben: … *cum adversus eorum cogitationes, qui consiliis supremum iudicium anticipare contendunt.*

letzten Willen nicht völlig zerstört, doch zugleich gegen das *intervertere* der *q.i.t.* effektiv vorgeht. Auf den ersten Blick sieht es stets so aus, dass eher der Beschenkte dem auf einen leeren Nachlass Eingesetzten (*gratus* oder *ingratus*?) vorzuziehen war. Wenn der leer ausgegangene *institutus* wirklich *gratus* war, hätte ihn der Testator durch die Quart von der Querel ausschließen können, lautet dann das Argument der Intervention. So bleibt sie dem eigentlichen *supremum iudicium* noch am nächsten. War er aber *ingratus*, wird man auch mit dieser Lösung leben können, weil außer der *institutio* auf einen leeren Nachlass nichts Nachteiliges vorliegt, das ihn als *ingratus* erwiese. Die Verkürzung bei *Tellegen-Couperus* liegt also in den Worten „a legitimate heir who had been deprived of his fair share of an inheritance". Woher ist das zu wissen bei ausgeschalteter *quaestio inofficiosi* einer *q.i.t.*, dass er auch in einem *q.i.t.*-Prozess obsiegt hätte? Seine abstrakte *ab intestato*-Berufung genügt nicht, um ihm ohne *quaestio de inofficioso*[1110] den Intestatteil zu geben. Das Reskript auf *revocari* stellte ihn dann besser als jeden anderen zu Unrecht übergangenen Querelkläger, der in einem *q.i.t.*-Prozess seine Intestatstellung gegen das Testament erst ersiegen muss, um den Intestatteil zu bekommen[1111].

Dem sind die Fortschreibungen der querelausschließenden Quart aus der Anfangskonstitution anzureihen:

Alex. Sev. C. 6.50.5: *...mortis causa immodicas donationes ... legis Falcidiae ratione ... uti potes ...* . Das zeigt die Deckungsgleichheit: Falzidischer Abzug bei der *donatio mortis causa* und Reskript auf *revocari* der Quart bei der *donatio inter vivos*. Ob der Erblasser den Nachlass durch *donatio mortis causa* oder durch Schenkungen unter Lebenden leer machte, kann keinen Unterschied machen.

Paene universas facultates: (justinianisch nach C. 3.28.30 analog stünde der Fall einem *minus quarta relictum* gleich), Philipp. C.3.29. 1: ... *ad deludendam inofficiosi querellam ... iuxta formam super inofficioso testamento constitutorum subveniri vobis utpote quartam partem non habentibus desideratis.*

Der Text ist echt; *iuxta formam super inofficioso testamento constitutorum subveniri* ist vom Inoffiziositätsausschluss durch die Quart her gedacht. Justinianisch musste er nicht verändert werden.

1110 Was die Analogie zur *q.i.t.* nun preisgäbe.

1111 Und noch eine Unzuverlässigkeit der Textdeutung von *pro dimidia parte revocari* ist zu bemerken: *revocari* wohin? Zurück in den Nachlass (!) und nicht direkt zum anderen Enkel machte nur in der Fallauffassung keinen Unterschied, dass der andere Enkel allein auf den leeren Nachlass berufen war (wie *Tellegen-Couperus* offenbar annimmt). Wenn aber auch der Beschenkte eingesetzt war, ist der Text nicht mehr so glatt als Beleg für einen Intestatteil zu verwenden, weil dann nur noch die Interpretation bliebe: direkt zurück zum anderen Enkel (nicht aber in den Nachlass, wo auch der andere mit seiner Quote teilte). Damit verspielte man die Pointe in D. 31.87.3: nun ist es, nach der Intervention des *revocari* durch den Kaiser, noch die *avia* selbst, die dem Kind *ex testamento* genug gab.

Omne patrimonium (in der justinianischen Unterscheidung C. 3.28.30 ein Fall von *nihil relictum*, wo eine *q.i.t.* zu geben wäre. Dies zeigt, dass die Reskripte auf *revocari* nicht diesem Schema folgten, sondern als Fälle des Viertels übernommen wurden, wie noch die Nov. 92 belegt[1112]): Val./Gall. C.3.29.2: … *arbitri familiae erciscundae officio congruit, ut tibi quartam debitae ab intestato portionis praestet incolumen* … .

Der Text ist echt; das vollständige Viertel, das auch eine *q.i.t.* ausschlösse, ist bei der Erbteilung zuzuweisen. Justinianisch stört der Text auch bei verschenktem *omne patrimonium* nicht, weil in den Schenkungsfällen kein Testament zu reszindieren ist und der übernommene Reskriptsgedanke auch gut zur Reform passt, den leer Ausgegangenen wie einen *gratus* ohne nachteilige *mentio* zu stellen.

Totas facultates (wieder ein Fall von *nihil relictum*) in Diocl./Maxim. C.3.29.5: … *id, quod ad submovendas inofficiosi testamenti querellas non ingratis liberis relinqui necesse est, … ad patrimonium tuum revertetur*

Die Worte *id, quod ad submovendas inofficiosi testamenti querellas … relinqui necesse est* sind eine Fortschreibung der querelausschließenden Quart; *non ingratis liberis* kann noch genuin sein (eine Verdeutlichung, dass man auch *grati* nicht mehr geben muss als das Viertel, um sie von einer *q.i.t.* auszuschließen) oder eine justinianische Einfügung nach der Nov. 92 cap. 1 (ταῦτα μέντοι φαμὲν περὶ παίδων κεχαρισμένων ὄντων αὐτοῖς: dies freilich sagen wir von den Kindern, die ihnen dankbar gewesen sind); doch ist dies unsicher.

Diocl./Maxim. Fr. Vat. 271: … *inmoderatis donationibus non retenta quarta ad excludendam inofficiosi querellam …, plerisque constitutionibus huiusmodi commentis ad exemplum inofficiosi querellae* ….

Eine deutliche Fortschreibung der Quart und mit *plerisque constitutionibus huiusmodi commentis* auch eine Fortschreibung der Vorläuferkonstitutionen.

Diocl./Maxim. Fr. Vat. 280: … exhausit, ut quartae partis dimidiam, quam ad excludendum inofficiosi querellam adversum testamentum sufficere constat (übernommene Fortschreibung), … quod immoderate gestum est, revocabit.

Das sieht wie eine mechanische Fortschreibung aus; *quam ad excludendum inofficiosi querellam adversum testamentum sufficere constat* ist von der *q.i.t.* gesagt. *Constat*[1113] muss nicht erst eine diokletianische Verfestigung sein, sondern kann

1112 Das Viertel ist nun als *portio legitima/debita* aufgefasst und als solche erweitert auf ein Drittel oder die Hälfte (oben, S. 272 Fn. 1036).

1113 Es ist feststehendes Recht.

weiter zurückreichen, da schon Ulpian mit *quoniam* (!) *quarta debitae portionis sufficit ad excludendam querellam* von einer Verfestigung der querelausschließenden Quart bei der *q.i.t.* spricht.

Diocl./Maxim. C.3.29.6: … *quantum ad submovendam querellam sufficiat, de enormitate donationum ad exemplum inofficiosi testamenti praeses provinciae iurisdictionis suae partes exhibebit.*

Das Textstück *quantum ad submovendam querellam sufficiat* scheint *quarta debitae portionis sufficit ad excludendam querellam* (Frag. Vat 280 entlehnt aus D. 5.2.8.8) nachgebildet.

Diocl./Maxim. C.4.38.4: … *ne vel exemplo inofficiosi testamenti possit haec avocare.*

Die Konstitution ist Sonderstoff[1114] und hat mit der Quart nichts zu tun; *avocare* ist analog dem *petere* der *q.i.t.*

Diocl./Maxim. C.3.29.8pr.: … *intervertendae quaestionis inofficiosi causa patrimonium suum donationibus in unum filium collatis exhausisse, cum adversus eorum cogitationes, qui consiliis supremum iudicium anticipare contendunt et actiones filiorum exhauriunt, aditum querellae ratio deposcat, quod donatum est pro ratione quartae ad instar inofficiosi testamenti convicti deminuetur.*

Mehrere Fortschreibungen sind zu sehen: *aditum querellae ratio deposcat* scheint ein Anschluss an *ratio* [scil. der *q.i.t.*] *deposcit* in D. 31.87.3; daraus ist auch eine Fortschreibung von *quod donatum est pro dimidia parte revocari* möglich in *quod donatum est pro ratione quartae ad instar inofficiosi testamenti convicti deminuetur.* Ähnlich dazu ist auch *quod immoderate gestum est, revocabit* in Frag. Vat. 280. Inoffiziös *ad instar inofficiosi testamenti convicti* geht strukturell auf das Bild eines *pietas*-verletzenden Testaments, das weniger als ein Viertel hinterlässt.

Diocl./Constantius Fr. Vat. 270: *Si donationibus in unam filiam conlatis quarta non retenta patrimonium exhaustum in fraudem ceterorum filiorum probetur, has rescindi ad instar inofficiosi testamenti sacris constitutionibus parentum nostrorum evidenter continetur. …*

Has rescindi hängt von *quarta non retenta* ab als Kriterium für ein *patrimonium exhaustum.* Dagegen wäre eine Schenkung, die ein Viertel zurückließe, nicht zu

---

1114 Der Sohn, der nach seiner Mutter leer ausging, verkaufte das ganze mütterliche Vermögen an den von seiner Mutter inoffiziös Beschenkten. Oben S. 242–244.

reszindieren. Die Fortschreibung ist hier explizit gemacht mit *sacris constitutionibus parentum nostrorum evidenter continetur.* Die Schenkungen sind zu reszindieren *ad instar inofficiosi testamenti* (nach dem Vorbild eines Testaments, das weniger als ein Viertel hinterlässt).

I. Kritik am Schrifttum

Viel verschatten in der Literatur ungenaue Synonyma, die man für austauschbar hält: a) „Pflichtteil" statt querelausschließende Quart (was insinuiert, es gäbe eine Pflicht, das Viertel zu hinterlassen, oder ein Noterbe habe einen Anspruch auf das Viertel[1115]); b) *q.i.d.* statt (richtiger) Reskripte auf *revocare* (insinuiert, man klage mit einer *q.i.d.* so, wie mit einer *q.i.t.*). Erschwert ist die Deutung auch durch die These, die *q.i.t.* sei eine qualifizierte *hereditatis petitio*; Unterschied und Konvergenz sind vielmehr: mit der *hereditatis petitio* klagt man aus der Aktivlegitimation eines zivilen Erben, mit der *q.i.t.* muss man diese erst erstreiten und es ist ungewiss, ob man sie ersiegt. Hat man sie ersiegt, legitimiert das Urteil zum *petere* wie eine *hereditatis petitio*. Im Kreis der Interpolationsannahmen fand in der Literatur auch das schon erwähnte „more general argument"[1116] von *Tellegen-Couperus*[1117] Beachtung: *Tellegen-Couperus* meint, wenn zur Zeit Diokletians eine Ergänzung auf das Viertel schon allgemein anerkannt gewesen wäre, dann hätte es nicht mehr der Ergänzungsklauseln, wie später in CTh 2.19.4, bedurft („If in Diocletian's time a supplement to a quarter of the intestate portion had been generally accepted, then such a complcated juridical procedure would not have been necessary"[1118]). Mit „generally accepted" ist offenbar unterschiedslos für *q.i.d.* und *q.i.t.* gemeint: Wenn unter Diokletian schon akzeptiert gewesen wäre, dass klageweise ohnedies nur noch das Viertel durchsetzbar sei, hätten sich Klauseln, bei einem *minus* auf das Viertel zu ergänzen, erübrigt. Daher müsse die *q.i.t.* bei Diokletian noch auf den Intestatteil gegangen sein [hier: unstrittig[1119]] und daher auch die *q.i.d.* auf den Intestatteil, da sie einer *q.i.t.* analog sei (so sei offenbar die Quart bei der *q.i.d.*

1115 Nur vereinzelt kommt vorjustinianisch eine Pflicht auf, Kindern ein Viertel des Vermögens zu reservieren, wie etwa bei der *dos*-Bestellung durch die Mutter, CTh. 2.21.2 (a. 357). Noch in der Reformkonstitution C. 3.28.30 hängt der Anspruch *ad implendam eam* davon ab, dass zumindest ein *minus*, *quantacumque pars*, hinterlassen ist.

1116 Dem sich *Wesener*, FS Kränzlein (1986) 151f. als Argument gegen die Echtheit von *pro ratione quartae* in C. 3.29.8 anschloss: „Dieses Argument scheint gewichtig." Dort abweichend, wenn auch nicht als justinianisch interpoliert, so doch als „eher … nachklassisches Glossem". Dem Argument von *Tellegen-Couperus* folgte ferner *Bauer-Gerland*, Erbrecht 120.

1117 RIDA 26 (1979) 413.

1118 RIDA 26 (1979) 413f.

1119 Anders *Samper*, der dies für möglich hält.

als interpoliert erwiesen). Aus dem Argument ist aber nur für die *q.i.t.* das (mögliche) Prozessergebnis des Intestatteils abzustützen. Die suppletorischen Klauseln haben den Sinn, die volle Quart zu hinterlassen, sie sollen zum *exclusus* von der *q.i.t.* machen und durch *repleri* verhindern, dass auf den Intestatteil geklagt wird. Denkbar sind sie nur gegen eine *q.i.t.* und wären bei einem *vacuefacere donationibus* sinnwidrig[1120]. Nicht stichhaltig ist der Folgeschluss, mit der *q.i.t.* erlange der Kläger den Intestatteil (oder er ginge leer aus), also erlange der Kläger der *q.i.d. ad instar q.i.t.* ebenso den Intestatteil. Die These legt nicht offen, ob sie einen von der *q.i.t.* rezipierten Beweisstoff annimmt, wie er bei der *q.i.t.* vor dem *praeses provinciae*[1121] als durchgebildeter Prozessstoff dicht überliefert ist: Diocl./Maxim. C. 3.28.18 (a. 286): *…te pietatis religionem non violasse …*“ (beweiserheblicher Prozessstoff); Diocl./Maxim. C. 3.28.19 (a. 293) *…turpiter et flagitiosa foeditate vivit…*; Diocl./Maxim. C. 3.28.20 (a. 294): *…colens concordiam iustas offensionis … causas non praestat …*; Diocl./Maxim. C. 3.28.22 (a. 294) *…nihilque ei relictum est neque iustas causas offensae praestitisse convincatur …*; Diocl./Maxim. C. 3.28.25 (a. 301) *…quibus nullam iniuriam fecerit mater …*; und noch unter Constantius C. 3.28.27 (a. 319): *…si scripti heredes infamiae vel turpitudinis vel levis notae macula adsparguntur …*; Constantius C. 3.28.28pr.–2 (a. 321): *…probationes debent praestare, quod obsequium debitum iugiter, prout ipsius naturae religio flagitabat, parentibus adhibuerunt, nisi scripti heredes ostendere maluerint ingratos liberos contra parentes extitisse. …* (2) *mater inhonestis factis atque indecentibus machinationibus filium forte obsedit insidiisque eum vel clandestinis vel manifestis appetiit vel inimicis eius suas amicitias copulavit … hoc probato* (!) … . Dazu, ob eine *q.i.d.* an einem solchen Prozessstoff mehr oder minder teilhat, der auch die Konsequenz trägt, dass der Kläger einer *q.i.d.* auch leer ausgehen könne, schweigt die These. Viel enger umschrieben sind dagegen die beweiserheblichen Tatsachen bei den Reskripten auf *revocari*: D. 31.87.3: *Si liquet…intervertendae inofficiosi querellae patrimonium suum donationibus … exinanisse* (wenn bewiesen ist, dass sie ihr Vermögen durch Schenkungen leer machte, um die *q.i.t.* auszuhebeln); Diocl./Maxim. C. 3.29.8 (a. 294): *Si liqueat…intervertendae quaestionis inofficiosi causa patrimonium suum donationibus … exhausisse* (wenn bewiesen ist, dass sie ihr Vermögen leer gemacht hat, um die Streitfrage der Pflichtwidrigkeit [scil. des Testaments] auszuschalten). Nur darüber ist Beweis zu erheben, ob ein *patrimonium exhausisse donationibus* und damit inzident auch ein Ausschalten der *q.i.t.* vorliegt. Die Kaiser intervenieren

---

1120 Und kommen dort selbstverständlich auch nicht vor, da der Schenker Vermögen dem Nachlass entziehen will (und gerade nicht, dass der Beschenkte dem Erben aus dem Geschenkten dann ergänzt, damit dieser nicht klagt).

1121 Kognitionsprozess, vgl. Carinus/Numerianus C. 3.28.17 (a. 284).

nur bei quart-verletzenden Schenkungen[1122] und geben, wenn solche Schenkungen bewiesen sind, die querelausschließende Quart.

II. Entwicklungslinien im Schrifttum

Kaum verändert liest sich der Streitstand seit Donellus[1123]: Lib. XIX. Cap. XI.IX.

Cum donationem ab initio inofficiosam esse, et revocari posse constabit, sequitur natura, ut quaeratur, quatenus possit, utrum tota, an pro parte, et pro qua parte. Dixeris totam revocari; quia dicitur querela inofficiosae donationis introducta esse legibus ad similitudinem quaerelae inofficiosi. L. *ultim. C. de inofficios. donation.* Hac autem querela totum testamentum rescindictur. … Sed hoc nimis multis rescriptis ejusdem tituli refellitur[1124].

Cap. XI.X. Sed verius est, quod Azo sensit, donationem inofficiosam pro parte solum revocari, et ea parte, pro qua donatio inofficiosa est. Ea autem pars est, quae legitimum modum excessit, quae eadem liberis et similibus ademit legitimam portionem. In quam sententiam prope omnia rescripta ejus tituli non tantum consentire, sed etiam prope expressa esse videas[1125].

Vorgeprägt sind also zwei Meinungsgruppen. Der Beweisgrund der ersten ist „totam revocari quia dicitur querela inofficiosae donationis introducta esse legibus ad similitudinem quaerelae inofficiosi. … Hac autem querela totum testamentum rescindictur". Im Ganzen gilt aber: 1) der *exheredatus/omissus* quereliert gegen

---

1122 Denn nur diese wären in der Analogie *q.i.t.*-begründend und wirkten zugleich faktisch *q.i.t.*-zerstörend. Die Texte sagen das auch deutlich: Fr. Vat. 270: *donationibus…quarta non retenta patrimonium exhaustum…*; Fr. Vat. 271: *inmoderatis donationibus non retenta quarta ad excludendam inofficiosi querellam …*; und insbesondere auch zum Vorbringen in C. 3.29.6: *Cum donationibus … facultates patris tui exhaustas esse…proponas …* (mehr ist auch dort nicht vorgebracht) mit der Folge *quantum ad submovendam querellam sufficiat, de enormitate donationum ad exemplum inofficiosi testamenti praeses provinciae…partes exhibebit*; Fr. Vat. 280: *Si …patrimonium suum …exhausit, ut quartae partis dimidiam …haud relictam …* (mit der Folge) *praeses provinciae, quod immoderate gestum est, revocabit.*

1123 Opera omnia. Tomus Quintus, Lib. XIX.

1124 Wenn feststehen wird, dass eine Schenkung von Anfang an pflichtwidrig ist und revoziert werden kann, so folgt natürlich, dass gefragt wird, inwieweit sie es könne, ob ganz oder zum Teil und zu welchem Teil. Du könntest sagen, ganz werde sie revoziert; weil ja gesagt wird, dass die *querela inofficiosae donationis* eingeführt worden sei durch die Gesetze nach der Ähnlichkeit zur Querel des pflichtwidrigen [Testaments]. … Durch diese Querel aber wird das Testament ganz reszindiert. … Aber das wird durch allzu viele Reskripte dieses Titels widerlegt.

1125 Aber richtiger ist, was Azo gedacht hat, dass die pflichtwidrige Schenkung nur zum Teil revoziert wird, und zwar zu dem Teil, zu dem die Schenkung pflichtwidrig ist. Das ist aber der Teil, der das gesetzliche Maß übersteigt, der den Kindern und Ähnlichen [den Enkeln] den Pflichtteil wegnimmt. Du magst sehen, dass fast alle Reskripte dieses Titels in dieser Lehrmeinung nicht nur übereinstimmen, sondern auch gewissermaßen ausgedrückt sind.

den *extraneus institutus*; *si optinuerit* reszindiert seine *q.i.t.* die *institutio heredis* gesamt; 2) „Hac autem querela totum testamentum rescindictur" ist bereits falsch in den Konstellationen von D. 5.2.8.8 und D. 5.2.19 (jeweils Teilreszission), wo das Viertel (oder mehr) die *institutio heredis* im Umfang der Intestatquote des *exclusus* sichert. Dort ist dies nur die Anwendung des Grundgedankens, dass ein ausreichend ehrendes Viertel vom Intestatteil eine Inoffiziosität im Umfang der ganzen Intestatportion ausschließt[1126]. Dennoch kehrt jene idée directrice der Deutung im Satz „querela totum testamentum rescindictur" in späteren Überzeugungen[1127] wieder: *Krüger*[1128] sagte zur Entscheidung des Alexander Severus (verändernd): „Die ratio, nämlich die Analogie des test. inoff. erfordert, daß alles, was dem Enkel geschenkt worden war (und nicht bloß die Hälfte davon), revoziert wird." *Tellegen-Couperus*[1129]: „...the *qid*, just like the *qit*, could be used to claim the whole share that would have devolved to an heir in case of intestacy." *Zoz de Biasio*[1130]: „...il nuovo istituto, si ispira alla *q.i.t.* anche nel risultato ultimo: ... non la quota di riserva ...bensì la quota *ab intestato* intera."

Die Schwierigkeit der anderen Meinungsgruppe liegt in der Indifferenz des Anfangs. Das Deutungsbemühen fängt bei D. 31.87.3 auch so an, wie die gegenteiligen Stimmen meinten, Alexander Severus habe nach dem Vorbild der *q.i.t.* den Intestatteil gegeben[1131]. Im bei Donellus überlieferten Bericht der Meinung Azos „...donationem inofficiosam pro parte solum revocari, et ea parte, pro qua donatio

---

1126 Hat der einzige Intestaterbe ein Viertel, so gibt es gar keine *q.i.t.* und die *institutio heredis* ist ganz gesichert; hat von zwei Intestaterben nur einer das Viertel von seiner Hälfte, also ein Achtel, so sichert sein Achtel die *institutio heredis* im Umfang der Hälfte des Nachlasses usw.

1127 Hier noch *Wesener*, FS Kränzlein (1986) 151 mit den oben Genannten: diese hätten „...glaubhaft gemacht, daß auch zur Zeit Diokletians die *querela inofficiosae donationis* noch auf völlige Revokation der *donatio* ging bzw. jedenfalls soweit, daß der Noterbe seinen vollen Intestatteil erhielt."

1128 SZ 60 (1940) 84; ferner 85: „Die ratio, auf die Alexander seine Entscheidung stütze, habe ich als Analogie des test. inoff. aufgefasst. Die Berechtigung dazu ergibt sich einmal daraus, daß das neue Recht ein Pflichtteilsrecht, und zwar eine Erweiterung des alten Pflichtteilsrechts war. Sodann ist in den Quellen die querela inoff. test. oft genug als Vorbild für die querela donationis hingestellt worden." Und 88: „Daraus, daß die letztere Querel [die *q.i.t.*] die Richtschnur ...gab, folgt, daß, wie das Testament, so auch die Schenkung ... ganz hinfielen."

1129 SZ 116 (1999) 614 (gegen *Sanguinetti*).

1130 Rimedi 83.

1131 Inkonsistenz der Entwicklung auch bei *Vangerow*, Pandekten, 2. Bd. 281: zu D. 31.87.3: „Reszission der Schenkung für den ganzen Intestaterbteil", für C. 3.29.2 aber bereits anders (das Viertel); *Voci*, DER II 728 Fn. 10: „Dalla cost. di Alessandro Severo si desume che l'erede necessario conseque intera sua quota *ab intestato*. C (3, 29) 2 è itpl." Anders (das Viertel) erst seit Diokletian. Mit *Samper*: *Kaser*, RP II 521: „Die Quellen erwähnen sowohl Anfechtung der pflichtwidrigen Schenkung wie die Pflichtteilsergänzung" mit Fn. 60 (zitiert Diocl. 3, 29, 5; 7; 8). Für einen Bruch nach D 31.87.3 auch *Ribas-Alba*, desheredación 289: „... el objecto de la querella inofficiosae donationis es la revocación de lo que impida obtener la cuarta parte de la porción intestada. Asi

inofficiosa est" hätte man die innere Gedankenbrücke zur ausgeschalteten Inoffiziosität der querelausschließenden Quart finden können, doch ging die Deutung den anderen Weg und spürte von der justinianischen *legitima portio*, *pars legitima* oder *portia debita* zurück die Vorläufer auf, die einen Anspruch auf das Viertel verbürgten. Letztlich rein äußerlich blieb dabei die Feststellung, das Viertel bei der *q.i.d.* sei mit der falzidischen Quart begrifflich zusammengeführt. In den Quellenzeugnissen fand *Samper* in Constantius CTh 2.19.4 (361) und Paul. sent. 4.5.7 Schlüsselmomente für den Umschwung auch der *q.i.t.* auf das Viertel: „... estos dos textos marcan el momento clave en el proceso evolutivo de la querella"[1132]. Von dorther fundiert dessen These, die Ergänzung auf das Viertel in Geld „... presagia ya la *querela ad supplendam legitimam* de Justiniano, y hace imposible ... la annulación total del testamento, pues no se pide ya la cuota intestada, sino la *portio debita* ..."[1133]. Die Entwicklung im vorjustinianischen Vulgarrecht zeige, dass Übergehung oder Enterbung nur noch als ungerechtfertigte Verletzung der *legitima* (der *pars debita*, die man nicht mehr als den Intestatteil auffasste, sondern als das Viertel) gesehen worden sei[1134], die Sanktion sei damit nicht mehr Gesamtreszission des Testaments gewesen („...su sanción no consiste ya en la caída total del testamento..."), sondern die *q.i.t.* habe sich gewandelt in das Ziel, nur noch die *pars debita* zu schützen („...por lo que la querella se ha venido a convertir en un simple recurso de reforma, cuyo finalidad no está en anular la disposición, sino simplemente en defender la *pars debita* hasta sus límites exactos."[1135]). *Samper* meint, es sei möglich, dass zu Beginn der diokletianischen Epoche sich die „neue Querel" („la nueva querella") schon der falzidischen Quart anzunähern begonnen habe[1136] und die maßlosen Schenkungen nur „en la medida necesaria para restaurar su cuota al legitimario" annuliert worden seien.[1137] Unter Constantius habe dann nur noch „un recurso general de inoficiosidad, común para todas las liberalidades" existiert[1138]. *Q.i.t.*, *q.i.d.* und die Querel gegen eine übermäßig *dos* sind vereinigt (CTh. 2.20.1); diese „fusión práctica de las tres querellas" erschließe das Bild für die

---

se expresan CJ. 3,29,1 (a.245); 2 (a.256); 8 pr. (a.305)", wo in Fn. 417 hinzugefügt ist: „La única excepción se contiene en D. 31,87,3 ...".

1132 SD 37 (1971) 99.

1133 SD 37 (1971) 99.

1134 SD 37 (1971) 102: es bestehe kein Zweifel, dass „...en el derecho vulgar la preterición o exheredatio consiste en cualquier lesión injustificada a la legítima, aun cuando sea parcial en su cuantía ...".

1135 SD 37 (1971) 102.

1136 SD 37 (1971) 97: „Es muy posible que precisamente a partir de la época de Diocleciano, la nueva querella muestre aproximarse en sus resultados más que a la de inoficioso testamento, al esquema de la *lex Falcidia*, por cuanto no invalida las donaciones anteriores a la excesiva ...".

1137 SD 37 (1971) 97 mit Zitat C. 3.29.5; 8; Fr. Vat. 280.

1138 SD 37 (1971) 97.

postklassische Periode[1139]. *Kaser* spricht denn auch mit *Samper* von der „*Falcidia* im Sinn der Pflichtteilserhaltung“[1140].

Stützende Texte zieht *Samper* – abgesehen von CTh. 2.20.1 (361), CTh 2.21.1 (358), CTh. 2.19.4 (361) und der Pauli Sentenz 4.5.7 – aus der Interpretationsliteratur heran: Ith. 2.21.1 *Quotiens per dotem ita omnis hereditas evacuata probatur, ut quarta hereditatis ipsius non fuerit reservata, liceat filiis ad similitudinem inofficiosi testamenti contra dotem agere et debitam sibi portionem ex lege repetere.*[1141] Die Textpassage *ad similitudinem inofficiosi testamenti … debitam sibi portionem ex lege repetere* ist nur teilweise eine Textbrücke zurück zu den diokletianischen Reskripten: *ut quarta hereditatis ipsius non fuerit reservata* greift das schablonenhafte *non retenta quarta ad excludendam inofficiosi querellam* der Reskripte auf; *debitam sibi portionem ex lege repetere* ist Phrase später Interpretation. An *Samper* angelehnt stellt *Ribas-Alba*[1142] das Viertel in eine fragliche Kontinuität: bis zum Ende des 1. Jahrhunderts habe jeder Enterbte, Übergangene oder nicht ausreichend Bedachte die *q.i.t.* gehabt. Noch in der klassischen Epoche sei eine *portio debita* eingeführt worden, um die Aktivlegitimation zur *q.i.t.* zu begrenzen („desde la introducción del requisito de la portio debita, para limitar la legitimación activa y evitar así un excesivo número de pleitos sucesorios en esta materia. La analogía con la *quarta Falcidia* es evidente, pero sólo en la cuantía, no en modo de aplicación“). In der ersten nachklassischen Zeit, „desde el segundo cuarto del siglo III.“ habe sich die *portio debita* von einer prozessualen Kategorie weg verändert „y se hace coincidir con la parte que correspondería en la sucesión intestada.“ In der zweiten nachklassischen und justinianischen Epoche sei sie dann vollständig mit der falzidischen Quart verschmolzen und nun *legitima* des Viertels („La legítima disminuye ahora hasta un cuarto de la cuota intestada. Se confunde por completo con la Falcidia.“).

Diese Stimmen suchten die *similitudo* zur *q.i.t.* in dem, was auch mit einer *q.i.t.* zu erreichen wäre[1143] und nicht in der eigentlichen *ratio ad instar inofficiosi testamenti*, die fragt: wann ist ein Testament als inoffiziös zu behaupten und wann ist es das nicht? So wie auch ein Testament nicht inoffiziös wäre, so ist es auch die Schenkung nicht und ein Viertel schlösse auch ein *inofficiosum testamentum dicere* aus[1144]. Gegen die Möglichkeit einer sich dem Viertel „annähernden“ *q.i.t.* der diokletianischen Epoche ist schon von anderen Stimmen Diocl./Maxim. C. 3.28.22 (a. 294) *de inofficioso testamento patris querentem totam hereditatem obtinere posse*

1139 SD 37 (1971) 98.

1140 *Kaser*, RP II 521 Fn. 59.

1141 *Samper*, SD 37 (1971) 101 Fn. 110.

1142 Iura 39 (1988) 97f.

1143 Auch mit einer *q.i.t.* nur noch das Viertel?

1144 So erklärt sich, warum die Reskripte *quod ad excludendam inofficiosi testamenti querellam sufficeret* geben: C. 3.29.7 und die gleichlautenden Wendungen in C. 3.29.5; 6; 8.

non ambigitur vorgebracht[1145]. Schließlich ist für sicher zu halten, dass die Pauli Sentenz 4.5.7, wie auch ihre westgotische interpretatio ad §7 eine *q.i.t.* kannte, die jedenfalls auf mehr als das Viertel ging. Die Sentenz sagt: *ut quarta ... citra inofficiosi querellam impleatur, iure desiderat*. Und der Interpret erklärt: diese *inofficiosi actio* (so nennt er die *inofficiosi querella*) soll durch die Ergänzung auf das Viertel *removetur*, ausgeschlossen, nicht aber erfüllt sein.

1145 *Kreuter*, Privatrecht im 5. Jh. n. Chr. 136; siehe oben zur Konstitution 8.

Nachwort

Die querelausschließende Quart, ein quellensprachlich[1146] nachgeformter Ausdruck für *quarta ad excludendam querellam*[1147], zeigt zunächst die Stabilisierung einer Antwort: Wieviel im Testament zu hinterlassen[1148] ist genug? Ein Viertel vom Intestaterbteil ist ausreichend ehrend. Hinter der Frage liegt eine innere Kollision der Dankespflichten[1149] nach außen oder an einzelne der Familie mit der *erga liberos* geschuldeten *pietas*; sie zeigt sich auf deren Intestatteil bezogen: Wieviel vom Intestatteil, den die severischen Juristen noch *debita portio*[1150] nannten, zu hinterlassen und anderen davon letztwillig zu geben, verletzte noch nicht die *pietas*? *Daube*[1151] und *Chr. Paulus* haben auf das Umfeld der falzidischen *lex* (41 v. Chr.) hingewiesen, das die Testierprobleme dieser Zeit im Blick hat: es sei auch darum gegangen, hauptsächlich die Kinder (der römischen Oberschicht) der ihnen zustehenden Erbschaft nicht zu berauben durch Legate, die die vielen Freundschaftspflichten erforderten[1152]. Die Frage, wieviel vom Intestatteil dem *extraneus*, dem *libertus*[1153], dem *amicus*, der Frau[1154] oder dem einen Kind, das man mehr liebte als das andere[1155], gegeben werden kann, aber immer noch treu dem *officium pietatis* testiert zu haben, scheint bald nach 41 v. Chr. auch juristisch greifbarer geworden zu sein. Eine lockere, rein argumentative Anlehnung an die *lex Falcidia*

1146 Ulp. D. 5.2.8.8; Fr. Vat. 271; Fr. Vat. 280.

1147 Die Quart, um die Inoffiziositätsquerel auszuschließen.

1148 Scil.: denen der Testator *pietas* schuldet: *erga liberos, erga parentes aut alios sanguine coniunctos.*

1149 Oder auch nur der Testierfreiheit.

1150 So heißt es *quarta debitae portionis* (D. 5.2.8.8): ein Viertel von der „geschuldeten Portion"; *debita portio* als Intestatteil, nach der Vorstellung der *ab intestato* „geschuldeten" Sukzession, wie es auch Paulus sagt in D. 48.20.7pr., wenn er von den nach der *ratio naturalis ad debitam successionem* Berufenen spricht.

1151 Aspects of Roman Law 117 ff.

1152 *Chr. Paulus*, postmortale Persönlichkeit 56 Fn. 66, mit Cic. de officiis 1.44 (44 v. Chr. verfasst, 4 Jahre vor der *lex Falcidia*); zwar schützte die *lex* die Erben allgemein, „der Testiersitte nach aber typischerweise die Kinder." Und dort: „Die Zeit war also unsicher, und Roms Elite hatte allen Grund, die Mechanismen eines Selbsterhaltungstriebes in Bewegung zu setzen."

1153 Zu Einsetzungen dieser vgl. *Champlin*, Final Judgments 132.

1154 Vgl. *Champlin*, Final Judgments 120 zum Verhältnis der Frau gegenüber vorzuziehenden Kinder.

1155 Vgl. auch, was Justinian noch in der Nov. 92 zu den unmäßigen Schenkungen sagte: „da es dem Vater, der gegenüber der ganzen Familie maßhaltend gesinnt ist, erlaubt ist, auch denen, die von ihm mehr geliebt werden, weit mehr (den größeren Teil) zu schenken, nicht aber die übrigen (die anderen) Kinder durch jene geschehenen Maßlosigkeiten zu schädigen." Text oben, S. 271.

wurde hierfür entscheidend. Die *lex Falcidia* ließ sich verwenden, um auf einen Fall hinzuargumentieren, der ein *inofficiosum testamentum dicere* verneinen musste.

Nicht mehr als ein bloßes Argumentieren im Vergleichsgespräch über eine strittige *q.i.t.*[1156] war es bei Plinius, dem Jüngeren: „Wenn deine Mutter dich zu einem Viertel zum Erben eingesetzt hätte, könntest du dich etwa beklagen? Was, wenn sie dich zwar zum Alleinerben eingesetzt, dich aber mit Vermächtnissen so beschwert hätte, dass nicht mehr als ein Viertel bei dir übrig bliebe? Daher muss dir genügen, wenn du, von deiner Mutter enterbt, ein Viertel von ihren Erben bekommst ...“[1157].

Viel bestimmter schon kannte die Testierpraxis der severischen Zeit dann das Viertel, das die *q.i.t.* ausschloss:

C. Greg. 2.IIII.1 Imp. Alexander ...*in quartam, quam habere ex bonis patris debet, ne inofficiosum testamentum possit accusare* (a. 235). Querelausschließende Quart und falzidisches Viertel stimmen im verneinten *inofficiosum dicere testamentum* überein: Ulpian in D. 5.2.8.9: ...*nam si, cum quis ex asse heres institutus est, ideo non potest dicere inofficiosum, quia habet falcidiam*... . (Denn wenn jemand zum Alleinerben eingesetzt ist, kann er deshalb [das Testament] nicht pflichtwidrig nennen, weil er die Falzidia hat.) Die Pauli Sentenz 4.5.5 sagt es noch genauso zum Alleinerben, der das Viertel hat: *Ex asse heres institutus inofficiosum dicere non potest.* Der zum Alleinerben Eingesetzte kann das Testament nicht pflichtwidrig nennen. Ulp. D. 5.2.8.8 *Quoniam autem quarta debitae portionis sufficit ad excludendam querellam*... . (Da ja ein Viertel der geschuldeten Portion genügt, um die Querel auszuschließen.) Imp. Antonius C.3.28.6 (a. 212): *Cum quaeritur, an filii de inofficioso patris testamento possint dicere, si quartam bonorum mortis tempore testator reliquit, inspicitur.* (Wenn gefragt wird, ob die Söhne wegen Pflichtwidrigkeit des Testaments ihres Vaters klagen können, prüft man, ob der Testator [scil. ihnen] ein Viertel von seinem Vermögen zur Todeszeit hinterlassen hat.)

Durch die querelausschließende Quart hatte sich ein praktikables System herausgebildet, ungleich, und doch nicht *pietas*-verletzend zu testieren. Verschiebungen aus der dem einen Kind „geschuldeten“ Intestatportion hin zum Einsetzungsteil eines anderen Kindes oder *extraneus institutus* waren nicht pflichtwidrig, sofern nur ein Viertel vom Intestatteil zugewendet war durch *institutio*, Vermächtnis oder *mortis causa donatio*[1158]. So war es noch der, der durch das Viertel von einer *q.i.t. exclusus* (ausgeschlossen) war, der im Umfang seines Intestatteils anderen, die leer

1156 Den Rechtsstreit ordnet man zwischen 93 und 96 n. Chr. ein.

1157 Ep. 5.1.9 Si mater „inquam“ te ex parte quarta scripsisset heredem, num queri posses? Quid si heredem quidem instituisset ex asse, sed legatis ita exhausisset ut non amplius apud te quam quarta remaneret? Igitur sufficere tibi debet, si exheredatus a matre quartam partem ab heredibus eius accipias ... .

1158 *Ex iudicio defuncti* aus seinem *patrimonium*.

ausgingen und zur *q.i.t.* zuzulassen waren, „einen Teil macht" (*partem facit*) und in diesem Umfang die *institutio heredis* sicherte.

1. Dies ist entscheidend in den Deutungsfragen zur Quaestionen- und Responsenliteratur der Texte D. 5.2.8.8, D. 5.2.19, D. 5.2.16pr., D. 5.2.23.2, D. 5.2.17pr.: Welche Konsequenz ergibt sich für die *q.i.t.*, wenn einer klagt und der andere nicht? Reszindiert die durchgedrungene *q.i.t.* gesamt oder nur teilweise? Genauer geht es um die Frage, wie es sich auf die *q.i.t.* dessen, der klagt, auswirkt, wenn der andere *non egit* (nicht geklagt hat), *non agit* (insbesondere durch das Viertel *exclusus* ist), seine *q.i.t.* ausschlug oder die *q.i.t.* verjähren ließ. Die Literatur kreist hier auch um Echtheitsfragen; bei *Jörs/Kunkel/Wenger*[1159] etwa steht: „Die Überlieferung ist zu dürftig und zu undurchsichtig, um uns ein zweifelsfreies Bild zu geben: … Paul. D. 5, 2, 17 (schwierig, z. T. wohl verfälscht); D. 5, 2, 19 (die berüchtigte *lex damnata*, großteils unecht …)". *Gagliardi*[1160] legt weitgehend die Deutung eines von den Scholien erarbeiteten Systems vor, weicht aber im Fall einer verjährten *q.i.t.* ab: hier verbleibe der Intestatteil dem Testamentserben. D. 5.2.19 interpretiert er textzerrüttend. Die Systematik der Scholien schied die Texte: ein *partem facere* = πάρτεμ ποιεῖν kann sich der Scholiast nur so vorstellen, dass der Enterbte „schlicht nicht klagt", „sich zwar ruhig verhält, aber klagen könnte, wenn er es wollte"[1161]. So macht dieser dem anderen, der klagt, „einen Teil"[1162]; die *q.i.t.* dessen, der klagt, wird daher (nur) „zum Teil das Testament auflösen"[1163]. Anders aber, wenn der Enterbte „mit dem Willen auszuschlagen" nicht klagte. Dieser machte den anderen, die querelieren, nicht einen Teil, so dass deren *q.i.t.* das Testament gesamt

1159 *Jörs/Kunkel/Wenger*, Römisches Recht 330 Fn. 6; darauf folgt dort: „Die Annahme von La Pira …, daß die Teilreszission des Testaments das klassische, die vollständige Reszission das nachklassische (aber vorjustinianische), vom Gedanken des *color insaniae* … geleiteten Prinzip sei, läßt sich in dieser Grundsätzlichkeit nicht aufrechterhalten". Zu D. 5.2.19 ist dort, 329 Fn. 2 angemerkt: „In der letztgenannten Stelle ist freilich das meiste unecht: m. E. ist *itaque dici* ff. ganz oder doch größtenteils ein nachklassischer Traktat;". Auch *Wesener*, RE, XXIV, s.v. Querela, Spalte 862 spricht hierzu von einem „dürftigen und verworrenen Quellenstand". Zuletzt mit reicher Einarbeitung der byzantinischen Erklärungen: *Gagliardi*, Legittimazione, mit der Zuversicht „di un migliore comprensione dei testi classici" (Introduzione); *Koch*, SZ 136 (2019) 491f. zum Forschungsstand vor *Gagliardi*: „Aufgrund der bisweilen unklaren und (wenigstens scheinbar) widersprüchlichen Quellenlage bleiben dennoch viele Fragen offen."

1160 Legittimazione; das Werk ist die jüngste umfassende Bearbeitung der Thematik.

1161 Schol. Εἰ δύο ad B. 39.1.19 (Sch. B VI 2325; Hb. IV 24): dass nur dann der enterbte Sohn einen Teil macht, wenn er sich zwar ruhig verhält, aber klagen könnte, wenn er es wollte: ὅτι μόνον τότε ὁ ἐξνερεδάτος παῖς πάρτεμ ποιεῖ, ὅτε ἐφησυχάζει μέν, δύναται δέ, εἰ θελήσει, κινεῖν.

1162 Wie in D. 5.2.8.8.

1163 Schol. Nr. 18 (= Hb. 16) Ἐπειδὴ φθάσαντες ad B. 39.1.8 (Sch. B VI 2308; Hb. IV 13): ἀλλὰ κατὰ μέρος καταλύσει τὴν διαθήκην.

reszindierte[1164]. In den Scholien ist damit die Differenz zwischen „ἁπλῶς (schlicht) nicht klagen" und „nicht klagen ῥεπουδιατεύοντος ψυχῇ" (mit dem Willen auszuschlagen) eingeführt. So unterrichtet der Scholiast die Digestenfragmente eines *partem facit*, der Teilreszission, weil einer nicht klagt,[1165] mit ἐφησύχασεν, οὐχ ῥεπουδιατεύων μέντοι τὴν μέμψιν (er verhielt sich ruhig, freilich ohne die Klage auszuschlagen) und das οὐχ ῥεπουδιατεύων μέντοι τὴν μέμψιν (freilich ohne die *q.i.t.* auszuschlagen) setzt er erklärend hinzu. Wo die *q.i.t.* gesamt reszindiert[1166], sagt er[1167] ὁ μὲν εἷς τῶν παίδων ἐφησύχασεν οὐχ ἁπλῶς, ἀλλὰ ῥεπουδιατεύοντος ψυχῇ (der eine der Söhne verhielt sich ruhig [unternahm nichts], nicht schlicht, sondern mit dem Willen auszuschlagen).

Indes erklären sich die Texte der Teilreszission durch die testamentssichernde Wirkung der querelausschließenden Quart:

Papinian-Ulpian (14 ed.) D. 5.2.8.8: Ein *extraneus* ist eingesetzt, zwei *filii* sind exherediert, einer von ihnen hat die Quart, oder vielleicht nicht die volle Quart, er quereliert aber nicht. Damit ist das Testament zur Hälfte (im Umfang der Intestatportion des durch die Quart oder den „Anschein" der Quart *exclusus*) gesichert; der andere kann mit der *q.i.t.* nur die Hälfte herausverlangen (*non totam hereditatem debeo, sed dimidiam petere*; das Testament unterliegt somit der Teilreszission; aufgrund der querelausschließenden Quart ist die Frage zu bejahen: *an exheredatus partem facit, qui non queritur*[1168]).

Auch in Paul. 2 quaest. D. 5.2.19 ist die Teilreszission eine Konsequenz der querelausschließenden Quart[1169]: Die Mutter hatte einen *extraneus* zu drei Viertel eingesetzt: *extraneum ex dodrante heredem instituit*, ferner die eine Tochter (*filia scripta*) zu einem Viertel, *filiam unam ex quadrante*, und die andere Tochter hat sie übergangen: *alteram praeteriit*. Diese klagte *de inofficioso* und obsiegte (*et optinuit*). Die *institutio* der *scripta* auf ein Viertel sichert das Testament im Umfang ihres ganzen Intestatteils. Die *filia praeterita* vindiziert mit der *q.i.t.* nur die Hälfte des Nachlasses, und zwar diese Hälfte n u r vom *extraneus*: *et ideo ab extraneo semissem*

1164 Schol. Δύο τις ἔχων ad B. 39.1.14 (Sch. B VI 2320; Hb. IV 20) = D. 5.2.17pr. Es sagt nun der Paulus, dass der mit dem Willen auszuschlagen sich ruhig Verhaltende den anderen, die die Querel erheben wollen, nicht einen Teil macht: Φησὶ τοίνυν ὁ Παῦλος τὸν ψυχῇ ῥεπουδιατεύοντος ἐφησύχάσαντα μὴ ποιεῖν μέρος τοῖς ἄλλοις, οἳ βούλονται κινῆσαι τὴν μέμψιν. Wenn von zweien einer ausschlägt, reszindiert die Querel des Klagenden das ganze Testament: κινῶν ὁ ἕτερος πᾶσαν καταλύει.

1165 D. 5.2.8.8; Schol. Ἐπειδὴ φθάσαντες ad B. 39.1.8.18.

1166 D. 5.2.17pr.

1167 Schol. Δύο τις ad B 39.1.14.

1168 Entschlösse er sich doch noch zu querelieren, bliebe der *institutus* passivlegitimiert; klagte er endgültig nicht (ließe er also seine Querel verjähren), bliebe die *institutio* zur Hälfte gesichert, und zwar auch im Fall eines *minus quarta relictum* (Neuerung der Deutung).

1169 Von der querelausschließenden Quart ist – erst recht – auch zu sprechen, wenn mehr als ein Viertel, aber immer noch weniger als der Intestatteil hinterlassen ist.

vindicandum. Denn es ist der Intestatteil der *scripta*, mit dem sie der *praeterita* „einen Teil macht". Das Testament bleibt zur Hälfte intakt, und zwar die *institutio* des *extraneus* im Umfang von einem Viertel und die *institutio* der auf ein Viertel eingesetzten *scripta* im ganzen Umfang. Das zeigt wieder, dass die Verschiebung aus der Institutionsportion der *filia scripta* hin zum *extraneus* (ein Viertel des Nachlasses aus ihrer Institutionsportion hin zu dem auf drei Viertel eingesetzten *extraneus*) nicht inoffiziös und somit ein *inofficiosum testamentum dicere* der *q.i.t.* der *praeterita* im Umfang der ganzen Intestatportion der *scripta* ausgeschaltet war. (Auch schon eine *institutio* zu einem Achtel hätte für diese Folge genügt und das Testament im Umfang des ganzen Intestatteils der *scripta* gesichert). Das folgende, in der Literatur angegriffene *ceterum si quis putaverit* rell. des Textes ist echt und Redefigur des Paulus zur Widerlegung des gegnerischen Arguments der *praeterita*[1170], die gesamt reszindieren wollte[1171]. Das Scholion hat diese Figur noch erkannt: Ταῦτα ὁ Παῦλος εἰπὼν καὶ τὸ κρατοῦν ἀποκρινάμενος πειρᾶται λοιπὸν ὡς ἐν ἐπιχειρήματι καὶ τὸ ἐναντίον ἐκ τοῦ ἐναντίου κατασκευάσαι λογισμοῦ. (Das sagte der Paulus und indem er das Vorgebrachte beantwortet, prüft er nunmehr gleichsam „im Angriff" [zur Widerlegung], um auch auf das Entgegengesetzte aus der entgegengesetzten Überzeugung hinzuargumentieren).

In den anderen Quellen, D. 5.2.16pr., D. 5.2.23.2 und D. 5.2.17pr., kommt die querelausschließende Quart nicht vor und die *q.i.t.* reszindiert gesamt. Genauer: gesamt, wenn ein *extraneus* eingesetzt ist (fr. 17pr.). Ist ein anderes Kind eingesetzt, bleibt seine *institutio* zum Intestatteil aufrecht, weil es sinnwidrig wäre, ihm diesen Teil durch Reszission zu nehmen, um ihn ihm gleich wieder *ex intestato* zu geben[1172]. Reszindiert wird nur, was das eingesetzte Kind über seine Intestatportion hinaus hat. Ausgeschlagene/verjährte/nicht fortgesetzte *q.i.t.* des anderen zieht

---

1170 Und nicht „nachklassischer Traktat".

1171 Mit der Begründung, die *scripta* habe, indem sie antrat, ihren Intestatteil ausgeschlagen (von Paulus zurückgewiesenes Argument).

1172 D. 37.7.6 (Papinianus 6 resp.) *Pater filium emancipatum heredem instituit et filiam exheredavit, quae inofficiosi lite perlata partem dimidiam hereditatis abstulit* …; drang die Schwester mit der *q.i.t.* gegen ihren eingesetzten Bruder durch, so bleibt es bei der Testamentseinsetzung des Bruders zur Hälfte und die Schwester sukzediert *ab intestato* zur Hälfte. Allgemein: Ist er auf mehr als auf seinen Intestatteil eingesetzt, so gibt er an *ab intestato* Konkurrierende (Geschwister) ab, so dass jeder die Intestatportion hat. Wenn auf weniger als den Intestatteil, aber zumindest auf ein Viertel, so liegt ein Fall der querelausschließenden Quart vor und die Folge ist wie oben bei D. 5.2.19 (die *filia scripta* blieb zu einem Viertel *instituta*). Dies ist nur Anwendung des Grundfalls: f1 ist zu einem Achtel und f2 zu sieben Achtel eingesetzt; f1 kann gegen seinen Bruder nicht querelieren, das Viertel von seinem Intestatteil schlösse ihn aus.

Anwachsung seines Intestatteils an den Querelierenden nach sich, wie auch sonst unter Intestaterben[1173]:

Paul. 2 quaest. D. 5.2.17pr.: zwei enterbte *liberi* und ein eingesetzter *extraneus*. Der eine Sohn querelierte, der andere schlug die Querel aus (*non venit ad accusationem animo repudiantis*), was im Zeitpunkt des Urteils feststand. Die durchgedrungene Querel des einen reszindiert gesamt, so als wäre er der einzige (von den Intestatberechtigten), der lebte; die Centumviri geben (*ex auctoritate*) ihm die alleinige Legitimation zum *vindicare* des ganzen Nachlasses[1174].

Paul. lib. sing. de inoff. test. D. 5.2.23.2: zwei *filii exheredati*, eingesetzt ist ein *extraneus*; beide Söhne querelierten, aber einer setzte die Querel nicht fort (*ambo de inofficioso testamento egerunt et unus postea constituit non agere*); Konsequenz: sein Intestatteil wächst dem Querelierenden an (*pars eius alteri adcrescit, idemque erit, et si tempore exclusus sit*); das Gleiche wird zu sagen sein, wenn seine Querel verjährt ist[1175]. Die Folge der Gesamtreszission ist im Text nicht mehr dazugesagt.

Pap. 2 resp. D. 5.2.16pr.: Testament der Mutter, die den einen Sohn zum Erben einsetzte, ihren anderen Sohn und ihre Tochter aber überging. Der übergangene Sohn querelierte auf seine *pars* eingeschränkt und obsiegte (*de parte ante egit et optinuit*). Seine Schwester klagte nicht. Oder sie klagte zwar, drang aber nicht durch. Damit konkurriert sie dem querelierenden Bruder nun nicht mehr in seiner Intestatsukzession (*filia, quae non egit aut non optinuit, in hereditate legitima fratri non concurrit*). Zu deuten ist: ihr Intestatteil wächst den Brüdern an. Das nicht mitgeteilte Ergebnis lässt sich nur vermuten: der Obsiegende sukzediert zur Hälfte *ab intestato*, sein Bruder behält zur Hälfte seine testamentarische Sukzession.

Zur Textgruppe D. 5.2.16pr., D. 5.2.23.2 und D. 5.2.17pr. (jeweils ungesichertes Testament) ist zu sehen: wer enterbt[1176] oder übergangen ist, hat noch keinen

---

1173 Der Wegfall eines *ab intestato* Konkurrierenden dehnt die Querel aus; die *q.i.t.* reszindiert ein ungesichertes Testament, soweit im Urteilszeitpunkt eine *ab intestato*-Berechtigung des Obsiegenden feststeht; tendenziell bedeutet das Gesamtreszission. Zur Frage, ob es eine „Akkreszenz ex post" gab, das heißt, ob dem Intestatteil des Obsiegenden auch nach dem Urteil der Intestatteil dessen, der endgültig nicht klagte oder verlor, anwächst, siehe die oben Fn. 431 vorgebrachten Gründe.

1174 ...*quasi centumviri hunc solum filium in rebus humanis esse nunc, cum facerent intestatum* [als sie den Vater intestat machten] *crediderint*. Der Testamtentserbe, der die Hälfte behalten wollte, kann gegen das *vindicare* nicht einwenden, dass auch der andere noch *ab intestato* berufen wäre. (Neuerung der Deutung).

1175 *Et si tempore exclusus sit* kann echt sein; falls es glossiert ist, stimmt es sachlich.

1176 Die Enterbung war (anscheinend) verhasst: *Champlin*, Final Judgments 15: „disinheritance, if upheld, was a stigma". Scharfe Worte bei der *exheredatio* in Ulp. D. 28.2.3: enterbt wird gleichsam der Unaussprechliche: ... *dixerit „non nominandus" vel „non filius meus", „latro", „gladiator"* ...". Anders *Francke*, Notherben 58: „vielmehr ist es nur die Erklärung, daß derselbe nicht „heres" sein, und als Erbe nichts haben solle." Paul. D. 28.2.19 zur Frage *an recte exheredatus videretur*:

Intestatteil, solange er ihn nicht mit der *q.i.t.* ersiegt und ihn die Urteilsautorität zur *successio ab intestato* legitimiert hat. Wer endgültig nicht geklagt hat (*qui non egit*, wer es gar nicht erst versuchte und die *q.i.t.* ausschlug, wer die *q.i.t.* verjähren ließ), verfügt daher nicht über seinen Intestatteil zugunsten des Testamentserben. So liegt im endgültigen Nicht-Klagen des einen nur die Konsequenz, dass er als möglicher Konkurrent der Intestatsukzession im Querelprozess des anderen wegfiel.

Wie sich Teilreszission zum *insania*-Argument verhält, ist aus D. 5.2.19 erhellt. Wenn Paulus dort sagt *…non totum testamentum infirmatur, sed pro parte intestata efficitur, licet quasi furiosae iudicium ultimum eius damnetur*, so sagt er damit: gegen die *praeterita* hat die Mutter *pietas*-verletzend, unrömisch, testiert; gegen ihr *iudicium* muss daher ihre übergangene Tochter bekommen, was ihr das *ius civile ab intestato* gibt. Zum anderen Teil aber (zur anderen Hälfte) ist ihr Testament nicht pflichtwidrig[1177].

2. Auf das „Leer-Machen" des Nachlasses durch Schenkungen unter Lebenden, „um der *q.i.t.* zu spotten", reagierten die Kaiser mit Reskripten auf *revocari* des Geschenkten nach dem Beispiel der Inoffiziosität eines Testaments. Viele Textstücke der diokletianischen Reskripte haben hier die Worte der querelausschließenden Quart: *quod ad excludendam inofficiosi testamenti querellam … sufficeret, … quod immoderate gestum est revocabitur* (C. 3.29.7); so ist das Maß der Rückführung bei *revocari, revertitur,* [*quod donatum est*] *deminuetur* (C. 3.29.8) durchgehend gesagt: *quantum ad submovendam querellam sufficiat* (C. 3.29.6); *quod ad submovendas inofficiosi testamenti querellas non ingratis liberis relinqui necesse est* (C. 3.29.5); *quod donatum est pro ratione quartae ad instar inofficiosi testamenti convicti deminuetur* (C. 3.29.8pr.). Die in der Literatur strittig gebliebenen Punkte reichen weit in die Forschungsgeschichte zurück; Donellus soll hier noch einmal sprechen[1178]: Lib. XIX. Cap. XI.IX. „Cum donationem ab initio inofficiosam esse, et revocari posse constabit, sequitur natura, ut quaeratur, quatenus possit, utrum tota, an pro parte, et pro qua parte. Dixeris totam revocari; quia dicitur querela inofficiosae donationis introducta esse legibus ad similitudinem quaerelae inofficiosi. L. *ultim. C. de inofficios. donation.* Hac autem querela totum testamentum rescindictur. … Sed hoc nimis multis rescriptis ejusdem tituli refellitur".

„Wenn feststehen wird, dass eine Schenkung von Anfang an pflichtwidrig ist und revoziert werden kann, so folgt natürlich, dass gefragt wird, inwieweit sie es könne,

---

exheredationes autem non essent adiuvandae; zu *exheredatio* als *ultimum supplicium*: *Chr. Paulus*, postmortale Persönlichkeit 57.

1177 Nicht das einer Wahnsinnigen, die unrömisch einer *grata* nichts gibt, sondern so testiert man immer noch *pietas*-pflichttreu, der eingesetzten Tochter ein Viertel geben, aber mehr noch dem *extraneus*.

1178 Die Fortsetzung dieses Berichts schon oben, S. 297.

ob ganz oder zum Teil und zu welchem Teil. Du könntest sagen, ganz werde sie revoziert; weil ja gesagt wird, dass die *querela inofficiosae donationis* eingeführt worden sei durch die Gesetze nach der Ähnlichkeit zur Querel des pflichtwidrigen [Testaments]. … Durch diese Querel aber wird das Testament ganz reszindiert. … Aber das wird durch allzu viele Reskripte dieses Titels widerlegt."

Die Interpretation einer Analogie sagt: so wie die *q.i.t.* auf den Intestatteil geht, gehe analog auch die *querela inofficiosae donationis* auf diesen. Texte des Viertels seien interpoliert. So vertreten es *Zoz de Biasio, Bauer-Gerland, Tellegen-Couperus.* Doch zeigt diese These keinen Analogiegedanken, sondern behauptet nur eine Deckungsgleichheit mit dem Prozessergebnis einer ersiegten(!) *q.i.t.*[1179].

Indes zeigten die Kaiser ein tiefes Verstehen der Fälle, als sie das *revocari ad instar inofficiosi testamenti* nach dem Beispiel des ganzen Inoffiziositätsregims einer Beschwerde gegen das pflichtwidrige Testament gaben. Dem einen Kind ist das Vermögen geschenkt, das andere dadurch düpiert; eingesetzt auf ein *inane nomen* kann es nicht querelieren. Aber hätte der Supplikant auch mit einer *q.i.t.* obsiegt? Sollte die Schenkung den Beschenkten vor der befürchteten *q.i.t.* eines *ingratus* schützen? (Auf den ersten Blick kann es so aussehen). Oder hat die Schenkung einen *gratus* um die *q.i.t.* gebracht, mit der er obsiegt hätte? Ohne *q.i.t.*-Prozess kann man es nicht wissen. Jedenfalls verpönt ist das *intervertere* einer *q.i.t.* Dagegen ist Abhilfe zu geben, so, wie man den Beschenkten als den eigentlichen Instituten sehen muss, dem anderen aber zugleich das *inofficiosum testamentum dicere* so nimmt, wie sich auch ein *gratus* nicht beschweren kann, wenn der Testator ihn von der *q.i.t.* nicht inoffiziös ausschließt. Ihm die Quart seines Intestatteils zu geben, in der ein ausgeschaltetes *inofficiosum testamentum dicere* liegt, kann die Frage offen lassen: ist er ein *gratus* oder ein *ingratus* gegenüber dem Testator? Ist er ein *ingratus*, der mit dem Testator im Streit lag, so ist dies jedenfalls mit einer *q.i.t.* nicht hervorgekommen, die der Testator selbst vereitelt hat. So kann sich weder der Beschenkte, der ein Viertel abgeben muss, beschweren, noch der, der nicht

1179 Die Deutungsthese ist mit dieser Einengung belastet. Aber auch mit zahlreichen Ausblendungen: Haben die Reskripte somit, so wie auch der Kläger einer *q.i.t.* leer ausgehen kann, einkalkuliert, dass der Supplikant auch leer ausgehen könnte? Gaben sie ihm auch Steine statt Brot? Dies minderte die Effektivität, gegen ein *intervertere* der *q.i.t.* vorzugehen. Was soll eigentlich der Kläger in einem „*q.i.d.*-Prozess" (ein doppelt quellenwidriger Ausdruck) behaupten und beweisen? Bei einer Rechtsordnung, die einen Pflichtteil kennt, wie etwa die Pandektistik, täte man sich leicht: der *q.i.d.*-Kläger behauptet, dass ihn die Schenkung in seinem Pflichtteil verletzt. Doch wie in den Reskripten? Der Kritik verfällt, dass die These gar nicht erst versucht auszuführen, wie man sich eine „*q.i.d.* analog der *q.i.t.*" vorzustellen habe. Sollen die Reskripte gesagt haben: wenn du beweisen kannst, was du auch mit einer *q.i.t.* beweisen müsstest, so beweise es gegen den Beschenkten. Wenn du obsiegst, bekommst du den Intestatteil. Wenn du unterliegst, gehst du leer aus? Die Reskripte sprechen anders.

querelieren kann, weil der Testator rechtmäßig auch einen Dankbaren durch die Quart von der *q.i.t.* ausschlösse.

Zwischen *q.i.t.* und den Reskripten auf *revocari* ist eine Trennung des Beweisstoffs zu bemerken: D. 31.87.3: *Si liquet...intervertendae inofficiosi querellae patrimonium suum donationibus ... exinanisse* (wenn bewiesen ist, dass sie ihr Vermögen durch Schenkungen leer machte, um die *q.i.t.* „auf die Seite zu bringen"); Diocl./Maxim. C. 3.29.8 (a. 294): *si liqueat...intervertendae quaestionis inofficiosi causa patrimonium suum donationibus ... exhausisse* (wenn bewiesen ist, dass sie ihr Vermögen leer gemacht hat, um die Streitfrage der Pflichtwidrigkeit [scil. des Testaments] auszuschalten). Es genügt, bewiesen zu haben, dass ein *patrimonium exhausisse donationibus*[1180] und damit ein Ausschalten der *q.i.t.* vorliegt. Dann gibt das Reskript das *revocari* der querelausschließenden Quart. Wäre ein Viertel noch im Vermögen oder nicht dargetan, dass die Vermögensübertragung durch Schenkung geschah, so wäre ein *exhausisse donationibus* nicht bewiesen und damit kein Raum für die Reskriptsfolge. Ein viel engerer Beweisstoff[1181] also als bei der *q.i.t.*[1182]. Die Quart zu geben ist unmittelbar wirkende Rechtsfolgengeltung der Reskripte; der *praeses provinciae* hat beim *revocari* dann nur noch zu konkretisieren, welche Vermögensstücke der Beschenkte abzugeben hat[1183].

Dem unbegründeten Interpolationsverdacht gegen das Viertel in den Reskripten[1184] leisten aber auch die Stimmen, die das Viertel für echt halten, Vorschub, indem sie für die Anfangskonstitution des Alexander Severus, D. 31.87.3 (Paulus 14 resp.), eine Rekonstruktion vertreten, die ein *revocari* des Intestatteils annimmt. Es verblüfft beinahe, dass sich die viel näherliegende Rekonstruktionsannahme, die die querelausschließende Quart zeigt, nicht finden ließ, wenn man aus C. 3.29.3 sehen musste, dass es um Testamentseinsetzungen ging, und aus D. 31.87.4 vermuten konnte, dass beide testamentarisch eingesetzt sind, der *nepos* (Enkel) und

---

1180 Nur dieser Fall ist *q.i.t.*-Analogie begründend. Das Kriterium ist gehäuft zu lesen: Fr. Vat. 270: *donationibus...quarta non retenta patrimonium exhaustum...*; Fr. Vat. 271: *inmoderatis donationibus non retenta quarta ad excludendam inofficiosi querellam ...*; und insbesondere auch zum Vorbringen: *Cum donationibus ... facultates patris tui exhaustas esse...proponas ...* (mehr ist nicht vorgebracht) mit der Folge *quantum ad submovendam querellam sufficiat, de enormitate donationum ad exemplum inofficiosi testamenti praeses provinciae...partes exhibebit*; Fr. Vat. 280: *Si ...patrimonium suum ...exhausit, ut quartae partis dimidiam ...haud relictam ...* (mit der Folge) *praeses provinciae, quod immoderate gestum est, revocabit.*

1181 Vor dem *praeses provinciae* oder dem Stadtpräfekten.

1182 Dazu die Übersicht oben S. 296.

1183 Ein schönes Beispiel dafür ist C. 3.29.6.

1184 Man fragt sich, was an der Stelle dieser Wendungen dort sonst gestanden haben sollte; überall der Intestatteil? Oder sind schlicht nur Streichungen zu vertreten? Zum Problem der „Aufschwellung" durch längere Wendungen, wenn man die kürzere Terminologie der *portio legitima*, *portio debita* (u. ä.) schon kannte, oben S. 289.

der, dem die *avia* (Großmutter) den Nachlass durch *donationibus in nepotem factis* leer gemacht hatte. Zu rekonstruieren ist: Die Großmutter zog den Enkel ihrem Kind vor. Dem Enkel hatte sie noch zu Lebzeiten ihr ganzes Vermögen geschenkt und dann beide auf den leeren Nachlass eingesetzt. Die *avia* ist nicht *intestata* zu machen; dem Kind hat sie durch die Schenkungen an den Enkel und die *institutio heredis* (zusammen mit dem Enkel) die *q.i.t.* zerstört. Was geschenkt worden ist, wird *pro parte dimidia* (zur Hälfte) in den Nachlass zurückgerufen. So hat das Kind, das *ab intestato* dem Enkel vorginge, also ein Viertel vom Ganzen haben müsste, damit es nicht querelieren könnte, nun als *institutus* seiner Mutter die Hälfte von der zurückgerufenen Hälfte des Vermögens, also das Viertel, das ihm auch die *q.i.t.* genommen hätte. Eine einfache Umkehrbewegung motivierte die Lösung: von dem, was die Schenkerin fortgab, soll so viel in den Nachlass zurück, dass ihr Kind nicht mehr in einen leeren Nachlass, sondern in die querelausschließende Quart sukzediert.

Der Bruch bei *Voci*[1185] „Dalla cost. di Alessandro Severo si desume che l'erede necessario consegue intera la sua quota *ab intestato*. C. (3, 29) 2 è itpl.", wonach das Viertel erst ab C. 3.29.1 (a. 245) echt sein soll[1186], lässt sich preisgeben. Die Konstitutionen fingen schon bei Alexander Severus mit der querelausschließenden Quart an.

3. Die Reformkonstitution Justinians C. 3.28.30 (a. 528) zeigt sich als eine Fortsetzung der querelausschließenden Quart. Vorgefundene Fälle und das rechtspolitische Programm erklären die Systematik.

Vorgefunden war die Quart vom Intestatteil, in der ein ausgeschaltetes *inofficiosum testamentum dicere* lag. Dem Risiko, die Quart verfehlt zu haben, begegneten Ergänzungsklauseln, die ziemlich sicher schon in severischer Zeit anzunehmen sind[1187]. Sie hatten den Sinn, sagen zu können, der Testator habe ja (damit) die volle Quart hinterlassen und die Querel sei somit ausgeschlossen, wenn die Erben dann tatsächlich ergänzten. Taten sie es nicht, blieb die *q.i.t.* So wie das ehrende Viertel, musste auch die Ergänzung des auf die Quart Fehlenden *ex iudicio defuncti* und (anfangs auch) *ex bonis defuncti* herkommen. Noch Justinian sagt in der Rückschau auf die alten suppletorischen Klauseln (C. 3.28.36pr.) in C. 3.28.36pr.–1b: *Repletio-*

1185 DER II 728 Fn. 10.

1186 DER II 728 mit der Zitationsreihe „Vat. 270; 271; 280; C. (3, 29) 1; 7; 8 pr." (Fn. 7) zur Echtheit. Auffällig ist, dass C. 3.29.1 (a. 245) echt und C. 3.29.2 (a. 256) interpoliert sein soll.

1187 C. Greg. 2.IIII.1 *si ex iudicio patris sumpremo quarta filiae non suppletur* (a. 235); Ulp. D. 5.2.25pr.; die Frage ist umstritten. Für die Echtheit von D. 5.2.25pr. ist C. 3.28.35.1 ins Treffen zu führen, woraus hervorgeht, dass auch Papinian Fälle der Zuwendung unter Lebenden, um die *q.i.t.* auszuschließen, kannte. Oben S. 171.

nem autem fieri ex ipsa substantia patris[1188]. Ein *minus quarta relictum* – praktisch relevant waren Rechenungenauigkeit, Wertirrtum und ähnliches des Testators, der die Quart geben und damit ein *gratus*-Urteil aussprechen wollte –, war somit *ex iudicio defuncti* korrigiert. Aus der Paulus Sentenz 4.5.7, der *interpretatio* ad § 7 und vielleicht auch inzident aus C. 3.28.36pr. scheint abgestützt, dass eine Praxis der Ergänzung vorjustinianisch existierte, wenn ein *minus quarta* aus denselben Fehlern, denen sonst eine Ergänzungsklausel vorbeugte, zu vermuten war, eine Klausel jedoch fehlte. Man mag hier von einer „angewandten Klausel" sprechen. Als Grundlage für das *ut quarta sibi … impleatur, iure desiderat* (dass ihm die Quart ergänzt wird, verlangt er zu Recht) in Paul. sent 4.5.7 lässt sich diese vorschlagen, wenn der Sohn den Schritt zur *q.i.t.* nicht gehen wollte (und *citra inofficiosi querellam*, gleichsam diesseits der Grenze zur *q.i.t.* blieb). Die *interpretatio* ad § 7 ließ offenbar in solchen Fällen einer „angewandten Klausel" nur noch ergänzen. Eine vorjustinianische Routine vielleicht schon, die bemerkte, dass eine *q.i.t.* bei einem *minus* aus Rechenungenauigkeit, Wertirrtum etc. eigentlich falsch war. Aber auch hier war die Ergänzung immer noch *ex iudicio defuncti* begründet.

Die das Testament zum Intestatteil des Obsiegenden zerstörende *q.i.t.* ist überkommenes Erbe auch für Justinian. Dies ist gegen die aus verändertem Wortgebrauch von *portio debita* (Annäherung an die *Falcidia*) entwickelte These von *Samper* zu erinnern, der meinte, die *q.i.t.* sei (schwankend) nachklassisch nur noch auf das Viertel gegangen. *Samper* sagte, vorjustinianisches Vulgarrecht zeige, dass Übergehung oder Enterbung nur noch als ungerechtfertigte Verletzung der *legitima* (der *pars debita*, die man nicht mehr als den Intestatteil, sondern als das Viertel auffasste) gesehen worden sei. So sei die Konsequenz nicht mehr die Gesamtreszission des Testaments gewesen; die *q.i.t.* habe nur noch zum Ziel gehabt, die *pars debita* zu schützen[1189]. *Kaser* ist ihm darin gefolgt[1190] und spicht von der „*Falcidia* im Sinn der Pflichtteilserhaltung"[1191]. Indes lässt die Reformabsicht Justinians, die *q.i.t.* zurückzudrängen, eine vorgefundene *q.i.t.* auf das Viertel als eher unwahrscheinlich erscheinen. Die *q.i.t.* ist immer noch charakterisiert durch den – schwer zu erbringenden – Inoffiziositätsbeweis. Als durchgebildeten Prozessstoff in den Fällen eines *nihil relictum* (gar nichts hinterlassen als *ingratus*-Urteil) sehen wir ihn in Diocl./Maxim. C 3.28.18 (a. 286): *…te pietatis religionem non violasse …*" (beweiserheblicher Prozessstoff); Diocl./Maxim. C. 3.28.19 (a. 293)

1188 Eine gewisse Aufweichung sehen wir erst in CTh. 2.19.4 (a. 361): der Vater hinterließ seinen Söhnen durch übermäßige Schenkungen (vermutlich an den eingesetzten *extraneus*) weniger als das Viertel, hatte aber angeordnet, der zum Testamentserben eingesetzte *extraneus* solle ihnen das Fehlende in Geld ergänzen (*ab herede iisdem [scil. filiis] in pecunia conpleatur*).

1189 SD 37 (1971) 102.

1190 Und – stark hypothetisch in Periodisierungsannahmen – auch *Ribas Alba* in Iura 39 (1988) 97f.

1191 *Kaser*, RP II 521 Fn. 59.

...turpiter et flagitiosa foeditate vivit...; Diocl./Maxim. C. 3.28.20 (a. 294): *...colens concordiam iustas offensionis ... causas non praestat ...*; Diocl./Maxim. C. 3.28.22 (a. 294) *...nihilque ei relictum est neque iustas causas offensae praestitisse convincatur ...*; Diocl./Maxim. C. 3.28.25 (a. 301) *...quibus nullam iniuriam fecerit mater ...*; und noch unter Constantinus C. 3.28.27 (a. 319): *...si scripti heredes infamiae vel turpitudinis vel levis notae macula adsparguntur ...*; Constantinus C. 3.28.28pr.–2 (a. 321): *...probationes debent praestare, quod obsequium debitum iugiter, prout ipsius naturae religio flagitabat, parentibus adhibuerunt, nisi scripti heredes ostendere maluerint ingratos liberos contra parentes extitisse. ...* (2) *mater inhonestis factis atque indecentibus machinationibus filium forte obsedit insidiisque eum vel clandestinis vel manifestis appetiit vel inimicis eius suas amicitias copulavit ... hoc probato* (!) ... . *Jörs/Kunkel/Wenger*[1192] stellten sich den Inoffiziositätsbeweis (nach Marcell. D. 5.2.5) so vor: „Doch konnte sich der Beweis in der Regel nur auf das allgemeine Wohlverhalten des Noterben beziehen, oder darauf, daß der Grund des etwa vorhandenen Zerwürfnisses beim Erblasser gelegen habe... . Dem eingesetzten Erben blieb demgegenüber stets der Gegenbeweis bestimmter Verfehlungen des Noterben offen." An ersterem mag man zweifeln, aber der letzte Satz bringt die Erklärung des justinianischen Reformsystems entscheidend voran: er macht bewusst, wie schwer ein *q.i.t.*-Prozess zu gewinnen ist. Der Testamentserbe kann immer alle Verfehlungen des Klägers, die während des ganzen Lebens mit dem Testator vorgekommen sind, vorbringen und damit die Enterbung oder Übergehung rechtfertigen.

Reformabsicht Justinians ist es, „achtzugeben auf den Willen der Testatoren und die großen und zahlreichen Gelegenheiten, deren letztwilligen Verfügungen umzustürzen, zu beschneiden" (C. 3.28.30pr. *Omnimodo testatorum voluntatibus prospicientes magnam et innumerabilem occasionem subvertendae eorum dispositionis amputare censemus*). Der Anschluss an die querelausschließende Quart steht direkt im Institutionentext Inst. 2.18.6: *Igitur quartam quis debet habere, ut de inofficioso testamento agere non possit.* Wo es möglich ist, soll die *q.i.t.* durch die Quart genommen werden. Das ist möglich in den Fällen von *minus quarta relictum*, sogar in dem weiten Sinn des Institutionentextes 2.18.3 von *quantacunque pars relicta*, ein wie großer Teil auch immer = wie wenig auch immer hinterlassen sein mochte.

Die Reformkonstitution C. 3.28.30pr.–1 (a. 528) zeigt ein durchgebildetes System; es fängt mit den unproblematischen *minus quarta relictum*-Fällen an:

1) Weniger als das Viertel ist hinterlassen; sei es dass eine Ergänzungsklausel angeordnet ist, sei es, dass sie fehlt:
   a) *sive adiciatur testamento*: Ist sie angeordnet, so ist es ohnedies ein Fall der querelausschließenden Quart; das auf das Viertel Fehlende wäre auch *ex*

1192 Römisches Recht (Nachdruck 1978) 330.

iudicio defuncti zu ergänzen. Da bildet Justinian ein Doppelsystem: was letztwillig zu ergänzen ist, ist auch *ex constitutione* zu ergänzen und so die *q.i.t.* genommen. Denn mehr als ein Viertel muss man auch einem Dankbaren nicht geben, um ihn von der *q.i.t.* auszuschließen: *firmum quidem testamentum sit* (Reformabsicht).

b) *Sive non*: fehlt sie, so kann α) ein Fall einer „angewandte Klausel" zu sehen sein (irrtümlich verfehlte Quart; an eine Klausel dachte der Testator nicht); dann wäre wieder ohnedies auch *ex iudicio defuncti* ergänzt; und nun zudem *ex constitutione* (ein Doppelsystem der Rechtsgrundlagen). β) Neigt das *minus* nicht ähnlich einer stillschweigend mitzuverstehenden suppletorischen Klausel[1193] ohnehin auch zur Ergänzung *ex iudicio defuncti*, so sind zwei Fälle unterschieden:

c) Justinian führt hier das sehr feine System der ausgesprochenen oder fehlenden *mentio testatoris* ein[1194]. Der Testator soll es selber sagen, ob der, dem er wenig gab, ihm gegenüber *ingratus* gewesen ist: *cum eos scilicet ingratos circa se fuisse testator edixit.*

γ) Der Testator schwieg; über den, dem er *minus quarta* hinterließ, sagte er nichts Nachteiliges. Hier kann man nicht mehr sagen, dass ohnehin auch der Erblasser die Ergänzung wollte, aber er sprach auch nicht dagegen, dass man sie gibt. In der Absicht der Reform, „die Gelegenheiten zur *q.i.t.* zu beschneiden", ließ sich auch dieser Fall zur Quart hin ordnen und die *q.i.t.* nehmen. Der Testamentserbe, der ergänzen muss, kann sich nicht darüber beklagen, weil der Testator über den zu gering Bedachten nichts Nachteiliges gesagt hatte und daher auch der Testamentserbe über ihn nichts Nachteiliges sagen darf; in allen Fällen von *si nullam eorum quasi ingratorum fecerit mentionem* kann, wem der Testator weniger als das Viertel gab, dieser wie ein *gratus* stehen. Und der zu gering Bedachte kann sich nicht darüber beschweren, dass ihm die *q.i.t.* genommen ist, wenn er die Ergänzung auf das Viertel bekommt, weil der Erblasser auch einem Dankbaren nicht mehr geben musste, um ihn von der *q.i.t.* auszuschließen. War oben (im Fall β) noch auch aufgrund des *supremum iudicium* zu ergänzen, so nun n u r *ex constitutione.*

1193 Bewertungs- oder Rechenungenauigkeit, etwa in Quotenzuweisungen, wo schon nach Art des Hinterlassenen klar sein musste, dass der Testator die Quart geben wollte.

1194 *Cum eos scilicet ingratos circa se fuisse testator edixit: nam si nullam eorum quasi ingratorum fecerit mentionem, non licebit eius heredibus ingratos eos nominare et huiusmodi quaestionem introducere.* (...wenn der Testator freilich ausgesprochen hat, dass sie ihm gegenüber *ingrati* gewesen sind; denn wenn er keine Erwähung ihrer als *ingrati* machte, ist es den Erben nicht erlaubt, sie *ingrati* zu nennen und eine solche *quaestio* einzuführen.) Hat der Erblasser den alten Streit nicht zur Sprache gebracht, dann können ihn auch die Testamentserben nicht hervorholen.

δ) Nannte der Testator aber Nachteiliges und rechtfertigte so das *minus*, so ist gegen die nachteilige *mentio testatoris* nun ein Streit darüber möglich, ob die *mentio* zutrifft oder falsch ist, aber eingeschränkt: zwar ist es den Erben erlaubt, den Noterben *ingratus* zu nennen[1195], aber nur aus den Gründen, die der Erblasser selbst nannte. Obsiegt in dieser *quaestio* (*et huiusmodi quaestionem introducere*) der Noterbe gegen den Testamentserben, ist wiederum nur auf das Viertel zu ergänzen. Hier ist ein wesentlicher Unterschied zu einem *q.i.t.*-Prozess zu sehen, bei dem der Testamentserbe immer alle Verfehlungen des Noterben, die während des ganzen Lebens mit dem Testator vorgekommen sein mögen, vorbringen kann[1196]. Gerade dies ist ihm hier genommen. Als Sukzessor in das *ingratos circa se fuisse testator edixit* hat er die Richtigkeit dessen zu vertreten, was der Testator *edixit*[1197]. Der Noterbe kann es widerlegen und den Beweis antreten, er sei dennoch kein Undankbarer (*si tamen non ingrati legitimis modis arguantur, cum eos scilicet ingratos circa se fuisse testator edixit*). Wieder kann der Noterbe sich nicht beschweren, wenn er, in dieser *quaestio* obsiegt, nur das Viertel bekommt, da sich nur die nachteilige *mentio* als unrichtig erwies und er daher nun so steht wie auch sonst ein *gratus*. Ist die nachteilige *mentio* beseitigt, so ist es derselbe Fall, wie wenn der Testator geschwiegen hätte. Verliert der Noterbe diesen Streit, so bleibt es beim *minus*, denn so wollte es auch der Testator[1198].

d) §1 der Konstitution, *nihil eis penitus reliquerit*: der Testator hatte einem Noterben überhaupt nichts hinterlassen. Außerhalb der *minus quarta*-Fälle gibt es nun keinen Ansatzpunkt mehr für eine Ergänzung. Die *q.i.t.* bestehen zu lassen, ist im Reformsystem C. 3.28.30 folgerichtig. Sollte das *supremum iudicium* eines *nihil relictum* falsch sein, indem es einen *gratus* ganz leer ausgehen ließ, so ist die Richtigkeit des *ius vetus* in einem solchen Fall evident. Hier passt nicht mehr der Reformgedanke eines *firmum quidem testamentum*. Dieses muss, wenn eine *pietas*-Verletzung gegenüber dem Kläger bewiesen ist, das Testament zu dessen Intestatteil zerstört werden. Der Unterschied zum Fall δ) liegt auf der Hand: wem *minus quarta* unter nachteiliger *mentio* hinterlassen war, ist nur die Ergänzung auf das Viertel zu geben, denn es ist der einfachere Prozess, in dem es dem Testamentserben versagt war, *vitia ac peccata*, *offensiones* des Klägers gegen den Testator

---

1195 Umgekehrt zu *non licebit eius heredibus ingratos eos nominare.*

1196 Erst die Novelle 115 kehrte dies ganz um.

1197 Hier ist schon ein Vorläufer für die spätere Novelle 115 zu sehen, die Enterbungsgründe normierte.

1198 Wenn es richtig ist, was er an Nachteiligem sagte, soll jener immer noch das, was er ihm dennoch gab, bekommen.

einzuwenden, von denen der Testator nicht sprach. Aber dem, der querelieren muss und in einem Prozess, wo alle Verfehlungen eine Rolle spielen können, obsiegt, muss man mehr geben als nur das Viertel; hier ist im Fall des Prozesssieges nur der Intestatteil konsequent.

Hingegen sind im Schrifttum gegen die Reformkonstitution C. 3.28.30pr.–1 in diesem Punkt „Mängel der Rechtslogik“[1199] vorgebracht. Mit *Kaser* sagt *Wesener*[1200] zu Justinian nach Einführung der *actio ad implendam legitimam*: „die „Unlogik der Querel“ blieb aber bestehen: geht der Pflichtteilsberechtigte nicht vollständig leer aus, so steht er schlechter da als bei vollständiger pflichtwidriger Enterbung, da er im ersten Fall nur die Ergänzung des Pflichtteils, im zweiten den vollen Intestatteil verlangen kann“[1201].

Doch liegt darin keine „Unlogik“, sondern eine (akzeptierte) Ungleichheit, wie sie sich auch *ex iudicio defuncti* bilden konnte: dem einen Kind f1 mehr als den Intestatteil zu hinterlassen und dem anderen f2 nur das Viertel ist nicht inoffiziös. Es ist dieselbe akzeptierte Ungleichheit, wie sie zwischen f1 und f2 bestehen kann, die sich auch zwischen f3, dem nichts hinterlassen war und der mit der *q.i.t.* seinen Intestatteil erkämpfen musste, gegenüber f2, dem nur das Viertel hinterlassen war, bildet[1202].

Mit der *actio ad implendam* ist nun von einer *legitima pars, portio legitima, portio debita*[1203] zu sprechen[1204], vom „Gesetzlichen“ [Teil], τὸ νόμιμον, wie ihn von nun an auch die Byzantiner nennen. In diesem System ist die querelausschließende Quart aufgegangen; sie spielt nun keine Rolle mehr.

1199 *Kaser* RP II 515.

1200 FS Kränzlein (1986) 149.

1201 Die harsche Kritik übersieht, dass man in dem einen Fall (der erwähnten *quaestio*) einen viel leichteren Prozess gewinnt und in dem anderen, den viel schwierigeren Prozess gewinnen musste, in dem der Testamentserbe immer irgendeinen Streit während des ganzen Zusammenlebens hervorholen konnte. Ein Kläger, der dann noch obsiegt, zeigt, dass sich der Testator völlig verrannt hat, als er nichts hinterließ.

1202 Wie beispielsweise bei drei Kindern: dem f1 hinterließ der Vater $^{11}/_{12}$, dem f2 $^{1}/_{12}$ und dem f3 *inique* (zu Unrecht) nichts. Die Ungleichheit zwischen f2 und f3, die sich aus dem Prozesssieg des f3 gegen den f1, der $^{4}/_{12}$ an f3 abgibt und $^{7}/_{12}$ behält, ergibt, ist dieselbe akzeptierte Ungleichheit, wie sie auch zwischen f1 und f2 *ex iudicio defuncti* akzeptiert ist.

1203 Im nun schon veränderten Sinn (*pars debita* meint nicht mehr, wie früher, den Intestatteil, sondern den nach der Konstitution geschuldeten Teil, also das Viertel).

1204 Und im modernen Sinn – wenn auch noch in etwas hybrider Form – von einem Pflichtteil, da es nun, aufbauend auf ein hinterlassenes *minus*, eine Klage der Ergänzung auf das volle Viertel gibt.

Literaturverzeichnis

Archi, Gian Gualberto, „Condictio liberationis" e „restitutio in integrum" nella donazione, St. Solazzi, 740–762, Napoli 1948

- Ders. La Donazione, Milano 1960

Arndts v. Arnesberg, Ludwig, Lehrbuch der Pandekten, neunte Auflage, Stuttgart 1877

Balis, Georg, Die Natur der actio suppletoria, SZ 55 (1935) 272–275

Bauer-Gerland, Friederike, Das Erbrecht der Lex Romana Burgundionum, Berlin 1995

Bethmann-Hollweg, M. A. Der römische Civilprozeß, 3. Band, Bonn 1866

Bluntschli, J. C., Entwicklung der Erbfolge gegen den letzten Willen nach römischem Recht mit besonderer Rücksicht auf die Novelle 115, Bonn 1829

Bossowski, Franz von, Die Nov. 118 Justinians und deren Vorgeschichte, FS Koschaker II, 277–303, Weimar 1939

Boyé, A. J. Essai critique sur une crux iuris La loi MATER (Dig. V, 2, 19), TR 5 (1924) 464–488

Brinz, Aloys, Lehrbuch der Pandekten[2], Bd. 3, Erlangen 1886, Nachdruck 1997

Buckland, W. W. Law of Slavery, Cambridge 1908, Nachdruck 1970

de Buján, Antonio Fernández, La Legitimacion de los parientes colaterales privilegiados en la impugnacion del testament inoficioso, SDHI 55 (1989) 98–122

Bund, Elmar, Erbrechtliche Geldquellen der Kaiser, FS Wieacker zum 70., 50–65, Göttingen 1978

Carrelli, Odoardo, Sul beneficium restitutionis, SDHI 4 (1938) 5–40

Cervenca, Giuliano, s.v. querella inofficiosae donationis, NNDI XIV 669f., Torino 1976

Champlin, Edward, Final Judgments: duty and emotion in Roman wills, Berkely/Los Angeles/Oxford 1991

Conrat, Max (Cohn), Der westgothische Paulus, Wiesbaden 1907, Nachdruck 1967

Cuena Boy, Francisco, Estudios sobre la imposibilidad de la prestación, Valladolid 1992

Cujaz (Cuiacij), Iacobi, Recitationes solemnes ad Titul. II. De inofficioso testamento, in: Opera omnia in decem tomos distributa, Paris (Lvtetiae Parisiorum) 1658

Cusmà Piccione, Alessandro, *Inofficiosa donatio* e sopravvenienza di discendenti. Note a margine di una problematica costituzione dioclezianea (C.I. 3.29.5), SDHI 84 (2018) 263–286

Daube, David, Aspects of Roman Law, Edinburgh 1969

Donatuti, Guido, L'origine della „Querela inofficiosae donationis", St. Riccobono, vol. 3, 427–433, Palermo 1936, Nachdruck 1974

Donellus, Hugo (Hugonis Donelli) Opera omnia. Commentariorum de jure civili, tomus quintus, Maceratae (MDCCCXXXI) 1831

Fercia, Riccardo, Sui presupposti funzionali dell'autoattribuzione negoziale nella riflessione della giurisprudenza romano classica, IURA 68 (2020) 279–330

Francke, Wilhelm, Das Recht der Notherben und Pflichttheilsberechtigten, Göttingen 1831
Gagliardi, Lorenzo, Decemviri e Centumviri, origini e competenze, Milano 2002
- Ders. Studi sulla Legittimazione alla querela inofficiosi testamenti in diritto romano e bizantino, Milano 2017
- Ders. La divisione in "concilia" del collegio centumvirale e la "Basilica Iulia", BIDR 40–41 (1998–1999) 385–445
Gamauf, Richard, HRP § 36 Sklaven
Glück, Christian Friedrich, Ausführliche Erläuterung der Pandecten nach Hellfeld, ein Commentar, Siebenten Theils erste Abtheilung, Erlangen 1804
Gradenwitz, O., Glossirte Paulusreste im Zuge der Digesten, SZ 23 (1902) 458–459
Gulina, Giovanni, Ancora sulla testimonianza pliniana circa il regime processuale della querela inofficiosi testamenti (Plin. Ep. 6.33.2-6 e 9), Scr. Melillo II, 555–578, Napoli 2009
Gutiérrez-Masson, Laura, Actio ad implendam legitimam firmitatem testamenti conservandi causa: la preterición testamentaria parcial en derecho romano, BIDR 103–104 (2000–2001) 185–212
Hecht, Bettina, Störungen der Rechtslage in den Relationen des Symmachus, Berlin 2006
Honoré, Antony Maurice, The Severian Lawyers, SDHI 28 (1962) 162–232
Jörs, Paul/Kunkel, Wolfgang/Wenger, Leopold, Römisches Privatrecht[3], Berlin, Göttingen, Heidelberg 1949
Kaser, Max, RP I = Das Römische Privatrecht, Erster Abschnitt. Das altrömische, das vorklassische und klassische Recht, 2. Auflage 1971
- Ders. RP II = Das Römische Privatrecht. Zweiter Abschnitt. Die nachklassischen Entwicklungen, 2. Auflage 1975
Kleňová, Veronika, Die Schenkung unter Auflage im römischen Recht, Wien/Köln 2023
Klingmüller, RE VI_2 Spalte 1682 s. v. exheredatio
Koch, C. RE XX.1 Splate 1221 s.v. pietas
Koch, Elena, Besprechung zu Gagliardi, legittimazione, SZ 136 (2019) 491–500
Koeppen, Albert, Lehrbuch des heutigen römischen Erbrechts, Würzburg 1895
Kreuter, Nicole, Römisches Privatrecht im 5. Jh. n. Chr. Die Interpretatio zum westgotischen Gregorianus und Hermogenianus, Berlin 1993
Krüger, Hugo, Die unmäßige Schenkung, SZ 60 (1940) 80–94
- Ders. Zum römischen Pflichtteilsrecht, FS Koschacker II, 256–276, Weimar 1939
Kübler, Bernhard, Das Intestaterbrecht der Frauen im alten Rom, SZ 41 (1920) 15–43
Di Lella, Luigi, Querela inofficiosi testamenti. Contributo allo studio della successione necessaria, Napoli 1972
Leist, Burkard Wilhelm, Pandekten nach Hellfeld, ein Commentar, Serie der Bücher 37. und 38. fünfter Theil, Erlangen 1879
Leyser, Augustin, Meditationes ad Pandectas = Augustini Leyseri Meditationes ad Pandectas quibus praecipua juris capita ex antiquitate explicantur, Volumen II, Lipsiae (Leipzig) 1723
Lohsse, Sebastian, Ius adcrescendi, Köln 2008

Loreti-Lorini, Bradamante, La condizione del liberto orcino nello compilazione giustinianea, Bull. 34 (1925) 29–66
Manthe, Ulrich, Das senatus consultum Pegasianum, Berlin 1989
- Ders., Ethische Argumente im Werk Papinians, OIR 10 (2005) 143–166
- Ders., Votum parentium: Pap. D. 29,4,26 in FS Joseph Georg Wolf, 163–181, Berlin 2000
Marrone, Matteo, Sulla natura della „querela inofficiosi testamenti" = Scritti Giuridici I, Palermo 2003, 3–51 = SD XXI (1955) 74–122.
- Ders. L'efficacia pregiudiziale della sentenza nel processo civile romano, AUPA XXIV (1955) 5–121.
- Ders. Di nuovo in materia di „querela inofficiosi testamenti" = Scritti Giuridici I, 99-108 = St. Betti, III, Milano 1962, 401–410 = AUPA XXVII (1959) 165–179.
- Ders. „Querella inofficiosi testamenti" NNDI, XIV, 670–673 Torino 1967 = Scritti Giuridici I, 143–146.
- Ders. „Praeteritio", „exheredatio", „querela inofficiosi testamenti". Lettura di L. Di Lella, Querela inofficiosi testamenti, Labeo 19 (1973) 358–365 = Scritti Giuridici II, 1011–1018.
Masi Doria, Carla, Bona Libertorum, Napoli 1996
Meinhart, Marianne, Die SC. Trertullianum und Orfitianum, Graz-Wien-Köln 1967
Mühlenbruch, Christian Friedrich, Pandecten nach Hellfeld, Commentar von Christian Friedrich von Glück, 36. Theil, Erlangen 1833
Negri, Giovanni, La Clausola codicillare nel testamento inofficioso, Milano 1975
Di Ottavio, Daniela, Ricerche in tema di "querela inofficiosi testamenti" 1. Le origini, Napoli 2012
Paulus, Christoph, Die Idee der postmortalen Persönlichkeit im römischen Testamentsrecht, Berlin 1992
Pérez Simeón, Maurici, Nemo pro parte testatus pro parte intestatus decedere potest, El principio de incompatibilidad entre la sucesión testamentaria y la intestada en el Derecho romano, Madrid 2001
- Ders. La *facultas agendi* en la *querela inofficiosi testamenti* clásica, IURA 65 (2017) 239–276
Perinón Gómez, Turpia legata, IURA 66 (2018) 225–248
Pira, Giorgio (Giorgio La Pira), La successione ereditaria intestata e contro il testamento, parte terza, Firenze 1930
Quadrato, Renato, Hereditatis petitio possessoria, Napoli 1972
Querzoli, Serena, I testamenta e gli officia pietatis, Napoli 2000
Renier, E. Etude sur l'histoire de la querela inofficiosi en droit romain, Liége 1942
Ribas-Alba, José María, Una pretendida controversia entre Papiniano – Ulpiano y Paulo: en torno a D. 5.2.19 (Paulo, 2 quaest.) y una hipótesis sobre la legítima, IURA 39 (1988) 75–98
- Ders. La desheredación injustificada en derecho romano. Querela inofficiosi testamenti: fundamentos y régimen clásico, Granada 1998
Rüger, David, Die donatio mortis causa im klassischen römischen Recht, Berlin 2011
- Ders. HRP § 99 Schenkung von Todes wegen

Russo Ruggeri, Carmela, „Suae rei emptio consistere non potest", in Sodalitas Guarino 6, Napoli 1984

- Dies. La Datio in adoptionem I, Milano 1990

Samper, Francisco, „Pars debita" en el derecho romano vulgar, SD 37 (1971) 74–118

Sanguinetti, Andrea, Dalla Querela alla portio legitima, Aspetti della successione necessaria nell'epoca tardo imperiale e giustinianea, Milano 1996

Sayigny, Friedrich Carl von, System des heutigen Römischen Rechts, 4. Band, Berlin 1841

Schanbacher, Dietmar, HRP § 100 Beschränkungen der Tesierfreiheit

Schindler, Karl-Heinz, Justinians Haltung zur Klassik, Köln-Graz 1966

Schmidlin, Bruno, Die römischen Rechtsregeln, Köln-Wien 1970

Schmidt, Adolf, Das formelle Recht der Notherben, Leipzig 1862

Schnebelt, Günter, Reskripte der Soldatenkaiser, Karlsruhe 1974

Schröder, Das Notherbenrecht. Eine civilistische Abhandlung. Das Recht vor der Nov. 115, Heidelberg 1877

Schwarz, Fritz, Die Rechtswirkungen der Lex Falcidia, SZ 63 (1943) 314–367

Seuffert, Johann Adam, Praktisches Pandektenrecht, 4. Auflage, Bd. III, Würzburg 1860, Nachdruck 1998

Siber, Heinrich, Confirmatio donationis, SZ 53 (1933) 99–150

- Ders. Römisches Recht, II Römisches Privatrecht, Berlin 1928

Simon, Dieter, Aus dem Kodexunterricht des Thalelaios, SZ 87 (1970) 362–366

Steinwenter, Artur, Prolegomena zu einer Geschichte der Analogie II: Das Recht der kaiserlichen Konstitutionen, St. Arangio-Ruiz, II, 169–186, Napoli 1953

- Ders. Die Briefe des Qu. Aur. Symmachus als Rechtsquelle, SZ 74 (1957) 1–25

Strobel, Benedikt, Römische Testamentsurkunden aus Ägypten vor und nach der constitution Antoniniana, München 2014

Tellegen-Couperus, Jan Willem, The law of succession in the letters of Pliny the younger I, Zutphen 1982

Tellegen-Couperus, Olga Eveline, Some Remarks concerning the Legal Consequences of the querela inofficiosae donationis, RIDA^3, Tome 26, 1979, 399–415

- Dies. Besprechung Sanguinetti, Dalla querela, SZ 116 (1999) 614–615

Tort-Martorell Llabres, Carmen, Le testament d'une femme: à propos de D. 5,2,19, RIDA 43 (1996) 315–342

Tuzov, Daniil, Sull'uso di *rescindere* in materia di *testamenta inofficiosa* nelle fonti romane, TR 82 (2014) 232–260

Unger, Joseph, Das österreichische Erbrecht, 4. Auflage, Leipzig 1894

Unzner, Karl, Die querela inofficiosi testamenti nach dem Rechte vor der Novelle 115. München 1891

Vangerow, Karl Adolph von, Lehrbuch der Pandekten, 2. Band, 7. Auflage, Marburg und Leipzig 1876

Voci, Pasquale, Diritto Ereditario Romano^2, parte speciale, Milano 1963

Voet, Joannis, Commentariorum ad Pandectas, editio tertia, tomus quintus, Venetiis (MDCCLXXXVII)1787

Wacke, Andreas, D. 50. 17. 45 pr.: Eine klassische Regel über den Erwerb von Rechten an eigenen Sachen, IURA 70 (2022) 358–413

Waldstein, Wolfgang, Ius naturale im nachklassischen römischen Recht und bei Justinian, SZ 111 (1994) 1–65

Wesener, Gunter, Vorjustinianische Ansätze zur actio ad supplendam legitimam, 149–156, FS Arnold Kränzlein, Graz 1986

- Ders., s.v. querela, RE XXIV 860

Westphal, Ernst Christian, Theorie des Römischen Rechts von Testamenten, 777 (§ 1042), Leipzig 1790

Wieling, Hans, Subjektive Reichweite der materiellen Rechtskraft im römischen Recht, SZ 102 (1985) 291–326

Windscheid, Bernhard/Kipp, Theodor, Lehrbuch desPandektenrechts[9] Bd. 3, Frankfurt am Main 1906, Neudruck 1963

Wlassak, RE, VI s. v. Centumviri

Woeß, Friedrich von, Das römische Erbrecht und die Erbanwärter, Berlin 1911

Zimmermann, Martin, Der Rechtserwerb hinsichtlich eigener Sachen, Berlin 2001

Zoz de Biasio, Maria Gabriella, I Rimedi contro gli atti in frode al legittimari in diritto romano, Milano 1978

Quellenregister

1. Juristische Quellen

1.1 leges

1.2 Nichtjustinianische Quellen

Gai Institutiones

Pauli sententiae

Interpretatio ad Pauli sententias

Ulpiani liber singularis regularum

1.3 Corpus Iuris Civilis

Codex Iustinianus

Digesta Iustiniani

2. Nichtjuristische Quellen